한국인을 위한
한국어문화론

한국인을 위한
한국어문화론

김덕호
나채근
이철희
이재섭
황지윤
　지음

역락

머리말

한국어는 단순한 의사소통 도구를 넘어서 한국인의 얼과 문화를 형성하는 핵심적인 요소이다. '한국인을 위한 한국어문화론'은 언어를 문화의 차원에서 이해할 때, 한국어의 다차원적 측면을 깊이 있게 탐구하고자 하는 목적으로 집필하게 되었다. 한국어의 탄생과 발전, 그리고 한국어가 한국문화와 어떠한 상호작용을 이루며 현재의 모습에 이르렀는지를 알아보고자 한다. 이는 한국어가 한국인의 정체성을 형성하고, 문화와 역사를 반영하며, 세대 간의 소통을 가능하게 하는 중요한 도구이기 때문이다. 또한 한국인이라서 한국어와 한국문화를 잘 안다고 자부하지만 정작 이를 한국인이 아닌 외국인에게 설명하려고 할 때 무엇을 말해야 할지 망설이는 경우가 많다. 이런 경우 적어도 이 책의 내용 정도를 이해하면 한국어와 한국문화를 설명하는데 도움이 될 수 있을 것이다.

이 책은 몇 년 전부터 개설된 '한국어문화론' 강좌를 위해 모은 강의 자료를 바탕으로 집필되었다. 저술에 참가한 집필진은 오랫동안 한국어와 한국문화라는 주제를 함께 탐구하고 토론해 왔던 연구자들로, 그동안의 고민과 논의를 한 권의 책으로 엮어내었다.

제1부에서는 인간의 탄생과 함께 언어와 문화가 어떻게 시작되었는지를 살펴본다. 인류의 진화 과정에서 언어의 발달이 어떤 역할을 했는지, 문명과 문자 언어가 형성되면서 문화가 어떻게 발전해 왔는가를 다룬다. 이를 통해 독자들은 언어와 문화의 기초적인 상관관계를 이해할 수 있다.

제1장에서는 인류의 진화와 함께 언어가 어떻게 발달했는지, 초기 역사와 문화의 시작, 문명의 발달과 문자 언어의 등장이 인류 문화에 미친 영향을 탐구한다. 제2장에서는 문화의 정의와 개념, 속성과 특성을 논의하며, 문화의 역사와 진화를 통해 변화와 발전 과정을 분석한다. 제3장에서는 언어의 본질, 언어 능력과 뇌의 역할, 언어의 특성과 분류,

다양한 기능을 살펴본다. 이를 통해 언어가 인간 사회에서 어떤 역할을 하는지, 언어와 문화가 어떻게 상호작용하는지를 이해할 수 있다.

제1부는 인류의 기원과 함께 언어와 문화의 발전 과정을 종합적으로 탐구하여, 인간의 본질과 사회적 존재로서의 특성을 밝힌다. 이를 통해 독자들은 언어와 문화의 상호 연관성과 중요성을 깊이 있게 이해할 수 있을 것이다.

제2부에서는 한국어와 한국문화를 심층적으로 탐구한다. 한국어가 문화를 담는 그릇으로서의 역할과 언어와 문화의 상호작용 및 발전 과정을 살펴본다. 또한, 한국어문화의 분석 방법론과 한류의 확산 속에서 한국어의 위치를 조명한다. 한국어 사용 원리와 한국어 문화론의 정립을 통해 한국어의 독특한 특성과 중요성을 분석한다.

제4장에서는 언어가 문화를 담는 그릇으로서 어떤 역할을 하는지를 탐구하고, 언어와 문화의 상관성과 상호작용을 분석한다. 제5장에서는 언어문화 분석 방법론을 다루며, 질적 분석법과 테크놀로지 활용 연구 방법을 제시한다. 제6장에서는 한국의 언어문화와 한류를 깊이 탐구한다. 한국의 민족문화와 한국어의 관계, 대표적인 한국 정신문화 중 하나인 풍류정신문화, 한류의 확산과 다문화 시대에서 한국어와 한국문화의 역할을 분석한다. 제7장에서는 한국어 사용의 원리—공손성, 경제성, 정확성, 표현성—을 체계적으로 논의하여 한국어 사용의 독특한 방식을 설명한다. 제8장에서는 한국어문화론의 성격과 정립 과정을 다루고, 연구 방향성을 제시한다.

제2부는 한국어와 한국문화의 다양한 측면을 종합적으로 탐구하여 그 독특한 특성과 중요성을 깊이 이해할 수 있도록 한다. 독자들은 이를 통해 한국어와 한국문화의 상호 연관성을 체계적으로 파악하고, 한국어문화 연구에 기여할 수 있을 것이다.

제3부에서는 문화 속에서 한국어의 사용과 연구를 구체적으로 분석한다. 한국어 방언의 문화적 코드를 탐구하고, 한국어문화 자원의 조사 및 연구 방법론을 제시한다. 또한, 한국어문화 콘텐츠의 실용적 활용과 경제언어학적 산업화 가능성을 논의한다.

제9장에서는 한국어 방언의 언어문화적 측면을 분석하고, 문학 작품에서 방언의 효과와 그 문화적 의미를 살펴본다. 제10장에서는 한국어문화 자원의 조사 방법론과 이론적 틀을 설명하며, 체계적인 연구의 중요성을 강조한다. 제11장에서는 한국어문화 연구를

위한 질적 연구 방법론과 아카이브 구축론을 제시하고, 정책 분석을 통해 한국어문화에 미치는 영향을 탐구한다. 제12장에서는 한국어문화 콘텐츠의 실용적 활용과 산업화 방안을 모색하며, 경제적 잠재력을 논의한다.

제3부는 한국어의 문화적 및 경제적 가치를 체계적으로 이해하고, 한국어문화 연구의 중요성과 방향성을 제시한다. 독자들은 한국어의 실용적 활용 방안과 연구의 방향성을 명확히 할 수 있을 것이다.

요즘 한류 열풍으로 많은 외국인들이 한국어와 한국문화에 높은 관심을 보이고 있다. 그런데 정작 한국인들이 우리 말과 문화를 제대로 알고 있지 못해서 한국어와 한국문화를 설명해야 할 때 망설이는 경우가 많다. 이 책은 한국어와 한국문화를 잘 이해하고자 하는 한국인들을 위한 참고서가 될 것이다. 또한 한국어와 한국문화를 좀 더 깊게 배우고자 하는 외국인들을 위한 안내서가 될 것이라 기대한다.

이 책이 한국어와 한국문화에 관심을 가진 모든 이들에게 유익한 지침서가 되면서, 한국어를 배우는 과정이 단순한 언어 학습을 넘어, 우리의 문화와 역사에 대한 깊은 이해와 공감을 불러일으키는 여정이 되기를 진심으로 기원한다. 그리고 이러한 여정이 우리 언어와 문화를 보전하기 위한 작은 디딤돌이 되기를 바란다.

끝으로 어려운 출판 환경에서도 인문 도서에 관심을 가지면서 관련 전문 서적을 세상에 내놓는데, 남다른 애정을 가진 역락 출판사 이대현 사장님의 성원과 편집팀의 노력으로 이 책이 출판될 수 있어서 감사하게 생각한다.

2024. 8. 28.

저자 일동

차례

제2부 한국어와 한국문화

제3부 문화 속의 한국어 연구

제 1 부

인간, 그리고 언어와 문화

제1장 인류의 탄생과 언어와 문화

1. 인류의 탄생과 진화

선행 인류의 진화 단계를 살펴보면 약 6,000만 년 전에 사람과 원숭이의 공통 조상으로 추정되는 원시 영장류가 최초로 나타났다. 인류 진화의 초기 단계의 영장류는 여러 종으로 분산 진화하였고, 약 4.000만 년 전 첫 빙하기에 초기 영장류는 아프리카와 남부 아시아를 제외하고 멸종하였다. 그 후 인간과 침팬지의 공통 조상으로부터 약 600만~400만 년 전에 두 발로 걷는 선행 인류가 아프리카에서 발생하여 이후 많은 종으로 분화되면서 현생 인류가 나타났다.

동물의 역사와 구별되는 인류 역사는 약 700만 년 전에 시작되었고, 구별의 기준은 직립 보행이었다. 400만 년 전부터 직립 자세를 유지했던 종이 나타나면서 250만 년 전부터는 두뇌의 크기가 커지게 되었다. 이러한 특징을 갖춘 선행 인류로는 오스트랄로피테쿠스(australopithecus)와 호모 하빌리스(Homo habilis), 호모 에렉투스(Homo erectus)를 들 수 있다. 오스트랄로피테쿠스는 약 500만 년 전에 존재했고, 직립 보행과 간단한 도구를 사용하였다. 그리고 360만 년 전에 인간의 조상으로 추정되는 존재 루시(Lucy)가가 북아프리카에서 발견되었다.[1]

1 　루시(Lucy)라는 애칭으로 더 많이 알려진 약 360만 년 전의 고인류 오스트랄로피테쿠스 아파렌시

'손재주가 있는 사람'을 뜻하는 호모 하빌리스는 약 300만 년~250만 년 전의 화석 인류의 한 종이다. 뇌가 점점 커지면서 정교한 도구를 사용했던 특징이 발견된다.

　호모 에렉투스의 특징은 직립 보행이다. 약 170만 년 전에 동남아시아 자바섬과 중국 베이징에서 발견된 화석 인류로 아프리카에서 유럽과 중동에서도 산 것으로 추정된다. 호모 에렉투스는 불을 사용한 흔적들이 남아 있다.

　현생 인류의 진화 단계에서 인류와 비슷했던 종은 네안데르탈인(Neanderthalensis)을 들 수 있다. 그들은 호모 에렉투스의 후예로 볼 수 있으며 40만 년 전에 존재했던 것으로 추정된다. 네안데르탈인의 특징은 죽은 자를 매장하고 환자를 돌본 증거가 있고, 조잡한 석기를 사용했고, 사냥 기술도 취약했다. 현생 인류의 사촌쯤으로 여겨지고, 주 서식지는 유럽과 중동에 살았던 것으로 추정된다.

　지혜로운 인간이라는 뜻의 호모 사피엔스(Homo Sapiens)는 30~50만 년 전, 유럽에서 발견된 가장 오래된 인류의 증거이다. 두개골이 선행 인류보다 더 커졌고, 5~10만 년 전부터 언어를 사용했던 것으로 추정된다.

　네안데르탈인과 호모 사피엔스 사이에 공존 기간이 있었고 유전자의 결합이 있었을 것으로 추정된다. 호모 사피엔스가 언어를 사용했던 것으로 추정하는 이유는 폭스피2(FOXP2)라는 언어유전자가 발견되었기 때문이다. DNA조사에서 2~4%정도의 네안데르탈인 유전자가 유전된 것으로 보이는데, 머리숱, 피부색 등 생존에 도움이 되는 유전자를 물려받은 것이다. 이후 크로마뇽(Cro-Magnon)인 등 인류의 직계 조상인 호모 사피엔스 사피엔스(Homo Sapiens Sapiens)가 나타나게 된다.

　인류의 진화와 언어의 생성은 어느 날 갑자기 완벽하게 만들어진 것이 아니라 미완의

스는 최근 프라에안트로푸스 아파렌시스(*Praeanthropus afarensis*)라는 학명으로 개칭되었으며, 새로운 화석의 발견으로 최고(最古) 인류화석의 자리도 내주었다. 침팬지와 인간의 유전자 염기서열 차이는 약 1%에도 미치지 않지만, 그 미미한 차이가 무색할 만큼 둘은 분명 다른 모습이다. 유전자 분자시계 연구에 의하면 현재의 원숭이와 인간은 약 600~700만 년 전 공통의 조상으로부터 갈라져 나왔으며(Cameron, D.W. & Groves, C.P. 2004), 최근 발견되는 화석들 또한 이 시점에 근접하고 있다.

상태로 인간과 나란히 존재하면서 다듬어져 오늘과 같은 언어의 모습을 띠게 되었다는 것이 진화론 입장이다. 즉 언어는 인류 진화의 산물이라는 것이다. 언어가 인류 진화의 산물이라면 먼저 인류의 진화 과정을 알아야 언어의 발생과 진화 과정도 알 수 있게 된다.

지금부터 2500만~1500만 년 전에는 인간과 유인원은 분화되지 않은 상태였다. 아프리카와 남부 아시아에 분화되지 않은 인간과 유인원의 공동 조상인 라마피테쿠스(Ramaphithecus)가 살았는데 이 공동 조상은 반(半)직립 자세로 수상생활(arboreal life)을 한 것으로 보인다. 이들은 네 발로 나무를 오르내려야 했기 때문에 도구를 운반할 때는 입을 사용했을 것이다. 이때는 입이 도구 운반의 수단이었고 아직 언어의 기능을 담당하지 못했을 것이다.

그 후 기후가 건조해지고 밀림의 면적이 서서히 감소하면서 열대 밀림에 삶의 터전을 둘러싸고 구성원 간에 치열한 생존경쟁이 벌어진 것으로 짐작된다. 이 경쟁에서 승리하여 나무 위에서 생활을 계속하게 된 집단이 오늘날의 원숭이의 조상이며 이때 패배해 땅 위로 추락한 무리가 오늘날 인간의 조상이다. 그 시기는 대략 700만 년 전으로 인간과 유인원의 분화가 이루어졌을 것이다. 나무 위 생활에서 지상 생활로 전환하면서 인간의 조상들은 직립 보행을 하게 되고 그 결과 손을 자유롭게 사용할 수 있게 되었다. 이와 같이 직립 보행이 가능해지면서 자유로워진 두 손은 전에 입이 담당하던 도구 운반의 기능을 담당하게 되었다. 그 결과 자유로워진 입은 먹는 기능 이외에 말하는 기능까지 수행하게 되었을 것이다.

인류와 원숭이의 공통 조상이었던 초기 영장류(primates)는 눈이 얼굴 앞쪽에 있어서 입체적인 시각을 가졌으며, 엄지손가락이 나머지 손가락들과 반대 방향으로 마주보고 있어 물건을 감싸쥘 수 있었다. 그에 더해 인류의 조상은 두 발로 서고 걸을 수 있는 직립 보행이라는 혁신적인 보행 자세를 습득하였다. 그 결과 골반과 다리 구조를 그에 적합하도록 변형시키면서 초원의 수풀 속에서 적응하여 살 수 있도록 몸이 진화하였다. 한때, 인간의 지능 발달이 진화의 전부인 것처럼 인식되었다. 그러나 경이로워 보이는 두뇌 발달은, 직립하면서 보행으로부터 자유로워진 손을 적극적으로 활용하고, 육식으로 단백질 섭취를 늘리면서 두뇌가 성장하여 얻어진 부수적인 능력이었을 뿐이다.

또한 지상 생활로의 변화는 생활 양식도 바뀌었는데, 바로 집단적인 사냥을 할 수 있게 발달하였다. 그런데 집단적인 사냥은 구성원 간의 의사소통을 요구한다. 그 전에 입은 도구 운반의 기능을 담당하였는데, 직립 보행을 한 뒤로는 의사소통의 기능을 담당하면서 초보적인 언어가 생겼을 것이다. 왜냐하면 집단 사냥은 도구 운반의 방법이나 사냥물의 배분 등을 요구하였을 것이고 이때 의사소통으로 해결했을 것이기 때문이다. 그 후 인류문화가 발달하면서 인류 역사의 어느 단계에 이르러 입에 의한 초보 언어로는 구성원 간의 의사소통에 충분치 못하게 되면서 인류 역사에서 비교적 늦은 시기에 언어는 음성에 의미를 결합하는 양면성을 지니게 되었다. 말하자면 인간의 언어는 문자언어가 생긴 대략 5천 년 전보다 훨씬 이전인 5만 년에서 10만 년 이전에 초보적인 음성언어가 생겨난 것으로 추정한다.

2. 인류의 진화와 언어의 발달

인류의 진화 단계에서 두뇌가 발달하고 발성기관이 진화하면서 언어가 발달할 수 있는 조건이 형성되었고, 이는 언어를 적극적으로 활용하는 바탕이 되었을 것이다. 여러 발성기관이 음성을 만들어낼 수 있게 기반을 다졌고, 언어 지식을 저장할 두뇌의 용적이 늘어나면서 인간의 언어도 점점 진화하였다. 고릴라와 6만 년 전의 네안데르탈인의 두개골을 비교해 보면 네안데르탈인의 발성기관은 자음과 같은 소리 몇 개만 낼 수 있었고, 약 3만 5천 년 전의 호모 사피엔스사피엔스 두개골을 보면 현대인의 구조와 비슷해졌다.

인간이 직립 보행을 하면서 직립 자세와 관련이 있는 여러 가지 신체 구조가 진화로 이어져 인간이 생물학적으로 말하기에 적합하게 되었다. 직립 자세가 되면서 머리가 척추 위쪽으로 자리를 옮겼고 후두는 아래로 내려오게 되었다. 후두가 아래로 내려오면서 성대의 윗부분이 길어지게 되고 이런 변화는 다양한 음을 만들어내게 하는 울림통 역할을 하게 되었다. 성문의 위치가 내려가면서 구강에서 인두가 이어지는 모양이 ㄱ자로 되었다. 구강 구조가 관형 기관으로 형성되어 혀의 앞뒤, 높낮이를 변화시켜 다양한 소리의 발성을 가능하게 하는 발성기관으로 진화하였다. 턱과 치열이 V자형에서 U자ㅅ형으로 입의 공간이 넓어지게 되었고, 이런 넓어진 입의 공간은 다양한 음을 만들어 내는 것을 가능하게 했다.

몇몇 연구자들은 영장류(침팬지, 고릴라, 오랑우탄)에게 인간 언어를 가르치려는 노력을 계속해 왔다. 그러나 이들 영장류는 수백 개의 단어 정도 이해하기는 했지만 인간과 같은 창의적인 언어생활을 하지는 못하였다. 생물학자들은 이러한 이유를 인간의 후두가 원숭이에 비해 낮은 위치에 있어서 말소리를 낼 수 있다고 주장하고 있다.

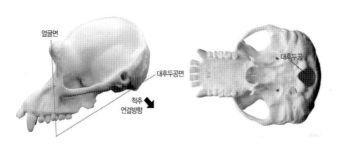

[그림 1] 유인원의 구강구조

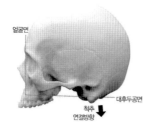
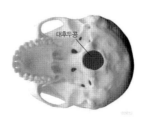
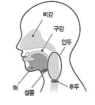

[그림 2] 인류의 구강구조

언어 지식을 저장하고 언어체계를 구성하게 하는 두뇌도 진화하였다. 진화의 증거를 두뇌의 크기로 유추할 수 있다. 두뇌의 평균 크기는 선사시대 대략 200만 년 전의 500~600cc에서 1400cc로 크게 증가하였다. 두뇌 용적의 증가는 직립 자세로의 전환과 관련이 있다. 반직립 자세에서는 목에 의해서만 지탱되던 머리가 직립 자세로 전환하면서 목과 척추로 지탱하면서 두개골의 공간이 더욱 넓어지고, 이는 두뇌가 어느 정도 자유롭게 커질 수 있는 여건이 마련되었다. 이러한 이유로 두뇌의 크기가 커졌을 것이다.

인간의 언어는 위에서 언급하였듯이 여러 방면으로 볼 때 진화의 산물이다. 두뇌가 커지고 복잡해지면서 의미 체계의 습득을 가능하게 하는 두뇌의 진화와 성문이 하강하여 음성 체계의 습득을 가능하게 하는 발성기관의 진화가 어우러진 시점에서 인간 언어의 기원을 찾을 수 있을 것으로 보인다.

최근 인간의 유전자를 토대로 언어의 기원에 관한 새로운 가설이 제기되었다. 전 세계 1백여 개의 유전자 지도로부터 전 세계인의 계보를 추론할 수 있게 된 것이다. 이 가설에 따르면 유전자와 언어 사이에는 직접적인 상관관계는 없지만, 어족과 생물학적으로 구분되는 민족은 선사시대에 동일한 사건의 영향을 동시에 받아 나뉘어 졌다고 한다. 유전학자들은 현생 인류가 아프리카에서 출현해서 10만 년에서 6만 년 전 사이에 각지로 뻗어나갔을 것이라고 추정한다. 이 가설에 따르면 우리의 조상은 오늘날 사용되는 모든 언어들의 공통적인 기원이 되는 언어, 즉 '진정한' 언어를 사용했을 것이다. 몇몇 언어학자들은 6만 년 전 이래로 지금까지 언어의 보편적 특성이 변화해 왔다는 근거는 없다고 주장하며 이 학설에 동조한다. 이처럼 현생 인류가 언어의 출현과 밀접하게 관련되어 있다는 것은 알고 있지만, 역설적으로 언어의 출현이란 사건 자체에 대해서는 밝혀진 바가 거의 없다(랑카 비엘카·롤랑 브르통, 2004:31-32).

인류의 언어 능력을 실현시킬 수 있었던 조건으로 언어유전자인 '폭스피2(FOXP2, Forkhead box P2)'를 들 수 있다. 인류는 이 언어유전자로 언어 능력과 학습 능력을 비약적으로 향상시킬 수 있었다. 이렇게 발생한 언어는 인류가 집단화와 사회화를 이루는데, 중요한 기능을 하게 되었고, 그 결과물인 문화를 전승시킬 수도 있었다.

인간 언어와 관련된 유전자란 무엇인가? 2001년 영국인 가계의 유전자를 분석해 본 결과 연구자들은 '폭스피2(FOXP2)'가 인간의 언어 구사에 중요한 역할을 한다는 사실을 밝혀냈다. 사실 폭스피2는 인간뿐만 아니라 다른 포유동물도 가지고 있다. 그런데 왜 인간만이 말을 할 수 있을까?

막스 플랑크 진화인류학연구소와 옥스퍼드 대학의 웰컴 트러스트 센터의 연구원들은 폭스피2의 돌연변이 결과에 주목하였다. 즉 인간이 가진 언어유전자 폭스피2는 오랜 진화 과정에서 돌연변이가 나타났고, 그 결과 지금과 같은 정교한 언어구사 능력을 갖게 되었다고 한다.

폭스피2 유전자는 총 715개의 아미노산 분자로 구성되어 있는데, 인간은 쥐와는 3개, 침팬지와는 단지 2개만 다르다고 한다. 이러한 미세한 차이가 단백질의 모양을 변화시켜 얼굴과 목, 음성 기관의 움직임을 통제하는 뇌의 일부분을 복잡하게 형성하였다. 그 결과 인간과 동물의 언어 능력에 엄청난 차이가 발생하게 되었다.

이런 유전자 변화는 인류가 침팬지로부터 갈라져 나온 뒤 고착된 것이다. 연구자들은 폭스피2의 변화는 인류가 진화하는 과정에서 일어났으며, 인류가 말을 할 수 있게 된 이유를 설명하는 최상의 유전적 변화라고 지적한다.

결국 말하는 데는 언어유전자가 결정적인 역할을 한다. 원숭이들은 인간이 가진 언어 유전자를 갖고 있지 않기 때문에, 인간과 같이 뇌에 브로카 영역이 존재하는데도 불구하고 말하는 능력이 없다. 또한 인간이 원숭이에게 말을 가르치려는 온갖 시도에도 불구하고 원숭이들이 계속 실패하게 되는 이유가 언어유전자가 없기 때문이다.

[표 4] 침팬지에 대한 언어 습득 연구

침팬지명	연구자	연구 내용과 결과
구아 Gua	Kellogg(1933)	말을 시키지는 않았고, 말을 알아듣도록 가르침. 16달 만에 약 100개 어휘를 구별함.
비키 Viki	Hayes(1952)	발성 능력을 시험, 소리를 배우게 함. 겨우 'mama', 'papa' 등 서너 단어만 실현.

와슈 Washoe	Gardner(1969)	두뇌력 시험, 수화(American Sign Language)를 가르침. 한 살부터 14살이 되어 약 250개 기호를 사용, 두 개의 기호를 결합하여 사용하기도 함.
님침스키 NimChi msky	Terrace(1979)	두뇌력시험, 수화(American Sign Language)를 가르침. 4년 만에 125개 기호 습득, 두 기호 결합하여 일종의 문장을 1,300여개 생성.
사라 Sarah	Premacks (1972)	언어기호의 자의성에 대한 시험, 모양과 색에 있어서 실물과 전혀 닮은 데가 없는 플라스틱 기호 사용, 몇 개의 기호 연결하여 문장을 만듦.

다시 말해, 사람의 경우 폭스피2에서 두 개의 아미노산이 돌연변이를 일으켰고, 그 결과 인간은 혀와 성대, 입을 매우 정교하게 움직여 복잡한 발음을 할 수 있는 능력을 얻게 되었다. 두 개의 변이를 제외하면 인간과 다른 동물의 폭스피2는 거의 똑같다.

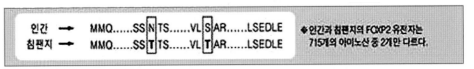

[그림 3] 인간과 침팬지의 언어유전자(FOXP2) 비교(김선영·김영주, 2003.10.6.)

사실 아직은 이 언어유전자의 역할이 정확하게 밝혀진 것은 아니다. 단지 다른 유전자를 작동하게 하거나 작동하지 않게 하는 것으로 보고 있는데, 이를 소위 마스터 유전자라고 부른다.[2]

폭스피2도 널리 알려진 마스터 유전자이다. 이 유전자는 언어유전자 또는 문법 유전자라는 별칭을 갖고 있다. 인류가 영장류의 침팬지나 고릴라와 달리 유창하게 의사소통을 할 수 있는 것은 이 유전자 덕분이라고 한다.

---

2 몇몇 과학자들은 폭스피2(FOXP2) 유전자 외에도 다른 여러 유전자들이 인간의 언어능력과 관련되어 있으리라 본다(https://en.wikipedia.org/wiki/FOXP2).

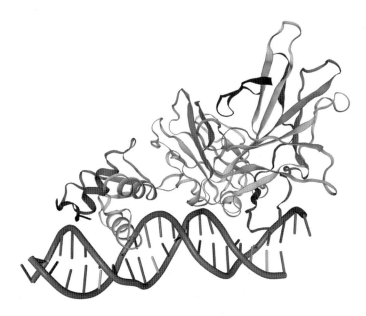

[그림 4] 폭스피2(FOXP2)의 리본 다이어그램
(http://en.wikipedia.org/wiki/FOXP2)

　폭스피2는 1998년에 영국에서 언어 장애가 있는 한 가족을 연구하다가 발견했다.[3] 그 가족은 이 유전자에 돌연변이가 일어나서 말하는데 쓰는 입과 얼굴의 근육을 제대로 움직일 수 없었고, 지능도 떨어졌다. 즉 이 유전자는 언어와 관련된 뇌 영역뿐 아니라 근육에도 영향을 미치는 마스터 유전자이다. 폭스피2는 뇌의 많은 영역에서 발현되며, 기저 신경절과 전두엽 피질을 포함하여 뇌 성숙과 언어 및 언어 발달에 필수적이다.

3　폭스피2(FOXP2)로 알려진 새로운 유전자에 대한 발견은 1998년 모나코 교수가 심각한 언어 및 언어 장애('KE'가족)를 가진 독특한 가족을 치료해 온 런던의 아동 건강 연구소(Institute of Child Health)에서 일하는 임상의들에 의해 시작되었다. 모나코 교수의 그룹이 당시 연구하던 언어 및 언어 장애를 가진 다른 모든 가족들과는 달리, 이 장애는 다양한 유전적 요인들의 상호 작용으로 인해 복잡한 방식으로 유전되어 있다. 즉 KE 가족의 장애는 단순한 방식으로 그리고 단일 유전자의 결함의 결과로 유전되었다.

폭스피2는 언어뿐 아니라 폐, 소화기관, 심장 등 여러 기관의 발달에도 관여하는 것으로 알려져 있다. 폭스피2 유전자는 다른 마스터 유전자와 마찬가지로 여러 유전자들의 활동에 영향을 미치는 전사 인자를 만든다. 그래서 마스터 유전자 역할을 한다고 본다.

이 같은 돌연변이가 일어난 시점은 현생 인류인 호모 사피엔스가 출현한 시점과 거의 일치한다. 폭스피2의 돌연변이는 12만~20만 년 전에 처음 일어났으며, 현재 인간이 가진 형태의 유전자 변형은 진화 과정 후기인 1만~2만 년 전에 완성돼 빠른 속도로 전파된 것이다. 사람만이 폭스피2 유전자의 급속한 진화를 거쳐 지난 20만 년 동안 언어가 퍼져나간 것으로 보인다. 이런 결과는 해부학적으로 볼 때 현생 인류의 등장이 20만 년 전이라는 고고인류학 연구와도 일치한다(한겨레 신문 KISIT의 과학향기, 2005.04.20.).

아직 이 유전자의 역할이 정확히 밝혀진 건 아니다. 다만 다른 유전자가 작동하도록 스위치를 켜거나 끄는 일을 하는 것으로 생각한다. 실제로 폭스피2 유전자에 이상이 있는 사람은 말하기와 문법 등 심각한 언어 장애가 생긴다. 언어 장애의 유형에는 주로 실어증을 들 수 있다.[4] 실어증에는 손상 부위에 따라 브로카(Broca) 영역의 손상으로 인한 비유창성 실어증이 있고, 베르니케(Wernike) 영역의 손상으로 인한 유창성 실어증이 있다. 다시 말하자면 폭스피2는 뇌에서 브로카 영역, 베르니케 영역과 더불어 언어를 생산하는 데 필요한 근육 등을 활성화하는 작용을 한다고 본다.

3. 인류의 역사와 문화의 시작

인류가 하나의 종으로 태어났을 때부터 1만 3천 년 전에 이르기까지 수백만 년에 걸친 각 대륙의 인류 역사를 간략하게 살펴보면 다음과 같다. 먼저 아프리카에서 인류와

---

[4] 실어증에는 브로카(Broca)실어증, 베르니케(Wernike) 실어증, 근육운동 실어증, 전도성 실어증이 있고 난독증, 난서증, 건망 실어증 등이 있다.

관련된 유인원의 화석 증거가 다량 발견되었다. 즉 인류 진화의 초기 단계가 바로 아프리카에서 시작되었음을 보여주는 증거이다.

마침내 인류의 역사가 시작된 것은 약 5만 년 전으로 볼 수 있다. 소위 '대약진의 시대'로, 이 시기에 표준화된 석가와 최초 보존되었던 장신구가 동아프리카 유적에서 출토되었다. 그리고 약 4만 년 전에 유럽에서 현생 인류로 볼 수 있는 크로마뇽인(Cro-Magnon)이 등장한다. 이들은 생물학적으로나 행동학적으로나 현재의 인류와 매우 유사하다. 이들은 안전한 거리에서 동물을 죽일 수 있는 효과적인 사냥 도구(작살, 투창기, 활, 화살)를 사용했으며, 코뿔소나 코끼리 같은 위험한 동물도 사냥할 수 있었다. 또한 끈(그물, 낚싯줄)을 발명하여 물고기와 조류 등도 잡아서 먹을 수 있게 되었다고 볼 수 있다. 이에 나아가 바느질 기술로 옷을 제작하게 되어서, 추운 기후에서 생존할 수 있었다. 또한 장신구와 매장 유골 혹은 동굴벽화(라스코 동굴벽화)를 통해 심미적으로 정신적으로 획기적인 발전을 꾀했을 가능성이 있다.

이러한 현생 인류가 국지적으로 기원한 후에 다른 지역으로 퍼져 다른 유형의 인류로 대체했다는 증거가 유럽에서 특히 뚜렷하다. 크로마뇽인은 우수한 무기를 비롯하여 각종 발달한 문화적 특성(언어의 본격적인 사용 포함)을 가지고 유럽으로 진출하면서, 그때까지 수십만 년 동안 유럽에서 중심 인류로서 진화해왔던 네안데르탈인은 그로부터 몇 천 년 이내에 자취를 감추고 말았다. 이 결과는 현대적인 크로마뇽인이 훨씬 월등한 기술 및 언어 또는 두뇌를 이용하여 네안데르탈인들을 감염시키거나 죽이거나 대체했음을 강력하게 암시하고 있지만, 이상하게도 네안데르탈인과 크로마뇽인 사이의 혼혈 증거는 거의 남아 있지 않다.

오스트레일리아 대형 동물군의 멸종은 인류사에 크나큰 영향을 미친 사건이다. 대약진 시기는 인류의 조상이 유라시아에 살기 시작한 이래 삶의 지리적 범위가 처음으로 크게 확대되었던 시기와 일치한다. 그때의 확대 범위는 당시 하나의 대륙으로 연결되어 있던 오스트레일리아와 뉴기니였다.

빙하기가 계속되는 동안 해수면이 낮아져서 오스트레일리아 뉴기니에 사람이 살게 되었다는 것은 곧 이동 수단인 배가 있었다는 증거로 볼 수 있다. 즉 눈에 보이지 않는 섬까지 건너갈 정도의 배와 항해술이 존재했다. 그리고 이 시기에 인간에 의해 최초로 대형 동물들이 대량으로 멸종하게 된다.

오스트레일리아 뉴기니의 대형 동물이 모두 사라진 것은 이후의 인류사에 크나큰 영향을 끼쳤다. 멸종으로 인하여 가축으로 삼을 만한 대형 야생동물이 모조리 사라졌고, 결국 오스트레일리아와 뉴기니의 원주민들에게는 토종 가축이 단 한 종도 남아 있지 않게 된 것이다.

네안데르탈인들은 크로마뇽인들처럼 바늘로 꿰매어 만든 의류, 따뜻한 집 등을 비롯하여 극한 기후에서 생존하는 데 필수적인 기술이 없었다. 한편 그러한 기술을 갖고 있었던, 현생 인류는 약 2만 년 전에 시베리아로 퍼져 나갔고, 유라시아의 털매머드와 털코뿔소도 인류의 팽창으로 멸종했을 것이다.

남북아메리카의 초기 인류가 살았던 시기를 기원전 12,000년 경으로 추정하는데 그 이유가 바로 알래스카 유적들이 있기 때문이다. 초기 시베리아인들이 베링 해협을 물길로 건넜거나 베링 해협이 마른 땅이었던 빙하기에 도보로 건너서 알래스카로 넘어간 것이다. 최초의 알래스카인들이 캐나다 만년빙이 녹은 시기에 생긴 통로를 이용해 대평원까지 들어가게 되었고, 그러한 흔적이 캐나다의 에드먼턴시에 있는 유적으로 남아 있다.[5] 다음으로는 캐나다 국경 이남의 미국 및 멕시코 지역에서 기원전 11,000년 직전 몇 세기 동안의 것으로 추정되는 유적들이 많이 남아 있다. 후자에 속하는 유적들은 통칭 '클로비스 유적'이라고 부른다. 남북아메리카의 인류 기원을 알려주는 것은 바로 클로비스 유적이다. 뉴멕시코의 도시 클로비스에서 이름을 따온 클로비스 유적이 남북

---

5   극한의 추위에 대처하는데, 필요한 기술이 생긴 것은 4만 년 전 해부학적 현생 인류가 유럽에 진입한 시기였고 시베리아에 사람이 살게 된 것이 그로부터 2만 년 후였다. 결국에는 그 초기 시베리아인들이 베링해협을 물길로 건넜거나 베링해협이 마른 땅이었던 빙하기에 도보로 건너서 알래스카로 넘어갔던 것이다. 현생 인류에게는 알래스카와 파타고니아 사이에 남아 있던 최후의 거대한 장애물이 사라진 셈이다.

아메리카 곳곳에서 발견된다. 클로비스 유적들은 그때부터 남북아메리카에 처음으로 사람이 살았으며 그 사람들은 급속히 증가하고 확산되면서, 두 대륙에 두루 퍼졌음을 입증하는 것으로 추정된다. 클로비스 수렵민들은 최초의 아메리카인이었을까? 남북아메리카에서 클로비스 시대 이전의 증거가 부족한 것은 유럽에서의 강력한 증거와는 대조된다.

남북아메리카로 남하하던 수렵인들은 그랜드캐년 일대에 도착했고, 인간을 처음 마주한 대형 동물들을 쉽게 사냥할 수 있음을 알게 되었다. 이로 인해 많은 대형 포유류 종들이 멸종했고, 이는 아메리카 원주민들이 가축화할 수 있는 대형 야생 동물들의 대부분을 잃게 되는 결과를 낳았다. 남북아메리카에는 기원전 11,000년 경부터 처음으로 사람이 살기 시작하여 곧 대륙 전역에 퍼졌을 것으로 추정한다. 사람이 살 수 있는 다섯 대륙 가운데 남북아메리카에서는 선사시대의 인류 역사가 가장 짧았다.

오스트레일리아 뉴기니의 대형 동물의 멸종과 비슷한 방식으로 남북아메리카의 대형 동물들이 멸종되었다. 그 결과 인류의 주거가 가능한 5개의 대륙(유라시아, 남아메리카, 북아메리카, 오스트레일리아 뉴기니, 아프리카) 중에서 대형 동물이 살아남은 곳은 딱 2개의 대륙인 유라시아와 아프리카이다. 대형 동물이 살아남아 이후에 이 지역에서는 동물의 가축화가 일어나게 된 것이다.

구석기시대의 빙하기가 끝나고 기후가 따뜻해지면서 동식물의 생활환경이 바뀌었다. 또한 신석기 시대의 인류 생활은 새로운 환경에 적응하는 양상을 보였다. 특히 중동 지역을 비롯해서 인간 생활에 유리한 몇몇 지역에서는 약 일만 년 전부터 야생식물을 재배하고, 야생동물을 길들여 사육을 시도하였다. 인류 생활에 있어서 농경과 목축은 자원의 약탈경제를 생산경제로 바꾸는 계기가 되었다. 그러나 초기의 원시 농경에는 쟁기를 사용하지 않고, 극쟁이, 따비, 괭이 등 도구를 사용하였다. 사육동물은 있었지만, 그것이 짐과 쟁기를 끄는 힘의 원천이나 중요한 식료의 원천으로 이용되지는 않았다. 따라서 원시 농경은 생산력이 높지 않았다.

동물의 힘을 이용하여 쟁기를 사용하는 집약 농경시대에 이르러 비로소 농업생산력이 높아졌으며, 식량을 다량으로 생산하여 남길 수 있었다. 이와 같은 농업에 의한 생산기술의 개발을 고든 차일드(Childe, V. G.) 같은 고고학자는 신석기시대의 혁명(neolithic revolution)이라고 말하고 있다. 그 이유는 이 시대의 문화가 그때까지 전혀 없었던 새로운 생활양식으로 들어가는 전환의 계기를 마련해 주었기 때문이다. 집약농경을 시작하면서부터 인간은 한 지역에 정착하여 농업촌락을 이루게 되었고, 사회의 규모도 커졌으며 토기도 사용하게 되었다.

목축은 주로 농사를 짓기 어려운 건조지대나 반(半)건조 지대에서 이루어졌다. 그러한 곳에서는 사육동물이 한번 목초를 뜯어 먹으면 다시 자라는데 오랜 시간이 걸리고, 사람과 동물이 마실 수 있는 물도 흔하지 않았기 때문에 목축민은 목초와 물을 찾아 이동하는 것이 특징이었다. 목축 사회는 농경 사회에 비하여 생산력이 낮고 사회의 규모도 작다. 그리고 대부분 목축민들은 자급자족을 할 수 없기 때문에 농경민에 의존하면서 교역 관계를 맺고 있었다. 또 목축민들은 계절적으로 이동 생활을 했기 때문에 지도자의 지도력이 강하고 목축민의 기동력이 빠를 뿐만 아니라 자치와 단결의 사회적 특징도 있었다.

농경과 목축으로 인하여 식량의 잉여 생산이 이루어지자 부의 축적이 가능하게 되었으며 분업화와 전문화, 교역이 발생하였고 계급이 발생하였다. 이때부터 농업이 아닌 분야의 전문직에 종사하는 사람들은 농업에 의존하지 않고도 생활할 수 있게 되어 교역이 편리한 곳으로 모여 살게 되었다.

한편, 인구가 증가하면서 사회조직과 정치제도가 복잡해졌다. 기존에는 가족을 단위로 하여 집단생활을 하던 사람들이 같은 조상의 자손끼리는 서로 혼인하지 않는 족외혼의 범위로 혈연을 중심으로 한 씨족공동체를 형성하였다. 그리고 특유한 문화와 지역적인 특징을 가지고 정치적으로 독립된 지연 중심의 부족사회로 성장했으며, 다시 여러 부족들의 세력이 충돌하면서 지배, 복종 관계에 의해서 부족연맹체를 이루었고, 더 나아가 고대국가를 형성하게 되었다. 그와 같은 고대국가가 집약적인 농업을 더욱 발전시키기 위해서 많은 인력을 동원하여 대규모의 수리·관개사업을 전개하는 동안에 전제군주정치가 발달하게 되면서 고대문명이 출현하게 되었다.

지금부터 약 5,000여 년 전에는 문자가 발명되어 지식의 축적이 가능하게 되었고

야금술이 발달하여 보다 새롭고 편리한 도구와 용기(容器)를 제작할 수 있게 되었다. 또 바퀴가 발명되어 교통과 운수의 발달로 교역이 확대되었으며, 이에 따라 지역 간의 접촉과 문화교류가 많아지게 되었다. 그외 여러 가지 발명과 기술혁신을 포함한 도시혁명(urban revolution)이 일어나서 고대문명의 기틀을 마련하였다. 고대도시의 형성은 지금으로부터 약 5,000년 전에 이루어졌으며, 고대문명의 중심지가 구세계에서는 메소포타미아의 티그리스강과 유프라테스강 유역, 이집트의 나일강 하류, 인도의 갠지즈강과 인더스강 계곡과 중국 북부의 황허(黃河) 유역이었고, 신세계에서는 잉카, 마야, 아즈텍이 고대문명의 중심지였다.

이와 같이 고대문명의 출현은 신석기시대의 혁명인 농업을 바탕으로 하여 비옥한 농토와 물이라는 자연환경의 조건에서 시작되었다. 특히 관개와 수리 시설의 발달은 고대문명의 발달을 더욱 촉진시키는 작용을 하였다.

그렇다면 인류의 역사가 시작하면서 문화의 대약진을 촉발하게 된 원인은 무엇일까? 현생 인류의 표준화된 석기와 최초의 보존된 장신구 그리고 바늘, 송곳, 조각 도구, 작살, 투창기, 활, 화살, 그물, 낚싯줄, 덫 등과 같은 풍부한 인공유물과 라스코 동굴벽화, 조상(彫像), 악기 등과 같은 예술작품이 유물로 발견되었다는 점이다. 현생 인류의 골격과 두상이 말소리를 생산할 수 있도록 진화하였고, 원숭이에 비해 후두(喉頭)가 낮게 위치한 상태로 진화되면서 현대적인 언어를 위한 생체적 기반이 마련되었다. 이에 사회적 문화 생활에 필요한 소통의 도구인 언어가 필연적으로 탄생하면서 인간의 창의성을 구현하는 밑바탕이 된 것이다. 즉 인류의 역사에서 문화의 대약진을 촉발하게 된 원인은 인구가 증가함에 따라 사회조직과 제도가 복잡해지면서 소통의 도구인 언어의 탄생이 필연적인 과정이었던 것이다.

4. 인류의 문명과 문자 언어

　인류에게 말과 소리로 된 언어가 있었다. 언어란 '사상과 감정을 드러내어 의사소통할 수 있게 해 주는 수단'이다. 인간이 인간 사회에서 인간과 더불어 인간답게 살아가기 위해, 의사소통은 필수적이다. 문자가 없던 선사시대, 말에 표정과 손짓을 더하여 인류는 생각과 감정으로 전달했다. 그러나 말과 소리는 입에서 나오는 순간 사라졌다. 말과 소리는 시간과 공간을 초월할 수 없었다. 이러한 한계를 극복하기 위해 고안한 것이 바로 문자였다. 말과 소리는 문자로 기록되면서 생각과 감정을 모두 남기고 전승할 수 있게 되었다. 인류는 문자를 통해 소통의 범위를 점점 확장할 수 있었다. 곧 인류에게 역사시대가 열리게 된 것이다.

　머릿속 아름다운 곡조를 떠올린 작곡가나 터질 듯한 사랑의 감정을 지닌 젊은이가 그것을 드러내려 할 때 어떻게 하면 될까? 이들은 크게 두 가지 방법에 기댈 수 있다. 하나는 상대방에게 그것을 말로 하는 방법이며, 또 다른 하나는 연필을 잡고 시각으로 종이에 나타내어 보여주는 것이다. 전자를 음성언어[말]라고 하며, 후자를 문자언어[글(자)]라고 한다. 음성언어는 청각적인 소리 즉 음성으로 의사를 표현하는 것을 말하고, 문자언어는 시각적인 문자로 의사를 표현하는 것을 말한다.

　두 유형의 언어 중에서 인간에게 더욱 본연적인 언어는 말과 소리의 음성언어이다. 인간이 태어나서 먼저 배우는 것도 음성언어이며, 하루를 사는 데 음성언어에 기대어 말하고 듣는 일이 많은 것도 사실이다. 무엇보다도 음성언어는 자연스럽고 비의도적으로 배워가는 것임에 반해, 문자언어는 의도적인 노력에 의해 배울 수 있는 것이다. 그러므로 자연스러운 상태에서 인간은 음성언어를 가질 확률이 문자언어의 그것에 비해 가능성이 높다. 지금도 7,000종의 언어 가운데 문자를 가지지 못한 언어가 많은 것이 이를 증명한다.

　그런데, 인간은 문자를 가지려 하고, 그것을 배우려 하는 욕망을 보여 왔다. 인간이 문자를 읽고 쓰는 생활에 동참하게 되는 이유가 무엇일까? 그리고 일반인의 문자 생활은 언제부터 가능한 것이었을까? 문자의 발생 초기부터, 문자란 현재처럼 마음만 먹으면 쉽게 접근할 수 있는 의사소통 수단이었을까? 문자의 습득 및 사용, 그 효용성 등과 관련하여 여러 가지 의문이 든다.

문자는 음성언어에 비해서 훨씬 인위적인 의사소통 수단이다. 인위성이 크다는 것은 인간의 의도적인 노력이 요구되었다는 의미이다. 의도적 노력을 기울여 문자가 발생하고 발전해 간 과정을 통해 문자의 역할과 필요성, 그리고 인류에게 끼친 영향력을 생각해 보려고 한다. 특히 문자로 각종 정보를 얻는 현대인에게 문자 생활은 뗄 수 없는 관계에 있어, 문자 생활에 대한 단상은 현대인의 삶에 대한 중요한 시각을 열어 줄 것이다. 그러므로 우리는 문자의 역사는 곧 인류의 역사요, 인류 문명의 역사라는 것을 이해하는 것이 중요하다.

1) 문자와 문명

(1) 인류 문명의 씨앗과 싹이 된 문자

문명은 인간의 기술과 문화가 발전한 것이다. 인류가 이룩한 물질적, 기술적, 사회 구조적인 발전을 이르며, 자연 그대로의 원시적 생활에 상대하여 발전되고 세련된 삶의 상태를 뜻한다. 문자는 인류 문명이 시작된 이집트, 메소포타미아, 인도, 중국에서 나왔다. 왜 그곳에서 나온 것일까? 문명이 발달하기 위해서는 문자가 반드시 필요했기 때문이다. 문명이 시작된 곳은 모두 문자를 발명해서 썼다. 닭과 달걀의 선후를 따지듯이, 문자의 발명 이후 문명은 그 이전의 시간에 비해 더욱 빠른 속도로 발전하게 되었다.

(2) 문자로써 할 수 있는 일

수메르인들은 쐐기문자로 신전 소유의 곡식과 가축의 수를 점토판에 새겨 넣는 등, 거래를 비롯한 경제활동을 활발히 하였다. 경제활동의 증거로 '미쇼의 돌'이 있다. 미쇼의 돌은 유럽에 알려진 최초의 설형문자 유물로, 식물학자 미쇼가 1782년 이라크의 바그다드에서 구입하여 '미쇼의 돌'이라 한다. 이 돌은 원래 쿠두루(Kudurru)라 불리던 것으로, 농사짓는 땅의 경계를 표시하는 것이었다. 설형문자가 적힌 이러한 유물을 통해, 이 지역의 문자가 특히 경제 활동을 위해 활발히 쓰였다는 것을 알 수 있다. 또한 원통형 인장으로 사유 재산을 표시하기도 하였다. 인장은 굳지 않은 점토 위에 인장을 굴려 각인을 남기는 방법에 유용했는데, 이는 계약을 인정하는 빠르고 간단한 방법이었다.

한편 이 지역에서는 우편 제도가 발달하며 진흙으로 만든 봉투까지 생겨났다. 그리고 고대 신화에 등장하는 영웅 길가메시의 이야기로 「길가메시 서사시」를 남겼다. 세계에서 가장 오래된 서사시를 그들의 문자로 누렸던 흔적이다.

이집트에서는 상형 문자로 왕들의 관계를 정리하고, 왕족의 결혼이나 전쟁 등의 중요한 사건을 기록했다. 또 종교 예배 의식에 문자는 중요한 역할을 하였다. 대표적인 것으로 '사자의 서'가 있다. 이것은 장례식에 관한 내용을 모아 놓은 고대 이집트의 문서로, 죽은 사람을 내세에서 보호한다고 믿어, 주로 주문이나 마술 공식 등을 적어 무덤에 함께 넣었다. 이뿐만 아니라 문자로써 농업과 의약 관련 자료, 거래 물목 등을 기록하며 그들의 삶을 발전시켜 나갔다.

2) 알파벳, 문자의 혁명

(1) 배우기 쉬운, 신개념의 문자

이집트에서 문자 생활을 하는 사람은 1%에 불과했고, 간혹 그 1% 안에 포함되지 않는 왕도 있었다. 그런 연유로 이집트에서 필경사(筆耕士)는 정보를 독점하며 부와 권력을 한꺼번에 쥘 수 있었다. 그들의 사회적 지위는 그들이 벽화에 중심인물로 등장한 것만으로도 충분히 짐작할 수 있다. 그러면 99%의 사람들이 문자 생활을 하지 않은 이유는 무엇인가? 그 까닭은 문자 생활에 동참하기 어려웠던 데에 있다.

알파벳의 최대 장점은 문자의 수가 적어서 익히기가 쉬운 문자 체계란 점이다. 6,000개를 알아야 할 것을 30개 전후만 외우면 되는 문자 생활의 혁명이 일어난 것이다. 이는 이집트인이 사용한 수백 개의 상형 문자나, 기본자만 해도 1,000여 자가 넘는 중국의 한자에 비해 단순하고 명확하며 체계적이다.

(2) 세상을 바꾼 그리스 알파벳

알파벳으로 서양 문학사는 시작되었다. 2,800년 전, 그리스 사람들은 페니키아 상인들과 교역하면서 페니키아의 알파벳을 받아들였다. 그런데 페니키아와 그리스의 언어는 달랐고, 자음 위주인 페니키아 알파벳만으로는 그리스 말을 다 적을 수 없었다. 그러자 그리스인들은 다른 문자에서 글자를 빌려와 자기들의 모음 문자로 삼았다. 페니키아의 알파벳은 그리스로 와서 이제 자음과 모음을 다 적을 수 있는 완전한 알파벳이 되었다.

알파벳이 보급되면서 그리스 사람들은 문학 작품을 문자 생활로 누렸다. 문자로 시를 짓고 연극의 대본을 쓰고, 그것을 많은 사람들이 각기 다른 장소에서 문자를 통해 향유했다. 이는 음유 시인 아래에 모여 한 장소에서 문학 작품을 향유하던 것과 다른 풍경의 것이다. 이와 같은 경로로써 2,800년 전에 시인 호메로스의 「일리아스」와 「오디세이아」의 주인공은 오늘날 전 세계 사람들에게 알려져 있다.

그리스는 민주주의의 출발점이 되었다. 그리스에서 알파벳의 보급은 정치의 풍경을 바꾸게 된다. 문자 생활에 뛰어든 사람들은 타인과 지식과 정보를 공유하게 되었다. 그리스에는 야외 광장인 아고라가 있었다. 이곳에서는 장이 열리는 것만이 아니라 그리스 시민들이 모여 집회와 토론 등의 활동이 열렸다. 그러면서 중요한 정치적 문제에 대해 자신이 획득한 정보에 기반을 두고 판단하고, 이에 대한 의견을 표시하는 등 나라의 일에 참여하는 것이 가능하게 되었다. 모든 사람의 평등한 권리를 보장하기 위해 법전도 만들었다.

또한 오스트라콘으로 사회참여적 의사를 문자로써 표현하게 했다. 그리스에서는 시민들이 1년에 한 차례씩 민주주의를 위협하는 사람의 이름을 도자기 조각에 적어 냈다. 만일 한 사람의 이름이 적힌 도자기 조각이 6,000개가 넘으면 그 사람을 도시에서 쫓아냈다. 이처럼 민주정치 제도는 여러 사람이 읽고 쓸 수 있는 사회에서 가능한 것이다. 더 많은 사람을 정치에 참여시키며 민주주의의 토대를 마련한 것은 바로 알파벳 문자였던 것이다.

라틴문자는 서양 문명의 출발점이 되었다. 로마 제국 이전에 이탈리아에 살았던 왕국, 에트루리아 사람들은 예술적으로 우수한 소질을 가지고 있어, 건축과 종교 등 다방면에서 로마에 많은 영향을 끼쳤다. 이들이 그리스와 교역하면서 고쳐 쓴 그리스 알파벳이, 약 100년 뒤에 로마 사람들에게 전해졌다. 로마에서 그리스의 문자로 라틴말을 적게 된 것이다. 로마에서 쓴 이 26자의 문자를 로마자, 또는 라틴 문자라고 한다.

라틴 문자가 서양 역사에서 차지하는 비중은 아주 크다. 서양 문명의 근간인 그리스 문명을 서유럽에 전달한 것은 물론, 이후 이 문자가 서유럽 각국의 문자가 되었기 때문이다. 특히 기독교가 로마 제국의 국교가 되면서 성경책이 라틴어로 기록되어 퍼져 나갔고, 지금은 세상을 뒤덮은, 국제적으로 가장 널리 쓰이는 문자로 자리매김하고 있다.

탐구 과제

1) 현 인류가 탄생할 때 단일 지역(아프리카)에서 기원했다는 설과 여러 지역에서 동시에 기원했다는 설로 나뉘는데, 어떤 기원설이 더 적절한지 논의해 보자.

2) 네안데르탈인, 호모 하빌리스, 호모 에렉투스 등 다양한 종이 있었는데, 호모 사피엔스만 살아남은 이유가 무엇인지 논의해 보자.

3) 인류가 진화를 거듭하면서 발달하게 된 원인을 논의해 보자.

1. 문화의 정의

문화는 하나로 정의되기 어렵기 때문에 일상에서 여러 가지 의미로 사용되고 있다. 문화는 인간의 역사 속에서 형성되어 온 것이다. 문화는 인간의 역사가 진행해 오면서 끊임없이 변해 왔다. 그러므로 문화적 사고란 문화의 변화 가능성을 이해하는 것에서 비롯된다고 해도 과언이 아니다(김형곤, 2015).

에드워드 버넷 타일러[1]는 저서 『원시문화(原始文化)』(Primitive Culture, 1871)에서 문화란 '지식, 신앙, 예술, 도덕, 법률, 관습 등 인간이 사회의 구성원으로서 획득한 능력 또는 습관의 총체'라고 제시한 적이 있다. 이러한 고전적 정의를 토대로 이후 문화의 정의에 대한 많은 논의가 있었다. 그러한 많은 논의 결과 '문화'라는 어휘가 붙은 표현의 사용은 증가해 왔다. 문화란 단어가 지시하는 어휘의 앞에 붙어서 이루진 표현은 문화생활, 문화 수준, 문화제국주의, 문화유산, 문화재, 문화산업, 문화마케팅, 문화 정책, 문화 감각 등인데, 이들 표현들은 상대적으로 지시 범위가 명확하다고 느껴진다. 반면 문화란 단어

---

1   에드워드 버넷 타일러 경(Sir Edward Burnett Tylor)은 영국의 인류학자이다. 그는 종교와 관련한 애니미즘 이론으로 알려졌으며, 인류학 연구의 대상을 문화에서 찾았다. 그는 문화에 대한 최초의 고전적 학술적 정의를 시도한 사람이다(https://en.wikipedia. org/wiki/Edward_ Burnett_Tylor).

가 지시하는 어휘의 뒤에 놓인 경우로 인류문화, 일본문화, 포스트모던 문화, 식민지문화, 유럽문화, 음식문화, 기업문화, 대학 문화, 게이 문화, 사이버문화, 와인 문화, 흑인문화, 대중문화, 청소년문화, 여성문화, 노인문화, 성인문화, 주류문화, 화장실 문화, 교통 문화 등이 있다. 이들은 문화의 절대적 지시 영역이 명확하게 느껴지는 표현들이다.

화장실 문화, 교통 문화 등에서 쓰이는 문화라는 단어의 의미는 특정한 장소에서 특정한 행위를 할 때 지켜야 할 사회적 약속을 의미한다. 인간이 사회적 존재로서 한 사회의 구성원으로 성장한다는 것은 이러한 약속의 체계, 즉 문화를 받아들이고 익히는 것이라고 할 수 있다.

그러나 인간 생활과 밀착되어 상용(常用)되는 '문화' 표현이 과연 무엇인가에 관하여 아직까지도 이렇다 할 해답을 찾지 못하고 있다. 정작 문화의 문제는 문화인류학의 핵심 분야로서 일찍부터 문화인류학자들이 문화의 개념 정립에 열중해 왔으나, 여전히 뚜렷한 결론에 이르지 못하고 있다.

문화학자들 중 크로버(Alfred Kroeber)와 클루크혼(Clyde Kluckhohn)은 다양한 의미로 사용되어 온 문화의 개념을 주시하며 약 70여 년 전에 하나의 표준이 될 만한 정의를 내린 바 있다. 그들은 공저『문화: 개념과 정의의 한 비판적인 검토(Culture: A Critical Review of Concepts and Definitions)』(1952)에서 문화를 정의하는 방식을 6가지 주요 범주로 나누었다. 이러한 범주는 문화에 대한 다양한 접근 방식과 이론적 관점을 반영하며, 각 범주는 문화를 다루는 특정한 초점이나 특성을 강조한다. 그들이 언급한 166개의 문화 정의는 이러한 범주에 속하는 여러 다른 접근 방식을 포함하고 있다(Kroeber, A.L., & Kluckhohn, C., 1952).

(1) 기술적(Descriptive) 정의

이 정의는 1871년 타일러(Tylor, E. B., 1871)에서 출발하며 문화를 사회적 행동, 관습, 전통 등 사회 내에서 관찰할 수 있는 특정 현상들로 설명한다. 여기서는 문화가 사람들의 일상적인 활동과 실제 행동을 통해 어떻게 나타나는지에 중점을 둔다. 문화를 모든 사회생활을 포괄하는 한 가지로 보려 하고, 문화를 구성하는 다양한 영역의 목록을 만들고자 한다.

(2) 역사적(Historical) 정의

1921년 파크와 버지스(Park, R.E. & Burgess, E.W., 1921)는 "집단의 문화는 집단의 종족적 기질과 역사적 삶 때문에 사회적 의미를 가지게 된 집단 유산들의 전체 합과 조직이다."라고 하고 있는데, 이 진술은 세대를 가로질러 전달된 유산을 문화로 보고자 했다. 문화를 사회가 시간에 걸쳐 축적한 지식, 믿음, 예술, 법률, 도덕, 관습 등으로 설명한다. 이 접근 방식은 문화를 하나의 전달 과정으로 보며, 세대 간의 연속성을 강조한다.

(3) 규범적(Normative) 정의

문화를 규범, 가치, 규칙 등 사회 구성원들이 따라야 할 행동 양식과 기준으로 보는 관점이다. 이 정의는 문화가 어떻게 사회적 행동을 규제하고 지도하는지에 집중한다. 이에 대해 위슬러는 공동체나 부족이 추구한 삶의 형태를 문화로 간주한다. 또한 행동거지에 대해 가치의 역할을 강조한다. 토마스는 문화를 어떤 종족 집단이 야만적이든지 혹은 문명화되었든지 간에 그 집단의 물질과 사회적 가치라고 제안한 바 있다.

(4) 심리적(Psychological) 정의

문화를 개인의 정신과 사고방식에 영향을 미치는 내부적 요소로 묘사한다. 이 관점에서는 문화가 어떻게 개인의 인지, 감정, 태도를 형성하는지를 탐구한다. 즉 사람들로 하여금 소통하고 배우게 하거나 물질적인 욕망과 정서적인 욕구를 충족시키는 문제의 해결 장치로서 문화의 역할을 강조한다. 이는 학습, 습관, 적응, 문제 해결 등에 중점을 두고 있다.

(5) 구조적(Structural) 정의

문화를 상호작용하는 사회적 기관들 사이의 관계로 설명하는 방식이다. 이는 문화를 일종의 사회적 구조 혹은 패턴이나 조직 원리로 보며, 이러한 구조가 어떻게 개인 및 집단행동에 영향을 미치는지를 분석한다. 문화의 분리 가능한 측면들의 조직된 상호 관계를 지적하고 문화는 구체적인 행동거지와는 다른 추상이라는 사실을 강조한다.

(6) 발생적(Genetic) 정의

문화를 발전과 진화의 과정으로 보는 접근이다. 이 정의는 문화가 시간이 지남에 따라 어떻게 발전하고 변화하는지를 강조하며, 문화적 현상을 역사적이고 발전적인 관점에서 조망한다. 대상이 어떻게 존재하게 되었고 지속적으로 유지되는가 하는 관점에서 정의를 내렸다. 문화를 인간 상호작용에서 발생하는 것으로 혹은 세대 간 전달의 산물로서 지속적으로 존재하는 것으로 설명한다.

두 인류학자가 이러한 다양한 접근 방식을 통해 문화가 복잡하고 다차원적인 현상임을 강조하면서, 어떤 하나의 정의로는 문화를 완전히 설명할 수 없다는 점을 밝히고자 했다. 그들의 연구는 문화 연구에 있어 중요한 기초를 마련하였으며, 후속 연구자들에게 문화를 다각도에서 이해하고 분석할 수 있는 토대를 제공했다. 그러나 문화에 대해 내린 무려 166여 개 정의들의 상이함을 검토하였으나, 결론적으로 얻은 문화의 정의마저 결국 인류학사에 또 하나의 추가적인 정의로 끝나고 말았다.

이후 50년가량 지난 후 존 볼드윈(John Baldwin), 산드라 포크너(Sandra L. Faulkner), 마이클 L. 헥트(Michael L. Hecht), 셰릴 L. 린슬리(Sheryl L. Lindsley)의 『문화 재정의: 학문 전반에 걸친 관점(*Redefining Culture: Perspectives Across the Disciplines*)』(2006)은 1952년의 크로버와 클락혼이 내린 문화의 정의 이후에 출현한 문화를 313개의 다양한 정의로 분석하고, 이를 7가지 주요 테마로 분류하여 설명하고 있다. 이러한 분류는 문화가 어떻게 다양한 학문적 관점에서 이해되고 있는지를 보여주며, 문화 연구에 대한 통합적인 접근 방법을 제안한다.

(1) 문화는 무엇인가 학습된 것이다(Culture as Learned).

문화는 주로 사회화 과정을 통해 학습된다고 보는 관점이다. 그것은 공동체 내에서 사회화와 교육을 통해 개인이 문화적 지식, 행동, 태도 및 기술을 습득하는 과정에 중점을 둔다. 여기에는 문화적 규범과 가치가 한 세대에서 다른 세대로 전달되어 개인이 세상을 인식하고 상호 작용하는 방식을 형성하는 방식이 포함된다.

(2) 문화는 무엇인가 공유된 것이다(Culture as Shared).

문화는 공동체 내에서 공유되는 것으로, 공통의 가치, 신념, 규범을 포함한다. 이는 구성원들이 공유하는 언어, 상징, 의미 체계를 통해 표현된다. 문화의 이러한 공유된 측면은 공동체 구성원들이 효과적으로 의사소통하고 사회적으로 조정된 방식으로 행동할 수 있도록 한다. 공유 문화는 구성원에게 정체성과 소속감을 제공하며 공통의 관행, 전통 및 언어로 나타난다.

(3) 문화는 행동을 포함한다(Culture as Behavior).

이것은 문화를 특정한 행동 패턴이나 관습으로 보는 점을 강조한다. 여기서는 문화가 구체적인 행동을 통해 나타나며, 이러한 행동들은 그 문화의 구성원에 의해 반복적으로 수행된다. 여기에는 사람들이 일을 하는 방식, 의식, 문화적 규범에 의해 형성된 일상 활동이 포함된다. 이 관점은 특히 문화적 규범이 다양한 사회적 상황에서 개인이 행동하는 적절한 방식을 지시하는 방법에 관심이 있다.

(4) 문화는 의미를 포함한다(Culture as Meaning).

문화는 사람들이 세상을 해석하고 이해하는 데 사용하는 의미 형성의 체계라는 관점을 강조한다. 이는 언어, 상징, 그리고 기타 의사소통 수단을 통해 그들의 경험에 의미를 부여하는 과정이다. 사람들이 문화적 렌즈를 통해 자신의 삶과 주변 세계를 해석하고 이해하는 방법을 다룬다. 이 주제는 사람들이 자신의 경험과 사회적 현실에 의미를 부여하기 위해 사용하는 상징, 언어 및 내러티브를 탐구한다.

(5) 문화는 행위로서 존재한다(Culture as Doing).

문화는 일상생활에서의 활동과 행위로 나타난다. 이 관점에서는 문화가 단순히 배경이나 맥락이 아니라, 구성원들의 적극적인 참여와 실천을 통해 존재한다. 이 접근법은 문화의 적극적이고 역동적인 성격을 강조한다. 이러한 의미의 문화는 문화적 정체성과 가치가 제정되고 강화되는 관행, 공연 및 활동을 통해 표현된다. 그러므로 사람들은 자신의 행동에 적극적으로 참여하고 문화를 생산하는 방식에 관심을 가진다.

(6) 문화는 자원이다(Culture as a Resource).

문화는 구성원들이 자신의 목표를 달성하기 위해 활용할 수 있는 자원으로 간주된다. 문화를 자원으로 보는 것은 문화의 공리주의적 측면을 강조한다. 이는 문화적 자원이 사회적, 경제적 목표를 이루는 데 사용될 수 있음을 의미한다. 문화적 지식과 역량은 개인과 집단이 특정 목표를 달성하고, 문제를 해결하고, 사회적, 직업적 환경을 탐색하는 데 사용하는 자원이 될 수 있음을 시사한다. 이러한 관점에는 사회적 이동성이나 경제적 이득을 위해 문화자본을 활용하는 것이 포함될 수 있다.

(7) 문화는 역동적이다(Culture as Dynamic).

이것은 끊임없이 변화하고 진화하는 문화의 본질을 뜻한다. 문화가 계속적으로 변화하고 발전하는 것으로 보며, 내부적 및 외부적 요인에 의해 지속적으로 변형되고 적응한다는 점을 강조한다. 그것은 정적이거나 동질적인 문화의 개념에 도전하고 내부 역학 및 외부 영향에 대한 반응으로 문화적 변화와 적응 과정에 중점을 둔다. 이 관점은 문화가 고정되어 있는 것이 아니라 다른 문화와의 상호 작용과 세계적 변화에 대한 대응을 통해 끊임없이 재창조되고 변형된다는 생각을 수용한다.

각 테마는 문화가 어떻게 구성되고, 사회 내에서 어떤 역할을 하는지를 구체적으로 탐구하며, 문화의 역동성과 다차원성을 강조한다. 그들은 문화를 단순히 사회 내에서의 하나의 현상이나 속성으로 보기보다는, 인간의 사회적 상호작용, 의사소통, 학습, 정체성 형성 등에 깊이 관여하는 중요한 요소로 간주하고 있다.

영국의 문화연구자인 레이먼드 윌리엄스(Williams, R., 1983)는 '문화'를 "영어 단어 중에서 가장 난해한 몇몇 단어 중 하나다"라고 했다. 윌리엄스는 문화를 넓은 의미에서 세 가지의 차원으로 정의했다.[2]

첫째, 정신문화이다. 혹은 의식 문화, 관념 문화라고도 한다. 문화는 '지적·정신적·심미적 능력을 계발하는 일반 과정'을 일컫는다. 이를테면 서유럽의 문화 발전을 얘기하면서 그중 지적이고 정신적이며 미학적인 요소들에 대해서만 언급하는 경우이다. 위대한 철학자나 화가·시인들을 언급하는 사례가 이에 해당된다고 할 수 있다. 이 차원은 심리, 도덕, 종교, 미학, 음악, 문학, 회화 등 이론화되거나 대상화된 의식 영역을 포함한다.

둘째, 제도문화이다. 문화는 '한 인간이나 한 시대, 혹은 한 집단의 특정한 생활 방식'을 가리킨다. 이 정의에 따르면, 지적이고 미학적인 요소만이 아니라 교육 정도나 여가·스포츠와 종교적 축제까지 포함하게 된다. 크리스마스 축제나 청년 문화 등이 이에 해당된다고 할 수 있다. 이 차원은 노예 제도, 봉건 제도, 자본주의 제도, 사회주의 제도 등 사회 형태와 사회 성질을 반영하는 제도와 정치 제도, 가족 제도 등 각종 구체적 제도 포함, 생산 관리 제도나 상벌 조례 같은 갖가지 규범 및 헌장 제도도 나타나고 있다.

셋째, 물질문화이다. 문화는 '지적 산물이나 지적 행위, 특히 예술 활동'을 가리킨다.

---

2   위키피디아(Wikipedia)에서 '문화(Culture)'에 대한 정의는 세 가지로 요약이 가능하다. ①예술과 인간성, 또는 고급문화로 알려진 것에서 심미안의 우수성 ②인간의 지식, 믿음, 그리고 상징적인 사고와 사회적 학습의 능력에 따른 행동의 통합된 패턴 ③제도, 조직 혹은 집단에 대해 특성을 부여하는 일련의 공유된 태도, 가치, 목표, 관습들을 의미한다.

이는 의미를 나타내거나 생산하는 혹은 의미 생산의 근거가 되는 것들로 그 주된 기능을 하는 텍스트나 문화적 행위를 지칭한다. 시나 소설·발레·오페라 등이 이에 해당되고, 텔레비전 프로그램·음반·영화·애니메이션 등 대중적인 미디어를 통해 나타나는 텍스트들도 포함된다. 이는 의식 문화를 담는 그릇으로 건축, 조경, 복식, 음식 등의 물질 형태를 지칭하는데, 이는 정신적 요소와 긴밀하게 결합되어 있어 일정한 문화적 내포를 지닌다.

문화의 정의가 다양하듯이 문화라는 단어는 현실 세계에서 다양한 용도로 혹은 다양한 개념으로 사용되고 있다. 신세대 문화, 청년 문화, 노동자 문화 등에서 쓰이는 '문화'라는 단어의 의미는 특정한 집단에 공통적으로 존재하는 사고방식이나 행동 양식, 내·외적으로 표상하는 취향 등을 말한다.

문화를 정의하는데 필요한 핵심어는 인간, 집단(그룹화), 시간(통시적 기준), 공유(공시적 기준), 생각(행동화), 습관(패턴화)이다. 자연 및 동물(인간 제외)과 대비되는 개념으로의 인간으로 내적으로는 귀족에서 대중까지 두루 포괄한다. 집단은 민족이나 사회조직으로 기업, 학교, 교회 등이다. 청소년 집단, 여성 집단 등으로 볼 수 있고, 축구 동아리나 여행 동호회와 같은 기타 소모임도 포함한다. 다음 시간의 길이는 상대적이지만 지속하는(통시적) 시간을 말한다. 시간의 지속에는 단기지속, 중기지속, 장기지속이 모두 해당된다. 공유는 집단(그룹)의 다수가 함께(공시적) 지니고 있는 요소를 말한다. 공유하는 요소란 생각과 행동으로 추상적인 행위와 구체적인 행동을 모두 포함할 수 있다. 함께하는 삶의 습관(관습, 패턴)도 포함된다. 결국 하나의 문화 속에서 성장한다는 것은 그 문화의 기본적인 가치나 여러 특질들을 너무나 자연스럽고 당연한 것으로 여기게 되는 것으로 즉 의문을 품지도 않고 질문도 하지 않게 되는 것을 의미한다.

2. 문화의 어원 및 개념

서양에서 문화(culture)라는 개념은 '(밭을) 경작하다, 가꾸다' 혹은 '(신체를) 훈련하다'

등을 의미하는 라틴어 동사 'colo(형용사 cultus, 명사 cultūra)'에서 나온 것이다. 즉 문화는 원래의 자연을 가꾸어 만든 산물 또는 그러한 행위 양식을 의미한다. 문화는 인류가 오랜 유목 생활을 끝내고 정착적인 농경 생활에 접어들었을 때 형성되기 시작했다고 볼 수 있다(원승룡, 2007). 각종 도구를 사용해 자연을 변형하고 개량해 만들어진 인간적 세계가 문화인 것이다. 이러한 문화는 세대에서 세대로 지속되고 보존되는 것이기도 하다.

한(漢) 문명권에서 쓰는 '문화(文化)'란 용어는 독일어 'Kultur'나 영어와 프랑스어의 'culture'의 번역어다. 이 용어는 라틴어의 'colo(경작하다, 가동하다, 완성하다)'에서 비롯되었는데, 경작, 재배, 배양, 교양, 수양 등 다양한 뜻을 가지고 있다. 따라서 문화란 단어를 어원적으로 풀이하면, 인간의 기술과 노동(경작과 가공)에 의해 토지의 자연 상태를 변화시켜 더욱 좋은 열매(농작물)를 얻음으로써 인간 생활을 풍족하게 한다는 뜻이 담겨져 있다.

서양과 동양에서 사용된 문화의 개념은 자연과 대비되는 개념을 담고 있다. 문화는 자연 상태의 어떤 것에 인간적인 작용을 가해 그것을 바꾸고 새로운 것을 창조하는 과정에서 나온 것이라고 할 수 있다. 딱지치기와 같은 놀이도, 축구와 같은 스포츠도, 오페라와 같은 예술도 모두 인간의 작용에 따라 창조된 것으로 문화라고 할 수 있다. 즉, 인간이 만들어 낸 모든 역사적 산물이 문화가 되는 것이다. 이런 의미에서 문화에는 정치, 경제, 법과 제도, 문학, 예술, 도덕, 종교, 풍속 등 모든 인간적 산물이 포함된다고 할 수 있다.

비록 아직까지 공인된 최종 정의를 찾아내지는 못했지만, 이때까지 내려진 많은 정의를 크게 두 가지로 유형화할 수 있다. 즉 이른바 총체론적 관점(totalist view)과 관념론적 관점(mentalist view)이라는 두 가지 시각에서 기존 정의들을 개괄할 수 있다.

총체론적 관점에서 본 문화는 특정한 인간집단이 향유하는 생활 양식의 총체(totality)를 말하는 것이다. 타일러가 정의한 문화라는 개념 속에는 인간 고유의 것으로 인간이 환경에 적응하는 과정에서 축적한 지식으로서의 도구·기술·사회조직·언어·관습·신앙·도덕 등 생활 양식의 복합체로 규정하고 있다. 이러한 관점에서 문화는 관찰할 수 있는 가시적 생활영역을 총체적인 관점으로 망라하고 있다. 총체론적 관점은 또한 적응 메커니즘으로서의 문화의 기능적인 중요성을 강조하고 있다. 즉, 인간은 문화적인 수단을 통하여 그들을 둘러싸고 있는 환경에 적응하면서 생을 영위한다. 생활 과정에서 그들은 많은 효과적인 지식들을 터득하고 여러 세대를 거치면서 이런 지식들을 축적한다. 이렇게 환경에 적응하는 과정에서 축적된 지식들로서의 도구, 기술, 사회조직, 언어, 관습, 신앙 등의 복합 총체를 '문화'라고 부르고 있다. 이런 입장에서의 문화는 외계에 있는 사물 및 사건들, 즉 관찰될 수 있는 현상의 영역을 가리키고 있다는 점이 다음에 언급할 관념론적 관점과 다르다.

관념론적 관점은 문화를 주로 주관적인 측면에서 개념을 고찰하고 있다. 미국 인류학자 와드 굿이너프(Ward H. Goodenough, 1961)의 주장에 의하면, 문화란 사람의 행위나 구체적인 사물 그 자체(patterns of behavior)가 아니라 사회 성원들의 생활 양식이나 행위를 규제(patterns for behavior)하는 관념체 또는 개념체라는 것이다. 즉 그에 따르면 문화란 사람의 행위나 구체적인 사물 그 자체가 아니라 사람들의 마음속에 있는 모델이요, 그 구체적인 현상으로부터 추출된 하나의 추상에 불과하다. 한 사회의 모든 구성원들이 꼭 똑같이 행동할 수는 없다는 점은 분명하다. 즉 그들 각자가 외계의 사물에 대해 어떻게 인식하는지, 어떻게 느끼고 어떠한 태도로 임하는지 또한 그것에 대해 어떻게 행동하는지는 꼭 같을 수가 없다.

관념론적 견해로 본 문화는 도구, 행동, 제도 등을 포함하지 않고, 단지 우리가 관찰할 수 있는 바의 그런 행동으로 이르게 하는 기준, 표준, 또는 규칙을 문화라고 부르고 있다. 예컨대 한국 사람들의 조상 제사와 도자기 그 자체는 한국 문화가 아니지만, 그것을 가능케 한 관념 체계 및 개념 체제가 곧 한국 문화라는 것이다. 이렇게 본다면 관념론적 견해를 가진 사람들은 앞에서 살펴본 총체론적 견해로 본 문화 중에 단지 한 부분만을 떼어내어 문화라 부르고 있음을 알 수 있다. 여러가지 품사나 언어자료를 이용한 실제적인 언어 행위가 총체론적 관점에서의 문화라고 하면, 그 언어 행위를 지배하고 규제하는 문법은 관념론적 관점에서의 문화라고 말할 수 있다. 따라서 총체론적 관점에서 보면 관념론적 관점은 그 한 부분에 불과하다.

문화에 대한 이러한 상이한 개념은 어디까지나 상대적이다. 사회문화 현상을 상호작용 속에서 총체적으로 조망하고 연구할 필요가 있을 경우에는 총체론적 관점에서 출발한 문화적 개념을 선택해야 할 것이고, 인간의 사고나 행위를 대상으로 하여 그 원인이나 원리를 규명하려고 할 때에는 관념론적 관점에서 문화적 개념을 바탕으로 봐야 할 것이다.

3. 문화의 속성과 특성

문화(culture, 文化)란 한 사회 구성원으로서의 인간이 습득(전수와 학습)하는 모든 능력과 전승되는 관습을 포함하는 통합적인 총체이다. 여기에서 문화는 한 사회의 도덕적·지적 발달 상태를 의미하는 것이다. 사회진화론에 따르면 사회도 생물체와 같이 진화를 겪어 저급 단계에서 고급 단계로, 열등한 사회에서 우등한 사회로 발전한다고 주장한다. 이것은 사회의 불평등과 인종적 불평등을 자연의 법칙으로 정당화하는 역할을 한다. 근대화 시기에 이루어진 서구의 식민 지배를 정당화하는 것이기도 하다. 예를 들어 콜럼버스가 아메리카 대륙을 발견했다고 주장하는 서구인들의 입장은 콜럼버스 이전에 이미 아메리카 대륙을 지배하고 있던 원주민들의 문화를 부정하는 것이라고 할 수 있다. 이처럼 문화는 서구 중심의 진화론적 패러다임에서 사용되기도 한다.

문화의 속성으로 공유성, 학습성, 축적성, 변동성, 총체성을 들 수 있다. 첫째, 문화는 공유(共有, shared)된다는 공유성이다. 한 사회의 구성원들 사이에는 행동이나 사고방식에서 상이점이 있는 반면에 반드시 공통점(공통적인 경향)도 있다. 이러한 공통점이 있어야 비로소 공동체로서의 사회가 형성되고, 그 사회를 유지하는 문화가 만들어지기 때문이다. 따라서 문화는 사회 구성원들에 의해서 공유되지 않을 수 없다. 한 사회의 구성원들에 의하여 공유되고 있는 것으로서의 문화에 유의한다면, 우리는 또한 그 사회의 단위에 따라서 여러 가지 상이한 차원의 문화를 이야기할 수도 있다. 즉, 한국 사람들이 일반적으로 공유하고 있는 행동 양식과 사고 양식을 한국 문화라고 부를 수 있는 반면에 한국 사회를 구성하고 있는 많은 하위집단들(subgroups)에서 특징적으로 나타나는 생활 양식으로의 하위문화(subculture)를 이야기할 수도 있다. 예를 들어 명절에 차례를 지내려고 고향을 찾는 것이나 야단을 치는 어른의 눈을 빤히 쳐다보면 무례한 것으로 여기는 것은 한 사회의 구성원들은 비슷하게 생각하고 행동하는 것이다. 곧 문화는 한 사회의 구성원(인간)들에게서 공통으로 나타난다.

둘째, 문화는 학습(learned)된다는 학습성이다. 인간의 본능에서 오는 공유성(예: 수면, 식사, 피부색, 외모 등)만으로는 문화가 이루어질 수 없다. 사람은 특정한 문화를 지니고 태어나는 것이 아니라 다만 문화를 학습(따라 배우기)할 능력만을 가지고 태어난다. 인간이 이러한 천부적 능력으로 어떠한 문화를 어떻게 학습할 것인가는 성장 과정에서 그가 처한 문화적 환경에 의해 결정된다. 따라서 문화의 학습은 어디까지나 비유전적인 수단에 의해 이루어진다. 구체적인 방식은 사회화(socialization)하는 과정에서 결정된다. 사람은 특정의 문화를 갖고 태어나는 것이 아니라, 단지 학습할 능력만을 갖고 태어난다. 그가 그런 능력으로 어떠한 문화를 학습할 것인지는 성장 과정에서 그가 접한 문화적인 배경에 의하여 좌우된다. 우리가 사용하는 언어는 이의 좋은 예가 될 수 있다. 예를 들어 한국 사람은 한국어를 가지고 태어나는 것이 아니라, 단지 후천적으로 한국어를 배워 익힌다. 간혹 우리는 고국을 방문한 재일 또는 재미동포 2세들이 한국어를 전혀 모르거나 극히 서투른 한국어로 의사소통에 불편을 느끼는 경우를 발견한다. 그들은 일본어 또는 영어를 사용하는 문화 속에서 성장하였고 그들이 한국어를 배울 기회는 극히 제한되기 때문에, 우리가 그들에게 한국어를 완벽하게 구사할 것을 기대할 수는 없는 일이다. 한옥에 친밀감을 느끼는 것이나 한국에 살게 된 외국인이 김치를 먹는 것에 익숙해지는 것은 사회적 과정을 통해 문화를 배우는 것이다. 즉 문화는 타고나는 것이 아니라 후천적으로 학습(전수 혹은 습득)된다.

셋째, 문화는 누적(accumulated)된다는 축적성이다. 인간 행위의 대부분은 사회화 과정에서 학습된 것이지만 학습이 인간만의 고유한 속성은 아니다. 정도의 차이는 있어도 인간 외의 동물(예컨대 원숭이)들에게도 학습 행위가 나타나고 있다. 그러나 문화 습득을 위한 인간의 학습 행위와 생존 유지를 위한 동물의 학습 행위는 본질적으로 다르다. 동물은 기껏해야 현장 목격에 의해 수동적으로 따라하기에 불과하지만, 인간은 상징적인 언어나 전달 수단(문자 등)에 의해 대대로 축적된 문화를 전승한다. 인간의 지식은 한 세대에서 다음 세대로 전해져 내려가고, 시간이 지남에 따라 각 세대에서 이루어진 지식들이 추가되면서 문화의 저장 창고는 팽창되어 왔다. 문자가 없던 시기에는 사람들의 입을 통하여 문화가 한 세대에서 다음 세대로 전수되어 왔지만, 문자의 등장으로 문화가 책이나 문서의 형식으로 저장될 수가 있게 되면서 비록 그것을 기억해 내는 사람이 한 사람도 없어도 그것은 여전히 이용될 수가 있다. 특히 컴퓨터 혁명이 일어나면서 점점 더 많은 지식이 기계 속에 저장되고 있어서 이제는 지시만 하면 필요한 지식을 골라내어 우리가 이용할 수 있도록 프린트해 주기도 한다. 예를 들어, 도서관의 책들은 다양한 문화가 기록으로 축적된 것이고, 한복은 오랜 기간 동안 이어온 우리의 의복 문화가 축적된 결과물이다. 현대의 요리 문화도 간장 같은 전통 요리가 축적된 것처럼 문화가 누적된 것이다. 곧 문화는 다음 세대로 전수되면서 기존 문화에 새로운 문화 내용이 쌓인다.

넷째, 문화는 하나의 유기적인 완전체(whole)를 이룬다는 전체성이다. 생활 양식의 총체로서의 문화는 많은 요소들로 구성되어 있다. 이러한 구성 요소들은 무작위로 또는 각기 고립적으로 상호 무관하게 난립되어 있는 것이 아니라, 마치 많은 부속품으로 구성된 자동차 엔진처럼 서로 불가분의 긴밀한 관계를 유지하면서 의존적으로 연결된 하나의 전체나 체계(system)로 존재한다. 그리하여 한 부분의 변화는 그것만으로 끝나는 것이 아니라 다른 부분들의 변화를 수반한다. 우리는 문화를 자동차의 엔진에 비유해도 좋겠다. 자동차의 엔진은 많은 부속들로 구성되어 있다. 이 부속들은 서로 간에 밀접한 관계를 맺으면서 전체로서의 엔진을 작동시킨다. 엔진의 부속품 하나가 정상적인 기능을 수행하지 못한다면 엔진은 결국 멈추게 된다. 엔진과 같이 한 사회의 문화를 구성하고 있는 부분은 복잡하고도 놀랄 만한 방식으로 상호 밀접한 관계를 맺고 있어서 그 어느 한 부분에 이상이 생기거나 변동이 일어나면 연쇄적으로 다른 부분에 영향을 미치게 된다. 예를 들어, 증기기관(蒸氣機關)과 방적기계(紡績機械)의 발달로 산업혁명이 일어나게 되고 경제, 정치 사회 등 사회 전반에 영향을 끼쳤던 것이나 인터넷 발달로 정보 통신 기술뿐만 아니라 산업구조, 교육문화 등에 영향을 끼친 것과 대학입시제도의 변화가 교육문화 전반에 영향을 주는 것 등이 문화를 구성하는 부분들은 상호 간의 긴밀한 관계를 유지하면서 하나로 된 전체를 이루는 것이다. 즉 문화는 각 요소들이 상호 유기적 관련을 맺고 통합성을 가진다.

다섯째, 문화는 항상 변화(variableness)한다는 변동성이다. 시간적으로 보면 문화는 정체되어 있는 것이 아니라 점진적으로 특성의 변화와 형태의 변모를 거듭하고 있다. 문화인류학자들은 문화의 구성 부분들을 음악의 연주곡목에 비유해 '문화의 목록'(cultural repertoire)라고 부른다. 사회의 구성원들은 이 문화의 목록에 입각해서 행동하고 사고하며 생활하지만, 이것은 시간의 흐름에 따라 부단히 교체되고 변화한다. 예를 들어 패션 유행이 계속 변하는 것이나 편지에서 이메일로 전화에서 문자로 대신 의사소통을 하는 것 등과 같이 시간의 흐름에 따라 문화가 변화하는 것이다. 즉 문화는 고정된 것이 아니라 시간의 흐름에 따라 지속적으로 달라지고 있다.

다음으로 문화를 타문화와 교류나 비교의 차원에서 살펴보면 문화의 특성을 다음 세 가지로 제시할 수 있다. 첫째, 문화의 보편성(universality)이다. 문화의 보편성이란 같은 환경이나 여건 속에서는 물론, 때로는 다른 환경이나 여건 속에서도 시간과 공간을 초월하여 내용과 형식에서 유사한 문화가 창조된다는 것이다. 바로 이러한 보편성 때문에 문화들 사이에는 어떤 공통성이 생겨날 수 있다. 그런데 문화들끼리 상호교류를 통해서도 문화적 공통성이 형성될 수 있다. 따라서 두 문화 간의 어떤 공통성이나 유사성을 발견하였을 때 그 형성 과정에 관해 주목하여 살펴보아야 한다. 즉 이 두 문화 간의 공통성은 두 지역에서 독자적으로 생성한 문화의 보편성에 의한 것인지, 아니면 서로 간에 행해진 교류의 결과인지에 대해 구체적으로 검토하고 고증하여야 한다.

둘째, 문화의 개별성(individuality)이다. 문화의 개별성(고유성 혹은 독자성)이란 개개 문화가 자기의 고유한 개성을 가지고 타문화와 구별된다는 것을 말한다. 이와 같은 문화의 개별성으로 인하여 비록 문화교류가 발생한다고 해도 문화의 완전한 융화나 동화는 쉽사리 일어나지 않으며, 이른바 문화의 수용 현상이 나타난다. 문화는 보편성을 갖고 있지만 대체로 민족을 단위로 하여 개별적으로 형성되고 발전한다. 미시적으로 고찰할 때 같은 환경이나 여건 내지는 같은 기원을 가진 문화라고 하더라도 시간이나 공간을 달리하면 일률적으로 똑같은 문화가 창출될 수는 없다. 이러한 개별성 때문에 어떠한 문화가 다른 곳에 전파되었을 때 그 문화는 원형 그대로 전파되는 것이 아니라 전파를 받아들이는 곳의 문화적 요소가 녹아든 문화적응(文化適應, culture acculturation) 현상이 일어난다. 그리하여 문화교류의 결과나 성격을 논할 때 문화의 개별성과 함께 그에 기인한 문화적응 현상에 대하여 특별히 유의해야 한다.

셋째, 문화의 전파성(diffusion)이다. 문화의 전파성이란 한 사회의 문화 요소들이 다른 사회로 전해져서 그 사회의 문화 과정에 통합되어 정착하는 현상을 의미한다. 여기에서 문화 과정(culture process)이란 한 사회의 문화체계를 구성하고 있는 부분들, 또한 문화 요소들이 시간을 통하여 끊임없이 상호작용을 계속해 나가는 과정을 말하는데, 일명 '문화의 흐름'(stream of culture)이라고도 표현한다. 이러한 문화의 전파는 다른 문화에 대한 수용성 여하에 따라 그 속도와 규모가 규제된다. 언제 어디서나 일단 창조된 문화는 물리적 거리나 집단 간 갈등의 장애에도 불구하고 의식적이든 무의식적이든 조만간 그 주변에 전해지기 마련이다. 이러한 현상을 문화전파의 편재성(遍在性)이라고 한다. 역사상 수시로 발생한 각종 종교나 기술문명이 가까운 주위는 물론 멀리까지도 신속하게 보급된 사례들은 문화전파의 편재성을 여실히 입증해주고 있다.

4. 문화의 역사와 진화

　문화는 인간의 오랜 역사 속에서 형성되어 온 것이다. 또한 문화는 인간의 역사가 진행되면서 끊임없이 진화되고 있다. 시간적인 차원에서 보면 문화는 정체되지 않고, 항상 변하고 있다. 문화는 세대에서 세대로 지속되고 보존되는 특성을 갖지만, 현재 우리의 문화는 100년 또는 200년 전의 문화와 비교해 보면 엄청난 차이가 있다. 결혼식에 관련된 문화도 과거와 현재가 현저히 다르다. 과거에 있었던 한국의 전통적인 혼례 문화는 이제는 박물관에서나 볼 수 있을 정도로 희귀한 것이 되었다. 현대에 와서 문화는 더욱 빠른 변화를 나타내고 있다. 인터넷과 스마트폰이 등장하면서 우리 사회의 문화는 급격한 변화를 겪고 있다. 이처럼 문화는 끊임없이 변화하고 있다.

　문화는 인간의 역사 속에서 형성된 것으로 끊임없이 변해 왔고, 지금도 변하고 있으며, 앞으로도 계속 변해 갈 것이다. 문화는 자연과 같이 항상 고정되어 있는 것이 아니다. 그런데 문화를 마치 영원불변하는 자연의 원리인 것처럼 강요하고, 새로운 문화를 추구하는 것에 대해서 억압하는 경우가 있다. 이것을 문화의 자연화(naturalization)라고 한다. 말하자면 새로운 문화가 등장하면 기존의 문화와 대립을 이루면서 기성의 기득권을 누리고 있던 집단이 새로운 문화를 추구하는 집단에 대해 억압하는 경우가 많다.

　모든 사람이 기존의 문화와 관습을 충실히 따르고 순응하기만 한다면 문화의 진화란 있을 수 없다. 문화를 연구하는 이유가 바로 여기에 있다. 문화의 역사적 근원을 이해하고, 그것이 단지 인간 사회의 산물이며 따라서 늘 새로운 변화의 가능성을 가지고 있음을 이해하는 데 문화를 연구하는 목적이 있다.

　문화의 속성에서 살펴보았듯이(2.3. 문화의 속성과 특성 참고) 문화는 부단히 변화한다. 이러한 변화는 그 문화체계 안에서의 새로운 문화 요소의 발명이나 발견에 의해서, 또는 서로 다른 문화 간의 접촉으로 생겨나는 전파(diffusion)에 의해서도 일어난다. 물론 그 밖에도 유전자의 제거처럼 어떤 문화 요소가 제거되거나 유전자가 유실되는 것처럼 어떤 문화 요소가 소멸되면서 문화의 변화가 발생할 수도 있다.

일찍이 인류학자들은 이 점에 착안하여 문화 변화를 진화론적으로 고찰하는 이른바 문화진화론을 주장했다. 이 이론 중에서 전파에 의한 문화의 진화는 문화교류 문제와 직결되는 현상으로서 교류사에서 한번 생각해 볼 필요가 있다. 문화적 진화(cultural evolution)란 오랜 기간동안 하나의 유형에서 다른 유형으로 문화가 단계적인 변화를 거치는 것을 뜻한다.

19세기의 초기 문화진화론의 내용을 살펴보면 문화는 세계 모든 사회에서 기본적으로 동일한 양식으로 연속적인 발전 단계를 따라 진화한다고 한다. 이러한 진화단계는 야만 시대(savagery era, 구석기시대)에서 미개 시대(barbarism era, 신석기시대)를 거쳐 문명 시대(civilization era)에 이르는 단계라는 것이다. 이렇게 초기 진화론자들은 모든 문화는 동일한 선을 따라서 단계적으로 진화한다고 주장하였다. 이러한 진화를 일컬어 단선 진화(單線進化, unilinear evolution)론이라고 한다.

단선 진화론자들은 각 사회의 문화적 다양성을 무시하고 구체적인 현상에 무관심하며, 선교사들이나 상인들이 전해 준, 신빙성이 결여된 자료에 의거하여 연구했다는 비판을 받았다. 그리하여 20세기 초반부터 그들의 이론은 전반적으로 거부당하였고, 그 대신 제2차 세계대전 후 인류학자 스튜어드(Julian Steward)에 의해 주창된 이른바 다선 진화(多線進化, multilinear evolution)론이 대두하였다.

이 이론의 핵심은 모든 문화는 동일한 선을 따라 진화하는 것이 아니라 여러 선을 따라 진화한다는 것이다. 다선 진화론자들은 문화는 단선적이 아니라 평행적인 변동과정으로 진화하며 문화 변동에는 일정한 규칙성이 작용한다고 주장하고 있다.

문화의 진화도 역시 생물의 진화와 비유해서 설명할 수 있다. 문화 변동은 다음과 같은 경우에 일어난다. 첫째, 생물진화의 돌연변이처럼 그 문화체계 안에서 새로운 문화 요소의 발명(invention) 또는 발견(discovery)이 있어 이미 존재하는 문화에 추가됨으로써 일어난다. 둘째, 유전자의 이동처럼 서로 다른 두 문화가 접촉함으로써 한 문화에서 다른 문화로 어떤 문화 요소가 전파(diffusion)되었을 때 그 문화 요소를 받아들인 사회의 문화에 변화가 일어난다. 셋째, 유전자 제거처럼 어떤 문화 요소가 그 사회의 환경에

부적합할 때 그 문화 요소를 버려두고(abandon) 더 적합한 다른 문화 요소로 대치(replace)될 때 문화 변동을 일으킨다. 넷째, 유전자 유실처럼 어떤 문화 요소가 한 세대에서 다음 세대로 전달될 때 잘못되어 그 문화 요소가 후세에 전해지지 못하고 단절되거나 소멸(extinction)될 때 문화 변동이 일어난다.

그러나 생물 유기체의 진화 원리를 너무 지나치게 문화의 진화에 그대로 비유해서는 안 될 것이다. 문화는 유기체가 아니라 초유기체이기 때문이다. 한 세대에서 다음 세대로 이어지는 문화의 메커니즘은 생식 과정에 의해서 유전되는 것이 아니라 학습과 전수 및 모방에 의해서 이루어지기 때문이다.

5. 문화의 내적 구조와 특징

1) 문화의 내적 구조적 접근

'문화'라고 일컬어지는 것들을 살펴보면 다음과 같은 차이를 발견할 수 있다. 첫째 시간적으로 길이의 차이가 존재한다. 오래된 것과 오래되지 않은 것의 공존과 공존하는 것 중에 주도적인 것과 그렇지 않은 것이 있다. 결국 새로운 것들 중에 일부만이 오랫동안 지속되는 것이다. 둘째는 공간적인 것으로 넓이의 차이를 가지고 있다. 어떤 집단 내에서 해당 문화를 공유하는 사람의 숫자가 많을 수도 있고 적을 수도 있다. 대체로 오랫동안 지속되어 온 것은 다수의 구성원이 공유하는 경향이 있다.

2) 문화의 중층 구조

문화는 인간의 삶 속에 어떤 방식으로 녹아 있을까? 고기 중에 마블링[3]이 잘 된 질

---

3 마블링(marbling)이란 물과 기름이 서로 섞이지 않는 성질을 이용한 것으로 우연의 효과를 살려 작품을 제작하는 미술 표현의 한 기법이다. 또한 이 단어는 육류의 등급을 정하는 데도 사용되는데,

좋은 1등 육처럼 문화는 인간의 생활 속에 산재되어 있다. 앞서 문화의 내적 구조에서 보았듯이 시간적으로 장기 지속하는 것들이 문화란 모습으로 살아남을 수 있다. 그중에서 공간적으로는 많은 사람들이 공유하면서 사회적으로나 문화적으로 주도적인 역할을 해야 하고, 구성원들 사이에 주도하는 주류문화 중에 특별한 의미를 가진 요소가 두드러지면서 한 시대를 풍미하는 대표적인 문화의 모습을 갖추게 되는 것이다. 문화는 이런 구조를 중심으로 여러 요인들이 쌓인 중층 구조의 모습으로 존재한다고 할 수 있다.

[그림 1] 문화 중층 구조

3) 인간의 행동 3가지와 문화 피라미드의 결합

인간의 탄생을 100만에서 200만 년 전이라고 추측한다. 인간은 동물 중에서 도구를 사용한 유일한 존재로 구분된다. 돌도끼, 돌칼 등은 무기이면서 최초의 도구이다. 다른 동물의 공격을 막거나 공격하기 위해 만든 창이나 칼을 개발한 것은 발명이다. 어쩌면 인간은 스스로 살아남기 위해 발명을 시작했다. 발명은 기술 개발이다. 공격을 막거나 공격을 해야 하는 인간은 많은 생각을 했다. 무엇을 어떻게 공격하고 방어할 것인가? 공격과 방어는 동물이나 식물이 과거부터 지금, 미래까지도 스스로 살아남기 위한 본능

고기의 근육 조직을 관통하는 작은 지방 조각 또는 지방의 얇은 층으로 고기의 풍미나 부드러움, 육즙 등을 더욱 풍부하게 한다. [네이버 지식백과]

적 행동이다.

공격과 방어를 통한 생존의 행동은 생각(사유)에서 나온다. 이러한 생각을 만드는 부분을 두뇌라고 말한다. 인간의 두뇌는 동식물 중에서 가장 발달되어 있다. 진화론적으로 두뇌는 발달하는 것이다. 그러나 두뇌의 발달을 진화론적으로 단정짓는 것은 문제가 있다. 인간처럼 도구를 사용하는 동물이 십여 종으로 밝혀지고 있다. 그중에 원숭이가 가장 많은 도구를 잘 사용하는 동물이다. 도구를 사용한다고 두뇌가 발달한 인간의 유형이라고 볼 수 없다. 동물 중에 두뇌를 사용하는 종을 유인원이라고 구분한다. 원숭이는 아무리 훈련시켜도 인간이 될 수 없다. 기술을 개발하는 인간의 두뇌는 동물과 다르다. 진화론적으로 인간을 구분하는 시대가 지났다.

이처럼 사유하는 행위를 창의적으로 이끄는 인간의 두뇌는 여타 다른 생명체와 다르게 작용하는 것이 분명하다. 그리고 이러한 두뇌를 기반으로 이루어지는 인간의 행동은 사유하는 행동과 반사적인 행동, 본능적인 행동으로 구분할 수 있다. 이들은 각각 독립적으로 존재하기보다는 사유하는 행동과 함께 관계를 맺고 있다고 볼 수 있다. 문화를 기반으로 한 인간의 행동은 기본적으로 사유하는 행동을 바탕으로 이루어진다고 할 수 있다. 그러므로 인간을 전제로 한 문화 연구 영역은 본능적 행동과 반사적 행동의 영역을 둘 다 연구 대상으로 삼아야 한다.

[그림 2] 인간 행동과 문화피라미드1

[그림 3] 인간 행동과 문화피라미드2

4) 문화와 유전자의 공진화 구조

다윈주의자는 보통 생물의 여러 형질이 유전자에 의해 지배된다고 생각한다. 그런데 예외가 하나 있다. 바로 인간의 정신 능력이 만들어가는 문화이다.

그런데 문화란 과연 무엇일까? 문화에 대한 정의를 내리는 것은 정말 어려운 일이다. 인류학에서는 '사회에서 보편적으로 발견되는 믿음과 가치의 구조'라고 한다. 생물학자는 '사회적 학습을 통해서 전해 내려가는 행동 양식'을 문화라고 부른다. 그리고 진화인류학에서는 '인간의 유전자를 통해 내려가는 것과는 다른 성격을 지닌 정보, 즉 지식과 이념, 믿음, 가치'를 문화라고 한다. 일단 여기서는 마지막 정의를 사용해서 다음과 같은 질문을 해보자. 인간의 문화도 다른 생물학적 형질처럼 유전자에 의해 결정되는 것일까?

문화결정론과 생물학적 결정론이 가진 단점으로 인해 몇몇 절충적 주장이 제시되었다. 그중 요즘 유행하는 가설이 바로 '문화유전자' 가설인 소위 '밈' 가설이다. 밈 가설은 다윈의 주장을 차용한 것으로 다만 유전자를 '생각'으로 바꾼 것이다. 리처드 도킨스가 제안한 이른바 '확장된 표현형'의 가설이다. 즉 이 세상의 모든 문화적 현상은 유전자가 운반체, 즉 인간의 몸을 벗어나서 벌이는 표현형일 뿐이라는 주장이다.

유전자가 그 표현형의 상대적 적합도에 의해서 유전자 풀 안에서 유지 혹은 소멸되어 가듯이, '생각, 즉 문화적 현상'도 그 영향력의 적합도에 의해서 문화의 풀 안에서 생사를 같이 한다는 것이다. 즉 리처드 도킨스는 유전자처럼 자연 선택되는 '생각'을 곧 '밈'이라고 부르자고 한 것에서 비롯되었다.

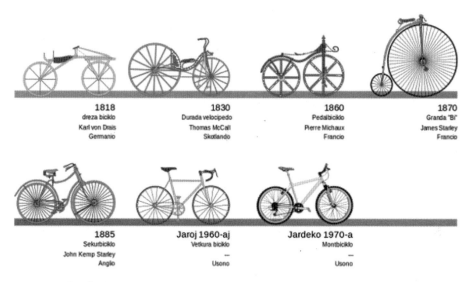

[그림 4] David V. Herlihy(2007), Bicycle: The History(자전거 진화)

자전거의 진화에서 자전거는 지난 이백 년 동안 진화해 왔다.[4] 그런데 밈 이론, 즉 미메틱스(Memetics)에 의하면 자전거는 스스로 인간의 뇌라는 숙주를 이용하여 진화하고 번성하는 것인지도 모른다.[5] 우리가 자전거를 이용하는 것일까? 자전거가 우리를 이용하

---

4   1818년 운동용 자전거 Karl von Drais (독일) → 1830년 이륜 벨로시페드 Thomas McCall (스코틀
     랜드) → 1860년 페달 자전거 Pierre Michaux (프랑스) → 1870년 Big Br James Starley (프랑스)
     → 1885년 안전 자전거 John Kemp Starley (영어권 국가) → 1960년대 경주용 자전거 (미국)
     → 1970년대 산악 자전거 (미국)
5   밈 이론은 리처드 도킨스(Richard Dawkins)가 1976년에 제시한 용어인데, 생물학적인 유전의 개념
     을 문화와 사회 현상에 적용하여 사회적 진화와 문화 변화를 설명하는데 사용된다. 이 이론은
     문화의 퍼지고 변화하는 메커니즘을 이해하는 데 도움을 주며, 인간 행동과 사회 구조에 대한
     이해를 넓히는 데 기여하는 중요한 개념 중 하나이다.

는 것일까?

하지만 몇 가지 의문이 든다. 밈은 그 자체로 어떤 의지를 가지고 있는 것일까? 유전자는 서로 구분되는 실체가 있지만, 밈은 섞이면 그 실체가 사라지는데 어떻게 각각의 밈이 경쟁할 수 있을까? 이러한 밈은 어떻게 진화하는 것일까?

가장 유력한 가설은 유전자와 문화의 공진화 이론이다. 이는 문화와 유전자가 서로 자율성을 가지고 있으면서, 동시에 유연한 끈으로 묶여 있다는 주장이다. 즉 문화는 독립적이지만, 유전자의 이득을 해칠 정도로 멀리 도망칠 수 없다는 것이다. 예를 들어 자살 문화 같은 것은 지속될 수 없다. 아무리 문화가 자율적이라고 해도, 개체의 적합도에 너무 큰 손해를 끼치기 때문이다.

또한 공진화 가설에 의하면 유전자도 문화에 의해서 강하게 영향을 받는다. 예를 들어 언어를 사용하는 문화가 정착한 후에는 후두를 높게 위치시키는 유전자가 대단히 불리해진다. 기도로 음식이 넘어가는 것을 예방하는 엄청난 적응상의 이득에도 불구하고 말을 제대로 하기 어렵게 되는 불리함도 있다. 그래서 높은 후두 유전자는 문화에 의해서 이내 사라지는 것이다. 공진화의 원리는 뿌리 깊은 유전자가 문화의 중층 구조로 설정되어 있는 장기지속적이고 구성원들 사이에 주도적인 패턴(주류문화) 중에 특별한 의미를 가진 문화가 대두하면서 함께 진화의 과정을 겪게 되는 것이다.[6]

---

6   동아사이언스(2018.1.14.), 「인간 문화, 유전자가 결정할까?」, (https://www.dongascience.com/news. php?idx=21051).

[그림 5] 문화 유전자(밈)의 공진화

통상 히트곡의 법칙이란 것이 있는데, 전통적으로 뿌리 깊고 장기 지속하는 익숙한 리듬이 어떤 시점에 주도적인 리듬으로 대중성을 얻으면서 그 가운데 새로운 리듬으로 대두하게 되면 히트곡이 탄생한다는 법칙이다. 결국 한 시대를 풍미하는 주류 문화도 이러한 히트곡의 법칙처럼 이루어지는 것이다.

[그림 6] 히트곡의 법칙

밈의 공진화는 다음과 같은 특성에 기반을 두고 있다. 첫째, 변형과 변화이다. 밈은 사회적으로 전파될 때 변형되거나 변화할 수 있다. 이런 변화들은 밈이 사회에서 퍼짐에 따라 일어난다. 변형된 밈들 중에서 어떤 형태가 더 효율적으로 전파되거나 사람들에게 더 많이 모방되는 지에 따라 변화가 공진화될 수 있다. 둘째, 경쟁과 선택이다. 밈들은 사회에서 경쟁하며 전파된다. 어떤 밈은 다른 밈보다 더 쉽게 사람들에게 모방되거나 더 강력한 영향력을 미칠 수 있다. 이러한 경쟁적인 상황에서 효율적으로 전파되는 밈들이 다음 세대로 전달되며, 이는 생물의 진화에서 자연선택과 유사한 원리이다. 셋째, 쌍방향적 영향이다. 밈은 사람들 사이에서 상호작용하고 영향을 주고받을 수 있다. 한 밈이 다른 밈의 전파를 돕거나 방해할 수 있으며, 이런 상호작용으로 인해 밈의 변화와 전파가 영향을 받을 수 있다.

밈의 공진화는 문화적인 현상과 사회적인 정보의 변화를 설명하는 중요한 개념으로, 밈들이 사회에서 상호작용하고 경쟁하며 어떤 특성이 더 많은 사람들에게 전파되고 모방되는 지를 연구한다. 이러한 원리들을 통해 밈 이론은 사회적 진화와 문화 변화를 이해하는 데에 도움을 줄 수 있다.

5) 문화의 특징

이 세상에는 생각과 느낌과 행동이 서로 다른 사람이나 집단, 국가가 끝없이 대립을 벌이고 있다. 생태, 경제, 군사, 위생, 핵전쟁, 산성비, 해양오염, 동물멸종의 위기, AIDS, 경제 등 이러한 핵심어에 대해 문제는 같은데 정신은 다를 수 있다. 그러므로 사고의 차이를 이해하는 것은 기술적인 문제들을 이해하는 것 못지 않게 필수적인 것이다. 세계 사람들의 사고, 감정, 그리고 행동에서 보이는 차이를 이해하려면 이 차이 속에 존재하는 구조를 알아야 한다. 누구나 평생 바꿔온 일정한 형태의 생각이나 느낌과 잠재적 행동을 자기 안에 내장하고 있는데, 이러한 정신의 구조를 흔히 문화라는 말로 부른다.

사회인류학자들이 사용하는 광의의 의미에서 문화는 다음과 같은 특성을 가지고 있다. 첫째, 한 사람의 정신 프로그램은 그의 성장 경험을 축적한 사회 환경 속에 뿌리를 두고 있다. 즉 정신 프로그램을 습득한 사회적 환경이 다르면 정신 프로그램도 달라지기 마련이다. 둘째, 한 집단 또는 한 범주를 구성하는 사람들을 다른 집단 또는 다른 범주의

성원들과 달라지게 만드는 집합적 정신 프로그램이다. 셋째, 문화 현상은 언제나 집합적인 현상으로 나타난다는 것이다. 넷째, 문화는 학습되는 것이지 유전되는 것이 아니라는 점이다.

올란도 패터슨이 말하는 문화의 특징은 다음과 같다. 첫째, 문화 모델을 행동과 혼동해서는 안 된다는 점이다. 문화적으로 습득된 동일한 기질을 지니고 있는 두 개인이라 할지라도 서로 다른 환경에서는 완전히 다르게 행동할 수 있다. 둘째, 문화는 때에 따라 변한다는 것이다. 그래서 모든 문화 이론에서 변화와 불안정성을 설명하는 요소들이 안정된 모델의 전파를 주도하는 요소들만큼이나 중요하다.

1) 문화를 정의해 보자. 그리고 각자가 가지고 있는 고유의 문화에 대해 알아보자. (예: 가족 식사 문화, 집안 예절 문화, (조에 외국인이 있다면) 외국 문화와 한국 문화 비교 등)

2) 문화의 두 가지 유형인 총체론적 관점과 관념론적 관점의 공통점과 차이점을 살펴보고 그 구체적인 예를 논의해 보자.

3) 문화의 속성에는 공유성, 학습성, 축적성, 변동성, 총체성 등이 있다. 이들 문화의 속성 중 3가지를 골라 구체적인 예를 논의해 보자.

4) 문화 중층 구조에 따르면 '장기 지속하는, 주도적인, 대두하는' 요인들이 쌓여서 문화의 모습을 갖추게 된다. 이때 문화와 관련된 구체적인 언어 현상은 어떤 것이 있을지 논의해 보자.

5) 문화 공진화 이론에 따르면 문화와 유전자가 자율성을 가지지만 유연한 끈으로 연결되어 있다고 한다. 구체적인 예를 논의해 보자.

6) 사회적 문제 중 청년과 관련된 문제에 대해서 토론하고, 청년들이 어떤 문화적 특징을 공유하는지 논의해 보자. (예: 청년 취업, 학자금, 주거 환경, 결혼, 학력, 출산 등)

제3장 **언어란 무엇인가**

1. 언어 능력과 뇌의 역할

인간의 언어 능력에 대한 가설은 언어를 습득할 수 있는 선천적인 능력인 '언어습득장치(Language Acquisition Device, LAD)'를 가지고 있다는 것이다. 우리는 어떻게 언어로 표현하고 이해하는 능력을 갖추게 되었을까? 아이들은 어떻게 그토록 언어를 빠르고도 완벽하게 습득하는 것일까? 어른이 되어서는 왜 그렇게 외국어 익히기가 어려울까?

인간이 언어를 습득하는 과정을 보면 다음 두 가지 특징을 포착할 수 있다. 첫째, 인간은 국적이나 인종 또는 부모의 언어와 관계없이 자신이 처해 있는 환경의 언어를 습득한다. 이는 언어가 세습적으로나 유전적으로 전달되지 않고, 순전히 환경에 의해 습득 대상의 언어가 결정된다(김진우, 2005:331). 이는 인간은 언어를 백지상태에서 후천적인 경험, 반복 연습을 통해 획득한다는 주장이 설득력을 얻는다. 즉 피아노 교습이나 체조 기술의 습득처럼 언어 습득을 순전히 모방과 연습과 반복에 의한 과정이라는 입장에서, 어린아이들은 주위의 부모와 형제의 말을 모방하는 것으로, 목이 마를 때 '엄마, 물'이라 하면 물을 얻는 경험(자극·반응)을 통해, 틀린 말을 하면 야단을 맞지만 바른말을 하면 과자를 상으로 받거나 칭찬을 받는 경험(강화)을 통해 언어를 습득한다는 것이다(김진우, 2005:332).

입력	→	모방 / 연습 / 반복/ 강화	→	출력
언어 경험		백지상태의 아동		언어 능력

[그림 1] 언어 능력의 후천성 입장에서 본 언어 획득 모형

하지만 어린이들은 언어적 실수를 했을 때 매번 주위의 부모와 형제에게 교정을 받지 않고, 틀린 말을 교정해줘도 그 말을 흉내 내지 않고 자신의 말을 고집하는 경우가 대부분이다. 심지어 생전 들어보지도 못한 문장을 어린이가 말하고 이해한다는 것은 언어 능력의 후천성에 의문을 던진다. 즉 모방과 연습, 반복만으로는 언어 습득을 충분히 설명하지 못한다. 여기에서 두 번째 특징을 발견할 수 있다.

둘째, 언어적 환경이 완전히 박탈당한 상태 혹은 극단적인 저능아의 경우를 제외하면 누구나 할 것 없이 모국어를 쉽게 배운다. 이는 모국어 습득이 수학이나 피아노, 체조 기술의 습득과는 달리, 또 지능지수와도 관계없이 선천적으로 타고난 어떤 생리적 요인에 의해 이루어진다(김진우, 2005:331). 이는 인간은 누구나 언어를 배울 수 있는 '언어습득장치(LAD)'를 가지고 태어나는데, 이 장치를 통해 제한된 자료에서 규칙을 발견하고 형성하여 독창적인 표현을 만들어낸다는 주장이다.

제한된 언어 자료	→	언어습득장치(LAD)	→	문법
정확성 혹은 비정확성		규칙 형성 및 적용		새로운 표현 창조

[그림 2] 선천성 언어 능력의 입장에서 본 언어 획득 모형

언어습득장치를 뒷받침하는 실험이 있다. 통칭 'wug-test'라는 실험인데, 네 살에서 일곱 살의 아이들에게 요상하게 생긴 새의 그림을 보여주고 복수형의 대답을 이끌어내기 위해 "two _ ?"라는 빈칸을 만들었다. 아이들은 "wugs"라고 답했는데, 이는 사전에 없는 단어로 어린아이들은 언어습득할 때 모방적인 것이 아닌 창의적임을 보여주는 실험이었다.

언어 기능과 관련된 뇌의 특정 부위에 대해 많은 것이 발견되었다. 아래에서는 뇌의 각 부위와 그 역할에 대해서 알아보기로 하자.

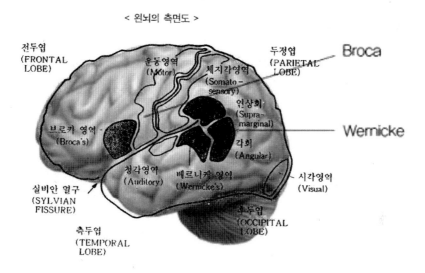

[그림 3] 좌뇌 측면도

좌뇌가 언어 능력과 관계가 깊다는 증거를 처음 제시한 사람은 프랑스의 신경생리학자 폴 피에르 브로카(Paul Broca)이다. 1861년 브로카는 "tan"이라는 말밖에 못 하는 환자가 있었고 그 환자가 죽은 후 뇌를 부검해 보니 실비안 열(Sylvian fissure)의 전두엽이 손상되어 있었다. [그림 3]의 왼쪽 부분에 진하게 표시된 부분을 브로카 영역(Broca's area)이라고 부르며 여기에 손상을 입어 실어증에 걸리면 브로카 실어증(Broca's aphasia)이라고 부른다. 이 실어증 환자는 느리고 힘들게 말을 이어가며, 거의 대부분 문법 형태소를 사용할 수 없다. 예를 들어 '아침에 뭐 먹었니?'라는 질문에 '나 계란 그리고 먹다 마시다 우유 아침에'와 같이 말한다. 이 실어증의 경우 말을 이해하는 것은 생산하는 것보다 훨씬 양호하다.

Paul Pierre Broca (1824~1880)

1874년에는 독일인 신경생리학자 칼 베르니케(Carl Wernicke)가 브로카 영역의 맞은편 측두엽(temporal lobe)에 이상이 생기면 말은 유창하게 하지만 무의미한 이야기를 늘어놓는 실어증을 발견하였다. 이 부위를 베르니케 영역이라 부르며 [그림 3]에서 오른쪽에 진하게 표시된 부분이다. 이러한 두 발견은 언어 능력이 좌반구에 위치한다는 것을 확인하게 해 주었으며, 언어 능력 중 생산(말하는 것)과 수용(이해하는 것)을 관할하는 부위가 다르다는 사실을 알 수 있었다.

Carl Wernicke(1848~1905)

[그림 3]에서 브로카와 베르니케 영역 사이에 있는 부분은 운동영역(motor cortex)으로서, 손이나 발, 팔 등을 움직이기 위한 근육의 전반적인 움직임을 관장한다. 브로카 영역에 근접해 있는 것은 얼굴, 턱, 혀, 그리고 후두부의 조음 근육을 관장하는 운동피질 부분이다. 1959년에 팬필드(Penfield)와 로버츠(Roberts)가 이 영역이 물리적인 발화와 관련이 있다는 증거를 발표하였다.

또한 브로카 영역과 베르니케 영역이 연결된 한 뭉치의 신경 섬유를 궁상다발(arcuate fasciculus)이라고 부른다. 이 부분은 베르니케가 발견한 것 중 일부이며 현재는 베르니케 영역과 브로카 영역의 중대한 연결로로 알려져 있다 (Yule, G., 2009:155-156).

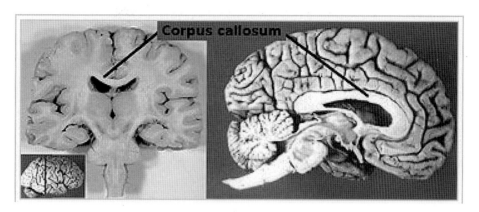

[그림 4] 뇌량(http://en.wikipedia.org/wiki/Human_brain)

좌뇌에서 언어 정보를 처리한다는 증거가 있다. 뇌량(corpus callosum)이라는 굵은 신경대는 좌뇌와 우뇌를 연결해 준다. 그런데 두뇌분리 환자(split brain patient)는 뇌종양을 수술할 때 뇌량을 다 도려내는 수술을 받는데, 이 환자들은 수술 후 대부분 언행이 수술 전과 다름없다. 그런데 이 환자에게 왼손에 사과를 쥐어 주고, 오른손에 바나나를 주면 환자는 오른손에 바나나를 쥔 것은 바로 알아맞히지만, 왼손에 쥔 사과는 빤히 보고 무엇인지 알면서도 '사과'라는 말을 하지 못한다. 그 이유는 다음과 같다. 오른손에 있는 바나나에 대한 정보는 좌뇌로 전달되며, 언어중추는 좌뇌에 있으므로 환자는 '바나나'라는 말을 할 수 있다. 이에 반해 왼손에 있는 '사과'에 대한 정보는 먼저 우뇌로 전달되며, 우뇌에서 뇌량을 통해 이 정보를 좌뇌로 보내어 우리는 왼손에 있는 사과에 대해 이야기 해야 한다. 그런데 두뇌분리 환자는 왼손에 있는 정보 내용을 우뇌에서 좌뇌로 보내 줄 뇌량이 없으므로 사과를 보면서도 '사과'라는 말을 하지 못하는 것이다.[1]

---

1   좀 더 자세한 내용은 김진우(2005:437)를 참조하기 바란다.

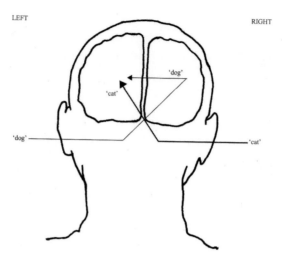

[그림 5] 이분청취 테스트에서 정보 처리 과정
(노진서·고현아 2009:162)

이와 유사한 실험으로 이분 청취 테스트(dichotic listening test)라는 것이 있다. 이어폰을 낀 피험자가 앉아서 동시에 두 가지의 다른 소리 정보를 듣게 되는 실험이다. 가령, 한쪽 이어폰을 통해 "ga"라는 음절이나, "dog"라는 단어를 듣게 하고 다른 쪽으로는 동시에 "da", 또는 "cat"이라는 어휘를 듣게 한다. 어떤 것을 들었는지 물어보면 피험자들은 오른쪽 귀에서 들어온 정보를 대답하는 경우가 많다. 이것은 언어적 소리에 대한 오른쪽 귀의 이점(right ear advantage)으로 알려져 있다. 이와 관련된 처리 과정은 [그림 5]와 같다.

이 처리 과정에서 처음 왼쪽 귀를 통해 받은 언어적 신호는 우뇌로 보내지고 정보처리를 위해 다시 좌뇌로 보내져야 한다. 이러한 간접적 경로는 오른쪽 귀로 받은 언어 신호가 좌뇌로 직접 가는 경로에 비해 오랜 시간이 걸린다. 즉 뇌에서 먼저 처리되는 신호에 반응한다.

우뇌는 비언어적 기타 많은 신호들을 처리하는 주된 임무를 가진 것으로 보인다. 이분

청취 테스트에서 말이 아닌 소리(예를 들어 음악, 기침, 교통소음, 새소리 등)는 왼쪽 귀를 통해 더 잘 인식되는데, 이는 그러한 소리들은 우뇌를 통해 더 빨리 처리된다는 것을 의미한다. 그러므로 인간의 뇌에 대한 분화 중 우뇌는 비언어적 소리를, 좌뇌는 언어적 소리를 담당한다고 볼 수 있다.

이러한 분화는 양쪽 뇌가 각각 담당하는 처리 과정의 유형과 관련된다. 좌뇌에서는 소리와 단어, 어구 구조의 좀 더 작은 세부 사항을 인식하는 것과 같은 분석적 처리가 중심이 되고, 우뇌에서는 언어와 경험에서 좀 더 일반적인 구조를 확인하는 통합적 처리가 중심이 된다(Yule, G., 2009:161-162).

2. 언어의 특성

사람이 일정한 성품 즉 인간성을 가지고, 사물은 각각 나름대로 물성(物性)을 가진다. 소나무는 '나무'로서의 성품을 가지면서 '소나무'로서의 보다 구체적 속성을 함유한다. 모든 존재와 사물은 각각 고유의 속성이 있다. 언어도 하나의 존재 형태를 띠면서 언어 특유의 속성을 가진다. 여기서는 특정 언어(예컨대 한국어)가 아니라 언어의 보편적 특성에 대해 살펴보자. 블로치(Bloch, B.)와 트레이저(Trager, G.L.)의 언어에 대한 정의에서 '언어는 그것으로써 사회 집단이 협동하는 자의적인 음성기호의 체계이다.'(Bloch, B. & Trager, G. L., 1942)라고 밝히고 있다.

1) 창조성

언어는 창조성을 가진다. 언어의 창조성이란 여러 가지 차원에서 말할 수 있으나, 가장 핵심적인 것은 새로운 표현을 만들어 낼 수 있는 점이다. 인간은 언어를 통해 종전에는 없었던 새로운 낱말과 새로운 문장 등 새로운 표현을 창조해 낸다. 새로운 물건이 만들어지면 거기에 알맞은 단어를 만든다. 신제품의 명칭은 다 그러하다. 과학과 학문의 발달에 의해 만들어진 새로운 개념어도 언어를 통해 만들어진다. '인공지능', '유전자', '줄기세포', '생명체 복제', '금융공학', '유교자본주의', '유교공산주의' 등 헤아릴 수 없는 신어들이 매일매일 출몰한다.

언어유희(말놀이)와 말을 통해 빚어내는 익살도 언어가 가진 창조성에 기반한다. 예를 들어, 오즈의 맙소사(오즈의 마법사), 추적 60인분(추적 60분), 모르는 개 산책(모르는 게 상책) 등이 있다. 이뿐만 아니라 텔레비전의 개그 프로그램에서 연기자들이 내뱉는 언어들은 언어유희의 절정을 보여 준다.

언어가 지닌 창조성을 부정적으로 활용하는 것이 '거짓말'이다. 사실이 아닌 것, 진실이 아닌 것을 사실처럼, 진짜처럼 지어 꾸며내는 것이 '거짓말'이다. 거짓말은 인간만이 할 수 있다. 30년 동안 꿀벌을 관찰하여 노벨상을 수상한 오스트리아의 곤충학자 칼폰 프리쉬(K. von Frisch)의 실험 내용이 동물이나 곤충은 거짓말을 하지 못한다는 것을 뒷받침한다. 프리쉬는 꿀벌의 의사소통 수단인 8자형 춤을 분석하였다. 이 춤을 통해 꿀벌은 꿀을 함유한 꽃의 위치(거리, 방향)은 물론 그 꿀의 품질까지 동료 벌에게 알려 줄 수 있다. 프리쉬는 꿀을 담은 접시를 잔디밭에 두었다가 벌이 그 꿀을 맛보고 자신의 집으로 돌아가면 그 접시를 치워 버렸다. 그 꿀을 맛본 벌이 동료들을 무리로 데려와 그 자리에 왔으나 접시는 치워져 있었고 꿀은 없었다. 벌들은 공중을 배회하다가 돌아가 버렸다. 동일한 실험을 여러 번 되풀이해도 벌은 똑같이 반응하였다. 이처럼 벌은 몇 번 속고 난 뒤에도 계속 그 자리에 찾아오더라는 것이다. 벌들은 꿀이 있다가 갑자기 없어지는 상황에 적응하여 '이제 다시는 그 자리에 가지 말자'와 같은 의사소통을 못한다는 것이다. 이것은 꿀벌의 8자형 춤이 폐쇄된 체계이며, 유한한 전달 코드만 가지고 있음을 의미한다. 새로운 상황에 알맞게 그들의 소통 코드를 변용하거나 창조하지 못하는 것이다. 그러나 한편으로 생각해 보면 꿀벌의 의사소통 수단에 이런 창조성이 없음은 당연한 것이다.[2] 자연의 세계에는 거짓이 없기 때문에 그들을 속이는 상황이 발생할 수 없기 때문이다. 발생할 수 없는 상황에 대비하여 의사소통 수단을 만들어 낼 필요는 없다. 개가 아무리 똑똑하여도 거짓말을 할 수는 없다는 우스개가 있으니 이는 곧 동물들의 전달 수단이 창조성을 갖지 못함을 비유한 것이다.

2) 기호성

언어가 음성을 통해 표출된다는 점이다. 언어 음성은 하나의 기호(symbol)로 간주되기 때문에 이것을 언어 음성의 기호적 특성이라 할 수 있다. 언어 음성은 의미 가치를 지녀야 한다. 아무 의미 없이 산출되는 소리는 언어 음성이 될 수 없다. 자연계의 소리는 물론이고 사람이 내는 소리라도 손뼉 치는 소리, 하품소리, 순간적으로 내지르는 비명 따위는 언어 음성이 될 수 없다.

기호에는 여러 가지가 있다. 국가를 상징하는 국기, 회사를 상징하는 로고, 상표, 거리의 각종 표지판과 교통신호 등등 기호에 속하는 게 주변에 널려 있다. 언어도 하나의 기호이다. 그 의미는 구체적 사물일 수도 있고 추상적 개념일 수도 있다. 한국어의 '나무'는 구체적 사물에 대응하는 기호이고, 영어의 'love'는 심리 작용의 하나를 가리키는 기호이다. 구체적 사물에도 대응하지 않고 심리 작용과도 무관한 기호도 있다. 언어 기호의 단위는 그 크기에 따라 음성, 음소, 음절, 어절, 구절, 문장, 발화 등으로 세분할 수 있다.

2 　꿀벌의 의사소통 방식이 언어일 수 없는 이유는 다음과 같다. ① 춤으로만 표현된다는 점, ② 해가 있는 낮 시간 동안만 가능하다는 점, ③ 전달만 가능하지 대화는 불가능하다는 점, ④ 재생표현이 불가능하다는 점, ⑤ 먹이 탐색에만 한정된다는 점, ⑥ 방언 간 차이를 이해하지 못한다는 점, ⑦ 전치(displacement)가 불가능하다는 점, ⑧ 조작(prevarication)이 불가능하다는 점 등이다.

[표 1] 기호의 종류

기호	도상(icon)	지표(index)	상징(symbol)
연결관계	유사성	인접성	자의성(관습/규칙)
사례	사진, 지도, 설계도	연기(불), 콧물(감기), 표지판	언어, 태극기, 수행공식
의미과정	보고 인지함	유추하여 인지함	반드시 배워야 인지함

3) 체계성

언어는 체계적인데, 일정한 규칙에 의해 구조화된 특성이라고도 한다. 구조(structure)는 부분이나 요소가 어떤 전체를 짜 이루는 것 혹은 그렇게 이루어진 틀이나 얼개를 뜻한다. 언어의 구조는 크고 작은 여러 층위에 존재한다. 음성(혹은 음소)적 차원에서의 구조는 자음과 모음의 얼개를 가리킨다. 어떤 음성 단위도 다른 음성 단위와 관계를 맺지 못하면 음성의 자격을 갖지 못한다. /ㄱ/ 소리는 한국어의 다른 모음과 관계를 맺어야만 소리로서 기능한다.

단어도 구조의 틀 속에서 제 기능을 한다. 친족 어휘가 대표적이다. '아들'과 '딸'은 '부모'라는 단어가 있기 때문에 그 의미를 가진다. '엄마'는 '자녀'가 있기에 존재할 수 있다. '할아버지', '할머니', '작은아버지', '작은어머니', '고모부', '고모' 등등의 친족어는 하나의 낱말밭(word field)을 이루면서 그 구조 속에서 상대적 의미 가치를 발휘한다.

신체 어휘들도 그러하다. '손가락', '손바닥', '손등'은 '손'을 공유하는 구조 속에서 제 위치를 가진다. '얼굴'과 '목', '턱' 등 신체 어휘들도 하나의 낱말밭을 만들어 구조화되어 있다. 색채 어휘의 예를 살펴보자. 무지개 색을 가리키는 '빨주노초파남보'는 각각의 색채어가 서로 다른 색을 상징하며 하나의 낱말밭을 이룬다. 시간 어휘에 속하는 '오늘', '어제', '모레', '글피'와 같은 단어들도 시간 범주 안에서 일정한 틀을 이루고 있다. 희로애락을 표현하는 감정 어휘에도 이런 구조적 특성을 찾아 볼 수 있다. '사랑'과 '미움', '기쁨'과 '슬픔'과 같은 반대말은 서로 반대되는 단어가 맞서 있기 때문에 그 의미 가치를 발휘한다.

크고 작은 여러 차원의 구조가 언어 속에 가로 세로로 얽혀 있다. 눈에 보이지 않으면서도 입체적 다중 구조를 이룬 사물이나 현상으로서 언어만큼 복잡한 것도 찾기 어렵다. 가로 세로로 얽혀서 발화 문장을 구성하고 있는 요소들은 시간적 순서에 따라 수평적으로 통합하는 관계를 맺고 있다. 아울러 다른 단위가 교체되어 들어갈 수 있는 수직적 계열 관계도 발화 문장에 동시에 존재한다.

4) 자의성

언어 기호는 음성 형식과 의미 자질을 가지는데 이 두 가지는 서로 자의적 관계를 맺는다. 소쉬르는 음성 형식을 시니피앙, 의미 자질을 시니피에라고 불렀다. 양자의 관계를 필연적이면 불가분리의 성질을 가진 것이 아니라 하나의 사회적 약속에 따라 결합된 것일 뿐이다. 이것의 기호의 형식과 의미가 갖는 자의성의 뜻이다.

기호의 자의성을 말할 때 흔히 드는 예가 닭의 울음소리를 표현하는 상징어가 언어에 따라 다양하게 나타난다는 것이다. 한국어의 "꼬끼오"가 영어에서 "cockadoodledoo"이라 하고, 프랑스어에서 "cocorico", 독일어에서는 "kikeriki", 일본어에서는 "コケユッユ-"라고 표현한다. 같은 닭 울음소리를 이와 같이 다르게 표현하는 것은 기호의 자의성에 기인한다.

한국어 '집'이란 단어는 영어의 'house[haus]', 프랑스어의 'maison[mezɔ̃]', 독일어의 'Haus[haus]', 스페인어의 'casa[kasa]', 중국어의 '家[jia]', 일본어의 'いえ[ie]'로 제각각 다르다. 뜻은 같은데 음성 형식이 언어에 따라 다르다. 이러한 차이는 기호의 형식과 내용이 본질적 필연적으로 맺어진 것이 아니라 언어 사회에 따라 각각 다르므로 나타난 것이다. 어떤 시니피에가 어떤 시니피앙과 결합하는가는 언어에 따라 다른 규약을 가지는 것이다.

5) 사회성

언어는 혼자 쓸 수 없다. 혼자 하는 말로 독백(獨白)이 있는데 이는 대화가 아닌 혼자서 중얼거리는 말이다. 그러나 듣는 이가 없으면 언어는 본연의 구실을 하지 못한다. 사람 사이에서 쓰이는 것이 언어다. '인간 사회'라고 할 때의 '人間'은 한자어 뜻 그대로 '사람과 사람 사이'이다. 사람은 사람 사이에서 사회를 이루며 살고 혼자서는 살 수 없다. 사람 사이에서 사람과 사람을 연결시켜 주는 것이 언어다. 언어는 사람 사이를 엮어 주는 연결의 고리이자 사람들을 서로 붙여 주는 접속의 통로이다. 언어는 인간 사회의 모든 차원, 모든 국면(局面)에 작용하여 관련된 일과 사건과 사람들을 묶어 준다.

언어의 사회적 특성은 여러 측면에서 나타난다. 같은 한국인이라도 연령대에 따라 쓰는 말이 다르다. 20대의 한국어와 60대의 한국어가 다르다. 어휘는 물론 어법에서도 다르다. 예컨대 60대는 '읽었습니다'와 같은 '-습니다'를 일상어에서도 자주 쓴다. 그러나 20대는 공식적 자리나 격식을 차려야 하는 자리 이외에는 '-습니다'를 잘 쓰지 않는다. 경어법의 틀이 변화한 것이다. 경어법의 단계가 젊은 층에서는 단순화되어 존대법과 비존대법 두 가지로만 쓴다. 높일 때는 '읽었어요'와 같은 '-요'체를 쓰고, 높이지 않을 때는 '읽었어'나 '읽을게'와 같이 비존대형을 쓴다. 한국어의 존대법은 서열과 친소(親疎) 그리고 격식에 따라 그 등급이 달라진다. 서열은 연령과 직위가 가장 중요하고, 친소 관계를 친밀 정도에 따라 달라진다. 격식은 친밀도에 영향을 받는 점도 있지만 말하는 상황에 따라 좌우된다. 이 세 가지 인자를 고려하여 언어를 사용하는 기술은 배우기 쉽지 않다.

언어 사용에는 성별의 인자도 중요하게 작용한다. 남성이 쓰는 말과 여성이 쓰는 말에 차이가 있다. 아예 성별로 분화된 낱말도 있다. '오빠'는 여성만 쓴다. '누나'는 남성만 쓴다. '형'은 남성 간에서만 쓰였던 것이나 요즘 젊은 층에서는 여성도 쓰고 있다. 그 사용은 보통 대학에서 여자 후배가 남자 선배를 부를 때 '형'이라고 쓴다. 여성은 남성보다 '-어요'체를 더 많이 쓴다. 남자에게는 '백두산 군'처럼 '군', 여자에게는 '한고운 양'처럼 '양'을 쓰는 것이 일반적이었으나 최근에는 남녀 구별 없이 '군'을 쓰는 경향이 뚜렷해졌다.

언어의 사회성은 호칭어에서 잘 드러난다. '씨'는 사람의 성이나 이름 뒤에 붙는데 남자의 경우는 '김철수 씨'도 되고, 이름을 빼고 성만 붙여 '김씨'라고 해도 자연스럽다. 그러나 '김순희 씨'는 무방하지만 이 사람을 '김씨'라고 부르지는 않는다. 다만 이 여성이 아주머니일 때는 '김씨 아주머니'라 할 수 있고, 할머니일 때는 '김씨 할머니'도 자연스럽다. 그리고 남자의 경우에도 성에 씨를 붙여 '김씨', '황씨'처럼 부르면 별로 좋은 대접을 받은 기분이 안 든다. '김씨', '황씨'와 같은 호칭어는 허드렛일을 하는 사람들에게 주로 사용되는 경향이 강하다. 손위 어른에게 '씨'를 붙여 쓰면 이는 큰 결례이다. 회사의 상관인 '김철수 부장'을 '김철수 씨'라고 부르다간 미운털이 박힌다. 같은 교수라도 나이 차이가 한참 아래인 후배 교수가 선배 교수를 그 성만 따서 '김 교수님'이라고 부르는 것도 언짢아하는 경우를 본 적이 있다. 특히 제자라면 스승을 '김철수 교수님'이라 불러야 한다. 한국어에 담긴 사회적 특성은 전통사회의 가치관인 장유유서(長幼有序)와 같은 위계 의식이 작용한 결과이다. 언어 속에 담긴 이와 같은 성차별 의식이나 위계 의식은 앞으로 점차 약화될 것으로 보인다.

한국어에서 호칭어는 대가족 범위 혹은 친족 간을 중심으로 만들어졌다. 그래서 혈연적으로 무관한 사람에게 쓸 수 있는 호칭어가 만들어져 있지 않다. 사회는 변했지만 언어 사용이 유지되자 친족 간의 호칭어를 모르는 사람에게 확대 적용하고 있다. 친족어인 '아주머니', '아저씨'를 모르는 사람에게도 사용하고, 버스에서 만나는 노인에게 '할아버지'나 '할머니'를 예사로 쓴다. 친족어인 '형'과 '아우'를 친밀한 사이에도 통용한다.

대화에서 자주 사용하는 대명사는 특히 복잡다단한 언어의 사회적 성격을 반영하기도 한다. '당신'이란 단어는 쓰이는 상황에 따라 의미 가치가 달라진다. '당신의 미래를 안전하게 지켜 드립니다.'와 같은 보험 광고문처럼 불특정 다수를 대상으로 한 '당신'은 자연스럽다. 부부 사이에서 쓰는 '당신'은 아주 친밀하고 정다운 단어이다. 그런데 드잡

이질까지 하는 말다툼에서 '당신이 뭔데 나한테 이래라 저래라 하는 거야.'라고 하면, 이때의 '당신'은 상대방의 기분을 심히 나쁘게 한다. '자네'는 나이가 제법 많은 어른이 장성한 젊은이에게 쓰는 특수한 단어이다. 손아랫사람이 손윗사람에게 이 말을 쓰지 않는다. '자기'는 어떤가? '자기'는 원래 삼인칭대명사였다. 대화의 현장에 없는 제삼자를 가리키는 단어였던 것이 요즘은 '자기야, 나 예뻐', '자기가 이거 먹어 봐'처럼 젊은 연인이나 부부 사이에서 다정한 감정을 표현할 때 이인칭으로 쓰인다. '자기'는 한자어로 쓰면 '自己'이다. 이 한자어의 뜻은 '내 몸'이다. 연인 일심동체처럼 가까운 사이임을 표상하고자 생긴 표현은 아닌가?

언어의 사회성은 일반적 사회 통념에 길들여진 언어 사용에서도 찾아 볼 수 있다. '어머님이 편찮으셔서 큰 대학병원에 갔다. 한참 기다리니 의사 선생님이 들어오셨다'와 같은 문장을 읽을 때, 여기에 쓰인 '의사 선생님'을 여자로 연상하는 사람은 그리 많지 않을 것이다. '의사'는 남자일 것이라는 통념이 한국인의 의식 속에 자리 잡혀 있는 것이다. 여성의 사회적 활동이 점차 늘어나면서 남성의 직업 세계에 여성이 많아졌다. 그래도 여전히 성차별 의식이 작용하는지 '여의사', '여교수', '여류소설가' 등 '여-'를 앞에 붙여 쓰곤 한다. '남배우'라는 단어는 안 쓰이지만 '여배우'는 항상 쓰고 있다.

6) 역사성

모든 사물과 현상은 시간과 공간 속에 존재한다. 언어도 그러하다. 시공(時空) 속의 모든 존재는 변화가 기본적인 속성이다. 변하지 않는 것은 아무 것도 없다. 언어도 변화한다. 개인적으로 보아도 10대 때의 말과 20대 때의 말이 다르다. 60대가 되면 더욱 달라진다. 한국어가 한반도에 사용되어온 기간은 정확하지 않다. 대충 어림해도 오천 년은 넘었다. 신라 시대 경주 사람들의 말과 2009년도의 경주 사람들의 말이 얼마나 변했을지 우리는 알아낼 방법이 없다. 삼국유사에 실린 향가의 문자와 고대지명 등을 통해 몇몇 개 단어의 모습은 추정할 수 있으나 이는 낙동강 백사장의 모래 한 알을 주운 것과 같다. 쇠털 한 오래기를 보고 그 소의 몸집을 짐작할 수 없는 것과 같다. 세종대왕께서 훈민정음을 만드신 1446년의 조선어는 현대 한국어와 많이 비슷하지만 차이점도 적지 않다. 1447년에 간행한 『석보상절』의 문장을 하나만 보자.

給孤獨 長者ㅣ 닐굽 아ᄃᆞ리러니 여슷 아ᄃᆞᆯ란 ᄒᆞ마 갓 얼이고 아기아ᄃᆞ리 양ᄌᆡ 곱거늘 各別히 ᄉᆞ랑ᄒᆞ야 아ᄆᆞ례나 ᄆᆞᆺ듥ᄒᆞᆫ 며느리를 어두리라 ᄒᆞ야 婆羅門ᄋᆞᆯᄃᆞ려 닐오ᄃᆡ 어듸사 됴ᄒᆞᆫ ᄯᆞ리 양ᄌᆞ ᄀᆞᄌᆞ니 잇거뇨 내 아기 위ᄒᆞ야 어더 보고려 (석보상절 권6, 13장)

원전에는 띄어쓰기가 되어 있지 않다. 읽기 좋게 하려고 띄어 쓴 것이 위 문장이다. 몇몇 단어가 생소하기는 하지만 무슨 뜻을 말하고 있는지 현대인이라 하더라도 주요 내용의 윤곽을 잡을 수 있다. 위 문장의 생소한 단어를 현대국어에 대응시켜 보자.

갓 얼이다: 장가 보내다
양ᄌᆞ: 용모. 생김새
아기아ᄃᆞᆯ: 막내아들
아ᄆᆞ례나: 아무튼. 어떻게 해서라도
ᄆᆞᆺ듥ᄒᆞ다: 마뜩하다

위의 다섯 단어는 현대국어에서 모두 다른 단어로 대치되었다. 그래도 약간이나마 옛 모습을 유지한 것이 'ᄆᆞᆺ듥ᄒᆞ다'이다. 이 단어는 현대어의 '마뜩하지 않다'(마뜩치 않다. 마음에 흡족하지 않다)와 같은 용법 속에 흔적을 남기고 있다. 위의 예처럼 크게 달라진 단어도 있지만 '닐굽'(일곱), '여슷'(여섯), '곱거늘', 'ᄉᆞ랑ᄒᆞ야', '며느리' 등은 현대국어와 별반 차이가 없어서 쉽게 이해할 수 있다.

2024년 기준으로 보면 1447년은 577년 전이다. 577년은 사람이 살아가는 세상으로 생각하면 결코 짧은 시간이 아니다. 이렇게 긴 시간 동안 한국어는 변화를 누적해 온 결과가 현대 한국어이다.

수많은 신어(新語)가 생겼다가 사라지곤 한다. 인터넷을 비롯한 통신언어는 현재 일어나고 있는 언어변화의 가장 극단적인 것이라 할 수 있다. '누리꾼', '누리마당', '누리집', '댓글', '꼬리말' 등은 제법 자리잡은 신어이다. 세 가지 종류의 언어가 합성된 신어도 있다. '킹왕짱'이 그 예이다. '디카', '공시족'(공무원 시험 준비족) 등은 이니셜을 이용한 신어이다. '먹튀'(먹고 튀기), '재테크', '휴테크'(휴식의 기술), '캡쳐꾼' 등 재미있는 신어도 많다. '개똥녀', '된장녀', '찌질이' 등은 남녀 간의 세태 풍자 신어이다. '황빠', '황까'는 황우석 사태가 빚어낸 일시적 신어였다. '참살이'가 제안되기는 했으나 '웰빙'에 밀리고 있는 형국이다. '새터민'을 국어원에서 만들었으나 '탈북자'들이 거부하였다. 갈 데 없이 떠돌다가 온 처량한 신세라는 어감이 '새터민'에서 느껴지기 때문이란다. 신어의 부침(浮沈)은 참으로 무상(無常)하여 종잡기 어렵고 반짝 나타났다가 금세 사라져 버리는 것이 대부분이다. 언어의 역사적 변화는 이런 순간순간의 양상들이 수없이 겹쳐진 결과일 것이다.

7) 분절성

언어에서 '분절성(分節性)'은 한자어 그대로 마디마디 나누어지는 성질이다. 크고 작은 단위의 다중적 마디가 언어를 구성하고 있다. '시골에 오니 밤하늘의 별빛이 밝고 맑다'라는 말소리에 내포된 마디를 찾아보자. 우리가 인지하기 가장 쉬운 마디는 호흡 단위로 끊어지는 어절(語節) 단위다. 즉 '시골에 / 오니 / 밤하늘의 / 별빛이 / 밝고 / 맑다'에서 빗금친 곳에 짧은 호흡 단위가 놓이며 여섯 개가 각각 하나의 마디가 된다. 그러나 약간 긴 호흡 단위로 마디를 나누면 '시골에 오니 // 밤하늘의 별빛이 // 밝고 맑다'와 같이 세 마디가 된다. 이보다 더 긴 호흡 단위로 마디를 자른다면 '시골에 오니 // 밤하늘의 별빛이 밝고 맑다'와 같이 두 개 마디로만 자를 수 있다.

이와 반대로 더 작은 단위로 마디를 쪼갠다면 '시/골/에 오/니 밤/하/늘/의 별/빛/이 밝/고 맑/다'와 같이 음절 단위로 나눌 수 있다. 가장 작은 단위의 마디는 'ㅅㅣㄱㅗㄹㅔㅗㄴㅣㅂㅏㅁㅎㅏㄴㅡㄹㅓㅣㅂㅕㄹㅂㅣㅊㅣㅂㅏㄹㄱㄱㅗㅁㅏㄹㄱㄷㅏ'와 같이 자음과 모음 단위로 나눌 수 있다. 음절이나 음소 단위로 쪼개면 그 단위가 가진 의미(意味)가 소멸된다.

이와 같이 가장 작은 단위로부터 큰 단위에 이르기까지 다중(多重)적으로 나누어지는 언어의 성질을 분절성이라 한다. 동물이 내는 소리 울부짖음이나 외침은 분절성이 없다. 송아지가 엄마 소를 찾는 소리를 '음매에'라고 적을 수 있지만, 이것은 인간의 언어로 표상화했기 때문에 분절화된 것이다. 원래의 송아지 울음은 마디로 나눌 수 없다. 오월의 산에서 노래하는 검은등뻐꾸기나 휘파람새의 경쾌한 노랫소리는 마디로 나눌 수 없다. 순간적 외침이나 부르짖음은 마디로 나누어지지 않는다. 인간 언어가 가진 분절성은 언어의 중층 구조를 다양하게 산출케 하는 원천이다.

언어의 분절성을 이와 다른 관점에서 이해할 수도 있다. 언어는 본질적으로 그것이 묘사하는 사물이나 대상을 분절화시키는 기능이 있다. '손'은 '손등'과 '손바닥'이 있는데 잠깐 생각해 보면 실제의 손에서 '손등'과 '손바닥'의 경계는 모호하다. '얼굴'과 '목'의 경계는 어디인가? '엉덩이'와 '허벅지'의 경계는? '손등'과 '손바닥'이라는 단어가 있기에 우리는 손이 '손등'과 '손바닥' 부분으로 구성된 것으로 인식한다. '엉덩이'와 '허벅지' 등도 그러하다. 사물은 본질적으로 연속적인데 언어가 개입하여 그것을 분절화하는 것이다. 무지개의 색을 일곱 가지로 인식하는 것도 무지개색을 일곱 가지 단어로 분절화했기 때문이다. 실제의 무지개를 보면 색과 색 사이에 경계가 있는가? 언어가 사물을 분절화시키는 이런 기능을 강조하게 되면 앞의 언어관에서 설명한 중간 세계로서의 언어관에 가까워지게 된다.

사물에 대한 언어의 분절성은 인간의 인식 작용에 매우 중요한 의미를 지닌다. 언어가 작용하지 않은 사물의 세계는 빛이 던져지지 않은 밤의 세계이다. 빛이 비춰지므로 존재가 그 형상을 드러내듯이 언어가 작용함으로써 존재는 인간의 인식 작용에 포섭된다.

'태초에 말씀이 있었느니라.'라고 할 때의 '말씀'은 로고스(logos)의 번역어이다. 로고스는 그리스 철학에서 우주적 이성의 뜻이지만 언어라는 뜻도 가진다. 우주적 이성이 일체 존재 세계에 작용함으로써 천지창조가 이루어진 것이다. 이 우주적 이성이라는 것이 곧 언어라는 로고스에 대응하는 것이다. 언어라는 로고스가 존재의 세계에 빛을 비춤으로써 세계가 인간의 인식 속에 밝혀진 것이다. 이런 점에서 언어의 분절성은 함축된 의미가 매우 크다 하겠다.

8) 언어의 이원성

(1) 랑그(langue)와 파롤(parole)

구조주의 문법에서는 언어를 파악할 때 랑그(langue)와 파롤(parole)로 구분하여 인식하는 경우가 많다. 스위스 언어학자 소쉬르(Saussure, F.)는 언어를 이원적 구성으로 인식하면서 비롯된 것이다. 랑그는 머릿속에 기억되어 있는 추상적인 언어의 모습으로 그 사회에서 공인된 상태로의 언어를 뜻한다. 파롤은 현실적인 언어의 모습으로 개인의 구체적인 언어를 말한다.

언어학자들은 흔히 랑그를 음악회의 악보에 비유하고 파롤은 실제의 연주회에 비유하곤 한다. 그러니까 랑그란 여러 상황에도 불구하고 변화되지 않고 기본을 이루는 악보와 같은, 언어의 본질적인 모습이고, 파롤은 상황마다 다른 모습으로 나타나는 연주와 같이 매번 다르게 표현되는 언어의 모습이다. 예를 들어, 우리가 인사말로 사용하는 '안녕하세요'를 말한다고 할 경우, 이는 열이면 열사람, 백이면 백 사람이 모두 발음이나 길이, 강약에 있어서 모두 다를 것이다. 물론 한 사람이 여러 번 말을 한다고 해도 그 발음은 같을 수 없다. 여기서 한국인의 안부 인사의 뜻을 가지는 '안녕하세요'는 우리의 머릿속에 있는 추상적인 언어로 랑그에 속하고 이것을 입으로 말하면 파롤에 속한다.

언어의 겉모습은 거짓 현상과 같아서 순간적이며. 개인적이고 또한 무한한 생리·물리적 현상인데 비해, 언어의 참모습은 항구적이며 사회적인, 그리고 유한한 정신·심리적 존재이다. 전자는 파롤 또는 부려 쓰인 말이라고 하고, 후자는 랑그 또는 갈무리 된 말이라고 한다. 이 두 가지 말의 모습을 두 사람이 말을 주고받는 과정을 보이면 다음 [그림 6]과 같다.

화자	개념 → 청각영상 → 소리내기(목청) --(소릿결)--> 듣기(귀청) → 청각영상 → 개념	청자

[그림 6] 언어 전달 과정

위에서 개념과 청각영상은 말할 이와 들을 이의 머릿속에 갈무리되어 있는 말로 곧 랑그이고, 소리내기와 듣기 과정은 언어를 부려 쓰인 말로 곧 파롤이다.

[표 2] 랑그와 파롤의 비교

랑그	파롤
• 머릿속에 기억되어 있는 추상적인 언어의 형태 • 사회에서 공인된 상태로의 언어 • 기본을 이루는 언어의 본질적인 모습	• 현실적인 언어의 모습 • 개인의 구체적인 언어 • 언어의 모습이 매번 다르게 실현됨

(2) 기표(시니피앙 signifiant)과 기의(시니피에 signifié)

스위스 언어학자 소쉬르는 기호학을 '사회 안에서 일어나는 기호들의 삶'에 대해서 연구하는 학문이라고 정의했다. 또한 그는 기호학을 연구하는 것을 통해서 기호를 일반적인 개념으로 설명할 수 있는 이론을 만들고자 하였다. 그가 내린 결론에서 기호는 '기표'와 '기의'로 구성된다. '장미'라는 기호를 예를 들어 설명하면, '장미' 그 자체, 장미라는 기호의 표시를 '기표'라고 한다. 그리고 사람들이 일반적으로 '장미'를 떠올릴 때 연관 지어 생각할 수 있는 여러 가지 의미들 즉, 사랑, 고백, 열정 등등을 기의라고 한다. 기호가 가지고 있는 의미라고 생각하면 된다. '쌍떡잎 식물 장미목 장미과 장미속에 속하는 식물의 총칭'이라는 사전의 의미를 지칭하는 것이 아닌, 사회적으로 형성되어 있는 사람들의 인식 속에 장미의 의미를 말하는 것이다. 다시 정리하자면 언어 기호에서는 의미하는 것(signifiant, 기표)과 의미되는 것(signifié, 기의)의 결합이 매우 자의적이다. 하지만 기표와 기의의 결합이 유연하게 이루어진 경우가 있다. 이런 경우를 상징(symbole)이라고 부른다. 예를 들어 비둘기가 평화를 상징하는 것처럼 둘 사이의 의미 관계가 명확하지 않음에도 대중들이 대상이 상징하는 의미를 이해하고 있는 것이다. 소쉬르가 가장 강조한 핵심적인 요소는 '기표-기의의 자의적인 관계'이다. 소쉬르 이전에는 기표와 기의라는 개념 자체가 없었으며 그저 필연적인 관계에 의해 만들어 진다고 여겨졌다 한다. 소쉬르가 만든 이러한 개념을 기반으로 현대 언어학이 뿌리를 내렸고 마침내 가장 보편적인 언어학이 생겨났다고 볼 수 있다. 조금 더 자세히 들어가 기표는 기호의 물질적인 측면이다. 인간의 오감(五感)을 통해 느낄 수 있는 형태를 지닌 것들이다. 즉, 표현된 모든 것들을 일컫는다. 그리고 기의란 기호의 정신적인 측면이다. 인간이 오감을 통해 얻은 정보를 토대로 여러 가지 해석을 만들어 낸 결과물이다. 따라서 여러 가지 의미로 해석될 수 있다. 그러므로 기표와 기의는 상호보완적인 관계가 될 수밖에 없으며 기표와 기의의 관계가 올바르게 갖춰졌을 때 비로소 의미가 형성된다. 하지만, 앞서 말했듯이 모든 사람들이 하나의 기호를 보고 동일한 의미로만 해석하지 않는다. 그것은 문화적 차이에 의해서일 수도 있고, 개인적인 차이 또는 사회적인 인식 차이 때문일 수도 있다. 따라서 기호는 여러 가지 의미를 담을 수 있는 편리한 수단이기도 하면서 불완전한 전달 수단으로 평가되기도 한다.

　말하자면 기호란 1+1=2라는 명확한 의미를 가지고 있지 않기 때문에, 불완전한 의미 전달 수단일 수밖에 없다. 송신자가 목표한 의미 작용이 만일 수신자에게도 동일하게 일어나지 않는다면 커뮤니케이션은 실패할 수도 있다. 이것은 기호란 단일 의미만을 갖지 않고 다의성을 띨 수 있음을 보여 주는 것이기도 하다. 정리하자면, 상징으로 표시되는 기호는 본질적으로 다의적이며, 따라서 다의적인 기호를 매개로 하는 커뮤니케이션은 언제나 불완전하게 평가될 가능성을 가지고 있다.

(3) 언어 능력(linguistic competence)과 언어 수행(linguistic performance)

랑그(langue)와 파롤(parole)의 이원적인 분석과 비슷한 개념이 언어 능력(linguistic competence)과 언어 수행(linguistic performance)이다. 언어 능력은 자기 모국어에 대해서 내재적으로 가지고 있는 지식으로 즉, 머릿속에 영구적으로 저장된 언어규칙을 뜻한다. 언어 수행이란 실제로 말을 하는 행위로 즉, 구체적인 상황에 있어서의 실제적인 언어 사용을 뜻한다.

미국의 촘스키(Chomsky, N.)는 변형 생성문법을 구상하면서 소쉬르의 랑그와 파롤의 이분법(二分法)을 받아들이지만 랑그마저도 언어 활동으로 보았다. 그는 말하는 움직임의 전체를 언어 능력과 언어 수행으로 나누고, 언어 능력을 화자(話者)와 청자(聽者)의 언어에 대한 지식이라 하고, 언어 수행을 구체적 상황에 있어서의 실제적 언어 사용이라고 규정하고서, 랑그와 언어 능력, 파롤과 언어 수행은 서로 관련되는 것이나 똑같은 것은 아니라고 하였다. 곧, 랑그가 단순히 기억되어 있는 항목이나 규칙의 정지상태에 있는 목록인데 비하여 '언어 능력'은 그 자체가 생성(生成)하는 활동이라고 하였다.

[표 3] 언어 능력과 언어 수행의 비교

언어 능력	언어 수행
• 자기 모국어에 대해 내재적으로 가지고 있는 지식 • 머릿속에 영구적으로 기억되어 있는 언어 규칙	• 실제로 말하는 행위 • 구체적인 상황에서의 실제적인 언어 사용

9) 기타- 교환성, 초월성(전이성), 문화 전달성

이외에 언어의 특성으로 들 수 있는 항목으로 교환성이 있다. 이것은 의사소통에 있어서 화자, 청자의 역할이 고정된 것이 아니라 수시로 바뀔 수 있다는 점이다.

다음으로 초월성(전이성)을 들 수 있다. 이것은 인간의 언어는 지금과 여기를 떠나

과거와 미래, 가까운 곳, 먼 곳에 관련된 것을 표현할 수 있다. 이와 관련하여 러셀(Russell, Bertrand Arthur William)[3]이 말한 내용이 흥미롭다. '개가 아무리 웅변술이 좋다 하더라도, 자기 부모는 가난했지만 정직했노라고 짖어서 말해 줄 수는 없다.'

마지막으로 문화 전달성이 있다. 인간의 언어가 부모로부터 전달되는 과정은 문화적인 것이며 언어 환경에 따라 해당 언어를 문화적 바탕을 가지고 습득하는 것이다.

3. 언어의 분류

1) 음성언어

언어의 재료(Substance)는 인간의 말소리 곧 음성이다. 세상에 문자 없는 언어는 있어도 음성 없는 언어는 없다는 점에 비추어 보면, 온전한 언어의 재료는 인간의 말소리라 할 수 있다. 물론 언어의 종류는 문자나 음성뿐만 아니라 몸짓, 색채, 기호 등이 있을 수 있지만, 가장 기본적인 재료라는 측면에서는 '음성'이 먼저이다.

언어의 재료인 '음성'은 어떻게 만들어지는 것일까? 우리는 음성을 생산하는 작업을 '말하기'라 부른다. 개가 자기 친구에게 '멍멍' 짖는다고 해서 그것을 '말하기'라고 지칭하는가? 여름에 세상을 떠들썩하게 만드는 매미 소리더러 '매미가 말한다.'라고 표현하는가? 그렇지 않다. 인간은 인간이 생산하는 '의미있는 소리'에만 '말하기'라고 한다. 이 '말'은 인간이 지니고 있는 '발성기관'이 생산해 낸다. 물론, 인간 외에도 '발성기관'을 지닌 동물들이 있지만, 인간만큼 '발성기관'이 발달한 동물은 없다.

---

3   영국의 철학자·수학자·사회 평론가(1872-1970). 수리 철학, 기호 논리학을 집대성하여 분석 철학의 기초를 쌓았다. 평화주의자로 제1차 세계 대전과 나치스에 반대하였으며, 원폭 금지 운동·베트남 전쟁 반대 운동에 앞장섰다. 1950년에 노벨문학상을 수상하였으며, 저서에『정신의 분석』,『의미와 진리의 탐구』따위가 있다. 논리학에서는 화이트헤드와『수학의 원리』를 저술하였고, 철학에서는 신실재론을 주장하여『철학의 제 문제』를 내는 따위의 사회 운동과 저술에 전념하였다.

침팬지와 같은 유인원들이 인간의 '발성기관'과 비슷한 기관을 지니고 있다하여 그동안 수많은 학자들이 침팬지와 같은 유인원에게 인간의 음성언어를 가르치고자 수없이 노력해 왔다. 그런데도 불구하고 학자들은 '침팬지는 인간만큼 다양한 소리를 낼 수는 없었다.'라고 보고할 수밖에 없었다. 이와 같이 인간의 발성기관은 여타 동물들보다도 탁월하게 발달되어 있다.

그래서 학자들은 언어의 기원 중에서도 '음성언어'의 시작을 말할 때, '발성기관'의 발달을 이야기한다. 이러한 사실은 원시시대까지 올라가지 않고도 확인해 볼 수 있는데, 갓난아이가 우리가 생각하는 '말'을 하지 못하고 옹알이를 할 수밖에 없는 것이 바로 그 예이다. 태아의 발성기관은 성문과 후두개의 위치가 어른보다 더 높은 위치에 있어서 낼 수 있는 소리가 한정되어 있다고 한다.

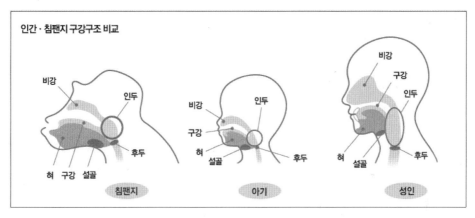

[그림 7] 침팬지와 아기, 성인의 구강 구조(김선영·김영주, 2003.10.6.)

음성학은 조음, 청음, 음향의 세 분야로 나눌 수 있다. 조음 음성학은 인간이 말소리를 어떻게 생산해 내느냐에 관심을 둔다. 많은 자연 현상들이 연속적으로 발생하듯이 인간의 말소리 생산도 자연 현상의 한 과정이다. 하나의 말소리들은 최소의 휴지를 포함한 하나의 연속체라 할 수 있다. 그렇지만 언어 사용자인 우리는 말소리로 이루어진 발화를 하나하나의 요소로 쪼개어 이해한다. 단어, 구, 문장이 그것이다. 이에 대해서는 다음 절에서 다루기로 한다.

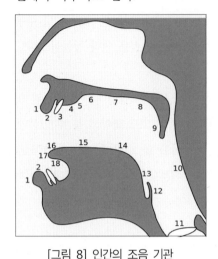

[그림 8] 인간의 조음 기관
(http://ko.wikipedia.org/)
1. 바깥 입술, 2. 안쪽 입술, 3. 이, 4. 치경 5. 후치경, 6. 전경구개, 7. 경구개, 8. 연구개 9. 구개수, 10. 인두, 11. 성문, 12. 후두개, 13. 설근, 14. 후설, 15. 전설, 16. 설단, 17. 설첨, 18. 혀 밑

[그림 8]은 인간의 발성기관을 나타낸 것이다. 그림의 기관 가운데 발성의 시작은 11번 '성문'에서부터지만, 사실 말하기의 첫 시작은 '호흡'의 중심인 '폐'에서부터다. 대체로 인간의 말은 호흡 중에서 '호기', 즉, 내뱉는 숨으로 생산되는 것이 대부분인데, 이렇게 내뱉는 숨이 입 밖으로 다시 나오면서 그림의 번호 부분 중 하나에 부딪혀 장애를 받으면 '자음'이 생산되고, 장애 없이 '호기'가 통과하며 혀와 입술에 의해 변형된 발성기관의 모양을 울리며 입 밖으로 나올 때 '모음'이 생산된다.

조음 음성학은 언어음을 '음(phone)'으로 나눈다. 음은 독립적으로도 나타나지만, 여러 음이 어우러질 때는 다른 모습으로 변이되기도 한다.

공기의 흐름, 즉 호기가 폐에서부터 성도로 올라올 때, 먼저 성대를 진동시키거나 그냥 통과하여 구강이나 비강으로 나간다. 이 공기의 흐름이 성대를 진동시킬 때 나는 음을 유성음, 그냥 통과해서 나는 음을 무성음이라 하고, 공기의 흐름이 구강으로 나갈 때 나는 음을 구강음, 비강으로 나갈 때 나는 음을 비음이라고 한다.

유성음은 모음으로 대표된다. 공기의 흐름이 성대를 진동하며 구강으로 나갈 때, 혀나 입술의 모양과 위치, 높이에 따라 다양한 성도의 모양이 형성된다. 이때 형성되는 성도의 모양에 따라 모음의 음질이 결정된다.

무성음은 자음으로 대표된다. 물론 자음 중에 유성음도 존재하지만, 일단 여기서는 무성음인 자음만 살펴볼 것이다. 공기의 흐름이 성대를 통과하며 구강으로 나갈 때, 구강 내에서 아래, 위 입술이나 이, 혀 등이 공기의 흐름을 어느 지점에서 방해를 받아 나는 음이 무성 자음이다.

음성은 조음기관의 성도를 따라 공기의 흐름이 배출될 때 어느 지점에서든지 만들어 질 수 있다. 이에 따라 세계의 언어들은 다양한 음성 목록을 갖는다. 예를 들어 한국어에 는 존재하는 음성인 [어]가 일본에서는 존재하지 않는 것처럼 말이다.

마지막으로 음성을 이야기할 때 짚고 넘어가야 할 것이 있다. 바로 초분절음이다. 이 초분절음은 언어의 재료를 구성함에 있어 발화의 의미를 바꿀 수 있는 중대한 역할을 하기도 한다. 인간은 발성기관을 사용해서 다양한 음량과 음높이, 그리고 음길이로 말소 리를 생산해 낼 수 있다. 마치 악기를 연주하는 것처럼 말이다. 음량, 음높이, 음길이 등이 초분절음소이다.

음량은 의미 변별의 기능은 하지 못한다. 단지 비언어적 요소로 말하는 사람의 감정 등을 표현해 줄 수 있다. 크게 말할 때와 작게 말할 때, 분명히 이를 듣는 사람들은 분위기에 따라 이 말소리들을 다르게 인지할 것이다.

그런데 음높이와 음길이는 언어에 따라 의미 변별의 기능을 할 때도 있다.

아래의 예는 중국어의 /ma/이다. 같은 /ma/지만 화살표로 표시된 음높이에 따라 다른 뜻을 가진다. 이렇듯 언어에 따라 음높이도 의미 변별의 역할을 한다.

妈(어머니)	ma	마 →	제 1 성
麻(삼)	ma	마 ↗	제 2 성
马(말)	ma	마 ∨	제 3 성
骂(욕하다)	ma	마 ↘	제 4 성

음길이로 의미를 변별하는 것은 한국어의 표준어에서 그 예를 찾아 볼 수 있다. 한국어 의 표준어에서는 '음길이'로 단어의 뜻을 구별한다. 예를 들어 하늘에서 내리는 '눈(雪)'

은 긴 [눈ː]이고, 사람의 '눈(目)'은 짧은 [눈]이다. 마찬가지로 타는 '말(馬)'은 짧은 [말]이고, 우리가 지금 이야기하고 있는 사람의 '말(言)'은 긴 [말ː]이다.

지금까지 언어의 재료로서 '음성'을 살펴보았다. 음성은 인간의 발성기관으로 생산하고, 이렇게 생산한 음성은 개별적이지만, 청자는 이를 하나의 연속체로 듣는다. 이는 청자가 그 언어를 이해하는 것을 전제로 어디서 이 음의 연속체가 하나의 의미를 지니는 단어로 시작되고 끝나는지, 그리고 어떻게 구와 절이 형성되는지를 알고 있기 때문이다.

2) 문자언어

문자언어(문자)는 인간의 말을 옮겨 적는 상징성이 큰 도구이다. 문자는 순간적인 말을 기록으로 남기고 싶은 인간의 필요에 따라 나온 발명품이다. 수천 년간 기억의 편의와 기록의 효율성을 향해 조금씩 발전해 가면서 오늘날과 같은 모습을 갖춘 것이다. 문자란 인류 최대의 발명품 덕분에 우리는 상상할 수 있는 여유를 가지게 되었다.

그러나 음성 언어 연구에서는 사실 지금까지 문자가 없었다면 생길 수 있는 심각한 문제를 간과하고 있다. 무엇보다도 일회적인 말은 정보를 누적시킬 수 없어 선대의 지혜를 후대에 전할 수 없었을 것이며, 이로써 지금과 같은 수준으로 문명이 발달할 수 없다. 문자 없이 인류는 법률을 비롯한 각종 제도를 정비해 올 수 없었으며, 종교, 예술, 과학 등에서 오늘날 수준을 누릴 수 없었다. 텔레비전, 버스, 녹음기 등은 기술과 관련 정보가 누적되어야 사용할 수 있는 수준에 이르게 되는 기계들이다. 문자가 없었다면 이러한 장비가 미처 세상에 나오지 못했을 확률이 높고, 인류가 말을 적는 도구로 위 이야기에서와 같이 편리하게 쓰고 있을 가능성은 거의 없다. 선대부터 문자를 활용한 바 있고, 현재 문자를 활용하고 있는 이 세상에서 살고 있는 인류로서는 문자가 없었을 때를 아무리 구체적으로 상상하려 해도 그 인식에 부족함이 있다. 문자 없이 소리로 하루를 사는 것을 상상할 수 있으나, [그림 9]와 같이 문자로 남겨두지 않으면 구체적으로 상상하는 것은 현실적으로 불가능하다.

'인류가 지구상에 와서 살다 죽어간 것이 100만 년이나 되었지만, 문자를 사용하기 시작한 것은 6,000년 밖에 되지 않았다.' 프랑스 문학자 르네 에티앙블(René Etiemble)의 말이다. 인류의 긴 역사에 비해 문자를 사용하게 된 기간은 매우 짧다. 그렇지만 인류가 문자를 사용하면서, 인류의 생활과 문화는 더욱 빨리 발전했다. 만약 문자가 없었다면, 지금의 우리 생활도 없었을 것이다.

[그림 9] 아메리카 원주민의 회화문자

그렇다면 문자언어 탄생에는 어떤 필연성이 있을까? 문자는 시간과 공간의 한계를 넘어 메시지를 전달하는 수단이다. 진화론자의 의견에 따르면 인류가 나타난 것은 100만 년 전, 말을 하기 시작한 것은 50만 년 전이라 한다. 그리고 역사적 유물로 증명되는, 인류가 문자를 쓰기 시작한 것은 5,500년 전의 일이다. 이것은 인류가 오랫동안 그들의 메시지를 전달하는 데 시·공간적 제한을 받아왔다는 의미이다.

문자가 없던 시절에 사람들은 멀리 떨어져 있는 이들에게 자신의 생각을 전하고, 후손에게 말을 남기고, 중요한 내용을 기억하기 위해 기록할 방법을 여러 가지로 고민하였을 것이다. 인간은 이미 22,000년 전에 에스파냐의 알타미라 동굴 벽화를 남겼다. 이것은 곧 기록을 향한 인간의 간절한 마음을 보여준다. 그런데 그림으로써 표현에 불편함이 없었다면 그 후에 다른 표기 방법도 나타나지 않았을 것이다. 그러나 그림의 뒤를 이어, 진흙 덩어리와 조개의 수효, 그리고 매듭을 이용하는 다른 방법을 고안해 가며 어떤 사실을 표시하게 되었다. 이와 같은 다양한 방법이 사람들 사이의 약속으로 확장되는 과정에 문자가 탄생하게 되었다. 그림에서 문자가 나타나기까지 17,000년 가량의 시간이 더 걸린 것이다.

문자의 출현 과정 및 사용 실태와 관련지어 볼 때, 세계 여러 나라의 문자는 3가지 유형으로 나뉜다. 첫째, 문자를 직접 만들어 사용하는 것이고, 둘째, 문자를 만든 사람의 이름은 모르지만 예부터 조금씩 문자를 첨가시키고 다듬어서 지금은 완성된 문자를 사용하는 것이고, 셋째는 다른 민족의 문자를 차용해 와서 그들 언어를 표기하는 것이다 (조두상 2009:17-18). 문자를 만들었다고 알려진 창제자 명단에 모두 41명이 있다고 한다. 유명한 이들 가운데 1,443년 훈민정음을 만든 세종대왕을 비롯하여, 900년에 키릴문자를 만든 오흐리드 성 클리멘트(Saint Clement of Ohrid), 1269년 파스파문자를 만든 티베트 승려 초기알 파스파(Chögyal Phagpa), 1283년 태국문자를 만들었다는 람캄행 대왕 (Ramkhamhaeng) 등이 있다.

문자의 발명 이후 지금까지 400종 전후의 문자가 생겨났으나, 현재 쓰이는 문자는 30종이 조금 넘는다고 한다. 현재 6,000여 종의 말이 있는데, 말은 있으나 고유 문자가 없는 언어가 대다수다. 이처럼 문자는, 언어를 기록하기 위해, 해당 언어 사용자들이 필요해서 만들었다. 문자를 쓰는 후손으로서 생각해 볼 가장 중요한 것은, 문자는 사람들이 사는 세상에서 소통과 기록을 위해 등장했다는 사실이다.

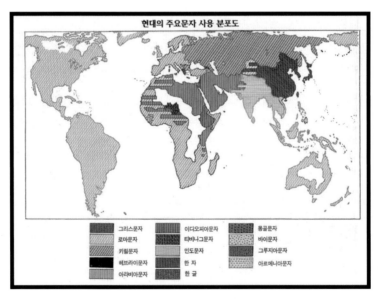

[그림 10] 세계 문자 사용 분포도(김승일 역, 2016)

그렇다면 문자가 인간이 사회를 살아가는 데 필수품이 된 이유는 무엇일까? 문자를 이해하기 위해서는 우선 인간이 문자를 발명한 목적과 발명하는 데 기울인 노력을 알 필요가 있다. 문자사는 결국 인류의 역사이다. 우리의 생활과 문자가 별도로 존재하지 않는다. 그 역사적 의미는, 굳이 그 시대로 거슬러 올라가지 않더라도 증명된다. 오늘날 현대인의 생활을 문자를 빼고 생각할 수 없다는 것이 바로 그 증거이다.

[표 4] 세계 문자언어 연대기(Andrew Robinson, 1995:16)

시기	내용
빙하기(25,000 B.C. 이후)	원시글자: 그림으로 의사 교환
8000 B.C. 이후	계산을 위해 점토 토큰 사용, 중동 지역
3300 B.C.	수메르 지역 토판에 글자 사용, 우루크
3100 B.C.	쐐기문자 새김글 시작, 메소포타미아
3100-3000 B.C.	상형문자 새김글 시작, 이집트
2500 B.C.	인더스 문자 시작, 파키스탄/인도
18세기 B.C.	크레탄 선상문자A 새김글 시작
1792-1750 B.C.	바빌로니아왕 함무라비가 비석에 법 새김
17-16세기 B.C.	처음으로 알파벳 알려짐, 팔레스타인
1450 B.C.	크레탄 선상문자B 새김글 시작
1200 B.C.	갑골문자 새김글 시작
1000 B.C.	페니키아 알파벳 새김글 시작, 지중해 지역
730 B.C.	그리스 알파벳 새김글 시작
8세기 B.C.	에트루리아 문자 나타남, 북부 이탈리아
221 B.C.	진 왕조 한자 철자법 개혁
2세기 B.C.	종이 만듦, 중국
75 A.D.	마지막 쐐기문자 새김글이 새겨짐

시기	내용
394년	이집트 상형문자가 마지막으로 새겨짐
615년-683년	파스칼, 팔랑케 마야통치자, 멕시코
8세기	인쇄기 발명, 중국
9세기	키릴문자, 러시아
1443년	훈민정음, 세종, 조선
15세기	활판인쇄기 발명, 유럽
1799년	로제타돌 발견, 이집트
1821년	체로키 문자 발명, 세쿼이아, 미국
1823년	샹폴리옹, 이집트 상형문자 판독
1840년 이후	로린슨, 힝크스 등이 쐐기문자 판독
1867년	타자기 발명
1899년	갑골문자 새김글 발견, 중국
1920년	인더스문명 발견
1950년 이후	중남미 마야상형문자 판독
1958년	병음표기를 중국에 도입(중국어 로마자 철자법)
1980년	문서 작성기 발명, 쓰기가 전자화됨

4. 언어의 기능

언어가 인간 생활에 어떻게 기능하는지 알아보자. 언어 행위에 관여하는 요소에는 화자, 청자, 주고받는 정보, 언어 형식, 화자와 청자의 관계 그리고 말 그 자체가 있다. 언어 행위의 관여 요소 각각을 초점으로 하여 언어가 어떻게 작용하는지 로만 야콥슨 (Roman Jakobson)이 제시한 언어의 기능이란 무엇인가?

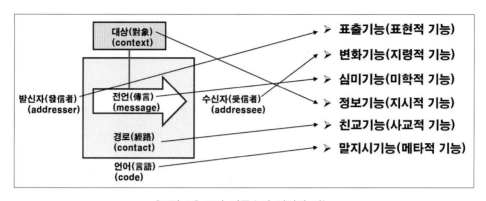

[그림 11] 로만 야콥슨의 언어의 기능

(1) 표출 기능(표현적 기능)

화자에 초점을 두고 언어의 기능을 생각해 보자. 화자는 자기의 생각이나 느낌을 말로 표출한다. 이것을 언어의 '표출 기능'이라 한다. '고기는 씹어야 맛이 나고, 말은 해야 시원하다.'라는 속담은 언어의 표출(表出) 기능을 잘 보여 준다. 말을 하지 않고 속으로만 새기다가 그로 인한 스트레스는 정신 건강에도 해롭다고 한다. 말을 많이 하는 여성이 말수가 적은 남성보다 장수하는 것도 말로 스트레스를 풀기 때문일까?

사람이 말을 하지 못하면 정신 건강에 매우 좋지 않다. 언어를 통한 표출은 언어 사용자 즉 화자의 처지에서 개인적으로나 사회적으로 중요한 의미를 갖는다. '천 길 물속은 알아도 한 길 사람 속은 모른다.'는 속담은 언어의 표출 기능이 인간의 상호 이해에 기여함을 뜻한다. 말을 해야 그 사람의 생각이나 느낌을 알 수 있지 침묵을 지키는 사람의 생각은 알 길이 없다. 말수가 적고 게다가 음험한 성품의 소유자를 '크레믈린'이라고 비유하는 것도 언어가 그 사람의 내면을 표출 즉 밖으로 드러내 주는 기능이 있기 때문이다. 인간의 내면 정서 표출에 초점을 두고 언어의 표출적 기능을 이해하는 입장에서는 이것을 정서적 기능이라 할 수도 있다.

(2) 변화 기능(지령적 기능)

청자에 초점을 두고 생각해 보자. 청자는 상대방의 말을 듣고 어떤 변화를 일으킨다. 이 변화는 마음속의 변화이면서 동시에 청자의 행동 변화를 일으킬 수도 있다. 평소 호감을 가진 사람이 따뜻한 분위기 속에서 '나는 정말 네가 좋아'라는 말을 하면, 그 말을 들은 당신의 마음은 말할 수 없는 행복감을 느끼며 그의 손을 잡을 것이다. 이것을 우리는 언어의 '변화 기능'이라 부른다. 말을 듣는 이의 마음과 행동에 일정한 변화를 유발하는 것이 언어이다. '춥다. 문 좀 닫아 도오!'라는 말을 들으면 문을 닫는 행동이 일어난다. 그래서 이 기능을 명령 기능이라 부르기도 한다. 언어를 통해 청자에게 명령하여 행동의 변화를 만들어 내기 때문이다.

청자의 행동을 변화시키는 언어의 기능에 의지하여 교육 활동이 가능하다. '가르치다'의 옛말은 'ᄀᆞᄅᆞ치다'였다. 'ᄀᆞᄅᆞ치다'의 'ᄀᆞᆯ'은 '말' 혹은 '혀'의 뜻을 가진 고어이고, '치다'는 '양육'(養育)의 뜻이다. 따라서 'ᄀᆞᄅᆞ치다'는 '말로 양육하다'는 의미가 된다. 말을 통해서 교육이 이루어진다는 뜻이 '가르치다'에 고스란히 담겨 있다. 말은 인간의 심성과 행동 변화를 만들어 내는 원천인 것이다.

정치 연설도 언어의 변화 기능에 의존한다. 유명 정치인의 연설이 대중의 사고와 행동에 큰 영향을 미쳤음은 잘 알려져 있다. 말의 이차적 수단인 글을 통해서도 이 변화 기능은 수행된다. 조선시대 정조대왕이 반대파의 우두머리였던 심환지에게 수백 통의 편지를 보냈음이 최근에 사실로 드러났다. 이 편지에는 조정의 중신 회의에서 심환지의 언행에 대한 상세한 지시가 담겨 있다. 글을 통해 심환지의 행동 변화를 유도했던 것이다.

(3) 심미 기능(미학적 기능)

화자가 언어를 사용할 때 언어의 미적(美的) 형식에 초점을 두는 언어 기능이 있다. 이것을 언어의 '심미 기능' 혹은 '언어예술 기능'이라 부른다. 언어가 가진 아름다움을 찾아내고 그것을 언어로 표현함으로써 생겨나는 기능이 언어의 심미적 기능이다. 이 기능을 가장 잘 드러내는 언어 형식이 시(詩)이다. 시를 언어예술이라 부르는 이유는 시가 언어의 심미적 기능을 잘 표출해 주기 때문이다. 시는 언어를 예술적 형식으로 표현하는 것이다. 말하는 형식 또는 언어적 표현 형식에는 다양한 종류가 있다. 묘사, 서사, 설명, 논증 등등의 표현 형식이 있으나 시는 이런 일상의 형식을 뛰어 넘는다. 시의 언어는 언어의 일상적 표현 형식을 뛰어넘거나 혹은 벗어남을 추구한다. 그래서 '분수처럼 흩어지는 푸른 종소리'와 같은 시구가 창조되는 것이다. 한용운 시인의 '님의 침묵'의 다음 구절을 보라.

　　님은 갔습니다. 아아 사랑하는 나의 님은 갔습니다. / 푸른 산빛을 깨치고 단풍나무
　　숲을 향하여 난 적은 길을 걸어서 차마 떨치고 갔습니다. / 황금의 꽃같이 굳고 빛나던
　　옛 맹서는 차디찬 티끌이 되어서 한숨의 미풍에 날어 갔습니다. / 날카로운 첫 키스의
　　추억은 나의 운명의 지침(指針)을 돌려 놓고 뒷걸음쳐서 사라졌습니다.

　언어가 예술이 되는 경지를 이 시는 잘 보여 주고 있다. 한용운 시인의 언어 감각이 어떻게 시로 승화되었는지 이 시를 읽으면 저절로 느껴진다. 언어 조탁(彫琢)의 마술사 정지용 시인의 '향수'의 한 구절은 우리의 가슴 깊숙이 스며드는 쩌릿한 그리움에 사무치는 마음이 저절로 우러나온다.

　　전설(傳說) 바다에 춤추는 밤물결 같은 / 검은 귀밑머리 날리는 어린 누이와 / 아무렇
　　지도 않고 예쁠 것도 없는, / 사철 발벗은 아내가 / 따가운 햇살을 등에 지고 이삭
　　줍던 곳.— 그 곳이 차마 꿈엔들 잊힐리야.

　'전설 바다에 춤추는 밤물결 같은 귀밑머리 날리는 어린 누이'라는 묘사가 어찌 그리도 아름답고 절절한 슬픔과 아릿한 아픔으로 다가온다. 시인의 언어예술이 빚어진 소름 끼치는 전율을 이 시구에서 느낀다. 언어의 심미적 기능은 깊은 감동의 카타르시스는

물론, 생명감 넘치는 삶의 새로운 희망을 선사하기도 한다. 이런 점에서 언어의 예술적 기능 혹은 심미적 기능은 현실적 삶에 눈먼 우리들에게 영혼의 심연을 되돌아봄으로써 진정한 삶의 가치를 깨닫게 한다. 언어가 가진 이런 기능은 참으로 소중하며 가치 있고 행복한 삶의 매개체 역할을 한다.

(4) 정보 기능(지시적 기능)

말로 전달하고자 하는 정보에 초점을 두는 언어 기능이 있다. 언어로 정보를 전달하는 기능이 그것인데 이것을 언어의 '정보 기능'이라 부른다. 사실 이 기능은 언어의 기능 중 가장 본질적이면서 일차적인 기능이다. 사람이 말을 사용하는 목적은 새로운 사실이나 정보를 교환하는 데 있다. 정보가 외부 세계에 객관적으로 존재하는 것인데 비해 지식은 정보를 흡수하여 자기의 것으로 내면화한 것이다. 자기가 익히고 배워 터득한 것은 자기 몸에 지식화된다. 지식화된 것은 자기가 다시 다른 이에게 언어로 전달할 수 있다. 이 말을 들은 상대방은 다시 그것을 가공하여 내면화시킬 수도 있고 그렇지 않을 수도 있다. 언어를 통해 개인과 개인, 세대와 세대, 지역과 지역을 가로질러 정보와 지식의 지속적인 순환이 끊임없이 일어나고 있다. 언어는 두 가지를 매체로 전달되는데 음성언어와 문자언어가 그것이다. 이 두 가지 중 문자언어는 정보 기능을 실현하는 데 특별한 가치를 가진다. 음성언어가 가진 공간적, 시간적 한계를 문자언어가 보완할 수 있기 때문이다. 인터넷의 수많은 정보들은 거의 대부분 문자로 표현되어 있다.

정보 기능은 문자라는 매체에 의하여 동서고금(東西古今)을 뛰어 넘어 인간에게 정보와 지식을 전달해 준다. 정보를 지식화하고 나아가 지식을 지혜로 승화시키는 능력을 인간은 가지고 있다. 정보→지식→지혜의 순환은 언어를 통해서 이루어진다. 또한 지혜로운 인간에 의해 창출된 언어는 다시 지혜→지식→정보의 순환 과정을 거치며 상호 작용하게 된다. 앞에서 본 언어관 중 통합적 언어관이 있었다. 언어의 정보 기능은 바로 통합적 언어관과 결합하여 바람직한 언어활동을 만들어 낼 수 있다. 언어를 통해 인간과 인간,

인간과 세계가 정보를 주고받으며 상호 소통하고, 이 상호 소통을 통해 개인과 개인, 집단과 집단이 통합과 조화의 경지로 나아갈 수 있다.

(5) 친교 기능(사교적 기능)

말을 주고받는 청자와 화자의 관계에 초점을 두는 언어 기능이 있다. 말을 주고받음으로써 두 사람의 인간관계가 이루어진다. 말의 이 기능을 언어의 '친교 기능' 혹은 '사회적 기능'이라 부른다. 언어는 인간관계 형성의 핵심적 수단이다. 언어가 인간관계의 형성에 작용하는 가장 전형적인 모습은 인사말에서 찾아 볼 수 있다. 길 가다가 아는 사람을 만났을 때 '안녕하십니까?', '요즘 어떠십니까?', '잘 지내시지요.'라고 한 마디 던진다. 이럴 때 아무 말도 안 하고 멀뚱멀뚱 쳐다보며 그냥 지나쳤다고 생각해 보라. 한 마디 툭 던지며 지나가는 것과 천양지차(天壤之差)의 간격이 있다. 아무 말도 아니하고 지나가면 속으로 이상하게 생각한다. 아니 괘씸하게 생각할 수도 있다. 한국 사람은 아는 사람에게만 인사하지만, 서양권의 사람들은 모르는 사람에게도 눈웃음을 보내며 '하이'와 같은 말을 던진다. 한국이나 동양권 사람이라면 모르는 사람이 인사를 할 때 오히려 이상하게 생각한다. 어떤 이는 선진국과 후진국의 차이를 모르는 사람에게 인사를 건네는지 아닌지에 따라 구별할 수 있다고 주장하였다. 그러나 이는 지나친 해석이다. 인간관계의 역사적 배경에 따라 다르다. 서양 사회에서는 적대적 인간관계가 중심이고 동양은 농경 사회에서 친화적 인간관계가 중심이었다.

'가는 말이 고와야 오는 말이 곱다', '말 한 마디에 천 냥 빚을 갚는다.'와 같은 속담은 언어의 사회적 기능을 체험적으로 표현한다.

(6) 말지시 기능(메타적 기능)

말 그 자체에 초점을 두는 언어 기능이 있다. 말이 말 그 자체를 지시할 때 이 기능이 작동한다. 언어의 이 기능을 '말지시 기능'이라 부른다. 말이 말을 지시하는 기능이다.

이런 기능을 하는 언어를 '메타언어'(meta-language)라 부른다. 'meta'라는 영어의 사전 정의를 살펴보면, 국어사전이나 영어사전의 어휘 항목 풀이는 바로 이 말지시 기능을 활용한 것이다. 표제항이 있고 이에 대한 설명이 있다. 표제항을 설명하는 언어가 메타언어이다. 메타언어의 대립어가 대상언어(object language)이다. 대상언어는 메타언어의 대상이 된다. 대상언어에 대해 진술하는 또 다른 언어로서 '한 차원 위에서 진술하는' 언어이다. 메타언어는 수학, 철학, 심리학 등에서 폭넓게 사용하는 술어이다.

말지시 기능은 몇 가지 다양한 양상으로 드러난다. 다음 문장들을 보자.

(가) '해바라기'는 네 음절로 된 낱말이다.

(나) '해바라기'는 '해'(日)와 동사 '바라-'(望)에 명사화 접미사 '-기'가 결합한 것이다.

(다) 해-바라기02「명」『식』 국화과의 한해살이풀. 높이는 2미터 정도이며, 잎은 어긋나고 넓은 달걀 모양인데 가장자리에 굵은 톱니가 있다. 8~9월에 노란색의 큰 두상화(頭狀花)가 줄기 끝이나 가지 끝에 피고 열매는 수과(瘦果)를 맺는다. 씨는 기름을 짜서 등유로 쓰거나 식용하고 줄기 속은 이뇨, 진해, 지혈에 약재로 쓴다. 관상용이고 중앙아메리카가 원산지로 세계 각지에 분포한다.[4]

(라) 해바라기『식물』a sunflower

sun·flow·er n.【식물】해바라기《Kansas주의 주화(州花)》[5]

(가)와 (나)는 '해바라기'라는 단어의 구성을 설명하여 말지시 기능이 활용되어 있다. (다)는 한국어로 된 '해바라기'의 뜻풀이인데 단어를 설명한 문장이 그 단어의 뜻을 지시한다. (라)는 한국어 '해바라기'를 영어 sunflower로 지시한 것과 영어 sunflower를

---

4   『표준국어대사전』에서 인용하였다.

5   『네이버 영어사전』에서 인용하였다.

한국어 '해바라기'로 지시한 것이다. 언어가 다르지만 말지시 기능이라는 점은 같다. 이와 같이 말지시 기능은 메타언어를 통해 여러 가지 양상으로 실현된다.

탐구 과제

1) 인간이 어떻게 언어를 습득하는지(자극-반응-강화, LAD의 영향) 논의해 보자.

2) 기호가 어떻게 의미를 가지게 되는지 논의해 보자.

3) 음성 언어와 문자 언어 중에 어떤 것이 언어학자에게 더 중요한 연구 대상이 되는지 그 이유를 상세하게 논의해 보자.

4) 같은 언어를 사용하고 있음에도, 세대 간에 차이가 있어 말이 통하지 않기도 한다. 세대 차이가 나는 이유가 무엇인지 토론해 보자.

제 2 부

한국어와 한국문화

제4장 언어와 문화

1. 문화를 담는 그릇으로서의 언어

1) 문화와 언어의 정의

언어와 문화는 서로 긴밀한 연관성을 지니고 있다. 문화와 언어의 관계가 어떠한지 한마디로 정리하는 것은 어려우나, 문화와 언어의 개념을 정의하는 과정에서 그 긴밀한 연관성을 확인할 수 있다.

영국의 철학자 윌리엄스(Williams, R.)는 "영어 단어 가운데 가장 정의하기 어려운 단어 중 하나가 문화(culture)"라고 말한 바 있다. 앞서 제2장에서 논하였듯 문화는 그것이 속한 집단적 맥락에 따라 매우 다양한 의미를 지니는 복합적인 개념이다(김덕호, 2014:12).

앞서 살펴보았듯 '문화'로 번역되는 'culture'라는 어휘는 '(밭을) 갈다, 재배하다, 경작하다' 등을 의미하는 라틴어 동사 'colo', 그 명사형으로서 '경작, 농업' 등을 뜻하는 단어 'cultūra'에서 유래했다고 보는 것이 일반적이다. 이러한 어원에 따르면 문화란 자연 상태에 인공적인 작용을 가하여 새로이 변형 및 창조해 낸 모든 것을 포괄적으로 지시하는 개념이 된다.

즉 넓은 의미에서 '문화'는 '자연'에 대립되는 개념으로, 인류가 인류로서 이루어낸 모든 역사를 담고 있는 말이라고 할 수 있다. 즉 문화는 정치, 경제, 법, 제도, 문학,

예술, 도덕, 종교, 풍속, 언어 등 인간 생활에서 창조되고 공유되는 모든 산물을 포함한다. 문화를 '인간 집단의 생활 양식'이라고 넓게 정의하는 인류학의 관점은 이러한 문화의 본래적 의미를 반영한 것이라 할 수 있다.

이에 20세기 후반부터 21세기 초반까지 '문화'라는 용어의 개념을 분류하고 유형화하는 논의가 활발하게 이루어졌다. 그러한 연구의 성과로 문화라는 용어가 사용되는 범주가 얼마나 방대한지가 구체적으로 밝혀졌으며, 각 세부 범주에 따라 수백여 개에 이르는 문화의 정의가 제안되었다. 이토록 다양한 문화의 정의에서 공통적인 의미 요소를 추출해 보면, '공유성', '학습성', '축적성', '변동성', '총체성' 등의 핵심어를 도출할 수 있다. 이를 바탕으로 문화의 속성을 정리하자면 아래와 같다.

[표 1] 문화의 속성

속성	의미
공유성	문화는 한 사회의 구성원(인간)들에게서 공통으로 나타난다.
학습성	문화는 타고나는 것이 아니라 후천적으로 학습(습득)된다.
축적성	문화는 다음 세대로 전해지면서 기존 문화에 새로운 문화 내용이 쌓인다.
변동성	문화는 고정된 것이 아니라 시간의 흐름에 따라 달라진다.
총체성	문화는 각 요소들이 상호 유기적 관련을 맺고 통합성을 가진다.

위 다섯 가지 속성을 토대로 다시 문화를 정의한다면, 문화란 '한 사회 구성원으로서의 인간이 습득하는 모든 능력과 전승되는 관습을 포함하는 통합적인 총체'를 일컫는 개념이라고 할 수 있다.

이러한 문화의 정의를 면밀히 살펴보면, 문화는 언어와 필수불가결한 관계에 있음을 예상할 수 있다. 만약 문화와 언어에 기원과 시작이 존재한다고 가정한다면, 문화와 언어는 그 기원과 시작에서부터 밀접한 관계를 맺어 왔으리라 짐작된다. 언어라는 개념의 정의를 통해서도 이러한 근본적인 관계성을 엿볼 수 있다.

언어(言語, language)는 대개 '인간이 생각이나 느낌을 말(구술성) 또는 글(문자성)로 전달하는 문화적 수단'으로 정의된다. 문화의 속성을 바탕으로 평가한다면 언어는 인간이 지닌 상징화(symbolization)의 능력이 빚어낸 최고의 문화적 산물이라고 평가할 수 있을 것이다. 인간은 문화를 공유하고 학습하며 다음 세대로 전승할 수 있는 효과적인 수단인 언어를 사용하게 되면서부터, 모든 생명 활동과 사회 활동을 문화의 영역 속에서 수행하게 되었다. 아울러 언어를 내재하게 된 문화는 언어를 통해 새롭게 변화하고 발전할 수 있게 되었다.

나아가 우리는 언어를 통해 문화를 읽어낼 수 있고, 문화라는 기준으로 언어를 분석할 수 있게 되었다. 즉 높은 차원의 문화가 언어를 만들어 냈으며, 이후 언어의 수혜를 기반으로 문화는 다시 발전하고 있다. 즉 문화와 언어의 관계는 상보적인 동반 관계라고 규정할 수 있을 것이다.

미국의 언어심리학자 스티븐 핑커(Steven Pinker)는 문화의 공유를 특정한 종류의 학습이 한 공동체 구성원들 사이에 퍼져서 사람들의 마음이 연결된 형태로 조정되어 가는 과정이라고 설명하였다. 또한 공동체 구성원의 언어 습득 과정이 이러한 문화의 공유와 매우 유사한 과정으로 이루어짐을 설명하였는데, 언어의 습득은 한 공동체에 속한 상이한 화자들이 서로 유사한 정신문법을 학습하는 과정이라고 설명하였다(Pinker, S., 2004: 627). 이처럼 문화의 공유와 언어의 습득 과정에 대한 담론에서 문화와 언어가 상당히 공통적인 속성을 지니고 있음을 알 수 있다. 특히 문화와 언어의 이러한 유사성은 문화와 언어를 향유하는 '인간'과의 관계에서 특히 뚜렷하게 드러난다고 할 수 있다.

2) 언어문화 연구의 가능성

언어는 문화의 직접적인 실현이요, 문화는 언어 형식을 통해 자신의 고유한 내용을 갖는다. 따라서 문화적 배경을 가진 언어 단위만이 언어문화의 연구 대상이 될 수 있다(김

덕호, 2012:288).[1]

19세기 초 독일의 언어철학자 훔볼트(Humboldt, W.V.)는 『인류언어구조의 차이 및 인류 정신발전에 대한 영향을 논함』(1830-1835)에서 처음으로 인간 정신과 언어 구조의 관련성에 대해 논의하면서, 민족어마다 제각기 특유한 세계관과 문화적 관습을 내재하고 있다고 주장하였다(이성준, 1998:465). 훔볼트는 바스크어(Basque), 산스크리트어(Sanskrit), 아메리카 원주민 언어 등 다양한 언어들을 연구하였는데 특히 인도네시아 자바 섬의 카뷔어(Kawi) 연구를 통해 언어가 인간의 세계관 형성에 깊은 영향을 미친다는 사실에 주목하게 되었다.

훔볼트는 언어의 발생은 인간의 내적 요구였으며, 인간에게 자연적으로 갖추어진 능력의 발현이라고 하였다. 이에 따르면 언어는 인간의 내면과 외면, 즉 정신과 자연세계를 잇는 매개체로 간주된다. 즉 언어는 인간과 독립적으로 존재하는 도구가 아니라, 그 언어를 사용하고 공유하는 인간의 세계관이 구체적으로 발현된 체계인 것이다. 따라서 언어의 본질은 기호로 발화된 표면의 언어 단위 그 자체가 아니다. 오히려 언어의 본질은 인간의 사고를 분절된 음성으로 표현하는 바 영원히 반복되는 정신 활동에 있다. 이러한 훔볼트의 언어관을 명쾌하게 요약한 문장이 '언어란 개인에게 주어진 의사 표현의 도구(에르곤, Ergon)라기보다는 일종의 행위(에네르게이아, Energeia)이다'라는 유명한 테제이다.

언어로 존재하는 것은 영구히 변하지 않는 기호처럼 보이지만, 사실 언어로 존재하는 모든 것은 살아 움직이는 듯 끊임없이 변화하고 있다. 인간은 필요에 따라 언어의 의미를 바꿔서 사용하기도 하고, 새로운 의미를 지닌 말을 만들어 사용하기도 한다. 인간의 본성에는 내적으로 언어 형식이 있고, 동시에 외적으로 언어를 창조하는 힘이 있다. 세계의 언어가 다양한 것은 각 인간마다 내적 형식을 외적 형식으로 구현하는 방법이

---

1   엄밀한 의미에서 언어문화와 문화언어는 개념적 차이가 있다. 언어문화는 구성원의 언어 속에 투영된 문화적 양상을 뜻하고, 문화언어는 구성원의 문화 속에 투영된 언어적 양상을 뜻하는 것이다. 다만 이 글에서는 이해의 편의를 돕기 위해 언어문화와 문화언어를 단순화하여 '언어와 문화를 융합한 개념'으로 동일하게 다루고자 한다.

다르기 때문이다.

홈볼트의 견해는 언어의 실존 방식이 인간의 문화 속에서 이루어짐을 암시하고 있다. 이후 20세기 초 미국의 인류학자 보아스(Boas, F.)가 사피어(Sapir, E.), 워프(Whorf, B.L.)와 함께 아메리카 원주민의 언어와 문화를 현지조사하면서 인류학적 언어학(Anthropological Linguistics)을 수립하였다(김덕호, 2014:14). 이를 기점으로 학술 분야에서 언어와 문화를 연관짓는 연구가 본격적으로 이루어지기 시작했다.

언어는 문화의 소산으로 문화의 한 요소이지만, 동시에 문화의 중심에서 문화를 이끌어 가는 동력이기도 하다(성기철, 2004:111, 2005:3). 미국의 언어인류학자 알렉산드로 두란티(Duranti, A., 2007:332)는 본질적으로 의사소통을 가능하게 하는 것은 문화의 존재이며, 그러한 문화적 기반에서 이루어지는 의사소통의 도구가 바로 언어라고 지적했다. 언어와 문화는 각각 별개로 존재한다기보다는 복합적으로 존재하며, 문화가 없는 언어를 상정할 수 없듯 언어가 없는 문화를 상정할 수 없다. 즉 문화와 언어는 서로 긴밀히 결속하고 있어 완전히 분리해낼 수 없는 상관성을 지니고 있다. 이러한 관점에서 언어와 문화는 '언어문화'라는 개념으로 통합하여 다루어질 수 있다.[2]

성기철(2004)에서는 언어문화의 개념이 포괄하는 범주를 구분하여 제시하였다. 이 논저에서 제시한 언어문화의 범주는 언어를 매개로 하는 문학, 언어를 매개로 하는 대중매체, 언어를 매개로 하는 인터넷 매체, 컴퓨터를 통한 언어정보 구축과 처리, 광고언어, 노래 가사와 사회심리 속의 언어, 언어 교육과 외국어 교육, 방언의 접촉과 충돌 등이 있다.[3]

---

[2] 문화와 언어의 관련성에 대한 논의는 언어 교육이나 외국어 교육을 위한 연구에서 활발하게 제시되어 왔다. 이는 언어 교육의 일환으로서 문화 교육이 의사소통 능력의 증진에 매우 중요하다는 사실이 일찍이 보고되어 왔기 때문이다. 일례로 외국어로서의 한국어 교육 분야에서도 '언어와 문화', '언어문화', '국어문화' 등의 용어는 일찍이 적극적으로 활용되어 왔다. 한국어 교육 분야 초기 업적인 박영순(2001:77, 2002), 김대행(2003:172), 성기철(2004:113), 이미혜(2004:148), 최정순(2004), 조항록(2005) 등에서 이러한 사실을 확인할 수 있다.

[3] 이러한 범주 구분은 단순 나열식이므로 추후 구체적인 관찰을 통해 체계적으로 분류할 필요가

언어의 가장 중요한 기능은 인간 개체들 상호 간의 의사소통이며, 그 의사소통의 내용은 곧 문화의 공유이다. 언어를 통한 의사소통의 구체적인 양상은 '구술성(orality)'과 '문자성(literacy)'이라는 형식적 특성을 바탕으로 이루어진다. 미국의 철학자 월터 옹(Ong, W. J, 1995)은 언어의 구술성과 문자성 사이에 내재되어 있는 정신구조(mentality)를 설명하면서, 언어문화를 구술 문화와 문자 문화라는 이분법적 구조로 유형화하였다.[4]

구술성과 문자성이라는 언어의 본연적 특성은 지나치게 포괄적이고 광범위하여 체계화하기 어려운 언어문화의 영역을 합리적으로 분류하는 기준이 될 수 있다. 즉 언어문화는 언어의 구술성과 문자성을 고려하여, 크게 '구술언어문화'와 '문자언어문화'로 구분할 수 있다. 마찬가지로 문화적 요소를 내재한 언어로 이루어진 유무형의 결과물, 즉 언어문화 자원은 '구술언어문화 자원'과 '문자언어문화 자원'으로 구분할 수 있다.[5]

국립국어원 『표준국어대사전』에서는 표제어 '언어문화'를 "일상의 언어생활 또는 언론, 문학, 출판 등 언어에 의하여 이루어지는 모든 문화를 통틀어 이르는 말"이라고 정의하고 있다. 앞서 살펴 본 복잡다기한 문화의 정의를 고려하여 본다면, 이러한 정의는 너무 간략하므로 학술용어로서는 일부 보완할 필요가 있다. 이에 넓은 의미에서 언어문화를 아래과 같이 정의하고자 한다.

있다.

4 Ong, W. J.(1995:10-11)에서는 "호모사피엔스가 지상에 나타난 것은 지금부터 3만 년에서 5만 년 전의 일이다. 그런데 최초의 '스크립트(script)'가 나타난 것은 고작해야 6천 년 전이다. 구술성과 문자성에 대한 통시적 연구, 그리고 그 어느 한 편에서 다른 한 편으로의 발전 단계에 대한 연구를 통해서 어떤 준거틀(frame of reference)을 세울 수 있다. 우리는 그 준거틀에 의해서 최초의 구술 문화와 그것에 이어지는 쓰기문화뿐 아니라, 쓰기를 보편화시킨 인쇄문화와 그리고 쓰기와 인쇄, 이 양자의 바탕 위에 세워진 전자문화(electronics culture)를 한층 잘 이해할 수 있게 된다"고 주장하였다.

5 여기서는 이처럼 언어가 지닌 본연의 형식적 특성에 따라 대범주의 영역만 분류하고, 각각의 세부 범주 설정은 다음으로 미루어 둘 것이다.

언어문화의 정의
언어문화란 인간이 의사소통을 위해 수행하는 문화적 활동 가운데 언어적 행위 또는 신체 언어적 행위로 이루어진 모든 유무형의 결과물이다.

위의 정의에서 "언어적 행위"는 구술적인 언어문화와 문자적인 언어문화는 물론 전자적인 언어문화(디지털 코드, 아이콘, 이모지, 이모티콘 등) 등을 모두 포괄하는 범주이다. 또한 "신체 언어적 행위"는 수어를 비롯하여 몸짓언어나 무용 등 의사전달을 목적으로 하는 모든 실용적·예술적인 표현 행위를 포괄하는 행위를 포괄하는 범주이다(김지원, 2008:109-110).

2. 언어와 문화의 상관성

언어와 문화는 서로 밀접하게 연관되어 있기 때문에, 문화는 언어에 영향을 미치고 언어는 문화에 영향을 미친다. 언어의 사용 행위를 여러 문화적 차원에 적용하면 문화에 따른 언어 사용의 차이를 살필 수 있으며, 개별 문화권에 따른 언어의 성격도 알 수 있다. 언어와 문화 간 관계는 개념의 본질적인 차원에서뿐 아니라 일상적인 언어 현실의 차원에서도 작용하여 언어 공동체의 생활에 영향을 미치기 때문이다. 이에 대해서는 미국의 언어학자 해롤드 쉬프먼(Harold Schiffman)의 설명을 참고할 수 있다.

언어문화(linguistic culture)는 특정의 언어나 언어 공동체와 관련된 신념, 가치, 태도, 사고방식, 역사적 경험, 종교적 또는 신화적 전통, 금기, 사람들의 집단을 구별해 주는 요소(sibboleth) 등을 일컫는 개념이다. 쉬프만은 한 공동체의 언어문화는 해석적 여과 장치로서의 기능을 하며, 전반적인 언어의 유지와 전승뿐만 아니라 언어 정책 및 계획의 수용 또는 거부에 암묵적으로 영향을 끼친다고 주장하였다. 예를 들자면, 이중 언어(diglossia) 사용의 상황은 '상류층 변이'의 전통성과 순수성에 대한 일련의 언어적 믿음에 의해 유지된다. 따라서 이러한 변이를 '하류층 변이'에 좀 더 유사한 것으로 만들기 위해 언어 형태를 변화시키려는 노력은 단순히 개인의 선택이 아니라 언어공동체에 의해 저항을 받을 수 있다. 다만 언어문화는 고정적이고 변화하지 않는 존재는 아니며, 한 언어 공동체의 언어에 대한 신념과 생각들은 점진적으로 또는 급격하게 변화할 수 있다.[6]

1) 언어와 문화의 관계

언어가 특정 문화의 특성을 반영한 상징적 체계임을 고려한다면, 각 문화권마다 다양하고 독자적인 언어가 사용된다는 사실이 놀랄 만한 것은 아니다. 2000년대 이후 지구상에는 약 7,000여 개 이상의 언어가 존재한다고 알려져 있다. 아메리카 대륙에는 약 1,000여 개의 언어가 사용되고 있으며, 인도에는 150여 개, 뉴기니 섬에는 740여 개의

---

6 As linguistic culture was introduced by Harold Schiffman(1996), to refer to the beliefs and values, attitudes, historical experiences, religious or mythological traditions, taboos, SHIBBOLETHs, etc. that are associated with a particular language or speech community. Schiffman has argued that a community's linguistic culture functions as an interpretative filter and implicitly influences the formulations of any language policy, the specification of language planning measures and the responses of the community to policies and language-planning activities(i.e. the acceptance or otherwise of a language policy as well as the maintenance and transmission of language in general).

For example, DIGLOSSIA is maintained by a specific set of linguistic beliefs about the antiquity and purity of the 'H' variety. Effort to change the linguistic form of this variety to make it more similar to the 'L' variety may therefore be resisted by the speech community. However, linguistic cultures are not stable, unchanging entities and a speech community's beliefs and ideas about language can change gradually or rapidly across time. - Schiffman, H. F.(1996). *Linguistic Culture and Language Policy*, London; New York: Routledge.

언어가 사용되고 있다.

언어와 문화는 밀접한 관계를 지닌다. 언어를 고려하지 않고 문화를 이해하는 것은 불가능하며, 마찬가지로 문화를 배제하고 언어를 이해하는 것은 불가능하다. 다만 이처럼 밀접한 관계에도 불구하고 그 관계가 완전하거나 절대적인 것은 아니다. 일례로 어떤 두 사회 집단에서 문화적 전통을 공유함에도 불구하고 서로 다른 언어를 사용하기도 하고, 반대로 상이한 문화권에 속하는 두 사회 집단에서 동일하거나 상호 이해 가능한 (mutual intelligible) 언어를 사용하기도 한다.

그럼에도 불구하고 문화가 언어에 영향을 미친다는 사실은 명백히 관찰되는 현상이다. 문화와 언어의 영향 관계는 특히 어휘적 측면에서 비교적 뚜렷하게 나타난다. 모든 언어의 어휘는 그 문화권에서 중요하다고 생각되는 개념들을 반영한다. 그리고 각 언어마다 상이한 어휘의 범주는, 해당 언어를 사용하는 인간의 인식적 범주화 과정에 영향을 미친다.

산업화되지 않은 사회에서도 환경과 문화가 어휘에 반영되는 점은 마찬가지다. 예컨대 남부 인도의 코가 부족의 언어에는 '눈(雪)'을 표현하는 단어가 하나도 없지만, 이누이트인의 언어에는 유형에 따라 눈을 구분하여 표현하는 수십 개의 단어가 있다.[7] 반면 코가 부족의 언어에는 열대 지역의 중요한 천연자원인 '대나무'를 세부적으로 구분하여 표현하는 일곱 개의 단어가 있다(김갑년, 2005:6). 이처럼 어떤 언어에서는 세부적이고 다양한 단어로 분화된 개념이 다른 언어에서는 단일한 단어로 통합되어 존재하거나 아예 그 개념을 표현하는 단어가 존재하지 않기도 한다.

한편 스웨덴 키루나의 언어에는 '눈'을 지칭하는 500여 개의 단어와 '순록'을 지칭하는 수천 개의 단어가 있는데 '컴퓨터'에 관한 단어는 단 하나도 없다. 키루나에서 눈의

---

[7] 한국어에도 '함박눈', '대설', '강설' 등 눈을 몇 가지의 단어로 구분하고 있지만, 대체로 단일어 '눈'이나 한자어 '설(雪)'에 몇몇 수식 어구를 붙여 표현하는 정도이다. 이에 한국인들은 종류나 특성에 세부적인 차이가 있을지언정 이들을 모두 '눈'이라는 동일한 물질로 인식한다. 반면 이누이트인들은 일상생활에서 눈의 상태와 환경에 관한 세밀한 지식을 바탕으로, 개별 단어에 따라 구분되는 각각의 '눈'을 전혀 다른 물질로 인식한다.

양상은 기후를 판별하는 가장 중요한 조건이며, 순록은 경제의 주요 요소로 기능하고 있다. 반면 키루나의 사회문화와 경제, 심지어 순록의 사육 과정에도 컴퓨터는 큰 부분을 차지하지 않는다. 즉 키루나 문화에서 중요한 의의를 지닌 눈과 순록은 키루나 언어에서 세부적으로 분화되어 여러 단어로 존재하며, 반대로 컴퓨터는 키루나 문화에서 큰 의의를 갖지 않기에 키루나 언어에 컴퓨터, 하드드라이브, 기가바이트 등 소프트웨어를 표현하는 단어가 존재하지 않는다(최윤희 외, 2007). 이처럼 한 문화권에서 강조되는 요소일수록 다수의 유의어와 세분화된 단어로 표현되는 경향이 있다. 즉 모든 언어는 문화적으로 강조되는 요소들을 어휘의 수와 구체성에 직접 반영하고 있다.

한편 문화가 언어에 영향을 미치듯 언어도 문화에 영향을 미친다. 언어는 인간이 세계를 분절하여 지각할 수 있는 범주를 제공하는 인식의 도구이다. 모든 언어는 각기 고유한 일면을 지니고 있기 때문에, 특정 언어의 언어학적 범주는 타 언어의 그것과 완전히 동일할 수 없다. 인간은 자신이 사용하는 언어의 범주에 따라 현상을 분절하여 인식하기 때문에, 서로 다른 언어를 구사하는 사람들은 동일한 현상을 서로 다른 방식으로 지각하게 된다. 즉 언어는 사람들로 하여금 메시지를 주고받게 하는 의사소통 체계 이상의 기능을 지닌다.

언어와 문화의 관계를 분석한 인류학자 벤자민 워프(Whorf, B.L. 1956)는 언어는 단순히 사고를 전달하는 도구가 아니라, 언어 그 자체가 사고를 형성하는 틀(shaper of ideas)이라고 주장하였다. 즉 서로 다른 언어를 사용하는 문화권의 사람들은 서로 의사소통의 방식이 다를 뿐만 아니라, 동일한 현상을 서로 다르게 생각하고 인식한다는 것이다. 이러한 워프의 가정은 문화 간 커뮤니케이션 분야에서, 특히 국제 비즈니스 및 국제 관계를 다루는 직업군에서 실용적으로 받아들여졌다. 해당 직업군의 사람들은 현지인들의 언어를 학습함으로써, 유용한 의사소통 수단을 확보하였을 뿐 아니라 현지인들이 왜 자신들과 다르게 생각하고 행동하는가를 더 잘 이해하게 되었음을 보고하였다.

2) 직접 표현과 간접 표현

홀(Hall, E.T., 1976)은 문화권을 고맥락 문화권과 저맥락 문화권으로 구분하는 분류를 제안하였다. 고맥락 문화는 주로 상황적 단서에 의존하며 함축적·간접적인 의사소통 형태를 보이는 문화를 뜻한다. 반면 저맥락 문화는 정교한 언어 메시지에 의존하며, 명확하고 솔직한 의사소통 형태를 보이는 문화를 뜻한다. 전형적으로 동양 문화권에서는 고맥락 문화가, 서양 문화권에서는 저맥락 문화가 관찰된다. 그러나 고맥락 문화와 저맥락 문화라는 구분은 전체적인 경향일 뿐 엄밀한 양자택일의 범주는 아니다. 비교적 함축적인 메시지 또는 비교적 명확한 메시지는 모든 문화권에서 발견되기 때문이다.

저맥락 문화는 단어에 높은 가치를 둔다. 저맥락 문화권의 서구 사회는 언어 메시지의 전달을 중요하게 여기는 오랜 수사학적 전통을 지니고 있다. 이러한 전통에서 언어의 가장 중요한 기능은 인간의 생각을 논리적이며 설득력 있게 표현하는 데 있다. 따라서 저맥락 문화권에서는 화자의 생각을 명확하게 전달하는 직접 표현이 선호되는 경향이 있다.

반면 일본, 중국, 한국 등 고맥락 문화권에 속하는 동양 사회에서는 언어 메시지의 중요성을 비교적 낮게 인식한다. 단어를 통해 전달되는 언어 메시지는 아무리 중요하더라도 전체적인 의사소통 상황의 한 부분에 지나지 않는다. 이는 동양 문화권에서 단어가 중요하지 않다는 의미가 아니라, 단어가 사회관계·정치·윤리 등의 문화적 요소와 떼려야 뗄 수 없는 상호 관계를 맺는다는 것이다. 동양 문화권에서 의사소통이란 언어를 통해 화자의 의사를 드러내는 행위라기보다, 화자와 청자 간의 조화와 통합을 증대시키는 행위에 더 가깝다. 따라서 고맥락 문화권에서는 담화 상황과 환경을 폭넓게 고려하는 간접 표현이 선호되는 경향이 있다.

고맥락 문화권 사람들은 일반적으로 특정 단어나 문장의 의미 그 자체보다는, 그것을 통해 상호작용의 전반적인 감성을 전달하는 데 주의를 기울인다. 그로 인해 고맥락 문화권의 의사소통의 과정에서는 청자에 대한 공손함이 종종 진실성보다 우선시되기도 하는

데, 이는 사회적 화합의 유지를 언어의 중요한 기능으로 여기는 점과 부합하는 특성이다. 이러한 관점 때문에 고맥락 문화권의 사람들은 의사소통 과정에서 자신의 발화가 상대방의 입장에서 불쾌하거나 당혹스러울 수 있는 내용일 때 발화를 망설이게 된다(Hall, E.T., & Whyte, W., 1979).

고맥락 문화권의 언어는 문법 구조에서도 정보 전달의 모호성이 나타난다. 예컨대 일본어와 한국어의 경우 문장의 핵심적인 정보인 동사가 문장의 끝에 위치하여, 문장의 내용을 이해하려면 문장 전체가 표현될 때까지 기다려야 한다. 한편 상대방을 존중하고 자신의 위엄을 지키는 것을 중시하는 문화적 전통을 지닌 멕시코의 언어에는, 간접적 표현과 체면을 손상하지 않으려는 태도가 전형적으로 나타난다. 일반적으로 멕시코어에서는 직접적 표현을 예의 바르지 못한 것으로 여기며, 의사소통의 과정에서 상대방과의 상호작용이 조화롭게 이루어지도록 노력한다. 멕시코어에서는 상대방의 의견을 수용하고 동의하는 태도를 기본적인 언어 예절로 여기며, 상대방의 의견을 잘 알지 못하거나 자신의 의견을 제시할 시간이 충분하지 않다면 자신의 의견을 고수한다. 이러한 의사소통 방식은 간접적인 정중함의 표현이라고 할 수 있는데, 직접적 표현을 선호하는 저맥락 문화권에서는 이러한 의사소통 방식이 정직하지 못하고 마음을 열지 않는 태도로 간주되는 경우가 많다.

미국과 같은 저맥락 문화권에서는 일반적으로 언어 표현이 좀 더 직접적이고 명시적이며 의미 전달이 정확해야 한다고 여긴다. 따라서 핵심적이고 중요한 사항에 대해 모호한 언어 표현을 선택하는 것은 발화의 신뢰성을 떨어뜨리는 행위이며, 의사소통 상황에서의 침묵은 의식적으로 회피되는 선택지이다. 즉 저맥락 문화권에서는 전달하고자 하는 정보를 정확하고 명시적이며 직접적으로 표현하는 능력이 의사소통의 가장 핵심적인 능력으로 간주된다. 프랑스, 독일, 영국 등 저맥락 문화권의 사람들은 대부분 이와 비슷한 문화적 전통을 지닌다.

3) 듣는 행위

듣는 사람들 중에는 열심히 듣는 사람이 있는가 하면 그렇지 못한 사람도 있다. 각 문화권에 따라 듣는 행위에 대한 인식은 매우 다양하다. 영국의 커뮤니케이션 컨설턴트 루이스(Lewis, R.D., 1999)는 서양 문화권 내 여러 민족의 듣는 행위에 대한 인식을 대략 몇 가지로 범주화하기를 시도하였다.

덴마크, 핀란드, 노르웨이, 스웨덴 등 북유럽은 듣는 행위를 중요하게 인식하는 문화권이다. 상대방의 발화에 조용히 집중한다는 점이 이들의 의사소통 문화에서 가장 중요한 장점이다. 독일 또한 역시 듣는 행위를 중시하는 문화권에 있으며, 의사소통 능력이 뛰어난 독일인은 듣는 행위를 하는 동안 부지런히 필기하며 상대의 발화에 오랫동안 주목한다.

앵글로색슨 민족 가운데 영국인과 캐나다인은 정중한 자세로 말하는 이에 주목한다. 다만 상대방의 발화가 끝나고 나면 거의 대부분이 토론으로 이어진다. 한편 호주인은 다소 냉소적이고 듣는 행위에 성실하지 않은 경향이 있고, 미국인들은 발화가 전문적인 내용이나 관심을 끌 만한 내용을 포함한 경우 듣는 행위에 보다 주의를 기울이는 경향이 있다.

러시아, 폴란드를 비롯한 발트해 연안의 동유럽 일대에서, 듣는 행위의 관습은 정치적 통제의 영향을 받은 것으로 보인다. 이들은 공식적 발표의 신뢰성을 대체로 낮은 것으로 인식하는 경향이 있다. 따라서 해당 문화권의 사람들을 대상으로 한 발화에서는 이들이 무의식적으로 갖는 회의적인 자세를 경계해야 한다. 과거 식민지의 아픔을 겪었던 인도, 말레이시아, 인도네시아 등에서도 이러한 '듣는 행위에 대한 의심'이 공통적으로 나타난다.

라틴계 민족은 일반적으로 듣는 행위보다 말하는 행위를 선호하는 문화권으로, 듣는 행위에 비교적 주의를 덜 기울이는 경향이 나타난다. 프랑스인은 상대방, 특히 외국인 화자에게는 새로운 정보를 얻거나 배울 만한 것이 거의 없다는 태도를 견지한다. 한편 남미인들은 새로운 아이디어에 대해서 듣는 행위를 선호하지만, 유럽인과 미국인에 대해서만큼은 유난히 신뢰도를 낮게 평가하는 경향이 있다.

이러한 범주화는 비록 학술적으로 엄밀하고 철저한 분류에 따른 것은 아니지만, 각 문화권마다 특정 의사소통 행위에 대한 인식과 그에 따른 행동 양식이 다르다는 사실을 관찰한 사례로서 흥미로운 점이 있다.

4) 언어와 사회적 관계

의사소통 상황에서 맥락에 따라 부여된 문화적 차이는 언어 사용에 큰 영향을 미친다. 이는 의사소통 상황의 맥락이 화자가 특정 사회적 역할에 주의를 기울이는 데 영향을 미치기 때문이다. 의사소통의 성공을 위해서는 대화하는 과정에서 청자를 우선적으로 고려해야 하고, 맥락이 중요시되는 상황에서는 맥락을 더 우선적으로 고려해야 한다. 특히 의사소통 참여자의 사회적 관계, 즉 신분은 권력 차이에 민감한 문화권에서는 맥락의 큰 부분을 차지한다.

예를 들어 영어를 비롯한 서구 언어는 사람 중심적 언어로, 일본어는 신분 중심적 언어로 구분될 수 있다(Okabe, R. 1983). 이러한 차이로 인해 실제로 일본인과 서구인 간의 의사소통 스타일은 언어를 통해 사회적 신분을 전달하는 데서 가장 뚜렷하게 나타날 것으로 예상된다. 일본어의 구조는 화자와 청자 간의 인간관계에 초점을 두는 반면, 서구 언어는 사물과 대상 간의 논리적 관계에 초점을 두는 경향이 있다.

일본 문화에서는 사회적 관계와 신분에 대한 엄격한 규칙이 삶의 대다수 부분에서 지배적이다. 이에 따라, 일본어는 다양한 사회적 상황에서 사용되는 표현의 체계가 매우 다양하게 발전해왔다. 예를 들어, '윗사람', '동료', '아랫사람'을 지칭하는 데 각각 다른 단어가 사용되며, 때로는 내용이 동일해도 상대방의 지위에 따라 적합한 단어를 선택해야 한다(Matsumoto, D., & Assar, M., 1992). 이러한 특성은 한국어에서도 일본어와 유사하게 나타난다.

일본 문화와 반대되는 사례로는 태국 문화를 살펴볼 수 있다. 태국 문화는 사회적 질서에서 개인의 지위에 많은 중요성을 부여한다. 이에 따라 태국어는 화자의 사회적 계층에 따라 왕족 언어, 성직자 언어, 평범한 사람 언어, 그리고 속어로 구분된다(최윤희 외, 2007). 또한 다양한 사회적 계층을 가리키기 위해 별도의 호칭어가 사용되며, 화자와 청자의 계급에 따라 지위와 관계를 표현하기 위해 특별한 대명사, 명사, 동사가 선택된다. 특히 인칭대명사의 경우 '나'를 지칭하는 17가지 유형과 '너'를 지칭하는 19가지 유형을 포함하여 총 47가지의 단어가 존재한다.

3. 언어와 문화의 안과 밖

독일의 실존주의 철학자 하이데거는 언어란 '인간에게 끊임없이 다가오는 존재가 머무는 집'이 된다고 언급하였다. 또한 영국의 언어철학자인 루드비히 비트겐슈타인은 '인간 사유의 한계를 설정하는 것은 곧 언어의 한계를 긋는 것을 의미한다'고 논하였다. 이들은 인간에게 있어 언어가 어떤 의미인가를 사유하게 하는 대표적인 철학적 논의로서 주목할 만하다. 과연 언어를 통해서가 아니라면 인간은 세계를 인식할 수 없는 것일까? 다시 말해 언어가 없으면 세계는 존재할 수가 없는 것일까?

언어는 인간의 삶에 있어 필수 불가결한 도구임에는 틀림없다. 만약 인간의 정신이 언어를 통해 구성되고 표현된다고 가정한다면, 언어는 인간의 정신 활동의 소산인 문화와 밀접한 연관된 개념이라는 점에 주목해야 한다. 언어는 사고와 문화가 상호작용하는 지점인 동시에, 그러한 상호작용이 이루어지는 유일한 도구로 기능하고 있기 때문이다. 즉 인간의 내부인 정신과 인간의 외부인 세계가 상호작용하는 과정은 반드시 언어를 매개로 해야만 가능한 것이다.

다만 언어와 문화의 상호작용이 이루어지는 방향과 절차는 명백하게 파악하기 어렵다. 언어와 문화의 관계에 대한 이론에서도 두 관점이 양립하고 있다. 즉 언어가 문화에 영향을 받아 그 구체적인 특성을 결정한다는 견해가 있는 반면, 반대로 언어가 문화의 유형을 규정하고 해당 문화권의 인식 과정에 직접 영향을 미친다는 견해도 있다.

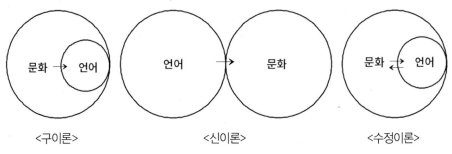

[그림 1] 문화와 언어의 영향 관계에 대한 세 가지 이론

1) 구이론: 언어가 문화에 의해 영향을 받는다는 견해

구이론은 언어란 해당 언어를 사용하는 집단의 생활 양식을 담아내는 그릇이라고 보는 관점이다. 각기 다른 집단의 생활 양식의 차이는 자연스럽게 그들의 언어에 반영되어 나타날 수 있다. 이러한 관점에 따르면 특정 언어권에서 독특하게 발달한 어휘들은 해당 언어를 사용하는 공동체에 각인된 문화의 흔적으로 간주할 수 있다.

문화적 배경을 바탕으로 언어 체계와 어휘가 형성된 사례는 전 세계적으로 다양하게 관찰되어 왔다. 히말라야 고원에서 살고 있는 라닥족(Ladakh)은 경작지의 면적을 나타내는 단위로서 '하루, 이틀, 사흘 …' 등의 어휘를 사용한다고 한다. 즉 공간 개념을 바탕으로 '밭 한 평'처럼 표현하는 것이 아니라 시간 개념을 바탕으로 '밭 하루'처럼 표현하는 것이다. 이때 '밭 하루'란 '하루에 갈 수 있는 밭의 면적'을 의미하는 것으로, 공간 개념을 시간 개념의 단위로 전이하여 표현한 것이다. 이는 라닥 족의 생활 문화가 시간 개념을 중심으로 이루어져 있음에 기인한다(전정례, 1999).

알래스카, 캐나다, 그린란드에 거주하는 이누이트족의 생활문화는 '눈(雪)'이라는 기후 현상에 깊이 연관되어 있다. 이러한 문화적 배경이 언어 체계에 반영되어 이누이트어에는에는 눈을 지칭하는 어휘의 유형이 다른 언어보다 월등히 많다. 하늘에서 지금 내리고 있는 눈을 '카나(qana)', 내려서 쌓인 눈을 '아푸트(aput)', 바람에 날리는 눈을 '피크시르포크(piqsirpoq)', 바람에 날려 쌓인 눈더미를 '퀴무크수크(qimuqsuq)'로 지칭한다는 사실은 널리 알려져 있다. 그 외에도 집을 짓는데 쓰인 눈, 음료로 사용할 수 있는 눈 등이 모두 별개의 단어로 존재하고 있다.[8] 또한 눈 외에도 얼음과 바람 등에 관한 명칭도 마찬가지로 다양하게 분화되어 있다.

필리핀 민도르섬의 하누누족 언어는 주변 생물을 분류하여 지칭하는 단어가 매우 세밀하게 구분되어 있다. 하누누족 언어는 약 450종 이상의 동물과 1,500종 이상의 식물을 지칭하는 어휘를 지니고 있다. 해당 언어에서는 새의 종류를 75여 개의 단어로 구분하며, 뱀은 10여 가지, 물고기는 60여 가지, 곤충은 100여 가지의 단어로 분류한다. 하누누족 언어의 생물명 어휘는 국제 공인된 생물도감의 분류보다도 450여 종이 더 많다고 한다.

그 외에도 어업을 중시하는 생활문화에 기반하여 바다와 관련된 현상의 많은 어휘가 섬세하게 발달한 태평양의 섬나라 팔라우의 언어, 대륙의 유목민족이라는 생활문화에

---

8   이누이트어에는 눈과 관련된 표현만 수십, 많게는 수백 가지가 넘는다는 설은 와전된 것이라는 주장이 있다. 1911년 미국의 인류학자 보아스(Boas, F.)가 문화에 따른 언어의 상대주의를 설명하기 위해 '눈(雪)'을 뜻하는 4가지 단어 'aput, qana, piqsirpoq, qimuqsuq'를 예로 들었는데, 이것이 와전되어 더 많은 수의 단어가 존재한다고 알려졌다는 것이다.

한편 이누이트어의 유형론적 분류인 포합어에 대한 몰이해가 이러한 와전에 기여했다는 주장도 있다. 예컨대 한국어에서는 '함박눈'이나 '진눈깨비'에 수식언이 결합하면 '쌓인 함박눈'이나 '녹은 진눈깨비' 같은 명사구가 되는데, 포합어인 이누이트어는 단어와 구·절·문장을 구분하기 어려워 수식언이 결합한 구성이 마치 하나의 새로운 단어처럼 보였다는 것이다.

이에 관해 1990년에 개봉한 케빈 코스트너가 감독과 주연을 맡았던 『늑대와 춤을』이라는 영화에서 나오는 사람 이름을 붙이는 방법이 흥미롭다. 이 영화의 제목인 '늑대와 춤을'도 실상 주인공인 존 덴버 중위에게 아메리카 원주민들이 붙여준 이름이다. 원주민 전사인 '머릿속의 바람', 주술사인 '발로 차는 새', 족장인 '열 마리 곰', 영화 속에서 주인공과 결혼하는 백인 원주민 여인 이름이 '주먹 쥐고 일어서'이다. 만일 이것이 아메리카 원주민들이 사용한 명명 방식이라면 아메리카 원주민의 일종인 이누이트족의 포합이라는 구조를 구나 문장으로 보기는 어려울 것 같다. 그들의 인식 속에는 특별한 명명 행위 방식으로 이루어진 일종의 명사형으로 볼 수도 있을 것이다.

기반하여 매와 말을 분류하는 어휘가 다양하게 발달한 몽골의 언어 등 다양한 사례가 있다.

한국어의 경우 농경 사회의 생활문화를 바탕으로 발달한 곡식에 관한 분화어가 주목할 만하다. 한국어에서는 논에 심기 전의 쌀은 '모', 탈곡하기 전의 쌀은 '벼', 익히기 전의 쌀은 '쌀', 익힌 후의 쌀은 '밥'으로 어휘가 구분되어 있다. 이를 영어로 번역한다면 공통적으로 'rice'라는 한 단어에 대응시킬 수밖에 없다.

한편 곡식의 알을 지칭하는 고유어 '낟'이라는 단어에서 분화한 단어들도 주목된다. 껍질을 벗기지 않은 곡식의 알갱이는 '낟알', 낟알이 붙은 채로 쌓은 것을 '낟가리'라고 하는데, 볏단을 쌓은 더미를 '볏(낟)가리'라고 한다. 또한 '쌀'의 동남지역 방언형인 '나락'은 '낟알 → 나달 → 나락'의 어형 변화를 겪으면서 생성된 것으로 재구할 수 있다. 나락은 다시 '나락이삭', '나락모가지', '씬나락', '나락씨', '나락종자' 등의 어휘로 분화되어 생산성이 높다.[9]

탈곡하기 전의 쌀인 '벼'에 대해서도 다양한 단어들이 분화되어 있다. 벼를 잘 몽글이지 않아서 까끄라기가 많은 벼는 '껄끄렁벼', 까끄라기가 유독 길게 붙은 벼는 '까라기벼', 까끄라기가 없도록 잘 몽글인 벼는 '몽근벼'라고 한다. 쌀로 도정하기 위해 말리는 벼는 '우케', 벼에서 나온 쌀은 '볍쌀'이라고 한다. 이때 볍쌀은 끈기가 많고 적음에 따라 다시 '찹쌀', '멥쌀', '입쌀' 등으로 구분하기도 한다. 나아가 죽을 끓일 때 넣는 쌀을 '심쌀', 잡곡 위에 조금 얹어 안치는 쌀은 '웁쌀'이라고 한다.

한국어에는 벼와 쌀의 종류뿐 아니라 인접 범주의 관련 어휘도 다양하다. 벼를 찧어서 낟알의 껍질을 벗겨 내는 행동을 '도정(搗精)한다'고 하며 고유어로는 '쓿는다'고 한다. 이때 낟알의 껍질을 '겨'라고 부르는데, 겨는 다시 겉부분의 껍질인 '왕겨(겉겨)', 속부분의 '속겨(쌀겨)'로 구분한다. 벼를 쓿을 때 왕겨만 벗기고 속겨는 그대로 둔 쌀은 '현미',

---

9 이처럼 기원이 불분명하고 지역에 널리 분포된 '나락'이 가장 오래된 어형이라고 추측해 볼 수 있다.

고유어로는 '메조미쌀'이다. 속겨를 벗기고 깨끗하게 된 정백미는 '쓿은쌀' 혹은 '아주먹이'라고도 한다. 깨끗이 쓿지 않아서 겨가 많이 섞이고 빛이 깨끗하지 않은 쌀은 '궂은쌀', 찹쌀에 섞인 멥쌀 비슷한 하등품 쌀을 '물계'라고 한다.

이처럼 '쌀', '나락', '벼' 등은 한국의 식문화에 있어서 중요한 기반이 되며, 이를 바탕으로 한국어에는 다양하게 분화된 단어들이 존재하고 있다. 이는 한국의 문화적 특성에 영향을 받아 한국어에 관련 어휘가 다양하게 존재한다는 사례가 된다.

2) 신이론: 언어유형이 문화유형을 규정한다는 견해

신이론은 사피어(Sapir, E.)와 워프(Whorf, B.L.)가 주장한 이른바 언어결정론 가설, 즉 언어 유형이 사고 유형을 결정한다는 관점에 기반한다. 해당 가설에서 언어와 사고의 관계는 언어와 문화의 관계에 그대로 적용하는 데 큰 무리가 없다. 언어와 문화의 관계에 대한 신이론과 언어결정론은 언어·사고·문화가 모두 상호 영향을 미치는 인간의 정신적 산물이라는 가정을 공유하기 때문이다.

아메리카 원주민 호피족(Hopi) 언어의 문법 체계는 언어가 문화를 결정한다는 가설의 대표적인 사례로 언급된다. 호피족 언어에는 과거·현재 사이를 명백한 구별하는 문법 표지가 존재하지 않고, 사실·미래·일반을 구분하는 문법 표지를 가지고 있다. 그로 인해 호피족 사람들은 시제가 문법 표지로 존재하는 언어를 사용하는 대부분의 사람들과 시간관념이 근본적으로 다르다고 알려져 있다.

또 하나의 유명한 사례는 언어마다 상이한 색채어의 어휘 체계가, 색채를 인식하는 정도에 관련되어 있다는 일련의 연구이다. 스펙트럼에 투시된 빛은 파장에 따라 모든 색을 나타내지만 그 경계를 그을 수 없는 연속체로 이루어져 있다. 그 연속체에서 색의 경계를 짓고 구분하여 하나의 분절된 단위로 범주화하는 과정은 각 언어의 어휘 체계에 따라 이루어진다. 즉 각 문화권에서 색채를 구분하는 인식의 범위는 해당 문화권에서 사용하는 언어에 따라 달라진다는 것이다. 고대 한국어에는 검정, 하양, 빨강, 파랑, 노랑의 다섯 가지 색을 구분하는 단어만 존재했고, 고대 일본어에는 검정, 하양, 빨강, 파랑의 네 가지 색을 표현하는 단어만 존재했다. 그렇다면 이러한 어휘 체계를 바탕으로 고대 한국인들은 스펙트럼에서 다섯 가지 색상만을, 고대 일본에서는 네 가지 색상만을 구분할 수 있었을 것이다.

라이베리아의 밧사족은 무지개의 색을 구분하라는 과제에 대해 세 가지 어휘를 제시하였고, 이들은 실제로 무지개를 세 가지 색으로 된 물질로 인식하였다. 한편 파푸아뉴기니의 다니족은 '어두운(*mil*)', '밝은(*mola*)'이라는 두 가지 색채 어휘만을 가지고 있다고 한다. 무지개에 내재된 색상은 물리적인 관점에서는 경계를 나눌 수 없는 무한한 종류로 이루어져 있으나, 인간은 각자의 언어가 보유한 한정된 색채 어휘를 통해 무지개의 색을 구분하여 인식하고 있다.

다만 이러한 사피어와 워프의 언어결정론은 후대 여러 학자의 비판을 받았는데, 이들 중 색채어 의미장의 언어 간 차이에 대해 문제를 제기한 브렌트 베를린과 폴 케이(Berlin, B. & Kay, P., 1969)의 논의가 주목할 만하다. 위 연구에서는 98개의 기본 색채 분류에 대한 20개 언어를 선정한 뒤 서로 다른 언어권의 화자들에게 색채 어휘를 검토함으로써, 인간은 언어권에 무관하게 보편적인 색채 범주를 인식하고 있다고 주장하였다. 각 언어에 색채 어휘가 형성 및 유입되는 언어사적 과정을 검토한 결과, 서로 관계가 없는 전 세계의 다양한 언어에서 색채 어휘가 형성 및 유입되는 순서가 비슷한 패턴으로 관찰되었다. 이에 따라 해당 연구에서는 색채 어휘가 일종의 의미보편소(Semantic Universal)를 이루며, 색채의 범주화라는 문화 발달 과정이 언어에 따라 결정되는 것이 아니라고 주장하였다.

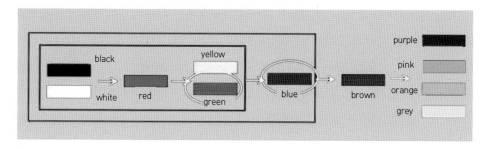

[그림 2] 베를린 & 케이(1969)의 11가지 기본 색채 확장도

대부분의 언어학자들은 이처럼 언어가 사고 영역에 영향을 미친다는 사실을 받아들이고 있다. 다만 언어 유형이 사고 유형 및 문화 유형을 결정짓는 일방적인 영향 관계를 갖는다는 극단적인 학설에는 회의적인 시각이 더 일반적이다. 즉 개별 언어에 따라 사고와 인식이 서로 다른 방식으로 범주화될 수는 있으나, 그렇다고 해서 언어가 단독적으로 사고나 인식의 유형을 고정한다고 볼 수는 없다는 것이 언어학의 보편적인 견해이다.

직관적으로 생각하였을 때 전혀 다른 언어를 사용한다고 해서 그것이 우리의 사고방식을 전혀 다르게 결정짓는다고 생각하기는 어렵다. 우리는 서로 다른 언어를 사용하는 사람들끼리도 서툰 언어 표현으로 충분히 상호 소통을 할 수 있으며, 서로 다른 언어를 사용하더라도 공동의 가치관을 형성하고 관철하는 사례를 어렵지 않게 발견할 수 있다. 이는 우리의 삶을 관장하는 인간의 정신 세계가 특정 언어에 따라, 개인의 언어에 따라 완전히 다른 형식으로 나타나지는 않는다는 근거가 된다.

이러한 관점에서 모든 인간에게는 보편적인 정신 구조가 존재한다고 가정하는 문법 이론을 보편문법 이론 혹은 정신문법 이론이라고 한다. 보편문법 이론에서는 인간이 지닌 보편적인 논리구조를 기저에 설정하고, 개별 언어에서 발현되는 특수성을 그 보편의 틀 안에서 설명하고자 한다.

다만 이러한 보편문법을 전제를 인정한다 해도 특정 언어가 특정 문화의 형태적 구현이라는 점, 특정 문법적 요소가 특정 문화적 요소에 연관되어 있다는 점은 명백한 사실이다. 그러므로 한 언어를 깊이 이해하고 올바르게 사용하기 위해서는 그 언어를 사용하는 공동체의 문화를 충분히 고려해야만 한다. 예컨대 한국어의 문법적 특징 중 하나인 존대법은 '효(孝)'라는 한국인의 사상에 기초하고 있는 것이기 때문에, 외국인들이 이를 유창하게 사용하려면 한국의 효 문화와 존대법의 관계를 이해해야만 한다.

이처럼 인간은 커다란 보편성의 범주 속에서 포함될 수 있는 개별 문화의 특수성을 인정할 수밖에 없으며, 그러한 과정에서 기능하는 언어의 영향력을 단적으로 조명하고자 하였다는 점이 언어결정론의 의의라고 할 수 있다.

3) 절충론: 언문화(languaculture)의 성립 가능성

절충론은 문화가 언어에 미치는 영향과 언어가 문화에 미치는 영향이 양방향적으로 작용하여 상호적인 관계를 맺고 있다는 관점이다. 앞서 논하였듯 한 언어에는 그 언어를 사용하는 인간이 이룩한 문화가 고스란히 새겨져 있다. 한편 인간은 자신의 언어를 통해 세계에 대한 인식을 형성·분절하고 문화적인 범주화를 구축하기도 한다.

언어를 연구하는 입장에서 '언어와 문화'처럼 매력적이면서도 애매한 주제는 없을 것이다. 이것은 그 깊이와 넓이에 있어 과학과 종교의 관계만큼이나 방대하다. '문화'라는 개념은 세상에 존재하는 거의 모든 관념을 포함하는 개념이고, '언어'라는 개념은 인간의 모든 상징 활동 중 가장 광범위한 쓰임새와 영향력을 지니고 있기 때문이다. 그로 인해 우리는 언어와 문화의 관계를 논할 때 언어와 문화는 단순히 밀접한 관계가 있다는 등, 언어와 문화를 각각 따로 생각하는 건 어렵다는 등, 언어와 문화는 서로 영향을 주고 받는 관계라는 등, 다소 애매모호하고 유보적인 설명으로 접근하게 된다.

덴마크의 언어철학자 카렌 리세거(Risagar, K., 2006)는 언어와 문화의 관계를 해석하기 위한 접근법을 정리하여 소개한 바 있는데, 이때 마이클 아가르(Michael Agar)가 제안한 '언문화(languaculture)'라는 개념이 특히 주목되었다.[10] 언문화는 그 용어의 구성소가 암

---

10   Risagar, K.(2006:115) introduces the reader to the concept of "languaculture", a term she

시하듯 언어와 문화는 분리될 수 없다는 근거에 기반한 개념이다. 언문화 논의는 의미론적·화용론적 관점, 시학적 관점, 정체성의 관점 등 세 가지 관점으로 언어와 문화의 관계에 접근한다.[11]

첫째, 의미론적·화용론적 관점은 특정 문화가 특정 의미적·화용적 효과를 거두기 위해 특정 언어체계를 사용한다는 논의이다. 예컨대 한국어에서 친구끼리 만나는 경우에는 '안녕?'이라고 인사하고, 영어에서는 'Hello', 'Hi' 등으로 인사한다. 이러한 개별 언어의 사용은 특정한 의미·화용을 표현하기 위한 목표를 내재하고 발화되는 것이며, 그 특정한 의미적·화용적 목표를 달성하기 위한 언어 행위는 각 문화권마다 서로 다른 관습으로 발현된다.

둘째, 시학적 관점은 서로 다른 문화가 특정 언어의 음성학적인 구조와 음절 체계의 조작을 통해 특별한 의미를 낸다는 논의이다. 예를 들어 여러 언어에서 음절말에 [ŋ] 소리를 지속적으로 삽입하는 것은 '애교스러운 표현이라는 인상을 부여한다'는 특별한 의미적 효과를 유도한 발음으로 인식되는 현상이 관찰된다.[12] 하지만 이러한 의미적 효과가 모든 언어에서 언어보편적으로 적용되는 것은 아니다. 예컨대 영어 단어 why를 'whyng'처럼 발음하는 등 앞서 언급한 음절말 [ŋ] 삽입을 영어 체계에서 실현할 경우 특별한 의미적 효과 없이 어색한 발음으로 인식될 뿐이다.

---

borrows from linguistic anthropologist Michael Agar, and refines it further to explore the links between language and culture. Michael Agar is the author of Ripping and Running and The Professional Stranger, among others. He is a professor emeritus in linguistic anthropology at the University of Maryland, College Park, and is a consultant with Ethnic works in Tacoma Park, Maryland. - Bhasin, N.(2008). Reviewed Work: Language and Culture: Global Flows and Local Complexity by Karen Risager, *Language in Society, 37*(1), 127-131.

11 이때 언어라는 개념과 문화라는 개념을 분리하여 그 관계를 논의하는 것은, 본질적으로 그 두 개념이 분리된 것이 아니라는 언문화의 핵심 전제를 설명하기 위한 분석적 논의로 이해할 필요가 있다.

12 한국어의 경우 '밥 먹었어 → 밥 먹었엉', '사랑해 → 사랑행', '다 했어? → 다 했엉?' 등 음절말 종성 'ㅇ' 발음의 조작이 이에 해당한다.

셋째, 정체성(identity)의 관점은 한 개인 혹은 집단이 어떤 언어를 사용할 때, 그 언어 사용은 특정한 문화가 역사적으로 형성해 온 특정한 관습 체계에 따라 화자 자신의 정체성을 만들어 가는 과정으로 간주할 수 있다는 논의이다. 예를 들면 글쓰기를 할 때 우리는 선행된 글쓰기의 전형적인 패턴을 어느 정도 준수하면서도 자신의 고유한 언어를 사용하게 된다. 그러한 과정을 바탕으로 우리는 언어를 매개로 자신의 정체성을 만들고 변형시키고 있다. 즉 우리는 언어를 사용함으로써 매순간 자신의 정체성을 새로이 구축해 나가고 있으며, 그것은 항상 특정한 문화적 패턴에 기반하고 있다. 물론 이러한 언어적·담론적 실천이 문화의 일부를 다시 재창조할 수도 있다.

이러한 언어와 문화의 관계에 대한 관점은 담화분석의 방법론에서 확인할 수 있다. 어떤 글을 통해 그 언어권에 속한 사람들이 어떤 언어 패턴을 사용하여 문화적 개념 및 관습을 나타내는지, 혹은 어떤 언어적 특질이 기존의 문화적 관행을 극복하는지 관찰하는 것이다.

무엇보다 주목할 점은 언어와 문화는 서로 밀접한 관계를 맺으며, 서로를 강화시키거나 변형시킨다는 사실이다. 즉 언어와 문화는 일방적인 주종관계가 아니라 서로 영향을 주고받으면서 변화하는 관계이며, 궁극적으로는 떼어놓을 수 없는 통합적인 개념이라고 할 수 있다.

마지막으로 언문화의 개념을 바탕으로 언어와 문화 간 관계에 대한 향후 연구의 동향을 다음과 같이 전망할 수 있다. 첫째, 언어와 문화의 관계에 대한 연구는 더욱 활발해질 것이며, 그 연구 경향은 사변적인 추론과 토의가 아닌 과학적인 분석과 실험을 중심으로 전개될 것이다. 둘째, 언어와 문화에 대한 연구는 언어학·심리학·인류학 등의 기초학문 영역과 심리언어학·인지과학·사회언어학 등의 응용학문 영역의 통섭을 바탕으로 이루어질 것이다.

탐구 과제

1) 언어와 문화는 상보적 동반 관계라고 말한다. 같은 사회 공동체에서 서로 다른 언어를 사용하는 집단, 혹은 서로 다른 문화적인 요소를 향유하는 집단의 사례를 논의해 보자.

2) 현대 한국 사회를 배경으로 문자가 없는 세상을 상상해 보자. 문자의 부재로 인해 어떤 변화가 생길지 생각해 보고, 이를 바탕으로 인류사에 문자가 발명되면서 나타난 장점과 단점은 무엇이 있을지 논의해 보자.

3) 언어와 문화의 관계에서 문화가 언어에 영향을 준다는 입장, 언어가 문화에 영향을 준다는 입장, 그리고 언어와 문화가 서로 영향을 준다는 입장이 있다. 이들 세 가지 입장 중 가장 타당하게 생각되는 것은 무엇인지 서로 의견을 나누어 보자.

4) 성격 유형 검사(MBTI, GOLDEN, DISC 등)를 통해 봤을 때 특정 성격 유형에 따라 발화 행위 및 듣는 행위의 경향에 차이가 있는지 공유해 보자. 이들의 언어 습관에 차이가 있다면 어떤 차이가 있는지, 왜 그러한 차이가 발생하는지 논의해 보자.

5) 특정 인터넷 커뮤니티, 특정 메신저, 특정 누리 소통망(SNS)을 이용하는 사람들의 발화 행위 및 듣는 행위의 경향을 살펴보자. 인터넷 커뮤니티, 메신저, 누리 소통망의 이용 및 선택 여부에 따라 언어 습관에 차이가 있다면 어떤 차이가 있는지, 왜 그러한 차이가 발생하는지 논의해 보자.

1. 언어문화의 연구 방법론

1) 문화 연구 방법론은 왜 필요한가?

학문이란 이미 발생한 상황에 대하여 설명하고 향후 발생할 상황에 대하여 예측하는 힘이 있어야 한다. 그리고 그 힘은 해당 연구 분야에 두루 적용되는 원리의 도출 능력과 관련이 있으므로 하나의 분과 학문이 제 역할을 하려면 그러한 원리를 도출할 수 있는 방법론을 갖추고 있어야 한다.

따라서 체계적인 연구 방법에 대한 탐구가 필요하다. 웨버(M. Weber)는 전문가를 아마추어와 구분 짓는 잣대로 방법론의 유무를 들었다. 아마추어는 연구 방법의 확실한 재현성을 결여하고 있기 때문에 대개의 경우 착상의 의의를 사후에 검증하고 평가하거나 그 착상을 실현시킬 수 없다. 이에 비해 전문가는 방법론을 익힘으로써 어떤 대상을 의식적, 능동적, 논리적으로 분석할 수 있다. 이러한 방법론이 갖추어야 할 사항은 재현가능성(reproducibility)과 반증가능성(falsifiability)이다.

2) 문화 연구의 다섯 가지 접근 방법

(1) 직접 체험: 관찰과 현지 조사

직접 체험에는 관찰과 현지 조사가 있다. 관광학과 학생들의 인턴 체험에서 최고급 서비스를 받아보거나 관찰하는 과정이 있다. 이것은 좋은 서비스를 직접 받아보면서 관찰해 봐야 베푸는 방법도 알 수 있다는 것이다. 이처럼 관찰은 기존의 지식과 현실 간의 격차를 줄이기 위해 필요한 방법이다.

다음 현지 조사는 자료 수집 방법의 하나이다. 사회학과 인류학의 기본적인 연구 방법으로 현장에 들어가 관찰하고 기록하는 1차 자료 수집 방법이다. 피조사자들이 사는 현장 속으로 들어가 직접 관찰하거나 체험하는 방식으로 이루어진다. 인류학의 참여관찰과 다소 다른 방식인 면접도 이에 해당한다. 예를 들어, 락앤락이라는 글로벌 회사에서 중국 시장을 위한 차통을 개발하여 성공한 사례가 있다. 당시 중국의 차 문화와 중국인의 끽다(喫茶) 생활을 직접 현지 조사를 통해 체험하고 관찰하면서 들고 다닐 수 있는 차통을 개발하여 큰 성공을 거둘 수 있었다.

(2) 간접 체험: 역사적 접근

간접 체험의 한 방식인 역사적 접근은 일종의 자료 수집 방법의 하나이다. 보통 체험에는 두 종류가 있는데, 자신이 직접 몸으로 겪는 직접 체험과 책이나 오디오나 동영상 자료 같은 것을 통해 알아 가는 간접 체험이다. 삶 전체의 과정을 보면 간접 경험하는 양이 직접 경험보다 압도적으로 많다. 물론 간접 체험에도 장단점은 있다. 짧은 시간 내에 폭넓은 지식을 얻을 수 있다는 점은 장점이나 목적에 딱 맞는 자료와 정보를 구하기 쉽지 않다는 점은 단점이다. 그럼에도 간접 체험은 왜 필요한가? 그것은 반복 실험이 거의 불가능한 인간에 대한 탐구에서 역사는 그 자체가 인간에 대한 거대한 실험 결과를 보여주기 때문이다.

역사에서 지혜를 얻기 위한 3가지 접근 방법이 있다. 첫째, 현재주의의 오류를 피하기 위해 매우 길게 보아야 한다는 것이다. 긴 시간을 들여서 자세하게 살피게 되면 잘못 판단했거나 관점이 달라서 이해가 달라진 것도 발견할 수 있다. 둘째, 관심을 가지고 보아야 한다는 점이다. 그것은 보아야 되는 자료가 너무 많기 때문이다. 먼저 무엇을 원하는지 분명히 할 경우 결국 찾게 된다는 것이다. 예를 들어, 책에서 구하는 구절 찾기나 졸업 사진에서 내 얼굴 찾기 등이다. 그리고 역사 연구는 그 자체가 목적이 아니라 수단으로 활용되어야 한다. 셋째, 사상과 역사적 현실을 구별해야 한다. 당시 누군가의 생각인 사상과 다수의 사람들이 받아들이고 내면화하여 습관적인 생각이나 행동으로 굳어진 역사적 현실을 혼동하지 말아야 한다는 것이다.

(3) 생각 실험: 기존 생각틀 극복

이탈리아의 물리학자인 갈릴레오 갈릴레이(Galileo Galilei)는 이와 같은 생각 실험을 통해 자유자재로 자기 이론을 입증하곤 했다. 그는 부피는 같지만, 무게가 다른 두 개의 공을 들고 피사의 사탑에 나선형으로 된 계단을 294계단이나 올라가 맨 꼭대기 층에 다다른 후에 두 공을 동시에 떨어뜨리게 된다. 결국 두 공은 그동안 고착되어 온 학설과는 달리 동시에 떨어지면서 2,000년 만에 아리스토텔레스의 이론을 극복하게 된다. 갈릴레오 갈릴레이는 이처럼 모순된 현상을 발견하고 그 핵심을 간파해 대안을 제시하려는 머릿속의 노력을 '생각 실험'이라고 불렀다. 그는 자기 이론을 입증하기 위해 이와 같은 생각 실험을 시도한 것이다. 이때 생각(think)은 남들이 만든 생각틀 즉, 굳어진 프레임으로부터 자유롭기 위해서 그냥 생각만 하는 시간을 갖는다는 것이다. 예를 들면, 마이크로소프트 창업자인 빌 게이츠가 제안한 생각 주간이란 사내(社內) 제도가 있었다. 이 제도는 1년에 한두 차례 1주일 동안 일상적인 일에서 벗어나 한 가지만 집중적으로 생각하는 것으로 소속 직원들은 누구나 활용할 수 있었다.

(4) 실증을 통한 확인: 모델 확정

실증을 통한 모델 확정은 밖으로 나와서 관찰하는 것이다. 세계 문화라는 넓은 관점에서 해당 지역의 문화를 비교 관찰하는 방법이다. 이런 방법은 특정의 문화가 지닌 보편적인 요소와 특수한 요소를 도출하기 위한 목적으로 시행되었다. 이 방법은 동일한 내용의 설문지로 여러 나라를 동시에 조사하고 그 결과를 계량화하여 그 상관관계를 분석한 뒤에 가설을 수립하고 이에 대한 인과관계 추적하여 그 원리를 추출하는 것이다. 그런데 특정 지역 연구를 위해 만든 '리서치 설문지'를 글로벌 조사에 사용할 수 있을까? 그렇지는 않다. 지역에 따라 다른 문화적 사정과 의식이 판이하다면 적절한 설문지로 대치할 필요가 있다. 실증적 모델에 대한 기존의 연구 성과로는 홀(Hall, E.), 홉스테드(Hofstede, G.) 등이 제안한 틀이 있고 이를 활용할 수 있다.

기어츠 홉스테드(Hofstede, G., 1991)의 문화 분석 이론

그는 국가와 국가, 문화와 문화 사이의 차이를 풍부한 통계 자료와 사료를 통해 연구한다. 세계화 시대의 문화 비교는 사회 과학이나 경영 이론뿐만 아니라 일반인들에게도 흥미로운 주제로 떠오르고 있는 문화 사이의 차이점을 다양한 각도에서 분석한다. 그는 50개국 이상을 대상으로 연구한 경험을 토대로 권력 거리, 개인주의 대 집합주의, 남성성 대 여성성, 불확실성 회피, 장기 지향 대 단기 지향 등 5가지 문화 차원의 경향으로 나눠 설명한다. 가족생활이나 학교, 직장, 정부 등 사고방식 발달에 영향을 끼치는 각 문화 차원들을 차례로 고찰해 나간다. 그리고 조직 문화 간의 차이와 함께 서로 다른 문화가 만났을 때 일어나는 문화 충격, 자민족중심주의, 고정 관념화 등의 유형을 논의한다.

---

(5) 설명과 예측

진단을 통한 검증 및 최종 원리나 모델의 제안을 위한 설명 예측이 있다. 도출한 규칙(패턴, 습관)을 가지고 다시 이전의 문화 현상을 설명하고 확인하는 가설의 검증 과정이 있다. 그것이 왜 그러한가에 대한 근본적인 전제를 찾는 과정이다. 이러한 특정의 근본적인 전제 아래에 성립하는 규칙을 최종적인 원리나 모델로 제안하게 된다. 이렇게 설정한 원리나 모델에 입각하여 미래를 예측할 수 있다.

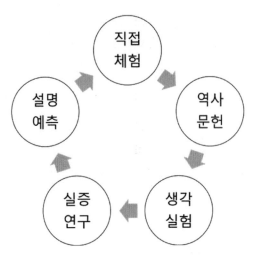

[그림 1] 문화 연구의 다섯 가지 접근 방법

이상의 다섯 가지 접근 방법은 모두 장단점을 가지고 있으나 연구 주제에 따라 주도적인 방법을 선택하여 활용하면 된다. 다섯 가지 접근 방법에 우선 순위는 없고 상호보완적인 활용이 필요하다.

문화 연구를 통해 통찰력을 얻으려면 적정의 거리에서 보아야 한다. 그런데 이 거리를 포착하려면 훈련이 필요함을 명심해야 한다. 그 훈련법으로 가장 유리한 것은 탐색적인 질적 연구 방법이다.

알프레드 노스 화이트헤드(Alfred North Whitehead)의 과정 철학(Process Philosophy)

화이트헤드[1]는 세계의 구성 원리를 그의 과정철학으로 전개했다. 세계의 구성에 존재하는 모든 것은 그것으로 존재하기 위해 전 우주를 필요로 한다는 것이다. 문화의 형성과정을 화이트헤드의 언급에 비추어 설명할 수 있는데, 문화를 아주 넓게 보면 곧 우주와 연결되어 있다고 볼 수 있다.

화이트헤드의 과정철학에 따르면, 세계의 구성은 과정적이며 모든 사물과 사건은 전체적인 우주의 상호작용과 연결된다고 한다. 이 관점을 활용하여 문화 형성 과정을 설명할 때, 실제로 문화가 우주와 어떻게 연결될 수 있는지를 살펴볼 수 있다.

예를 들어, 생활 방식과 의식 형성은 지역적 환경, 역사, 사회적 요소 등 다양한 것에 영향을 받는다. 이러한 영향들은 과정적으로 상호작용하여 특정 지역 또는 문화의 특징을 형성하는 데 영향을 미친다. 여기서 우리는 과정철학에 따라 문화의 형성은 단순히 개별 사람들의 선택이나 결정으로만 이루어지는 것이 아니라, 이러한 선택들이 더 큰 우주의 흐름과 상호작용하면서 형성된다고 볼 수 있다.

또한, 문화는 시간이 지나면서 변화하고 발전한다. 이 변화는 다양한 문화 간의 교류와 영향, 기술의 발전 등 여러 요소에 의해 이루어진다. 화이트헤드의 관점에서 보면, 문화의 변화 역시 전체적인 우주의 상호작용과 결합하여 이루어진다고 해석할 수 있다. 우주의 다양한 영향과 흐름이 문화의 발전을 이끌어내며, 문화의 발전 역시 우주의 전체적인 흐름과 상호작용하는 하나의 과정으로 이해될 수 있다.

이와 같은 관점에서 문화의 형성과 변화는 화이트헤드의 과정철학과 연결될 수 있다고 볼 수 있다. 이론적인 개념을 현실 사례에 적용하여 생각해보면, 문화는 개별적 요소들의 연결과 우주의 상호작용을 통해 형성되며, 이를 통해 더 큰 의미 있는 과정을 이루어낸다는 원리를 이해할 수 있다.

---

1   알프레드 노스 화이트헤드(Alfred North Whitehead, 1861-1947)는 영국의 철학자이며, 그의 주요 이론인 과정철학(Process Philosophy) 또는 과정철학적 현실론(Process Metaphysics)을 통해 세계의 구성과 원리를 설명하려고 했다. 그의 이론은 대체로 현대 철학 및 과학의 방향을 설정하는데, 영향을 미쳤으며, 특히 과학과 종교, 철학적 관점 사이의 연결 고리 역할을 해왔다.

2. 언어문화 자원의 질적 분석법[2]

    질적 연구에서 자료 분석은 연구 문제에 대한 해답을 자료 안에서 찾는 과정이다. 다시 말해, 자료의 분석은 수집된 자료를 조직화하고 해석 가능한 단위로 분리하며, 자료 안에 숨겨진 패턴을 찾는 작업이다(Bogdan, R.C. & Biklen, S.K., 2007). 질적 연구에서 자료를 분석하는 과정은 많은 시간과 노력이 필요하며, 동시에 불확실성에 대한 인내심이 요구된다. 양적 자료의 분석은 코딩이 완료되면 상대적으로 빠르게 연구 가설의 검증 여부를 알 수 있지만, 질적 자료의 분석은 원하는 연구 문제에 대한 해답이 나오지 않을 수 있어 불확실성을 견뎌 내야 한다.

    질적 연구는 연구 방법에 따라 다양한 자료 분석 방법을 적용한다. 근거이론, 문화기술지, 내러티브 연구, 현상학 등의 질적 연구 전통은 자신들에게 적합한 자료 분석법을 발전시켜 왔다. 이번 장에서는 일반적으로 사용되는 반복적 비교분석법(constant comparison method)을 소개하고자 한다. 이 방법은 글레이저와 스트라우스(Glaser, B.G. & Strauss, A.L., 1967)가 개발한 근거이론에서 현상을 설명하는 이론을 개발하기 위한 분석법으로 시작되었지만, 후대 연구자들은 이론 개발을 목적으로 하지 않고도 이 방법을 활용하는 경우가 많다(Ezzy, D., 2002). 반복적 비교분석법은 다른 질적 연구 전통들에 비해 상대적으로 쉽게 적용되며, 다양한 질적 자료를 분석할 수 있어 현재 널리 사용되고 있다.

    반복적 비교분석법의 과정은 '개방 코딩', '범주화', '범주 확인'으로 요약할 수 있다. 이 과정을 이해하기 쉽게 설명하기 위해, 많은 단추를 분류하는 과정을 비유하겠다. 우선 당신 앞에는 많은 단추가 놓여 있다. 당신은 이 단추들을 분류해서 정리해야 한다는 요청을 받았다. 먼저 당신은 단추들의 특성을 살펴본다. 단추를 자세히 관찰하면 단추의 색, 모양, 재질, 크기, 단추 구멍 수 등의 다양한 특성을 발견할 수 있다. '개방 코딩'은

---

2   유기웅·정종원·김영석·김한별(2018), 『질적 연구 방법의 이해 개정판』, 박영사, 323-337의 논의를 참조했다.

현재 당신이 가지고 있는 단추, 즉 자료의 특성을 분석하고 이를 이해하는 작업이다. 고민 끝에 당신은 단추를 분류할 기준으로 '재질'을 선택했다. 그래서 당신은 단추의 다양한 재질(플라스틱, 금속, 나무 등)에 따라 단추를 분류하는 작업을 시작한다. 이것이 '범주화'이다. 마지막으로, 당신은 재질로 분류한 단추들을 다시 확인하면서 잘못 분류된 단추가 있는지 확인한다. 이 과정이 '범주 확인'이다. 이렇게 진행하는 반복적 비교분석법은 자료 분석 과정을 이해하기 쉽게 해 준다.

1) 자료의 수집 중 자료 분석의 과정

반복적 비교분석법을 사용하여 질적 자료를 본격적으로 분석하기 전에, 질적 자료를 수집하는 과정에서 필요한 자료 분석 절차를 설명하면 다음과 같다. 질적 자료의 분석은 자료의 수집과 동시에 이루어지는 과정이다(Merriam, S.B. & Tisdell, E.J., 2015). 질적 연구를 처음 실시하는 연구자들이 저지르는 실수 중 하나는 양적 연구와 같이 자료의 분석을 모든 수집이 끝난 후에 실시하는 것으로 오해하는 것이다. 그러나 질적 연구에서는 자료의 수집과 분석이 동시에 이뤄져야만 연구 목적에 부합하는 양질의 자료를 얻을 수 있다(Bogdan, R.C. & Biklen, S.K., 2007). 자료를 수집하는 동안, 연구의 목적에 부합하는 연구 질문을 기반으로 인터뷰, 관찰, 문서 수집 등 다양한 방법을 활용한다. 어느 정도의 양의 자료가 수집되면, 연구자는 연구 목적에 부합하는 자료가 충분히 수집되고 있는지, 추가적인 자료가 필요한지를 파악해야 한다.

예를 들어, 질적 연구 방법을 이용한 연구를 수행하면서 최종적으로 10명의 참여자를 인터뷰한다고 가정해 보겠다. 이때, 당신은 10명의 인터뷰를 모두 마친 후에 수집된 자료를 분석하는 것이 아니라, 처음 세 명의 인터뷰 자료가 수집된 이후에 이들의 자료에 대한 분석을 우선 진행해야 한다. 이 과정을 통해 조사자는 연구 참여자에게 제기한 질문과 그에 대한 응답을 분석하면서 연구 목적에 보다 부합하는 자료를 얻기 위해 수정이 필요한 인터뷰 질문과 추가로 수집해야 할 자료를 위한 새로운 인터뷰 질문을 구성해야 한다. 자료를 수집하는 과정에서 자료를 분석하지 않는다면 연구 목적에 적합한 좋은 자료를 확보하기 어려울 것이다.

질적 자료의 수집 과정에서 자료를 분석해야 하는 다른 이유는 자료 수집을 언제 중단할지 결정하기 위해서이다. 양적 연구에서는 연구 모집단을 대표하기 위해 특정 표본 기법을 사용하여 최소한으로 필요한 참여자 수를 결정한다. 그러나 질적 연구에서는 최소 참여자 수를 명시적으로 정하지 않는다. 이는 연구자가 자료 수집의 주체이며, 연구 문제를 해결하기 위해 충분한 자료가 있는지를 판단하기 때문이다. 자료 수집을 중단하는 기준은 이론적 이유와 실제적 이유로 나뉜다(Merriam, S.B. & Tisdell, E.J., 2015). 이론적 이유 중 하나는 자료 수집이 더 이상 의미가 없어지는 시점이다. 자료 분석을 통해 도출된 연구 문제의 답이 계속해서 중복되거나 새로운 정보가 얻어지지 않을 때 연구자는 자료 수집의 중단을 결정한다. 또 다른 이유는 실제적으로 연구자가 시간, 자금, 또는 육체적 지침 등으로 인해 더 이상 자료를 수집할 수 없는 상황이다. 연구를 위해 현장을 방문하는 경우 참여자가 계속해서 현장에 머무를 수 없거나 다른 연구나 개인적 사정으로 인해 연구를 중단해야 할 때가 있다. 재정적 지원이 한정되어 연구를 계속할 수 없는 상황도 있을 수 있다. 이러한 실제적 이유로 인해 연구자는 자료 수집을 중단하게 된다.

질적 자료의 수집 중에 자료 분석이 필요한 또 다른 이유는 수집된 데이터를 체계적으로 정리하기 위해서이다(Merriam, S.B. & Tisdell, E.J., 2015). 연구자는 자료 수집 단계에서 다수의 인터뷰 전사, 관찰 노트, 현장에서 수집한 문서 등 많은 양의 자료를 소유하게 된다. 이런 다량의 자료를 분석하려면 체계적인 정리가 필요하다. 이를 위해 먼저 자료에 일련번호를 할당해야 한다. 예를 들어, 인터뷰 전사 자료에는 각 인터뷰 대상에게 일련번호를 부여하고, 관찰 노트에는 날짜별 또는 수업별로 구분하여 번호를 부여한다. 수집한 문서도 일정한 기준에 따라 번호를 부여한다. 예를 들어, 신문이라면 발간된 순서대로, 학생의 일기라면 학생별로 번호를 부여한다. 또한, 방대한 양의 자료를 보다 효율적으로 관리하기 위해 자료의 목록표를 만드는 것이 좋다(Merriam, S.B. & Tisdell, E.J., 2015).

연구자는 자료 수집 중에는 어떤 자료가 있는지 알고 있다고 생각할 수 있지만, 연구가 끝난 후에는 다른 작업과 분석으로 인해 자료의 종류와 수에 대한 정확한 기억이 흐려질 수 있다. 특히, 질적 연구의 자료 수집 기간이 길거나 여러 연구자가 참여하는 경우, 체계적인 데이터 관리를 위해 목록표를 정리하는 것이 필수적이다. 질적 자료 분석은 한 번의 분석만으로 끝나지 않고, 분석과 조사가 반복되는 과정이다. 따라서 자료 분석 중에 자료를 분실하지 않기 위해 목록표를 작성하는 것이 중요하다.

2) 반복적 비교분석법을 통한 자료 분석의 과정

질적 자료의 분석이 자료의 수집과 동시에 이루어진다고 해서, 질적 연구의 수집 과정이 끝남과 동시에 분석도 끝남을 의미하지는 않는다. 자료의 수집을 마친 이후에 연구자는 본격적으로 수집된 자료를 분석하게 된다. 질적 연구에서 가장 일반적으로 많이 사용되는 자료 분석의 방법은 반복적 비교분석법이며, 이를 간단히 표현하면 [그림 2]와 같다. 반복적 비교분석법의 구체적 방법은 다음과 같다.

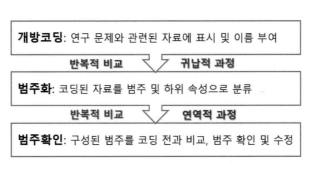

[그림 2] 반복적 비교분석법의 절차(유기웅 외, 2018:328)

(1) 개방 코딩

개방 코딩(open coding)은 자료를 읽으면서 중요한 부분에 이름을 붙이고 이를 분류하는 작업을 말한다(Strauss, A.L., & Corbin, J., 1990). 양적 연구에서는 설문지 응답을 숫자로 바꾸는 것을 코딩이라고 한다. 하지만 질적 연구에서는 자료를 읽으면서 특정 부분이 연구 결과를 얻는 데 도움이 될 때, 그 부분을 따로 표시하거나 분류하는 것을 코딩이라고 한다(김윤옥 외, 2009). 개방 코딩은 명칭처럼 열린 마음을 갖고 연구 문제와 관련해 중요해 보이는 모든 자료를 코딩하는 작업이다.

개방 코딩의 방법은 다음과 같다. 먼저, 수집된 자료를 양쪽에 여백을 많이 둔 채 출력한다. 그리고 자료를 읽으면서 여백 부분에 연구 문제에 중요한 해답을 줄 수 있는 자료를 표시하거나, 이름을 붙이거나, 떠오른 질문이나 생각을 적는다(Merriam, S.B. & Tisdell, E.J., 2015). 이때 사소해 보이는 자료나 중요하지 않다고 생각되는 의견이라도 모두 표시한다. 예를 들어, '노인의 컴퓨터 학습이 자아정체성에 미치는 영향'과 관련한 개방 코딩을 [표 1]에서 제시하였다.

자료를 읽으면서 여백에 표시하는 코딩의 이름은 자료의 주제를 가장 잘 표현하는 단어나 어구로 정한다. 일반적으로 자료를 읽고 첫 번째로 떠오르는 주제가 그 자료를 가장 잘 묘사한다. 하지만 개방 코딩을 진행하면서 '다른 코딩의 이름과 너무 비슷하지 않은가?', '비슷한 이름의 코딩과 이 자료는 무엇이 다른가?' 같은 질문을 통해 코딩의 이름을 변경하기도 한다. 모든 자료를 읽고 주제를 고려하면서 코딩하는 작업은 많은 노력과 생각을 필요로 하는 고된 작업이다. 이 작업은 쉽고 단순하지 않으며 혼란스럽고 때로는 절망스럽게 느껴질 수 있다(Ezzy, D., 2002). 하지만 개방 코딩은 다음과 같은 기능을 갖고 있어, 반드시 필요한 작업이기도 하다(Richards, L. & Morse, J.M., 2007).

첫째, 자료를 주제별로 분류하여 연구 자료를 기술하는 데 도움을 준다. 자료를 주제로 분류하는 과정을 통해 자료의 깊은 의미를 더 고민하게 되고, 이는 자료를 정확히 기술하는 데에 도움이 된다. 둘째, 개방 코딩은 자료 검색에 도움이 된다. 자료를 주제별로 분류하면, 분석 과정에서 다시 살펴봐야 할 자료를 쉽게 찾을 수 있다. 필요한 자료가 예상한 코딩 이름이나 주제로 분류되지 않았더라도, 비슷한 코딩 이름이나 주제로 분류된 자료를 통해 유사한 자료를 찾을 수 있다. 셋째, 자료를 추상적으로 범주화하는 데 도움이 된다. 코딩 이름에 따라 자료를 주제별로 분류하는 과정을 통해 연구 문제에 답을 줄 수 있는 상위 범주 구성을 위한 아이디어를 얻을 수 있다. 다양한 주제를 발견하면 주제들 사이의 관계를 고민하게 되고, 이를 통해 연구 문제에 대한 상위 범주를 구성하는 아이디어를 얻을 수 있다.

[표 1] 개방 코딩의 예(유기웅 외, 2018:330)

개방 코딩	전사된 인터뷰 내용
자부심	좋죠. 나야. 그 사람들도 모르는 것이 있구나. 자부심이 있지요. 컴맹인이 아니라는 것.
자부심	다른 친구들이 내가 컴퓨터 사용할 줄 안다는 것을 대단하다고 해. 그런 이야기 들으면 기분이 좋지. 자부심이 생기고.
자긍심	남들도 하는데 나라고 왜 못 하나 하고. '시작이 절반이다'라는 심정으로 했더니 이제는 어디를 가도 떳떳하게 말할 수 있더라고. 인터넷 배우는 것에 대해 자긍심이 생기죠.
자긍심	나 자신에 대해 대견하지. 우리 나이에 컴퓨터 모르는 사람이 굉장히 많거든.
자신감	'시작이 절반이지'하는 심정으로 무조건 등록해 놓고 하다 보니까 자신이 생기더라고. "아~ 배울만 하구나" 도전만 하면은 자기 마음먹기에 달렸고 할 수 있구나.
자신감	정보화 시대에 발맞추어 나가는 데 자신이 생겼어요.
즐거움	우리 며느리가 선전을 많이 해. 우리 어머님 컴퓨터 배우셔서 이메일도 보내시고 전화에, 문자도 보내시고 대단하다고 칭찬받을 때 즐거움을 느끼죠.
기쁨	좋지요. 내가 건설적인 데 투자하고 있구나. 내일 세상에 종말이 온다고 할지라도 사과나무를 심으라고 했으니까.
기쁨	컴퓨터 교육을 받아가서 그것을 복습하고 연습하고 이래 했을 때 또 책을 가지고 연구했을 때, 하나하나 이루어졌을 때 ... 그 기쁨 말할 수 없고.
기쁨	남이 하는 컴퓨터를 내가 기초라도 할 수 있다는 것을 생각할 때 내 지금 오늘의 이 시간에도 기쁨이 한량이 없다고.
앞서감	처음에는 약간 그래도 나는 컴퓨터 사용법을 배웠기 때문에 같은 동료나 친구들보다는 인터넷으로 신문도 보고 건강상식도 빨리 볼 수 있지. 또래들보다 조금 앞서 간다고 그럴까.

사회 소속감	과학 만능 속에서도 내가 한 발을 발을 현 사회에 들여놓을 수 있다는 것을 자부심을 갖고 있다.
사회 소속감	컴퓨터를 못하면 컴맹이래요. 컴맹인이. 컴맹인이 되지 않으려면 배워야겠더라고. IT강국이라는 우리나라인데. 이렇게 하면 되냐. 소외감을 갖지 말아야겠다.
가족 소속감	미국에 있는 딸에게 이메일을 보낼 수 있어.
가족 소속감	내 자식들에게 컴퓨터에 대해서 질문하는 것이 자연스러워졌어. 그리고 애들이 무엇에 관심을 갖고 있는지도 알게 되었지.

(2) 범주화

개방 코딩 이후에는 코딩된 자료를 상위 범주로 분류하는 '범주화' 작업을 한다. 개방 코딩을 통해 유사한 이름으로 분류된 자료들을 상위 범주로 정리하고, 그 범주에 이름을 붙이는 작업이 '범주화'이다. 범주화 작업은 개방 코딩보다 더 추상적인 작업이다. 개방 코딩이 비교적 단순하게 자료에 이름을 붙이고 비슷한 주제의 자료를 묶는 작업이라면, 범주화는 자료를 지속적으로 비교하여 유사점과 차이점을 찾아내고 여러 주제를 하나로 묶어 상위 범주를 만드는 과정이다. 이 과정에서는 보다 추상적인 사고 능력이 필요하다. 범주화를 위해서는 개방 코딩된 자료를 "반복적으로 꾸준히 비교"해야 하며, 이때 사용하는 분석법을 반복적 비교분석법(constant comparison method)이라고 한다. 이 방법의 이름은 이러한 반복적인 비교 과정에서 유래되었다.

범주화 작업은 귀납적 과정이다. 이는 미리 범주를 정해두고 자료를 거기에 맞추는 것이 아니라, 수많은 자료를 분석한 후 그 자료들을 가장 잘 표현할 수 있는 상위 범주를 구성하는 것을 의미한다. 여기서 스트라우스와 코빈(Strauss, A.L., & Corbin, J., 1990)이 주장하는 근거이론과 일반적인 질적 연구자들이 사용하는 반복적 비교분석법 간의 차이가 나타난다.

스트라우스와 코빈(1990)은 범주화 작업을 '축 코딩(axial coding)'이라고 부르며, 범주화를 연역적 과정으로 설명했다. 즉, 하나의 현상을 설명할 이론을 구성하는 데 필요한 인과적 조건, 중심 현상, 상호 작용, 결과 등의 범주를 미리 선정하고, 그 범주에 맞는 자료를 찾는 방식이다.

그러나 근거이론을 연구 방법으로 사용하지 않는 질적 연구에서는 스트라우스와 코빈(1990)이 주장하는 축 코딩 방식을 사용하지 않고, 범주화 단계에서 귀납적 방법을 사용한다. 지금부터는 근거이론 외의 질적 연구에서 일반적으로 사용되는 반복적 비교분석법의 귀납적 범주화 과정을 설명하겠다.

범주화를 위한 구체적인 방법은 다음과 같다. 첫째, 개방 코딩을 통해 코딩된 자료를 한 곳에 모은다. 이때 문서 작성 소프트웨어(예: 아래 한글, Microsoft Word)를 이용하거나 직접 빈 종이에 적을 수 있다. 둘째, 코딩된 자료를 다시 읽고 계속 비교하면서 비슷한 주제의 자료를 한데 모은다. 코딩된 자료를 지속적으로 비교하다 보면, 처음에는 비슷해 보이지 않았던 자료들 사이에 공통점이 보이고, 반대로 비슷해 보였던 자료들 사이에서 차이점이 드러나게 된다. 셋째, 비슷한 주제의 자료들과 그 자료의 코딩 이름을 새로운 컴퓨터 파일이나 빈 종이에 적어 리스트를 작성한다. 넷째, 비슷한 주제로 묶인 리스트를 보고 그 안에 있는 자료들의 특성과 일정한 패턴을 가장 잘 표현할 수 있는 이름을 선정한다. 이 리스트의 이름이 곧 범주의 이름이 된다. 예를 들어, '컴퓨터 학습이 노인 학습자의 자아 정체성에 미친 영향'과 관련하여 생성된 범주들은 [표 2]에 제시하였다. 다섯째, 한 개의 범주를 서로 다른 속성 혹은 특성(property)으로 나눌 수 있다면, 이를 나누어 그 개념을 분류한다. 예를 들어, [표 2]의 '컴퓨터 사용으로 인해 소외감을 덜 느낌'이라는 범주는 '사회로부터의 소외감 덜 느낌'과 '가족으로부터의 소외감 덜 느낌'이라는 두 가지 속성으로 나눌 수 있다.

범주화의 과정은 단순해 보이지만, 개방 코딩과는 달리 많은 시행착오와 노력, 그리고 시간이 필요한 작업이다. 다양한 자료들을 통합하는 개념인 범주를 만드는 것은 단순히 자료 중에서 범주에 해당하는 개념을 찾는 것이 아니라, 반복적인 비교와 대조를 통해 여러 자료를 통합하는 추상적인 작업이다(Merriam, S.B. & Tisdell, E.J., 2015). 최종적으로 연구 문제에 답을 줄 수 있는 범주가 결정될 때까지, 과거의 범주는 사라지고 새로운 범주가 생성된다. 예를 들어, [표 2]의 범주화 과정에서 '기쁨'으로 코딩된 자료들은 처음에는 비슷한 내용으로 보였다. 그러나 '기쁨'으로 코딩된 자료들을 꾸준히 비교하면서 기쁨의 원천이 컴퓨터를 사용하면서 자아 존중감이 상승하고 컴퓨터 사용 능력이 향상된다는 것으로 밝혀졌다.

[표 2] 범주화의 예(유기웅 외, 2018:333)
#1. 범주 이름: 자기 자신에 대한 자기존중감
(self-esteem, 자기 자신에 대해 전반적으로 갖는 주관적 느낌) 상승

개방코딩	전사된 인터뷰 내용
앞서감	컴퓨터를 배움으로써 인터넷을 이용해서 다양한 정보를 얻게 되므로 동료들보다 전반적으로 앞서가고 있음을 느낌
자신감	컴퓨터를 다룰 줄 알게 됨으로써 자기 자신의 인지적 능력에 대한 자신감이 생김. 이러한 자신감으로 자신의 전반적 인지적 능력에 대해서 높은 평가를 내림

#2. 범주 이름: 컴퓨터 사용능력에 대한 자기효능감
(self-efficacy, 하나의 능력에 대해 스스로 평가하는 정도) 상승

개방코딩	전사된 인터뷰 내용
자부심, 자긍심	자기 자신이 컴퓨터를 사용할 줄 아는 것에 대해서 자랑스럽게 여김, 특별히 컴퓨터를 다룰 줄 모르는 같은 또래의 노인에 비해서 자신이 갖고 있는 컴퓨터 기술을 자랑스러워 함
즐거움	가족/타인이 자신이 컴퓨터 기술을 갖고 있다는 것을 인정해 줄 때 즐거움
기쁨	자기 스스로 자신의 컴퓨터 기술을 갖고 있다는 사실이 기쁨

#3. 범주 이름: 컴퓨터 사용으로 인해 소외감을 덜 느낌

개방코딩	전사된 인터뷰 내용
사회 소속감	컴퓨터를 다루게 됨으로써 컴퓨터 사용이 보편화된 사회로부터 덜 소외되었다고 느낌
가족 소속감	컴퓨터를 다루는 어린 세대의 가족들과 컴퓨터를 통해서 상호작용할 기회가 많아짐으로써 가족으로부터 덜 소외되었다고 느낌

범주를 만드는 작업은 직관적이면서도 체계적이며, 훈련이 필요한 작업이다. 이 작업은 연구의 목적, 연구자의 질적 자료 분석 능력, 그리고 연구 참여자들의 응답의 깊이에 따라 결정된다. 범주가 연구의 질문에 민감하게 구성되면, 범주의 이름은 연구 질문에 대한 답과 일치하는 방향으로 정해진다(Merriam, S.B. & Tisdell, E.J., 2015). 범주화 작업을 할 때 도움이 되는 요령은 연구 문제를 계속해서 작은 소리로 반복하는 것이다. 이를 통해 연구 문제를 계속 상기시키면, 코딩된 자료들 사이에서 연구 문제와 관련된 내용을 비교적 쉽게 발견할 수 있다.

범주화 과정에서 범주의 이름을 정하는 것은 어려운 일 중 하나이다. 이 이름은 다음과 같은 세 가지 방법으로 정해진다(Merriam, S.B. & Tisdell, E.J., 2015). 첫째, 연구자가 직접 정하는 방법이다. 연구자는 자료를 분석하면서 떠오르는 개념을 범주의 이름으로 선택한다. 연구자는 연구를 시작하기 전에 읽은 문헌, 자료 수집 과정에서 경험한 사건들, 자료 분석 중에 생각했던 직관 등을 고려하여 명확한 답을 제공하는 범주의 이름을 선택한다. 둘째, 연구 참여자가 사용한 용어나 구문을 그대로 범주의 이름으로 사용하는 방법이다. 연구 참여자가 범주를 가장 잘 설명할 수 있는 어휘를 사용한 경우, 그리고 그들의 언어가 범주를 효과적으로 설명한 경우 연구자는 참여자가 사용한 용어를 범주의 이름으로 사용한다. 셋째, 외부 자료나 참고 문헌에서 사용된 범주를 그대로 사용하는 방법이다. 그러나 비슷한 연구 주제나 이론적 틀을 사용한 다른 연구에서 사용된 범주를 빌려 사용할 경우, 새로운 범주를 발견하는 가능성을 제한할 수 있다(Glaser, B.G. & Strauss, A.L., 1967; Merriam, S.B. & Tisdell, E.J., 2015).

메리엄과 티스델(2015)은 범주의 이름을 정할 때 주의할 사항을 다음과 같이 다섯 가지로 정리하였다.

첫째, 범주의 이름은 연구의 목적과 관련이 있어야 한다. 수집된 자료 중에서 나타나는 패턴을 보여주는 범주는 연구의 질문에 대한 답으로 기여해야 한다.

둘째, 범주의 이름은 모든 하위 자료를 포함해야 한다. 범주를 정할 때 해당 범주에 속하는 모든 중요한 자료들을 고려하여 이름을 정해야 한다.

셋째, 범주의 이름은 서로 배타적이어야 한다. 하나의 자료는 오직 하나의 범주에만 속하도록 범주를 명명해야 한다. 한 자료가 두 개 이상의 범주에 속할 경우, 새로운 범주 이름을 선택해야 한다.

넷째, 범주의 이름은 범주에 포함된 자료를 명확히 나타내야 한다. 연구자가 만든 범주의 이름만으로도 범주에 대한 이해가 가능해야 한다. 예를 들어서 노인들이 컴퓨터 교실에서 학습할 때 '상호 작용'이라고 범주 이름을 정하는 것보다는 '동료 학습자와 교사와의 상호 작용'이라고 이름을 정하는 것이 범주가 포함하고 있는 자료를 잘 표현한다.

다섯째, 범주들은 개념적으로 유사한 수준이어야 한다. 범주를 정할 때는 범주들이 유사한 추상적 수준을 갖도록 해야 한다. 단추를 예로 들어 범주를 나누는 경우, 범주를 구분하는 기준이 단추의 재질이라면 플라스틱, 나무, 금속과 같이 비슷한 수준의 추상성을 갖는 범주로 나눠야 한다. 서로 다른 수준의 범주를 선택한다면 일관성이 떨어지게 된다. 예를 들어, 노인의 컴퓨터 교육이 자아 정체성에 미치는 영향을 연구하는 경우, '자기 효능감 증가', '자기 존중감 상승', '사회적 소속감 증가'와 같이 비슷한 수준의 추상성을 갖는 범주를 선택해야 한다. 범주를 선택할 때 유사한 수준을 유지하는 것은 자료 분석에 집중하는 연구자에게 어려운 일이다. 이를 확인하기 위해 표를 작성하여 범주들을 나열하고 연구 문제와의 일치 여부를 확인하는 것이 효과적이다. 표의 맨 위에 연구 문제를 기록하고 현재까지 분석된 범주들의 이름을 검토하여, 각 범주가 연구 문제의 답에 부합하는지 확인할 수 있다. 이렇게 함으로써 범주들 간의 일관성을 유지할 수 있다.

(3) 범주 확인

범주화 작업을 완료하면 범주가 원자료와 얼마나 잘 부합하는지 확인하는 단계로 들어간다. 연구자는 구성된 범주가 수집된 자료를 잘 설명하는지를 확인하게 되는데, 이를 통해 범주를 확정하거나 수정하게 된다. 이 과정은 개방 코딩 전에 사용된 원자료와 비교함으로써 이루어진다. 만일 구성된 범주가 자료를 잘 설명하고 있다고 판단된다면, 그대로 범주를 확정하게 되지만, 자료를 다시 확인하는 과정에서 수정이 필요한 부분이 발견된다면 해당 부분을 수정하게 된다. 이러한 과정을 근거이론에서는 '선택 코딩 (selective coding)'(Strauss, A.L., & Corbin, J., 1990) 또는 '이론 코딩(theoretical coding)' (Glaser, B.G., 1978; Ezzy, D., 2002)이라고 한다.

반복적 비교분석법의 과정은 주로 귀납적인 특성을 가지고 있지만, 범주 확인 단계는 연역적인 특성을 가지고 있다(Merriam, S.B. & Tisdell, E.J., 2015). 범주 확인 작업은 구성된 범주가 연구의 목적과 일치하며 수집된 자료의 특성을 잘 설명하는지를 확인하는 것이다. 이를 통해 새로운 자료를 발견하거나 이미 구성된 범주를 수정해야 할 필요성을 인지할 수 있다. 마지막으로, 연구자가 최종적으로 구성된 범주가 연구 문제와 관련된 모든 자료를 잘 표현한다고 확신할 때 자료 분석 과정이 마무리된다(Ezzy, D., 2002).

3. 테크놀로지를 적용한 질적 자료 연구[3]

1990년대 이후, 질적 연구 분야에서 주목할 만한 변화 중 하나는 컴퓨터와 인터넷 등 다양한 기술의 발전과 연계된 연구 환경의 변화이다(김영천·김진희, 2008; Gibbs, G.R. et al, 2002). Brown(2002)은 질적 연구자들이 그 시대의 사회, 역사, 문화를 반영하는 행위자로서의 역할을 수행한다고 강조하며, 이에 따라 정보 통신 기술의 발전이 연구 방법에 직접적인 영향을 미친다고 지적했다. 역사적으로 보면, 담화 분석과 같은 연구 방법은 녹음기의 등장으로 큰 변화를 겪었다(Brown, 2002; Gibbs, G.R. et al, 2002). 이러한 관점에서, 현재 사용되는 다양한 기술이 연구자들의 존재론적, 인식론적, 방법론적 관점과 행동에 어떤 영향을 미치는지에 대한 연구자들의 사전적인 고민이 필요하다고 말할 수 있다(Brown, 2002).

---

3 유기웅·정종원·김영석·김한별(2018), 『질적 연구 방법의 이해 개정판』, 박영사, 323-337의 논의를 참조했다.

테크놀로지의 발전은 질적 연구 수행자들에게 새로운 가능성과 편의성을 제공할 수 있다. 질적 연구를 수행한 경험이 있는 연구자라면, 수집된 방대한 자료를 효율적으로 관리하는 과제에 대해 고민했을 것이다. 앞으로 질적 연구를 시도하고자 하는 연구자들도 이와 유사한 경험을 할 것이다. 특히, 자료 수집과 분석이 동시에 이루어지는 경우, 지속적으로 자료를 수집하고 분석하여 추가 자료를 확보하고 결과를 정리하는 과정은 체계적인 노력 없이는 어려운 일이다(김영천·김진희, 2008). 최근의 테크놀로지 발전은 이러한 질적 연구 과정을 효율적으로 수행하는 데 도움을 준다(Gibbs, G.R. et al., 2002). 과거에는 연구자들이 직접 손으로 작업해야 했던 과정들을 테크놀로지를 활용하여 보다 쉽고 신속하게 진행할 수 있게 되었다.

테크놀로지가 질적 연구에 영향을 미치면서, 연구의 본질적인 요소가 손상될 수 있다고 우려하는 연구자들도 있다. 예를 들어, 질적 자료 분석 소프트웨어의 결과에 지나치게 의존하여 부정확한 해석과 결론을 도출할 우려가 있다. 연구자의 역량보다는 새로운 테크놀로지의 적용 가능성에만 주목하는 현상도 우려의 대상이다. 이에 따라, 질적 연구의 설계부터 결과 보고까지의 과정에서 사용되는 테크놀로지의 다양한 측면을 살펴보고, 이러한 테크놀로지의 활용이 질적 연구에 미치는 긍정적인 영향과 함께 새로운 고민과 논의해야 할 문제들에 대해 논의하고자 한다.

1) 테크놀로지를 적용한 질적 연구의 계획과 설계

질적 연구 분야에서 테크놀로지의 활용에 대한 논의는 주로 질적 자료의 수집과 분석에 집중되어 왔다. 그러나 실제로는 많은 질적 연구자들이 연구의 전반적인 과정에 걸쳐 테크놀로지를 활용하고 있다. 특히 연구의 계획과 설계 단계에서는 인터넷이 다양하게 활용될 수 있다. 예를 들어, 질적 자료 분석 소프트웨어를 제공하는 기업체들은 자신들의 웹 페이지를 통해 질적 연구와 관련된 기본적인 정보를 제공하고 있다. 또한 프로그램의 사용과 관련한 동영상 튜토리얼이나 온라인 포럼을 통해 다양한 질적 연구 수행 경험을 공유하고 있다. 다음은 질적 자료 분석 프로그램과 관련한 웹 페이지들이다.

¶ 질적 자료 분석 프로그램 관련 웹 페이지
- Atlas.ti – http://www.atlasti.com
- NVivo - http://www.qsrinternational.com
- MAXQDA - http://www.maxqda.com
- HyperRESEARCH - http://www.researchware.com
- Transana - http://www.reansana.org/index.htm
- Quirkos - http://www.quirkos.com
- QDA Miner* - http://www.provalisresearch.com
- 파랑새 - http://www.thebluebird.kr

우리나라의 질적 연구 환경이 유럽이나 미국에 비해 활발하지 않다는 점을 고려할 때, 유럽이나 미국의 교육 기관 및 연구 기관에서는 질적 연구 방법론에 대한 교육 과정이 어떻게 구성되어 있는지를 살펴보는 것이 중요하다. 이를 통해 질적 연구를 처음 접하는 연구자들은 자신의 질적 연구 방법론에 대한 지식과 이해를 발전시키는 데 도움이 되는 좋은 지침을 얻을 수 있다. 이러한 간접적인 경험은 질적 연구의 특성에 대한 이해를 높여주면서 연구자가 자신의 연구 주제를 명료화하고, 보다 정교한 연구 설계를 진행하는 데 도움이 될 수 있다.

2) 테크놀로지를 적용한 질적 연구의 자료 수집

질적 연구에서 자료 수집을 위해 컴퓨터와 인터넷을 포함한 테크놀로지의 역할은 크게 두 가지로 나눌 수 있다. 첫 번째는 화상 회의 시스템, 채팅 프로그램, 이메일 등을 통해 인터뷰 자료를 수집하는 방식과 같이 테크놀로지가 직접적으로 자료의 수집 과정에 개입하는 것이다. 두 번째는 문서 프로그램, 미디어 편집 프로그램 등을 활용하여 질적 자료의 수집과 관리에 도움을 주는 보조적인 역할을 하는 경우이다.

(1) 온라인 인터뷰

인터넷을 기반으로 하는 온라인 환경에서 이루어지는 인터뷰는 온라인 인터뷰 또는 e-인터뷰로 불린다(Bampton, R. & Cowton, C.J., 2002). 이러한 인터뷰는 시간적 요소, 구조화 정도, 주된 목적 등에 따라 분류될 수 있다. 먼저 시간적 요소에 따라 채팅과 같은 동시적 상호 작용 형태를 통한 인터뷰와 게시판이나 이메일을 통한 비동시적 상호 작용 형태를 구분할 수 있다. 동시적 인터뷰는 실시간으로 연구자와 참여자가 상호 작용하는 것으로, 면대면 인터뷰나 전화 인터뷰와 유사한 특성을 가지고 있지만, 대화가 음성이 아닌 문자 정보로 이루어진다는 차이가 있다. 또한, 대화 내용을 저장하면 즉시 전사 기록을 얻을 수 있다는 장점이 있다. 반면 비동시적 인터뷰는 특정 웹 페이지나 이메일을 통해 연구자와 참여자가 상호 작용 하는 형태를 의미하며, 시간적인 차이로 인해 연구자의 추가적인 고려가 필요하다(Bampton, R. & Cowton, C.J., 2002).

이메일을 통한 인터뷰는 참여자가 마음을 바꿔서 거부할 수도 있고, 질문에 성실한 답변을 제공하기 위해 추가 정보를 수집하는 데 시간이 걸릴 수도 있다. 이는 추후 자료 분석에도 영향을 미친다. 연구자는 참여자의 답변이 추가 정보 수집과 분석을 통해 제공된 것인지, 아니면 참여자가 보유한 자연스러운 생각에 대한 답변인지를 판단하기가 어렵다. 따라서 이메일을 통한 인터뷰를 실시할 때는 연구의 목적과 제한 사항을 상세히 안내해야 한다.

면대면 인터뷰의 유형을 분류하는 기준과 마찬가지로 온라인을 통한 인터뷰도 구조화된 인터뷰, 반구조화 인터뷰, 개방 인터뷰 형태로 나눌 수 있다. 구조화된 인터뷰는 온라인 서베이와 같이 사전에 확립된 인터뷰 질문을 연구 참여자들에게 공통적으로 제공한다. 반구조화 인터뷰는 연구 주제와 관련된 필수적인 질문을 미리 설정하고, 이에 따라 개별화된 질문을 추가적으로 제공한다. 마지막으로 참여자에 따라 개별적인 질문이 주어지는 비구조화 인터뷰가 있다. 비구조화 인터뷰의 경우 참여자의 답변에 따라 추가 정보를 얻거나 이전 답변을 해석하는 경우가 많기 때문에 온라인 인터뷰는 여러 차례 이루어지는 경우가 많다.

온라인을 통한 인터뷰를 실시하는 목적에 따라서도 인터뷰의 유형을 나누어 살펴볼 수 있다.

첫째, 연구 상황에 따라 참여 가능한 사람의 수가 많을 경우 연구 목적에 맞는 최선의 정보를 제공해 줄 수 있는 사람들을 선택하여 온라인을 통해 인터뷰할 수 있다.

둘째, 온라인 인터뷰가 주된 자료 수집 방법이 되는 경우도 있다. 지리적으로 멀리 떨어져 있거나 직접 만나는 것이 어려운 상황에서 대안적으로 사용될 수 있다. 또한, 주제가 민감하거나 개인적인 정보를 보호해야 할 때에도 적합한 방법이다(Bampton, R. & Cowton, C.J., 2002).

셋째, 면대면 인터뷰 이후 추가적인 정보를 수집하는 경우에도 온라인 인터뷰가 활용될 수 있다. 특히 비구조화된 인터뷰의 경우 추가적인 정보를 필요로 할 때 온라인을 통해 보다 효과적으로 정보를 얻을 수 있다.

온라인을 통해 인터뷰를 실시할 때는 면대면 상황의 인터뷰와는 다른 고려해야 할 점들이 있다. 특히 연구자와 인터뷰 참여자 간의 라포(rapport) 형성이 중요한데, 온라인 환경에서 이를 형성하는 것은 쉽지 않다. 따라서 연구자는 연구 참여자의 부담감을 줄이고 라포를 형성하는 전략을 적용해야 한다. 또한 인터뷰가 이루어지는 공간이 온라인이라는 점도 고려해야 한다. 예를 들어 이메일을 통해 인터뷰를 진행할 때, 한꺼번에 너무 많은 질문을 던지면 참여자들은 답변을 작성하는 데 부담을 느낄 수 있다. 이에 연구자는 일반적인 이메일 환경을 고려하여 부담 없는 정도의 질문을 구성하고, 참여자에게 얼마나 많은 이메일을 받게 될지를 미리 알려줄 필요가 있다.

또한 온라인 인터뷰에서는 면대면 인터뷰에서 얻을 수 있는 비언어적인 정보의 수집이 제한적이다(Bampton, R. & Cowton, C.J., 2002). 이러한 제약을 인식한 연구자는 비언어적 정보가 중요한 경우에는 다른 자료 수집 방법을 고려해야 할 것이다.

(2) 보조적인 자료의 수집과 관리

① 문서 프로그램의 활용

문서 프로그램은 질적 연구를 위한 중요한 도구로, 인터뷰 녹음 기록의 전사, 관찰 일지, 연구 일지 등 다양한 자료들을 수집, 생성, 정리할 수 있다. 이러한 문서들은 문서 프로그램을 통해 효율적으로 작성되며, 중요한 자료로 활용될 수 있다.

② 멀티미디어 프로그램의 활용

인터뷰와 관찰 등에서 디지털 기기를 활용하여 자료를 수집하는 것은 현대 질적 연구에서 흔히 볼 수 있는 모습이다. 음성 녹음과 함께 비디오로 인터뷰를 녹화하는 것 또한 흔한데, 이렇게 함으로써 면담자의 비언어적인 행동을 보다 상세히 분석할 수 있다는 장점이 있다. 그러나 비디오 녹화를 위해서는 참여자의 동의 과정이 더욱 엄격해야 하며, 음성 녹음보다 좀 더 세심한 설정이 필요하다. 이러한 자료들은 주로 디지털화 과정을 거친 후 컴퓨터에 저장된다. 최근에는 디지털화를 위한 별도의 작업 없이 컴퓨터에 기기를 연결함으로써 필요한 파일을 이동시킬 수 있는 편리한 환경이 제공되고 있다.

디지털화된 자료는 편집이 필요한 경우가 있다. 예를 들어, 파일이 너무 커서 분석이 어려운 경우에는 파일을 나누어 저장하는 것이 좋다. 또한 잡음을 제거하거나 영상의 품질을 향상시키기 위해 편집 작업이 필요할 수도 있다. Window MovieMaker, Adobe Premiere, Apple Final Cut Pro, iMovie, Sony Vegas 등의 다양한 멀티미디어 편집 프로그램을 통해 간편하게 편집할 수 있으며, 인터넷을 통해 다양한 소프트웨어를 찾아 활용할 수도 있다.

③ 인터넷 서비스의 활용

최근의 인터넷 서비스 중 하나는 클라우드 기반의 서비스를 사용자에게 제공하는 것이다. 클라우드 서비스는 기존의 인터넷 서비스와 두 가지 측면에서 차별화된다. 먼저, 정보의 저장과 인출에 대한 기능이다. 기존에는 사용자가 자신이 생성한 자료를 컴퓨터나 외장 하드 디스크 등 물리적인 매체에 저장해야 했다. 그러나 클라우드 서비스는 인터넷을 통해 사용자의 개별 저장 공간을 제공함으로써 인터넷에 접속 가능한 환경에서 필요한 정보를 언제든지 인출하고 저장할 수 있다. 현재 우리나라의 각종 포털 사이트에서 제공하는 클라우드 기반 저장 공간이 이러한 서비스에 해당된다.

두 번째로는 소프트웨어의 활용과 관련된 측면이다. 기존의 소프트웨어는 해당 프로그램을 컴퓨터에 설치해야만 사용할 수 있었다. 그러나 클라우드 기반 서비스는 별도의 프로그램 구매나 설치 과정 없이 해당 서비스에 등록하는 것만으로 프로그램의 여러 기능을 사용할 수 있다. Google이 제공하는 문서 편집, 이미지 편집, 스프레드시트 등이 이러한 클라우드 기반 소프트웨어 서비스에 속한다.

이러한 클라우드 서비스는 질적 연구자들에게 다양한 편의성을 제공한다. 이동 중에도 필요한 정보를 생성하고 관리할 수 있으며, 필요한 자료를 추가로 보관할 수 있는 공간을 확보할 수 있다. 또한 클라우드 기반 소프트웨어들은 대부분 협업 기능을 제공하여 공동 연구자가 있을 경우, 연구 활동을 효과적으로 수행할 수 있도록 돕는다. 이를 통해 연구 자료의 배포와 분석 결과의 공유가 더욱 원활하게 이루어질 수 있다.

앞서 언급한 연구 일지의 작성도 인터넷 서비스를 활용하여 더욱 효과적으로 진행할 수 있다. 블로그와 같은 웹 기반 서비스들은 연구자가 연구 과정에서의 아이디어와 성찰 내용을 기록하고 저장할 수 있도록 도와준다. 이러한 기록들은 작성 시간별로 분류되어 저장되므로 연구의 진행 상황과 변화를 파악하는 데 유용한 근거가 될 수 있다.

④ 자료 목록의 생성과 관리

수집된 다양한 형태의 자료들을 어디에 저장하고 관리할지는 연구의 수행과 관련하여 연구자가 고민해야 할 문제 중 하나이다. 이 자료들은 연구 활동을 위한 주요 원천으로 사용되며, 더 나아가 개인적인 정보가 포함되어 있어 정보 보호의 대상이다. 그러므로 출력물 형태로 얻거나 생성된 자료(연구 대상자로부터 얻은 문서 자료, 연구자의 필드 노트, 인터뷰 전사 등)는 연구자의 개인 공간에 안전하게 보관되어야 한다.

[표 3] 자료 목록의 예시(유기웅 외, 2018:371)

번호	종류	형태	파일명	보관(저장)장소	상황
1	인터뷰	전사 기록	2017-인터뷰-정종원-1.hwp	연구실 1번 서류함	일차 분석 중
2	인터뷰	음성 파일	2017-인터뷰-정종원-1.mp3	·내컴퓨터/2017/연구활동자료 수집/문서/인터뷰자료(원자료) ·Nvivo/2017 project 외장하드 드라이브/2011/연구활동 ·자료 수집/문서/인터뷰자료 (백업자료)	전사 작업 완료
3	인터뷰	전사 기록	2017-인터뷰-rky.hwp	연구실 2번 서류함	일차 분석 완료
4	인터뷰	전사 기록	2017-인터뷰-kys.hwp	연구실 2번 서류함	일차 분석 완료
5	문서	출력물	2017 2학기 수업 계획서	연구실 1번 서류함	일차 분석 자료와 교차 분석
6	FGI	비디오 파일	2017-1003-FGI-2.wmv	·내 컴퓨터/2017/연구활동자료 수집/문서/인터뷰자료(원자료) ·외장하드드라이브/2017/연구 활동 자료 수집/문서/인터뷰자료(백업 자료) ·NVivo/2017 project	일차 분석 중

또한 연구 중인 자료를 효과적으로 관리하기 위해서는 수집한 자료들을 문서나 스프레드시트 형태로 정리하는 것이 좋다. 언제, 어디서, 어떤 자료를 수집했는지, 현재 어떤 과정을 거쳐 활용 중인지, 어느 곳에 보관 중인지를 명확하게 정리하면 연구를 더욱 효율적으로 진행할 수 있다. 또한 이렇게 정리된 자료 목록은 분실이나 훼손으로 인한 문제를 예방하는 데에도 도움이 된다.

3) 테크놀로지를 적용한 질적 연구의 자료 분석

(1) 범용 소프트웨어의 활용

보편적인 소프트웨어를 이용하여도 질적 자료를 분석할 수 있다. 예를 들어, 문서 편집 프로그램은 주석 달기, 변경 내용 추적, 내용 검색과 같은 기능을 제공하여 연구자가 자료를 효율적으로 분석할 수 있도록 도와준다. 또한 스프레드시트 소프트웨어인 엑셀은 다양한 분석 도구를 제공한다. 엑셀을 이용하면 인터뷰 내용을 정리하고 코드와 해당하는 내용, 자료의 위치, 코드 간의 관계 등을 시각화하여 분석할 수 있다. 빈도나 관련 결과를 표나 차트로 나타내는 것도 가능하다.

(2) 분석 소프트웨어의 활용

일상에서 사용하는 일반적인 소프트웨어 외에도, 최근에는 질적 자료 분석을 위해 개발된 소프트웨어의 사용이 늘고 있다. 컴퓨터 보조 질적 자료 분석(CAQDAS: Computer Assisted Qualitative Data Analysis) 프로그램은 이러한 소프트웨어의 한 종류이다(김영천·김진희, 2008; Gibbs, G.R. et al., 2002; Lewis, A. & Silver, C., 2009).

이러한 프로그램은 주로 내용 찾기, 연결하기, 코딩하기, 데이터베이스 검색, 글쓰기와 주석 만들기, 관계도 형성하기 등과 같은 기능들을 제공한다.[4]

---

4   ① 내용 찾기(Content Searching): 특정 주제나 키워드를 기반으로 자료를 검색하고 필요한 정보를 신속하게 찾아낸다. 이는 대규모 데이터 세트에서 특정 주제에 대한 정보를 빠르게 찾는 데 유용하다. ② 연결하기(Linking): 다른 부분이나 주제 간의 관련성을 식별하고 연결한다. 이를 통해 자료의 다양한 측면을 이해하고 관련성을 분석할 수 있다. ③ 코딩하기(Coding): 자료의 일부를 식별하고 분류하여 의미 있는 주제 또는 패턴을 만든다. 이를 위해 자료를 작은 부분으로 나누고, 각 부분에 적절한 코드 또는 라벨을 할당한다. ④ 데이터베이스 검색(Query): 데이터베이스에서 원하는 정보를 검색하고 필요한 데이터를 추출한다. 이는 다양한 유형의 데이터를 쉽게 찾고 분석하는 데 도움이 된다. ⑤ 글쓰기와 주석 만들기(Writing and Annotation): 분석 결과를 문서화하고 주석을 추가하여 자료를 해석하고 이해하기 쉽도록 한다. 이를 통해 연구 결과를 보고서나 논문으로 작성할 수 있다. ⑥ 관계도 형성하기(Mapping or Networking): 자료 간의 관계를 시각적으로 표현하고 이해하기 쉽도록 관계도를 형성한다. 이는 자료 간의 패턴이나 상호 작용을 시각적으로 파악하는

일반적으로 질적 자료 분석 소프트웨어를 통해 가능한 분석 절차는 다음과 같다:

① 자료의 구조화와 접근성

많은 양의 자료와 정보를 다루는 질적 연구에서는 효율적인 자료 관리가 중요하다. 이는 연구자의 시간과 노력을 절약할 뿐만 아니라 질 높은 연구 결과물을 얻는 데 기여할 수 있다. 질적 자료 분석 소프트웨어들은 주로 "프로젝트" 파일을 생성하여 다양한 형태의 자료를 한 곳에서 관리하고 필요한 링크를 제공한다. 이러한 기능들은 여러 연구를 동시에 수행해야 하는 경우에 특히 유용하다.

소프트웨어는 보통 원자료를 복사하여 프로젝트 파일을 생성하거나 원자료와 프로젝트 파일을 링크하는 방식을 제공한다. 전자의 경우 여러 대의 컴퓨터를 사용하거나 공동 연구자와 협업하는 경우에 편리하며 이동성이 뛰어나다. 후자의 경우에는 자료의 크기가 큰 미디어 파일이 많이 포함된 연구에 적합하다. 이러한 프로젝트 파일 생성 기능은 연구자가 분석할 자료에 빠르게 접근할 수 있는 경로를 제공한다.

자료가 방대한 경우나 여러 연구와 관련이 있는 경우에는 일반적인 파일 체계보다는 이러한 소프트웨어를 사용하는 것이 편리하다. 이를 통해 자료를 체계적으로 분류하고 접근성을 높일 수 있다(최희경, 2008).

② 자료의 검색

다양한 질적 자료 분석 소프트웨어는 연구자가 자료를 검색하는 데 도움을 주는 여러 방식을 제공한다. 주석 달기와 같은 기능은 문서 편집 프로그램에서 많이 사용되는데, 이러한 기능들은 소프트웨어에도 포함되어 있어 주석 단위의 검색, 코드, 테마, 주제 단위의 검색, 문장이나 키워드 단위의 검색 등을 통해 연구자가 특정 요소들이 어떤 자료에서 나타나는지를 쉽게 확인할 수 있다. 이러한 검색 기능을 통해 연구자는 관련된

데 도움이 된다.

요소들 간의 관계성을 추가적으로 분석할 수 있다.

③ 코드의 생성과 인출

질적 자료 분석 소프트웨어는 자료의 분석을 통한 코드의 생성과 추출이라는 기본적인 기능을 제공한다. 연구자는 자료를 분석하는 과정에서 귀납적이거나 연역적인 방법을 사용하여 기본적인 코드를 추출한다. 각 코드와 관련된 진술들은 주로 서로 다른 색상으로 표시되어, 연구자가 쉽게 구분할 수 있도록 도와준다. 이후 분석 과정에서 새로운 코드가 생성되거나, 코드 간의 위계가 변경되거나, 불필요한 코드가 삭제되어야 할 경우에도 소프트웨어를 통해 더욱 손쉽고 신속하게 수정할 수 있다. 또한 특정 코드와 관련된 원자료의 부분들을 한꺼번에 불러와 검토할 수 있기 때문에 분석 과정에서 필요한 자료에 대한 접근이 용이해진다.

④ 자료의 관리

질적 자료 분석 소프트웨어를 사용하는 연구자들이 얻는 중요한 기능 중 하나는 자료의 효과적인 관리이다. 소프트웨어와 연동된 자료들은 데이터베이스화되어 필요에 따라 문헌 목록이나 초록을 작성하여 저장할 수 있다. 연구자가 분석 작업을 진행하면서 추가되는 많은 정보들(연구자 노트, 자료에 대한 추가적인 기술 등)은 나중에 검색을 통해 추출될 수 있어, 연구 문제나 주제의 변화를 반영하는 순환적인 연구를 지원한다.

⑤ 분석 결과의 제시

대부분의 질적 자료 분석 소프트웨어는 결과물을 일정한 형태(MS Word, MS Excel, SPSS 등)로 생성하며, 전체적인 코드나 특정 코드의 결과를 선택적으로 출력할 수 있다. 또한 코드 빈도를 표 형태로 제시하여 코드가 자료에 얼마나 자주 포함되는지 확인할 수 있다. 몇몇 소프트웨어는 코드 간의 관계를 그래픽으로 제시하는 기능을 제공하며, 이러한 그래픽 파일은 필요에 따라 최종 보고서에 삽입될 수 있다.

(3) 분석 소프트웨어의 사례

현재 사용되는 질적 자료 분석 소프트웨어들은 각각 독특한 특성을 가지고 있다. 현재 대표적으로 사용되고 있는 질적 자료 분석 소프트웨어들의 특성에 대해서 간략하게 소개한다. 이들은 다양한 기능과 사용자 인터페이스를 제공하며, 연구자가 정한 카테고리로 자료를 효율적으로 관리하고 검색할 수 있도록 돕는다. 질적 자료의 분석이라는 큰 틀에서 보았을 때 모든 프로그램이 공통적으로 수행하는 분석의 기능과 결과물을 제시하는 기본 방식은 크게 다르지 않다. 다만 이러한 프로그램들은 분석의 주체는 연구자임을 강조하며, 연구자가 질적 자료를 분류하고 분석하는데 도움을 주는 역할을 한다. 분석 소프트웨어는 자체적으로 분석 기능을 수행하지 않는다.

① Atlas.ti

이 프로그램은 베를린 자유 대학(The Free University, Berlin)의 Thomas Muhr가 개발한 소프트웨어로, 현재는 'Atlas.ti Scientific Software Development GmbH'(http://www.atlasti.com)라는 회사에서 판매하는 유료 소프트웨어이다. Atlas.ti는 연구자가 컴퓨터에 저장해 둔 원자료를 프로그램과 링크로 연결해 주는 외부 데이터베이스 시스템 형태로 운영된다. Atlas.ti를 통해 분석 작업을 수행할 수 있는 데이터의 형태는 다음과 같다.

[표 4] Atlas.ti가 지원하는 자료 형태(유기웅 외, 2018:377)

문서	doc, docx, docm, wps, wpd, rtf, txt, asc, pdf
오디오	mp3, wma, wav, rmi, mid, midi, snd, au, dvr-ms
비디오	mpg, mpeg, mpe, mpa, wmv, avi, mov, qt, mpv2, mlv mp4
그림	bmp, gif, jpg, jpeg, tiff, mac, pbm, pcd, pcx, pgm, png, ppm, ras, rle, tga
기타	kml, kmz

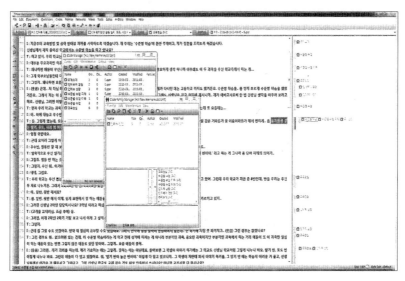

[그림 3] Atlas.ti를 이용한 코딩 작업 화면 예시

Atlas.ti의 전체 인터페이스는 화면 상단에 메뉴 바가 위치하고, 하단 왼쪽에는 분석 대상 자료, 하단 오른쪽에는 연구자의 코딩 상황 및 분석 내용이 나타나는 구조로 되어 있다. 연구자는 관련 있는 개별 코드들을 모아 "Family"라는 코드 그룹을 형성할 수 있으며, 하나의 코드는 여러 개의 Family에 중복으로 포함될 수 있다. 코드 필터링 기능을 통해 입력된 코드 중 연구자가 원하는 코드만을 선택하여 분석 결과를 확인할 수 있다. 선택된 코드를 불러오면 문서의 경우 해당 진술이 하이라이트 형태로 추출되고, 멀티미디어 자료의 경우 해당 부분이 재생된다. 그러나 코드의 위계성에 대한 시각적인 정보를 제공하지 않는다는 한계가 있다.

기본 기능 외에도 Atlas.ti는 "Google Earth"의 지리 정보(kml, kmz 파일)를 분석 대상으로 삼을 수 있으며, 프로그램 실행 시 자동 업데이트 정보를 제공하여 사용자가 선택하여 설치할 수 있다. 또한 네트워킹 기능이 강화되어 공동 연구를 효율적으로 수행할 수 있다.

② NVivo

현재 사용되고 있는 NVivo는 이전에 NUDIIST로 불리던 프로그램이 업데이트되면서 새로운 명칭으로 사용되는 질적 자료 분석 소프트웨어이다. NUDI*IST는 호주 멜번에 위치한 La Trobe 대학의 Tom Richards와 Lyn Richards에 의해 개발되었으며, 현재는 QSR International(http://www.qsrinternational.com)이라는 회사에서 제공하는 유료 프로그램이다. NVivo는 수집한 자료의 양에 따라 자료를 프로그램 안에 포함시키는 방식과 외부에 저장된 자료를 프로그램으로 링크시키는 방식 두 가지를 모두 지원한다.

문서 파일과 같이 자료 크기가 상대적으로 작은 경우에는 해당 자료를 프로그램 안에 저장하여 불러올 수 있고, 멀티미디어 자료와 같이 크기가 큰 자료를 많이 포함한 경우에는 프로그램과 자료를 링크시켜 분석 작업을 진행할 수 있다. NVivo의 인터페이스는 MS사의 Outlook 프로그램과 유사하게 구성되어 있어 사용 편의성을 높였다. NVivo가 지원하는 원자료의 형태는 다음과 같다.

[표 5] NVivo가 지원하는 자료 형태(유기웅 외, 2018:378)

문서	doc, docx, rtf, txt, pdf
오디오	mp3, wma, wav
비디오	mpg, mpeg, mpe, wmv, avi, mov, qt, mp4
그림	bmp, gif, jpg, jpeg, tiff

NVivo를 통해 연구자는 두 가지 주요 방식으로 코딩을 진행할 수 있다. 'Free nodes'는 단일 수준에 여러 가지 코딩을 배열할 수 있는 형태이며, 'Tree nodes'는 코딩의 수준을 설정하여 위계성을 염두에 둔 코딩 작업을 수행할 때 사용할 수 있다. 이외에도 코드 간의 연계성을 분석하기 위한 'Relationships', 담화나 내러티브 분석에 유용한 'Cases' 등의 방식을 제공한다. NVivo의 장점 중 하나는 결과를 막대그래프, 파이 그래프 등 다양한 시각적 형태로 표현할 수 있다는 점이다.

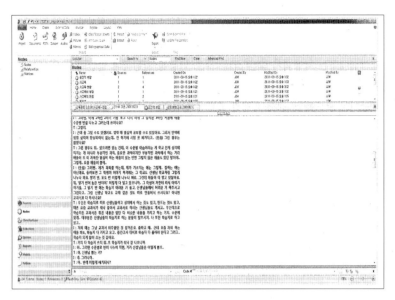

[그림 4] NVivo를 이용한 코딩 작업 화면 예시

③ MAXQDA

MAXQDA는 독일의 연구 방법론가인 Udo Kuckartz에 의해 개발되어 현재 VERDI GmbH(http://www.maxqda.com/)에서 제공하는 유료 소프트웨어이다. 내용 분석 전문가인 개발자의 배경에 비추어 보면, MAXQDA는 특히 문서를 기반으로 하는 질적 자료 분석에 강점을 가지고 있는 것으로 평가받고 있다(Lewis, A. & Silver, C., 2009). MAXQDA는 프로그램 내부 데이터베이스에 분석 대상 자료를 저장하는 방식을 제공한다. 지원하는 자료의 형태는 다음 [표 6]과 같다.

[표 6] MAXQDA 지원하는 자료 형태(유기웅 외, 2018:380)

문서	doc, docx, rtf, txt, pdf, XLS/X, HTML
오디오	mp3, wma, wav, aac, m4a
비디오	mp4, mov, mpg, avi, m4v, 3gp, 3ggp
그림	png, gif, jpg, jpeg, tif

MAXQDA의 코딩 체계는 사용자 편의성이 매우 높다. 특히, 드래그 앤 드롭(drag & drop) 기능을 통해 코드 리스트를 개발한 후 분석 자료에 쉽게 코드를 입력할 수 있다. 또한, 코드와 연관된 자료의 지지 강도를 1-100까지 가중치로 설정하여, 가중치에 따른 분석 결과를 별도로 출력할 수 있다. MAXQDA는 간단하고 직관적인 인터페이스와 다양한 색상 요소를 적용하여 연구의 편의성을 높여준다는 평가를 받고 있다(Lewis, A. & Silver, C., 2009).

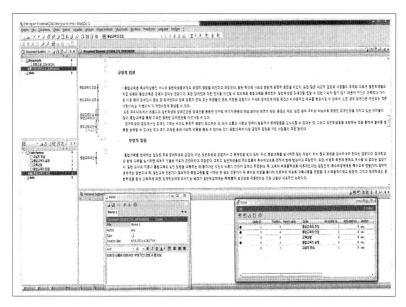

[그림 5] MAXQDA를 이용한 코딩 작업 화면 예시

④ 파랑새

파랑새는 한국형 CAQDAS로, 2015년에 개발되어 서비스를 시작한 질적 자료 분석 시스템이다. 기존의 프로그램인 Atlas.ti, NVivo, MAXQDA 등은 사용자의 컴퓨터에 소프트웨어를 설치한 후 사용하는 방식인데, 파랑새는 웹 기반으로 서비스 제공사 홈페

이지에 접속하여 모든 작업을 수행한다. 별도의 프로그램 설치 없이 인터넷이 연결된 어떠한 컴퓨터에서도 사용할 수 있다. 또한, 파랑새는 인터페이스가 한글로 되어 있어 한글 문서를 보다 용이하게 분석할 수 있다는 장점이 있다.

파랑새를 통한 질적 자료 분석은 파랑새 홈페이지에 접속하여 프로젝트를 생성한 후, 자료 입력 창을 통해 녹취록 등을 입력하는 것으로 시작된다. 이후, 자료 입력 창에서 코딩을 지정하고 이를 구조화하여 주제를 생성한다. 또한, 생성된 주제 목록, 코딩 구조, 코딩 목록 등에 대해 글쓰기 작업을 할 수 있으며, 검색 항목을 통해 코딩별 횟수 및 비율 등을 그래프와 표로 확인할 수 있다.

⑤ QDA Miner

QDA Miner는 Provalis Research Company에서 개발하여 보급한 질적 분석 프로그램 인데, 아카데미 무료 버전이 제공된다. 코딩 결과를 표 및 그래프 등의 시각 자료로 표현해 준다는 장점이 있다.

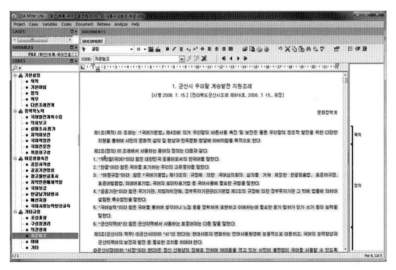

[그림 6] QDA Miner를 이용한 코딩 작업 화면 예시

(4) 질적 자료 분석 소프트웨어의 선택

많은 연구자들이 어떤 질적 자료 분석 소프트웨어를 사용하는 것이 좋은 지에 대해 의문을 가진다. 각 소프트웨어는 다양한 특성을 가지고 있어, 연구의 맥락과 연구자의 상황에 따라 적합한 소프트웨어가 다를 수 있다(Gibbs, G.R. et al., 2002). 질적 자료 분석 소프트웨어를 선택할 때는 다음과 같은 질문들을 통해 연구자의 상황에 가장 적합한 기능을 지원하는 소프트웨어를 선택하는 것이 도움이 된다(Lewis, A. & Silver, C., 2009).

① 수집한 자료의 종류와 양: 연구자가 수집한 자료는 어떠한 종류이고(글자, 그림, 음성, 비디오 등) 양은 얼마나 되고 이것을 어떻게 관리하고자 하는가?

② 선호하는 분석 방식과 체계화 수준: 질적 자료의 분석에 있어서 내가 선호하는 방식이 있는가? 이러한 방식은 얼마나 체계화되어 있는가?

③ 분석 방법의 이론적 배경 및 이해 수준: 연구자가 사용하고자 하는 분석 방법의 이론적 배경은 무엇이며 이러한 분석 방법을 얼마나 잘 이해하고 있는가?

④ 필요한 소프트웨어 기능 수준: 연구자가 질적 자료 분석 소프트웨어를 통해 도움을 얻고자 하는 기능들의 수준은 어느 정도인가?

⑤ 자료 관리 및 코딩 생성에 대한 중점: 방대한 양의 자료를 효과적으로 관리하는 데 중점을 둘 것인가? 기본적인 코딩을 생성하고자 하는가?

⑥ 양적 자료 포함 여부: 수집한 자료 가운데 양적인 자료가 있으며, 이 양적 자료도 분석의 대상에 포함되는가?

⑦ 다양한 분석 방법 적용 필요성: 하나의 자료를 대상으로 다양한 분석 방법을 적용해야 할 필요가 있는가?

⑧ 소프트웨어 학습에 대한 시간 투자 가능 여부: 새로운 소프트웨어를 사용해야 한다면 내가 소프트웨어를 배우는 데 어느 정도의 시간을 투자할 수 있는가?

⑨ 자료 분석에 할당된 기간: 전체적인 연구 기간 가운데 자료의 분석에 할당된 기간은 어느 정도인가?

⑩ 소프트웨어 가용성: 내가 속한 기관이나 조직에 가용한 질적 자료 분석 소프트웨어가 있는가?

질적 자료 분석을 위해 소프트웨어를 사용하기 위해서는 연구자가 자신의 상황을 검토하고, 다양한 소프트웨어의 특성을 이해해야 한다. 이는 자료의 종류와 양, 선호하는 분석 방식, 분석 방법의 이해 수준, 필요한 소프트웨어 기능 수준 등을 고려하는 과정을 포함한다.

4) 테크놀로지의 사용에 대한 논의

테크놀로지의 사용은 질적 연구를 수행하는 과정에서 연구자에게 편리한 기능을 제공하고 연구의 효율성을 높이는 동시에 새로운 연구 방법과 영역을 개척한다. 그러나 이러한 테크놀로지 사용이 연구의 본질을 훼손한다는 주장도 계속해서 제기되고 있다. 특히 1990년대 중반부터 질적 자료 분석 소프트웨어가 소개되기 시작한 이후 이러한 논의는 계속되어 왔다(김영천·김진희, 2008; 최희경, 2008).

소프트웨어의 사용을 찬성하는 입장에서 보면 소프트웨어를 통해 연구자는 방대한 양의 자료를 보다 체계적으로 관리할 수 있다. 안정적인 코딩 기능을 통해 수집된 자료에 포함된 코딩과 관련한 정보를 추적하고 관리함으로써 연구의 체계성과 투명성을 높이며, 이는 연구 결과의 신뢰성 향상에 기여할 수 있다고 주장한다(Kelle, 1998; 최희경, 2008). 또한 소프트웨어를 사용하면 방대한 양의 자료 관리에 소요되는 노력과 시간을 줄일 수 있어 연구자가 더욱 분석에 집중할 수 있는 기회를 제공하여 전체적인 효율성을 높일 수 있다고 기대된다.

일부는 소프트웨어 사용이 연구의 타당성과 신뢰도를 향상시키지 못하고, 기계적인 코딩에 초점을 맞춰 연구자가 자료를 반복적으로 탐색하고 해석하는 과정을 간과하게 할 수 있다고 주장한다(Gibbs, G.R. et al, 2002).

이러한 입장과는 대조적으로 최희경(2008)의 연구는 전통적인 방법과 소프트웨어를 사용한 방법을 비교하여 소프트웨어를 사용한 분석이 세부적인 내용을 파악하고 체계적으로 나타내는 데 강점이 있음을 보여 주었다. 그러나 실제 코딩 작업에는 많은 노력과 시간이 소요되며, 분석 단위의 지나친 세분화가 발생하는 경향도 있었다. 이러한 점을 고려할 때, 질적 연구의 신뢰성과 타당성은 소프트웨어 사용보다는 연구자의 역량과 경험에 크게 의존한다고 볼 수 있다. 그러므로 소프트웨어에 지나치게 의존하는 것은 위험할 수 있다.

4. 언어문화 연구의 질적 분석법 적용 가능성

20세기에 들어서면서 1차, 2차 세계 대전을 겪은 후 과학 기술과 산업 문명은 엄청난 발전을 했지만 인간 속에 내재된 정신적 가치관에 대한 진지한 성찰은 뒷전으로 밀려나게 된다. 이러한 시대적 상황 속에서 비롯된 물질문명의 지나친 팽창은 정신문화의 가치를 망각하게 만들어 문화적 존재로서 인간의 가치를 규명하던 인문학은 위기를 맞게된다.

이처럼 20세기 초반부터 시작된 것으로 보이는 '인문학의 위기'는 인문학이 급변하는 산업 사회의 문제 상황을 해결해야 된다는 시대적 요구에 부응하지 못한 데서 비롯된 것으로 보인다. 이러한 위기는 인문학 연구가 지나치게 파편화되고 전문화되어 정신문화에 대한 총체적인 이해와 물질문명에 대한 비판적인 성찰을 상실하면서 더욱 심화되었다 (원승룡, 2005:81-82). 최근 이러한 인문학의 위기를 깨닫고, 이를 극복하기 위한 노력의 일환으로 인간의 삶과 밀접한 관련이 있는 문화를 통해 인문학을 다시 살피려는 시도가 있어 왔다.

보통 문화는 인간의 사고방식과 행동 양식 그리고 그 결과물의 총칭이라고 정의한다. 일반적으로 사회학자들은 광의의 문화에 대해 언급하면서, 사회적 인간이 만들어 낸 물질적, 정신적 소산을 말한다고 지적한 바 있다. 이 가운데 물질적 소산은 '문명'이라 하고, 정신적 소산을 '문화'라고 나누기도 한다. 즉 유형의 결과물인 기계, 건축물, 발명품 등을 문명이라고 구분하고, 무형의 내용인 가치, 신념, 사고방식, 이론, 철학, 문학, 언어, 생활 양식 등을 협의의 문화로 구분했다(최연구, 2006:5-7). 그런데 일반적으로 '문화'라고 하면 이러한 협의의 문화를 떠올리게 되고, 그 내용적인 면을 고려하면 다분히 인문학적 경향이 강하다고 할 수 있다(김덕호, 2013:35).

이러한 경향성을 따져 보면 인문학의 위기를 극복하기 위해 문화를 살피는 것은 어쩌면 당연한 귀결이 아닌가 생각한다. 이에 인문학을 문화학적 기획으로 재구성하고자 한 이상엽(2001:120)이 시론적으로 제안한 '문화인문학'이라는 명칭은 의미심장한 시도라고 평가된다. 최근 인문학 영역에서 연구의 큰 범위를 차지하고 있는 어문학 분야에서도 이러한 성찰이 이어지고 있다. 정우락·백두현(2014)의 '문화어문학'이라는 분야의 기획이 그러한 성찰의 단초라고 평가될 수 있다. 이와 같이 문화어문학이라는 개념을 설정하자는 제안은 인문학의 위기로 초래된 어문학의 위기를 극복하기 위한 노력의 일환이라고 판단된다.[5]

어문학 연구란 궁극적으로 언어와 문학에 대한 통합된 사유를 기반으로 이루어진다고 볼 수 있다. 어문학의 영역에서 문학은 언어를 기반으로 하고 있고, 언어는 문학으로 표현되기 때문이다. 그러므로 어문학이라는 개념은 문학과 언어의 불가분의 관계를 전제로 하고 있다. 이를 바탕으로 문화어문학 속에 언어문화라는 개념을 도입하여 논의를 전개하고, 이러한 문화와 결부된 어문학 연구의 목표를 달성하기 위해 실천할 수 있는 언어문화의 연구에 적합한 연구 방법에 대해 제안하려는 것이다.

20세기 사회 과학 분야에서 활용한 연구 방법은 크게 세 가지가 있다. 20세기 실증주의

---

5   경북대학교 인문대학 국어국문학과는 2014년부터 2020년까지 진행된 두뇌한국 3단계 사업의 아젠다로 '문화어문학'이라는 개념을 도입해서 성공적인 성과를 이룩했다. 이어서 2020년 9월부터는 7년짜리 4단계 사업에 진입하여 글로벌 시대에 지역 문화어문학의 교육을 어떻게 확산할 것인가에 대해 연구 사업을 추진하였다.

패러다임을 달성하기 위해 적용한 양적 연구 방법과 문헌 연구와 양적 연구의 방법적 한계를 극복하려고 도입한 질적 연구 방법, 이 두 가지를 병행하거나 통합하는 혼합적 연구 방법이 있다. 지금까지 언어학에서도 언어의 과학적인 연구를 위해 주로 양적 연구 방법을 활용하고 있다. 최근 언어 과학 현상을 문화라는 질적 현상으로 탐구하려는 노력이 대두되면서 종래의 양적 연구의 한계를 느끼게 되었고, 그로 인해 질적 연구 방법을 도입하려는 시도가 있어 왔다. 질적 연구 방법의 적용은 언어 현상을 탐구하는 과정 속에 문화를 분석하여 그 의미를 탐구한다는 목적을 감안한다면 어쩌면 필연적일 수 있다.

문화만큼이나 인간의 사고방식과 밀접한 관련성을 가진 것이 바로 언어이다. 이처럼 인간의 사고와 밀접한 관련이 있는 언어는 고도로 상징화(symbolization)된 결정체이자 최고의 문화적 산물이다. 언어는 문화를 담고 있는 그릇이면서 동시에 문화를 드러내는 도구이기도 하다. 언어는 문화를 공시적으로 전파하고 통시적으로 전승하는 역할도 한다. 그런데 문화와 언어의 이러한 밀접한 관계에도 불구하고 20세기에 들어 언어학 분야에서 연구는 실증적, 과학적 연구 방법을 도입하게 되고 문화와의 관련성을 살펴보려는 노력이 차츰 줄면서 양적 연구 방법에 치우쳐서 이루어져 왔다.

여러 분야의 학문적 발전을 위해서 지속적으로 보다 나은 연구 방법이 생겨나기를 요구한다. 사회 과학 분야에서 연구 방법론(Methodology)에 대한 논의는 양적 연구를 주장하는 측과 질적 연구를 옹호하는 연구자들 사이에서 상당히 오랫동안 대립을 해왔다. 역사적으로 보면 20세기 초까지는 질적 연구 방법이 사회학 연구에서 지배적이었다. 그런데 제2차 세계 대전 이후 미국을 중심으로 사회 과학 연구에서 양적 연구 방법을 과학적인 방법으로 여기면서 이 연구 방법이 지배적으로 적용되었다. 이러한 양적 연구 방법의 지배 속에서 1970년대 초부터 '질적 연구 방법'의 적용 요구가 증가하게 되었다. 물론 인문학자, 인류학자나 일부 사회학자들은 그 이전부터 '질적 연구'를 수행해 왔지만 본격적으로 인간 중심 연구를 위한 과학 분야에서 널리 확산된 것은 1970년대 후반부터 이다(이기홍, 2013:3-4).

지금까지 언어학에서도 언어의 과학적인 연구를 위해 주로 양적 연구 방법이 적용되어 왔다. 최근 언어 과학 현상을 문화라는 질적 현상으로 탐구하려는 노력이 대두되면서 종래의 양적 연구의 한계를 느끼게 되었고, 이런 이유에서 질적 연구 방법을 도입하려는 것이다. 질적 연구 방법의 적용은 언어 현상을 탐구하는 과정 속에 문화를 분석하여 그 의미를 탐구한다는 연구 목표를 감안한다면 어쩌면 필연적일 수 있다.[6]

1) 확증적인 양적 연구

양적 연구 방법은 실증주의 패러다임에 근원을 두고 있으며, 일반화와 보편적인 법칙의 탐구를 목적으로 한다. 이를 위해 규칙성과 관계를 탐색하는데 주안점을 둔다. 이 연구 방법은 객관성과 신뢰성을 목표로 삼기 때문에 객관적이고 확증적이다.

이 연구는 조사 연구(survey)를 위주로 하고 있으며 그 결과를 통계 자료로 제시하여 이론과 가설을 시험하고, 객관적으로 분석하여 신뢰성을 획득하는 연역식 과정을 중시한다. 그러므로 이 연구법은 구조적이고 인증된 자료 수집 도구를 활용하며 엄격한 특성을 기반으로 한 양적인 자료를 수집하는데 초점을 두고 있다.

양적 연구 방법 옹호론자는 수량화에 기초한 재현적이고 실험적인 연구가 가장 객관적이고 정밀한 과학적 연구 형태이며 그렇기 때문에 사회 과학은 오직 양적 측정과 방법의 사용을 통해야만 '실질적인' 사회 과학이 될 것이라고 믿고 있다.

이러한 연구 방법은 언어학 분야에서는 사회언어학과 방언학의 연구를 위한 자료 조사에서 주로 도입되었다. 즉 이들 분야에서는 조사 연구(survey)를 주로 하여 객관적인 데이터를 수집하고 이를 통계 처리하는 방법론을 고안하여 활용했다.

---

6 이 글의 궁극적인 의도는 실증적인 양적 연구 방법의 배척이라기보다는 양적, 질적 연구 방법의 균형을 회복하자는 데 있다.

2) 탐색적인 질적 연구

질적 연구 방법은 자연주의 패러다임에 근원을 두고 있으며, 인간은 자신이 해석하고 있는 세계에 참여함으로써 의미를 구성한다는 근본적인 가정에 기초하고 있다. 이 연구 방법은 주관적이고 참여적이며 자료에서 가설, 근거, 이론, 지식을 산출하는 귀납적 과정을 중시한다. 또한 현상을 해석하는 것에 초점을 두고 있어서 현상학적이고 해석주의적이다. 구성원의 상호적인 관계를 중시하기 때문에 사회 구성주의적이고 상대적인 특성을 가지게 된다(이기홍, 2013:8).

질적 연구 방법 옹호론자들은 사회 과학의 주제는 수량화를 통해 간단하게 다룰 수 없으며, 현상에 대한 해석을 위해서는 질적인 맥락 속에서 근거를 추출할 수 있기 때문에 사회 세계의 깊이 있는 연구를 위해서는 질적 연구 방법이 더 믿을 수 있다고 주장한다(Gergen, M. & Gergen, K.J., 2000:1027).

질적 연구 방법은 언어의 문자성보다 구술성에 입각하여 연구를 전개하는 경향이 강하다. 일상적인 대화를 수집하는 과정을 보면 주로 현지 제보자들의 상호 작용을 참여 관찰과 인터뷰를 통해 주요한 자료를 얻기 때문이다.

그래서 연구 과정은 주관적 서술과 공감적 이해 및 탐색을 위주로 하여 이루어지고, 특정 집단과 개인에 대한 심층적 이해에 관심을 둔다. 이 연구는 현지 조사(field work)를 중요하게 생각하고 있으며 참여 관찰을 통해 제보자의 생각을 탐구한다.

그런데 질적 연구의 결과물인 '문화기술지'도 궁극적으로는 기록된 텍스트일 수밖에 없으므로 질적 연구 방법에는 구술 언어문화를 문자 언어문화, 즉 텍스트로 전사, 번역, 해석하는 기록 작업이 포함된다. 따라서 기록=문헌이라는 등식의 범위를 확대하여 필자는 모든 감각(시각, 청각, 미각, 후각, 촉각 등)을 통해 획득되는 다양한 형태의 자료를 모두 '기록'이라고 보기를 원한다. 그런 의미에서 '텍스트'란 용어의 범위는 더욱 확대되어야 한다고 본다.

지금까지 이러한 연구 방법은 인류학 분야 중 문화인류학이나 언어인류학 연구를 위한 자료 조사에 주로 활용되었다. 이러한 연구자는 조사 대상 지역에서 장기 체류하면서 제보자와의 라포(rapport)를 형성하고, 그들의 문화를 밀착 조사하는 방법을 사용하였다.

이상의 두 가지 상반된 연구의 주안점을 대비한 자료가 다음 [표 7]이다. 결국 사회과학에서 제안하는 연구 방법의 흐름은 실제로 실증주의적 철학관과 자연주의적 철학관이라는 학문적인 패러다임의 차이에서 비롯된 것이다.

[표 7] 양적 연구와 질적 연구의 주안점
(Johnson, R.B. & Christensen, L.B., 2012:34-35; 이기홍, 2013:9-10에서 재인용)

	양적 연구	질적 연구
과학적 방법	확증적, '하향식(연역)', 자료를 사용하여 이론과 가설 시험	탐색적, '상향식(귀납)' 자료에서 가설, 근거이론, 지식 산출
존재론	객관적, 물질적, 구조적, 동의적	주관적, 정신적, 개인적, 구성적
인식론	과학적 실재론, 진리 추구, 가설의 경험적 확증에 의한 정당화, 보편적인 과학적 기준	상대주의, 개인적 및 집단적 정당화, 다양한 기준
인간행위에 대한 견해	규칙적, 예측 가능	상황적, 사회적, 맥락적, 개인적, 예측 불가능
연구 목표	양적/숫자적 서술, 인과 설명, 예측	질적/주관적 서술, 공감적 이해, 탐색
관심	일반적인 과학 법칙 판별	특정 집단과 개인에 대한 이해
초점	협소한 시각, 특정 가설 시험	광범하고 심층적인 시각, 현상의 넓고 깊은 조사
관찰의 특성	통제된 조건 속의 행위 연구, 단일 변수들의 인과적 효과 분리	자연적 상황 속의 개인과 집단 연구, 내부자 관점, 의미, 견해에 대한 이해 추구
자료의 형태	구조적이고 인증된 자료 수집 도구 사용, 엄격한 특정에 기초한 양적 자료 수집	심층 면접, 참여 관찰, 현지 조사, 개방형 질문지 등을 통한 자료 수집, 연구자 자신이 자료 수집의 주요 도구

자료의 특성	변수	단어, 이미지, 범주
자료 분석	변수들 사이의 통계적 관계 판별	서술 자료 사용, 유형·전체적 특성의 탐색, 차이/변이 파악
결과	모집단에 대한 외부자의 객관적 관점에서의 재현을 제공하는 일반화 가능한 발견	내부자 관점을 제공하는 개별주의적 발견
최종 보고 형태	형식적인 통계적 보고(상호간 관계, 평균의 비교, 발견의 통계적 중요성)	비형식적인 서사적 보고(맥락적 서술, 연구 참여자에 대한 직접 인용)

이상에서 살펴본 것과 같이 양적 연구와 질적 연구는 단순히 연구 대상에 대해 다른 기법과 전략을 선택하는 정도의 차이가 아니라, 연구하려는 대상과 연구 수행 상황에 대한 기본적인 전제 자체가 다르다. 하지만 이러한 두 가지 대비되는 연구 방법은 인간 사회의 문화, 역사, 언어, 예술 등을 연구하기 위해서는 대립적인 것이 아니라 상호보완적인 관계에 있다고 본다.

3) 상호 보완적인 혼합 연구

인간 사회에서 문화를 총체적으로 이해하기 위해서는 두 가지 연구 방법이 모두 필요하다. 인간을 중심으로 하는 사회라는 현상과 이를 엮고 있는 문화는 매우 다면적이고 복합적이기 때문에 하나의 연구 방법만으로 인간 사회, 인간 문화의 모든 진실과 진리를 규명하기 어렵다. 양적 연구 방법으로 다룰 수 없는 인간 세상의 많은 현상들을 질적 연구 방법으로 조사하고 이를 혼합하자는 주장도 최근에 대두되기 시작했다. 양적 연구와 질적 연구를 혼합하자는 주장은 캠벨과 피스케(Campbell, D.T. & Fiske, D.W., 1959)에서 심리적 특성의 타당도를 연구하는 과정에 '다중 방법 행렬(multimethod matrix)' 연구 방법의 사용을 제안하면서 비롯되었다[7] 혼합 연구 절차는 양적 방법과 질적 방법의 연구

---

7   크레스웰(Creswell, J.W., 2011:17-18)에 의하면 혼합 연구 방법으로 질적 면접으로 시작하여 일반화

순서의 선후 배열과 어디에 더 중요성을 두느냐 하는 연구의 비중 또한 자료 수집, 자료 분석, 자료 해석의 단계에서 언제 연구 자료를 혼합할 것인가 하는 절차에 대한 설계를 중심으로 논의되고 있다. 만일 연구 순서가 동시적으로 이루어진다면 연구 비중은 동등하고 혼합 절차도 통합 방식이 선호되며, 이 경우 명확한 이론화가 가능하다. 또한 연구 순서상 질적 접근을 우선할 경우 연구 비중은 질적 연구에 있게 되고 연결하기 혼합 절차를 선호하며 이론화도 명확하게 이루어진다. 그리고 연구 순서상 양적 접근을 우선할 경우 연구 비중은 양적 연구에 있게 되고 혼합 절차도 내재하기 방식이 선호되며 이론화의 과정은 다소 불명확하게 이루어질 가능성이 있다(Creswell, J.W., 2011:246-249).

앞서 양적 연구와 질적 연구의 상호 보완적 관계를 중시해야 하다고 밝혔듯이 혼합 연구의 중요성을 인정한다. 다만 이 글의 연구 관심은 언어문화 연구를 위해 질적 연구의 확장을 제시하는 데 있으므로 이를 양적 연구와 질적 연구의 혼합 연구를 실제로 수행한 과정은 뒤에서 다루기로 한다.

를 위해서 모집단을 양적인 조사 방법으로 전환하거나, 양적 방법에서 시작하여 세밀한 탐구로 이행하는 질적 방법으로 이어지는 순차적 혼합 연구가 있고, 연구자가 연구 문제를 종합적으로 해석하기 위해 양적, 질적 자료를 한데 모으거나 합병하는 동시적 혼합 연구가 있다. 그리고 연구자가 양적 및 질적 자료 모두를 포함하는 하나의 설계 내에서 주제의 구조, 자료 수집 방법, 연구 예상 결과와 변화와 같은 이론적 시각을 동시에 사용하는 변형적 혼합 연구가 있다.

탐구 과제

1) 기어츠 홉스테드(Geert Hofstede 1991)의 문화 분석 이론에 대해 자신이 생각하는 국가 혹은 자신의 정도성을 설정하고 왜 그렇게 설정하였는지에 대한 이유를 조원과 공유해 보자.

2) 질적 연구 자료 분석법을 적용하기 위한 자료 수집 방안에 대하여 기술해 보자.

3) 국립국어원의 민족생활어 자료에 반복적 비교 분석을 이용한 자료 분석의 과정(개방 코딩, 범주화, 범주 확인)을 적용할 수 있는 가능성에 대하여 설명해 보자.

4) 언어문화 자료를 활용하여 테크놀로지를 적용한 질적 연구를 시도할 경우에 계획과 설계, 자료 수집, 자료 분석을 어떻게 할 것인지 그 절차에 대하여 설명해 보자.

5) 언어문화 자료를 분석할 경우 양적 연구와 질적 연구를 상호 보완적으로 도입하는 혼합 연구가 필요하다는 주장이 있다. 이에 대해 근거를 들어가면서 설명해 보자.

제6장 한국의 언어문화와 한류

1. 한국의 민족문화와 한국어

한국의 민족문화는 대한민국과 북한을 포함한 한반도 지역에서 형성된 다양한 문화적 요소들을 의미한다. 이는 역사, 언어, 예술, 음악, 민속문화, 철학, 종교, 음식 등을 포함하며, 한국 민족의 정체성을 형성하는 중요한 요소이다. 한국 민족문화의 개념과 범위는 다음과 같다.[1]

첫째, 한국 민족문화에는 외국에서 우리나라로 귀화한 사람과 우리나라에서 외국으로 이주한 사람의 문화도 포함된다.

둘째, 한민족이 아닌 다른 민족이 이룩한 문화는 한민족 구성원에 의하여 연구 변용된 구체적인 사실이 있는 경우에 한국 민족문화에 포함된다.

셋째, 한민족이 우리 강역 안에서 이룩한 문화 외에도 외국으로 일시 진출하거나 항구적으로 이주하여 이룩한 문화도 한국 민족문화에 포함된다.

넷째, 선사시대의 생활 양상도 한국 민족문화에 포함된다.

다섯째, 자연 그 자체는 문화가 아니지만 한민족에 의하여 이용되고 의미를 부여한

---

1   한국정신문화연구원(1991), 『한국민족문화대백과사전』, https://encykorea.aks.ac.kr/을 참조했다.

자취가 있을 때는 한국 민족문화로 다룬다.

여섯째, 현대 문화의 양상은 전통문화와의 연관이 파악되고 광범위한 영향을 끼치며, 우리나라에서의 독자성 또는 특수성이 보편성과 함께 인정되어야 한국 민족문화이다.

일곱째, 민족문화는 민족·강역·역사·자연·생활·사회·사고·언어·예술 등 아홉 가지로 크게 분류된다.

인간은 다양한 생활 모형을 창조하고, 다른 사람의 생활 모형을 따르며 살아간다. 이러한 생활 모형이 집단화되거나 후손에게 전해지면 문화가 된다. 문화 속에서 관계를 맺고 소통하기 위해 사용하는 매개체가 바로 언어이다.

사피어-워프 가설에 따르면, 언어 구조나 실제 사용하는 언어 형식이 사용자의 사고에 영향을 미친다. 언어 사용자는 필요에 따라 많은 언어 형식을 창조하며, 이는 사고의 다양성을 반영한다. 예를 들어, 북극의 이누이트족은 눈, 얼음, 바람을 매우 세분된 수십 개의 말로 표현하고, 필리핀 민도르섬의 하누누족은 450종 이상의 동물과 1,500종 이상의 식물을 구분한다. 이는 공인된 도감의 분류보다 400여 종이 더 많다.

어떤 언어의 사용자가 사망하는 것은 그가 가진 독특한 생활어도 함께 사라짐을 의미한다. 아프리카에서는 "한 사람의 노인이 사망할 때마다 하나의 박물관과 도서관이 사라진다"는 말이 있다. 이는 문자가 아닌 구전으로 지식과 지혜가 전수되는 아프리카의 문화 전통을 반영하며, 오랜 세월을 살아온 한 노인은 그 자체로 박물관이자 도서관임을 의미한다.

한국어문화는 한민족의 문화생활어로, 민족의 문화와 언어가 결합된 개념이다. 민족은 일정한 지역에서 오랜 세월 동안 공동생활을 하며 언어와 문화상의 공통성을 바탕으로 형성된 사회집단을 의미한다. 생활은 사람들의 일상적인 정서, 인식, 행동으로 이루어지며, 이 대부분은 언어를 통해 구체화되고 표출된다.

일정한 지역에서 언어, 풍습, 종교, 정치, 경제 등을 공유하면서 장기적으로 집단적 생활을 반복하면, 종속적인 사고 체계와 문화 체계를 형성하게 된다. 이러한 사고 체계와 문화 체계는 민족의 생활 모습을 통해 확인할 수 있으며, 이들 생활의 대부분은 언어를 통해 드러난다.

따라서 한 민족이 살아 온 삶의 모습, 사고 체계, 정체성 등을 파악하기 위해서는 동일 민족의 다양한 사람들의 생활어를 살펴보아야 한다. 생활 속에서 이루어지는 언어의 어휘, 형식, 의미, 용례, 담화를 조사하고 재발견함으로써 이를 구체화할 수 있다.

첫째, 한국의 언어와 한글이다. 한국어는 한국 민족의 주요 언어로, 그들의 생각, 역사, 문학 등을 표현하는 매체이다. 한글은 한국에서 만들어진 문자 체계로, 한글날로도 알려진 10월 9일은 한글의 창제를 기념하는 날이다.

둘째, 한국의 역사와 전통을 들 수 있다. 한국의 역사는 5,000년 이상의 긴 기간 동안 발전해온 것으로, 고조선, 고려, 조선 등의 다양한 왕조와 역사적 사건들이 민족 문화의 중요한 구성요소이다. 역사적 사건과 인물, 전통적 의례와 행사 등은 한국 민족 문화의 중심을 이룬다.

셋째, 한국의 예술과 공연 문화이다. 한국의 전통 예술은 무용, 음악, 미술, 공예 등으로 구성되어 있다. 가야금, 판소리, 창극, 민화 등은 한국 특유의 예술적 스타일을 대표한다. 또한, 현대 미술과 연극, 영화 등 현대 문화예술도 중요한 역할을 한다.

넷째, 한국의 민속문화와 의례를 들 수 있다. 민속문화는 한국 민족의 전통적인 생활 양식, 의류, 주거 양식, 농경 문화, 음식, 민간 신앙 등을 포괄한다. 설날, 추석 등의 명절과 관련된 의례, 무용, 민속놀이, 민속음악 등도 중요한 민속문화의 요소이다.

다섯째, 한국의 철학과 종교를 들 수 있다. 한국의 종교적 전통에는 불교, 유교, 무교 등이 포함된다. 이들 종교는 한국 민족의 생활 방식, 도덕, 윤리 등에 영향을 미치는 중요한 역할을 한다. 또한, 한국의 전통 철학적 사고는 유교 사상과 불교 사상을 중심으로 발전되었다.

여섯째, 한국의 음식과 주류문화이다. 한국의 음식 문화는 다양한 반찬과 밥, 김치 등을 중심으로 구성된다. 불고기, 김밥, 떡볶이 등의 대표적인 음식들은 한국 민족의 식문화를 대표하는 예시이다. 또한, 민속주류인 막걸리와 소주도 한국의 주류문화를 형성하는 중요한 부분이다.

한국 민족문화는 역사적으로 변화하면서도 핵심적인 가치와 특징을 유지해 왔으며, 현대에 이르러서도 계속 발전하고 변화하고 있다. 이러한 문화는 한국 사회와 개인의 정체성을 형성하며, 국제 사회와의 교류를 통해 세계적으로도 인정받고 있다.

한국어문화 역시 한국인과 한국어의 상호 작용을 통해 생성된 것이다. 한국어문화는 한국어와 한국어를 담고 있는 한국 민족문화를 포함한다. 한국 민족문화는 한반도 전 지역의 문화를 포괄하며, 종교, 역사, 예술, 의식주, 언어 등 다양한 측면을 반영하며 한국 민족의 정체성을 형성하였다.

따라서 한국어문화란 한국 민족이 한반도에서 오랜 세월 동안 공동생활을 하면서 형성한 문화생활을 언어와 결합하여 생성된 것이라고 할 수 있다. 즉, 사람들의 일상적인 정서, 인식, 행동으로 구성된 문화생활이 언어를 매개로 구체화된 것이다. 특정 민족이 일정한 지역에서 언어, 풍습, 종교, 정치, 경제 등을 공유하면서 집단적 생활을 지속적으로 반복하면, 그 민족 고유의 사고 체계와 문화 체계를 형성하게 된다. 이러한 사고 체계와 문화 체계는 그 민족의 생활 모습을 통해 확인할 수 있으며, 대부분의 생활은 언어를 통해 드러나게 된다.

그러므로 한 민족이 살아 온 삶의 모습, 사고 체계, 정체성 등을 파악하기 위해서는 그 민족의 문화와 언어의 상호 관계성을 고찰해야 한다. 이 장에서는 정신 문화, 예술 문화, 행동 문화로 구분되는 한국 풍류문화의 범주들과 그 범주들에 속하는 다양한 한국어의 모습에 대하여 탐구하고자 한다.

2. 한국의 풍류문화

한국 민족의 대표적인 정신문화 중 하나인 풍류문화(風流文化)를 통해 한국 민족문화를 살펴보자. 풍류문화는 역사적으로 포함삼교(包含三教)와 접화군생(接化群生)의 내재적 특성을 지니면서, 인간 삶의 보편적인 존재론적 가치를 추구해 온 문화이다. 즉 풍류문화는 이분법적 사고에서 탈피하여 시대적·공간적 문화의 특수성(singularity)과 보편성(universality)을 모두 고려하면서 인간 삶의 존재론적 의미를 천착해온 문화이다. 특히 오늘의 풍류문화는 한국 민족이 한국 민족이게끔 하는 고유의 문화적 특수성과 더불어 세계인이 공감할 수 있는 문화적 보편성을 한류(Korean Wave)라는 현재성으로 연결함으로써 새롭고 창조적인 세계문화를 생성하고 있다.

한국 풍류문화는 한국 고대 부족국가 시대부터 한국 민족과 함께해오며 형성된 고유의 사상이자 민족의 집단적인 정신적 에너지의 원형으로서 이념, 예술, 습관 등 삶의 모든 면에 스며들어 있는 신앙이며 생활양식이다. 풍류문화에 대한 역사적 기록은 최치원의 『난랑비서(鸞郎碑序)』에서 처음 나타난다. 『난랑비서』에 나타난 풍류에 관한 기록은 다음과 같다.

> (가) 나라에 현묘한 도가 있으니 이것이 곧 '풍류'이다. 그 가르침을 세운 근원은 이미 선사(仙史)에 자세히 기록되어 있거니와, 내용은 유·불·선 삼교의 핵심이 모두 포함된 것으로서 많은 사람을 접촉하여 교화하는 것이다. 이를테면 집에 들어와서는 부모에게 효도하고 나가서는 나라에 충성하는 것은 공자(魯司寇)의 유교의 가르침이고, 매사에 무위로 일을 처리하고 말없는 가르침을 행하는 것은 노자(周柱史)의 가르침이고, 선을 받들어 행하고 악을 행하지 않는 것은 석가(竺乾太子)의 가르침과 같다(김범부, 1981:222).

12세에 중국 당나라에 가서 17년을 지내고 귀국한 고운 최치원은 당시의 선진 문물을 모두 섭렵한 소위 깨우친 지식인이었지만 당나라에 체류하며 인식하지 못했던 한국만의 고유한 특성을 지닌 한국적인 문화인 풍류를 새롭게 발견하고, 『난랑비서』에 종교, 예술, 인생을 포함하고 있는 풍류정신을 기술하고 있다. 최치원은 『난랑비서』의 포함삼교(包含三敎)라는 표현에서 풍류가 현묘한 도로서 유교·불교·도교를 포함한다는 말에서 이미 풍류가 유·불·선 이전에 한반도에 존속되어 오고 있음을 암시하고 있다.

풍류 정신문화의 특성을 추론해 볼 수 있는 기록은 중국 진(晉)나라 진수(陳壽, 233~297)의 『위지동이전(魏志東夷傳)』에서 찾아볼 수 있다. 기록에 따르면 한반도의 여러 부족들은 제천의식을 거행하였는데, 부여의 '영고(迎鼓)', 고구려의 '동맹(東盟)', 예의 '무천(舞天)', 마한의 '소도(蘇塗)' 등의 종교의식 등이 그것이다. 이 부족 연합국가들은 주로 1월, 5월, 10월 그리고 유사시에 제례를 거행하며 음주가무로서 천신에게 제사를 지냈다. 하늘에 제사를 지내며 모든 사람이 즐기는 노래와 춤은 신과 자연과의 교감을 위한 제의(祭儀)의 한 모습이었다. 원시 부족들은 이런 의식을 통해 풍요로운 생산과 평화로움을 빌었고 신과 자연과 하나가 되기를 기원하였다.

종교의식 과정에서 부족들은 인간을 널리 이롭게 한다는 홍익인간(弘益人間)의 신인 하느님에게 숭배와 감사의 의식을 행하였다. 소위 단군신화를 통해 나타나는 환인, 환웅, 단군으로 이어지는 신은 자연의 질서와 조화로운 삶으로 인간 세상의 무질서와 혼란, 수명, 질병, 악, 형벌을 다스리고 인간에게 밝음의 세상을 부여함으로써, 인간으로 하여금 신의 뜻과 자연의 질서에 따르게 하고 신을 상징하는 밝음과 태양을 숭배하는 의무를 지니게 하였다.

고대의 문화적·종교적 양상을 지닌 '상이시월제천(常以十月祭天)'이란 고대 부족국가들이 추수가 끝나는 10월에 항상 하늘에 제사를 지낸다는 의미였다(도광순, 1984:294). 여기서 제사를 지낸다는 것은 종교의식을 의미하는 것이고, 음주와 가무를 즐긴다는 것은 예술 행위를 뜻하는 데 이러한 종교의식과 예술 행위가 합쳐져 '제천의식'이 되었다. 제천의식은 한마디로 풍요롭고 평화스러운 인생을 기원하는 것이었다. '가무강신 소원성취(歌舞降神 所願成就)'란 표현으로도 알 수 있듯이 부족들은 노래와 춤으로 신과 인간이 교감하는 의식을 거행하였다. 이는 무교의 특징[2]인데, 지금도 민간신앙으로 전해지고 있다.

---

2 최준식(2002:37)은 "무교는 춤과 노래라는 예술장르를 통해서 얻어낸 엑스터시에서 신과 하나가 되려고 하는 종교"라고 말한다.

화랑과 풍류를 깊이 연구하고 화랑정신과 풍류정신을 민족정신의 원형으로 삼고자 했던 김범부는 풍류정신이 유·불·선 삼교를 포함하면서 동시에 자연을 숭배하는 무격신앙 즉 샤머니즘(shamanism)을 포함하고 있다고 말하고 있다(김범부, 1973:228). 김범부는 화랑정신뿐만 아니라 풍류정신에 녹아있는 샤머니즘의 특성을 언급하면서 "무당이 하는 일 대부분이 고대의 화랑이 하는 일"임을 강조하였다.[3]

　　이와 같은 종교와 예술과 삶이 하나 되는 풍류정신의 특성은 접화군생의 삶으로 형상화되는 한국문화의 독특한 의식구조이다. 이는 불교·유교·도교의 초월적인 정서들이 그 기저에서 고대 무교가 지닌 무형의 영향력을 받고 있음을 의미한다. 한국의 거의 모든 외래종교가 일정 부분 무속으로 환원되고 있는 현상이 그 예이다.

　　요약하면 풍류문화는 삼교를 포함할 만큼 폭넓고 유연한 포함삼교의 이념을 지녔으며, 모든 백성들이 유·불·선의 덕목을 실천하면서 순리에 따라 천지만물과 조화하여 접화군생을 통해 복된 삶을 영위하도록 하는 정신문화이다.[4] 이러한 포함삼교와 접화군생을 내적 특성으로 하는 한국 풍류문화는 한국 고유의 미적 개념인 '멋'과 '신명'과 '조화'의 정신으로 재현되어 왔다.[5] 멋이란 유교가 강조하는 부모에게 효도하고 나라에 충성하는 인간 본성의 예를 구현하는 것이고, 불교가 지향하는 선행을 실천하고 말없이 가르침을 행하는 것이며, 노자가 말하는 불완전한 인간의 유위(有爲)의 세계에서 벗어나 무위(無爲)의 자연으로 돌아간다는 의미를 함축하고 있다.

　　이러한 멋에 관련하여 한국인의 미의식이 무엇인가라는 문제는 오랫동안 논의되어

3　김범부(1981:220)가 언급한 샤머니즘적 요소는 범부의 동생인 김동리의 소설 「무녀도」에서 상세히 형상화되고 있다.

4　유동식(1989:57-58)은 풍류정신은 하늘과 인간이 교합하여 하나가 되는 것이라고 말한다. 이는 자연과 인생과 예술이 혼연일체가 된다는 것이다. 풍류는 단순한 인간의 존재 양식이 아니라 윤리적 의미를 지니는데, 풍류도를 지닌 사람은 사심없이 일을 처리하고(도교), 집에서 효도하고 나라에 충성하며(유교), 악을 버리고 선을 행한다(불교)고 말한다. 그러므로 풍류도는 뭇 생명을 접해서 그들을 교화하며 사람다운 삶을 갖게 했다는 것이다.

5　풍류의 범주적 특성을 언급한 학자는 김범부와 유동식 등이 있는데, 김범부는 풍류를 멋과 조화로, 유동식은 한과 멋과 삶으로 범주화하였다.

왔다. 그러나 학자마다 견해를 달리하며 그에 대한 논쟁은 지금도 계속되고 있다. 고유한 한국어인 멋에 대응하는 서양 개념은 찾기 어렵다. 실제로 세계 어느 언어의 미의식에서도 한국적 멋에 대응하는 개념을 찾기는 어렵다. 한국적 멋이란 외형적인 아름다움이나 단순한 예술미나 자연미에 대한 말이 아니기 때문이다. 한국인들에게 멋은 삶과 관련된 경험적·정서적 아름다움을 내포한 이상적인 실존 개념을 의미하는 것으로, 개인과 사회가 모두 조화되어 높은 가치의 삶의 모습을 구현하는 것이었다(김범부, 1981:225). 우리가 말하는 말 중에 '멋대로 한다' '제멋에 산다' '멋도 모른다'라는 표현은 초월적인 자유개념에서의 멋을 의미하는 것이고, '멋적어 한다'라는 표현은 조화가 이루어지고 있지 않음을 상기시키는 말이다(유동식, 1989:58-59). 이렇게 풍류정신이 함유하는 멋의 미의식은 일상의 의미를 표현하는 동시에 일상에서 일탈한 초월적 가치 개념을 포함하고 있다.

신명(神明)이란 고정된 틀과 질서에서 벗어나 내면적 생기가 표출되는 모습으로 현세의 억눌린 감정과 느낌을 초월하여 새로운 삶의 창조적 생명력을 얻는다는 의미이다. 고대 부족국가에서 부족들은 제천의식을 거행하며 춤과 노래를 통해 자연과 신과 하나가 됨으로써 응어리지고 맺힌 감정을 해소하고 기쁨과 감격을 느끼는 가운데 삶의 활력을 되찾았다. 개인은 개인대로, 집단은 집단대로 그동안 잠재되어 억눌려있던 감정을 해소함으로써 새로운 소통과 융합을 이루어 창조적 에너지를 생성해 가려는 의도를 지녔다.

그리고 조화란 유·불·선 3교의 핵심을 모두 통합하여 뭇 생명을 교화하는 의미로서 가치판단의 기준을 이분법적 분별에서 찾지 않고 조화의 정신에 둔다는 의미를 지니고 있다. 포함삼교라는 말 속에는 범신론적 세계관의 바탕위에 유·불·선을 포함하여 새롭게 접화군생하는, 즉 백성을 교화하여 널리 이롭고 조화롭게 하는 특징을 지니고 있다. 이것이 풍류문화가 지닌 조화의 특성으로 이 조화의 특성에는 풍류정신이 인간과 인간, 인간과 자연, 그리고 인간과 신을 하나로 묶는, 그래서 이분법적 요소를 배제한 카오스모스(chaosmos)적인 결합체라는 의미가 내포되어 있다.

그러나 역사를 통해 면면히 이어왔던 풍류 정신문화는 오늘날 그 존재 가치가 상당히 희석되어 버린 실정이다. 풍류를 연구한 학자들은 많지만[6] 아직 풍류에 대한 학문적 성격 규명이 충분히 이루어지지 않고 있다. 학자들마다 나름대로의 성과를 거두고 있기는 하지만 풍류에 대한 역사적 자료가 대부분 소실되었고 남아있다고 하여도 과학적이고 합리적인 근거가 부족하기 때문에 풍류가 체계적 이론이나 학문으로 정착하기에는 연구자들의 노력과 시간이 더 요구되고 있다. 그 노력의 일환으로 우선 풍류문화가 지닌 고유의 특성인 멋, 신명, 조화의 특성을 심도있게 살펴보자

1) 멋

지붕의 처마에서 수직으로 떨어지는 빗물 가운데 몇몇 빗방울이 이따금씩 수평으로 튀어나오는 경우를 본 적이 있는가? 이런 현상을 철학 용어로 클리나멘(Clinamen)[7]이라고 부른다. 이 클리나멘은 한국어로 옮기면 일탈이라고 할 수 있다. 이때의 일탈은 탈선, 이탈, 혼란을 의미하기도 하겠으나, 달리 보면 기존의 불변과 단조로움에서 벗어나 새로운 변화와 질서를 창조해내는 시도라고 할 수 있다. 즉 일탈은 보는 관점에 따라 탈선, 파괴, 전복, 혼란의 이미지를 지닐 수 있겠으나 기존의 고정되고 단조로운 질서와 구조에서 새로운 변화와 창조성을 부여하는 기능을 한다.

한국의 자연은 흔히 비선형적 이미지라고 불리는 일탈의 미를 지니고 있다. 비스듬히 굽어진 소나무, 완만하게 굽이치는 시냇가, 나지막한 봉우리의 모습은 비선형적 이미지를 지니고 있다. 이들은 높고 곧은 직선의 선형적 이미지와 달리 친근하고 편안한 일탈의 멋을 보여준다. 부드러운 곡선 일변도에서 갑자기 살짝 솟아오른 버선코라든가, 완만하게 내려오다가 끝 지점에서 갑자기 솟아나는 기와지붕의 종지곡선 또한 일상의 정형에서

---

6   해방 전후의 학자로는 김범부, 최남선, 안호상, 양주동, 유동식 등이 있고, 현대에는 한홍섭, 민주식, 신은경, 권상우, 박홍주, 정병훈, 나채근 등이 있다.

7   물리학적으로 클리나멘은 관성적인 운동과 중력에서 벗어나려는 힘이다. 에피쿠로스(Epikouros)에서 비롯된 클리나멘의 철학적 의미는 타성과 관성에서 벗어나려는 일탈을 의미한다. 철학자 루크레티우스는 우주가 형성되기 전 원자들은 비처럼 평행으로 떨어진다고 생각하였다. 그러나 어느 순간 평행으로 떨어지는 어떤 원자가 미세하게 궤도를 이탈하여 다른 원자와 마주치게 되고 에너지가 발생하면서 새로운 영역과 세계를 형성한다고 보았던 것이다.

벗어나는 일탈의 아름다움을 보여준다.

또 다른 대표적 일탈의 예로서 엇몰이 장단을 들 수 있다. 일상적이고 정형적인 장단이 아닌 변형되고 어긋난 장단인 엇몰이 장단은 일상적인 강-약, 강-약과 달리 강-강-약강의 장단이다. 이는 단순한 리듬 변화의 수준을 넘어 무수한 연주 경험에서 우러나는 연주자의 역량과 기법을 보여준다. 그런 까닭에 관객들은 그 높은 경지의 리듬 변화에 빠져들게 된다. 같은 연주를 수없이 반복하다 보면 연주자는 스스로 문리(文理)가 트여 자유자재로 곡을 변주시키는 경지에 도달하게 되고 이를 통해 엇박자의 일탈이 자연스레 생겨나게 되는데 이는 연주자와 관객의 혼연일체를 유도하는 요소가 되는 것이다.

서구 음악은 한국 음악과 다르다. 서구 음악에서는 연주자가 마음대로 곡을 늘이거나 줄일 수 없다. 박자를 하나도 놓쳐서는 안 되고 음표도 하나라도 고쳐서는 안 된다. 서구의 음악은 악보에 맞게 충실하게 연주해야 하는 구조이다. 악보가 없는 한국의 시나위 음악처럼 상황에 맞게 즉흥적으로 가락을 늘이고 사설을 첨가하는 융통성과 여유를 보여주지 않는다. 그런 까닭에 서구 음악에서 부분의 합은 전체와 등가일 수 있으나, 한국음악에서 부분의 합은 전체보다 더 큰 잉여성을 지닌다. 이때의 잉여성은 부조화와 불균형의 결과이기보다는 원숙함과 새로움에 가미된 창조성의 결과이다.

한국음악이 고정된 악보도 없고 기법도 없다는 말은 이런 이유에서이다. 다른 예를 들자면 서양이나 일본의 '이에모토' 같은 장인-도제 시스템에는 스승이 자신의 예술을 전승시키기 위해 가문(家門)과 같은 구조를 만들어 제자에게 자신의 기법을 전승한다. 제자는 그 스승의 예술적 기법을 수정하지 않고 그대로 모방함으로써 그 기법을 비전으로 고스란히 전수받는다. 그러나 우리나라의 경우에는 스승은 일정한 교육과정에 따라 단계적인 교수법으로 가르치는 것 외에도 제자의 역량에 맞게 가변적인 가르침의 방식으로 제자를 가르친다(최준식, 2002:136). 제자 역시 스승의 음악을 전수하여 연주를 한다 해도 그대로 연주하는 것이 아니라 자신의 색깔을 가미하고 변형하여 독특한 자신만의 음악세계를 형성하도록 용인된다. 기악이나 판소리에서 스승의 것을 그대로 모방하는 '사진 연주'나 '사진 소리'[8]는 그 분야에서 인정받지 못한다. 스스로 터득해서 스승과 다른 연주나 소리를 내야 하는 것으로 인식되어 있다. 그렇다면 어느 가르침이 더 진정한 가르침일까? 이에 대해 들뢰즈(Gilles Deleuze)는 다음과 같이 말한다.

들뢰즈는 진정한 가르침에 대해 '나처럼 해봐.'가 아니라 '나와 함께 해보자.'라고 말한다. 그는 '나처럼 해봐.'라고 말하는 사람 곁에서는 아무것도 배울 수 없다. 오로지 '나와 함께 해보자.'라고 말하는 사람들만이 우리의 스승이 될 수 있다고 말한다(들뢰즈, 2004:72). 동작이나 기법을 그대로 배우기보다는 실천적 상황에서 그 동작이나 기법이 포함하고 있는 관념적 의미가 아닌 감각적 의미를 다양하고 새롭게 받아들이고자 할 때 동일한 반복이 아닌 역동적인 반복을 생성해 낼 수 있다는 것이다. 이것이 진정한 배움의 의미인 것이다.

물론 어느 가르침의 방식이 더 나은 것인가는 별도의 문제이지만 이렇듯 한국의 가르침은 일관성과 체계가 없다는 비난에도 불구하고 상황에 맞는 가변적인 방법을 채택하고 있다. 그러나 여기서 간과하지 말아야 할 것은 이때의 일탈이 무조건 일탈을 위한 일탈이 아니라는 것이다. 제자가 나름대로의 독창적인 연주에 도달하는 것은 수많은 연주 경험과 기법의 완성 단계에 이르러서 가능한 일이 된다. 이렇게 음악의 가르침에도 스승과 제자는 각자의 개성과 특성에 맞게 일반성보다는 특이성을, 동일한 것의 반복적 전수보다는 차이와 개성에 맞는 가르침을 통해 음악세계를 형성하고 있다.

한국문화에서 일탈의 멋은 미술과 도자기 분야에서도 발견된다. 이들의 주요 특성은 파격미를 바탕으로 한 자연미와 소박미이다. 특히 아무런 고안이나 기교가 없는 질박함을 지닌 막사발은 그릇 만드는 것을 자신의 모든 것으로 여기며 살았던 도공들의 자유스러움과 무위의 경지를 담고 있다. 막사발의 꾸밈없는 비대칭의 기교는 무디고 투박하고 불완전해 보이지만, 막사발이 지닌 내적인 완벽함은 인위적인 대칭미를 가진 일본 자기의 현란한 아름다움을 무색하게 만든다. 일본인들을 그토록 사로잡은 막사발의 힘은

---

8 들뢰즈·가타리(2001:30)는 '사진'을 무한히 복제되고 재생산될 수 있는 본뜨기의 원리라고 한다. 이를 극복하기 위한 개념으로 '지도'를 제시하고 있는데 지도는 사진과 달리 리좀적으로 모든 차원들 안에서 연결 접속될 수 있는 열려있는 고른 판이라고 한다.

대칭적·균형적 특성으로 일관하는 일본 자기가 지닐 수 없었던 비대칭과 무기교의 기교와 그 투박함이다.

일탈은 한국 무용에서도 나타난다. 정적으로 완만하게 움직이는 한국 무용의 춤사위는 어느 순간 급박하게 빨라지고, 하나하나의 춤사위에 스며있는 고요한 내면의 정서는 속도감 있는 동작으로 변환되어 어깨춤으로 들썩이며 정중동·동중정(靜中動 動中靜)의 연속으로 템포와 동작의 변형을 지속한다. 이러한 일탈의 멋이 바로 풍류가 지닌 멋이다.

풍류의 멋은 외견상으로 재현되는 멋에만 한정되지 않는다. 인간과 예술이 하나 되고, 인간과 자연이 하나 되는 최고 멋의 경지, 즉 정신적이고 정서적인 내면의 멋 또한 풍류의 멋이다. 신라 화랑으로서 노비를 해방시키고 그들에게 토지를 나누어 주었으며 친한 친구를 따라 죽음도 피하지 않았던 사다함, 당시 신라 사회의 신분적 차별과 편견을 뛰어 넘어 성속에 구애되지 않고 경계 없는 무애의 삶을 살다간 원효, 세속적인 욕심과 일상적이고 고정된 틀에서 벗어나 정신적 자유로움으로 살다간 거문고의 명인 물계자, 빈한한 선비로서 세상일에 얽매이지 않고 청렴하고 달관된 삶을 유유자적 살다간 백결은 역사 위에서 풍류의 정신적 일탈의 멋을 삶속에서 실천해 간 인물들이다. 이렇듯 일탈은 현상세계뿐만 아니라 정신적·심리적 세계에서도 존재한다. 이러한 일탈이 풍류 정신문화의 멋이다.

2) 신명

한국 풍류문화의 신명은 억눌린 감정의 자발적인 분출(spontaneous overflow of feeling)이다. 무의식의 저변에 잠재되어 있지만 어느 순간에라도 표출될 수 있는 가능태로서의 감정이 예측할 수 없는 계기를 만나면서 하나의 현실태적 사건으로 재현되는 것이 신명의 모습이다.

신명 현상은 한국뿐만 아니라 세계 여러 나라에서 볼 수 있는 정서이다. 브라질 리우 카니발(Rio Carnival)을 비롯한 남미의 열정적인 문화 축제, 인도의 홀리 축제, 태국의 송크란 축제, 유럽 여러 나라의 와인 축제 등은 리듬과 동작의 파격과 정서의 고양을 절정으로 끌어 올린다는 점에서 한국적 신명과 유사하다.

리우 카니발은 매년 2월 말에서 3월 초에 4일 정도의 기간에 새벽부터 늦은 저녁까지 브라질 리우데자네이루에서 열리는 축제이다. 원래 카니발은 금욕기간인 사순절을 앞두고 즐기는 축제를 의미하였다. 리우 카니발은 포르투칼에서 브라질로 건너 온 가톨릭 신자들의 종교행사인 사순절 행사와 아프리카에서 온 노예들의 전통악기 연주와 춤이 결합되어 탄생된 축제이다. 이것이 변화를 거듭하면서 오늘날의 카니발 축제가 된 것이다.

인도의 홀리 축제(Holi Festival) 역시 2월과 3월에 열리는 봄의 축제이며 색채의 축제이다. 첫째 날은 힌두 축제의 주요 주제 중 하나인 선이 악을 물리친다는 의미로 횃불을 켜고, 둘째 날은 모두가 서로에게 컬러 색가루나 물을 뿌리며 즐긴다. 이 날은 인도 전역에서 남녀노소가 신분에 관계없이 빨갛고 노란 여러 형형색색의 물감을 몸에 뿌리고 신나게 춤추며 노래 부른다. 카스트제도로 신분이 엄격히 구분되는 힌두 사회이지만 이날은 신분의 벽을 허물고 소외되고 억눌린 계층 간의 갈등을 해소하며 몸과 마음을 정화시킨다.

이러한 카니발 축제나 홀리 축제는 시대나 민족에 관계없이 신나게 춤추고 노래함으로써 억눌린 감정과 불만을 해소하고 풍요와 행복을 기원하는 인간의 잠재된 욕구를 반영하고 있다. 이는 한국의 신명과 다를 것이 없다. 이런 점에서 이 축제들은 인류 문화 공통의 보편적 특징인 신명을 공유하고 있다. 그러나 민족이나 시대나 지역마다 역사적·제도적·정서적 경험은 다를 수밖에 없다. 민족마다 접속하는 문화적 여건들은 제각각 다르고, 매번 접속하는 문화적 항이 변함에 따라 문화적 관계성과 성질도 달라지는 것이다.

따라서 이들 축제의 표면적 현상이 일반적인 신명과 비슷한 것은 사실이지만 축제의 내면에 자리 잡고 있는 심리적·정서적 의미는 각 나라의 역사와 문화에 따라 다르므로 한국적 신명 역시 다른 차이성을 지니고 있음에 유념해야 한다. 일반적으로 문화란 개인·사회·역사의 상호작용으로 형성된다. 통시적으로 보면 어느 민족이건 시대와 장소마다 그에 상응하는 독자적인 개인적·사회적 특징을 지니고 있다. 공시적으로 보아도 민족마다 당시의 상황에 맞는 사회 구성원의 자기 만족, 칭찬, 웃음, 괴로움, 슬픔 등 심리적·사회적 현상에서 드러나는 각기 다른 문화를 지니고 있다. 문제는 그 사회현상이나 문화가 그 민족만이 지닌 어떤 특수한 심리적이고 내면적인 특성과 어떻게 결합하느냐일 것이다 (나채근·김덕호, 2023:811).

그렇다면 다른 민족과 공통적으로 공유하는 문화의 보편적 특성과 별도로 한국 문화만이 지니는 개인적이고 사회적인 특성에는 어떤 것이 있는가? 한국인들은 흔히 알려진 대로 유약하고 우수에 젖는 민족이라고 오인되어 왔지만 실제로는 내면적으로 긍정적이고 낙천적인 특성을 지니고 있다. 개인보다는 가족이나 공동체를 우선하는 한국인의 의식에 비추어 볼 때, 가령 부모님을 기쁘게 하기 위해 좋은 성적표를 가지고 집에 가는 학생들, 취직 후 첫 월급을 받고 부모님의 선물을 사가지고 가는 자녀들, 가족을 기쁘게 할 상여금을 타서 집에 가는 아빠들의 발걸음은 가볍다. 또한 잔치 집에서 떡과 과자를 구해 집으로 돌아가는 부모는 자식 먹일 생각에 발걸음이 가벼울 것이다.

사회적 측면에서 볼 때 2002 월드컵, 한일 야구, 올림픽에서의 금메달을 획득했던 장면에서 한국인들은 모두가 하나 되어 감격과 흥분을 경험한 적이 있다. 신명은 이렇게 시간과 공간에 따라 차이나는 경험에서 생성된다. 남을 즐겁게 하려는 행위 저변에, 혹은 우리 모두가 행복과 감격을 느끼는 저변에, 서로의 가슴을 뛰게 하고 역동적인 삶으로 만들어 가는 동인의 저변에 꿈틀거리고 있는 아페이론(apeiron) 같은 정서, 이 정서야말로 삶을 의미 있게 하는 신명이라고 할 수 있다.

신명은 이성적이고 합리적인 사고로 추론할 수 없는 성질을 지닌다. 신명은 기대 이상의 현실적이고 물리적인 능력 이상의 초월적인 능력을 발휘할 수 있게 한다. 이러한 신명의 근원은 고대 부족국가 시대의 제천의식에서 인간이 경험하고 소원했던 '가무강신 소원성취'로 거슬러 올라갈 수 있을 것이다. 제천의식에 참여하는 모든 사람들은 그동안 잠재되어 있던 사고와 감정이 분출되고 해소되어 카타르시스의 느낌과 새로운 활력을 얻는 것이다.

신명이란 한자어는 순수 한국어로 신바람을 의미한다. 신바람이란 '신'과 '바람'의

합성어이다. 신은 굳이 '귀신 신(神)'의 의미만은 아니다. 네이버 국어사전은 '신이 나서 우쭐우쭐하여지는 기분'으로 신명을 정의하고 있다. 따라서 신바람의 신은 귀신 신의 의미도 지니지만 일상에서 느끼는 정서를 모두 의미한다. 이는 한국 문화의 전통에서 비롯된 말이다. 한국 문화는 서양처럼 신의 세계와 인간 세계가 이원화되어 분리된 문화가 아니라, 동학의 인내천 사상에서 볼 수 있듯이 성속의 구별이 없는 신과 인간이 일체가 되어 생성되는 문화이다. 바람 역시 물리적 의미의 바람이라기보다는 에너지의 실체로서 동양적인 기(氣)의 흐름이다. 즉 기의 생성과 운행이란 의미를 지닌다. 따라서 신바람은 정서와 기의 상승작용으로 외부적 현상과 대상에 대한 원초적 감정의 느낌인 동시에 새롭게 생성되는 느낌의 흐름으로서 상호 공감을 창출해내는 에너지인 것이다(Ra Chaekun, 2017:165).

이 공감은 주체와 대상 간에 상호 벡터(Vector)적 방향성을 동반한다. 주체는 대상에서 오는 느낌을 무제약적으로 수용하여 자신만의 고유한 느낌으로 변환시키며 느낌의 합생 (concrescence)을 이루게 된다. 동시에 합생하는 다른 주체의 대상으로서의 위상적 변화를 겪는다. 달리 말하면 합생을 이룬 임의의 주체는 자신을 소멸시킴과 동시에, 또 다른 임의의 주체가 느낌의 합생을 이루는 이행(transition)과정에 기여하게 됨을 의미한다.[9] 이러한 과정을 겪으며 우주의 모든 현실적 존재자(actual entity, Whitehead, 1978:7)들은 서로에게 내재하는 동시에 서로의 완성에 기여하게 된다. 여기서 서로 내재하는 현실적 존재자들이 접속하며 새로운 관계성을 형성하고 의미를 만들어가는 것을 사건(event)이라고 부른다. 신바람은 이런 사건의 재현인 것이다.

신명은 한국문화가 기본적으로 푸는 문화라는 점과 밀접한 관련이 있다. 우리는 생활하는 가운데 '심심풀이', '화풀이', '분풀이'라는 표현을 자주 사용한다. 이는 한국문화의 특징 중 하나가 푸는 문화이기 때문이다. 그런데 풀 것이 많다는 것은 역설적으로 맺힌 것도 많다는 의미이다. 일반적으로 맺힌다는 것을 우리는 '한(恨)'이라고 한다. 이러한

---

9   이것이 주체와 대상의 과정성이고 상대성이다(Whitehead, 1978:22-23).

한을 푸는 과정이 신명의 주된 역할이다. 억눌리고 응어리졌던 한을 해소시키는 과정에서 새로운 에너지를 생성하고 이 에너지는 감정을 최고조로 끌어올리며 새로운 창조적 에너지를 생성시킨다(나채근, 2018:89).

인간의 응어리진 설움을 푸는 것을 우리는 다른 말로 '씻김'이라고 표현하기도 한다. 다만 씻김의 경우는 정월대보름 놀이나 강강수월래 같은 집단놀이의 형태에 제의의 형식인 씻김굿, 연등회 등을 빌어 인간의 어두운 부분을 밝게 씻어내려는 의도를 지니고 있다. 정월대보름 시기에 연을 띄워 액운을 날려 보내거나, 지신밟기를 통해 악귀를 내쫓거나, 쥐불놀이나 달집태우기를 통해 병충해를 몰아내는 행위가 여기에 해당된다. 동시에 더럽혀진 영혼을 씻어내는 씻김굿이나 세상을 밝히는 연등회는 우리 인간 삶의 그늘지고 어두운 부분을 긍정적이고 밝게 정화시키려는 행위들이다. 이때의 씻김은 단순히 한과 설움을 벗어내는 것으로 끝나지 않는다. 슬픔과 어두움을 과감히 수용해서 풀어내어 융합과 화해를 이루어 내려는 염원이 스며들어 있다(염재철, 2010:147. 참조). 결국 신명은 대립의 갈등을 조화로 풀어내는 과정에 관계하며 새로운 생성의 에너지를 분출시키는 역할을 하는 것이다.

3) 조화

인간이 하늘과 땅을 연결한다는 무(巫)는 소통을 통해 삶과 죽음, 이성과 감성, 물질과 정신, 신명과 한의 대립 구조를 연결시키고 조화시키는 역할을 하였다. 이것을 확대하면 무는 무교로서의 종교의 역할인 동시에 인간의 삶과 의식을 형성하는 문화의 역할을 한다. 여기서 풍류문화가 지니는 조화란 의미를 추출해낼 수 있을 것이다. 풍류의 조화는 무속적인 무(巫)의 의미처럼 응어리진 한을 신명으로 풀어내어 삶에서의 인식적 융합을 시도하는 것이라 할 수 있다. 그러나 풀어내는 풀이의 역할만 하는 것이 아니다. 풀어내지 않고 삭히는 '시김새'의 역할도 겸하고 있다. 실제로 풀이와 시김새는 무속과 밀접한 관련을 맺고 있는 판소리, 산조, 살풀이 등 한국음악과 무용에 여전히 잔재하면서 삶과 죽음, 슬픔과 기쁨, 한과 신명의 영역을 허물고 해소시키는 역할을 하였다.

무속과 관련하여 이러한 해소의 역할을 담당했던 것이 '굿'이다. 무속의 사고와 인식이 행동으로 표출되는 굿은 혼돈된 존재의 양태인 카오스(chaos)와, 정돈되고 지속적인 코스모스(cosmos)를 연결시킨다. 즉 굿은 원래 하나였던 한과 신명, 고뇌와 기쁨, 삶과 죽음에 대한 이원론적인 인식을 하나라는 일원론적 인식으로 통합시켜 중생들에게 안정과 영원적 믿음을 부여하는 제의의 양상이라고 할 수 있다. 일시적이고 유한한 시공간에서 코스모스가 되고 다시 혼란의 연속인 카오스로 되돌아가는 카오스모스(chaosmos)(장미진, 2002:20)의 순환 속에 우주와 존재의 원리가 영원히 지속된다는 믿음이 무속의 정신에 내재해있다. 이러한 무속의 정신은 삶과 예술 속에서 노래로 형상화되면서 굿으로 전승되었다.

실상 무속에서는 이승과 저승의 공간이란 따로 없다. "망자는 바로 문 밖이 저승이고 모퉁이를 돌면 또한 저승인 바로 그 저승을 돌아가는 것뿐이다. 저승은 단지 인식되고 언표될 뿐이지 실재하는 어떤 다른 공간이 아니다. 그것은 천상일 수도 있고 지하일 수도 있지만 기실 우리가 삶을 영위하는 지금 이 순간의 지상일 수도 있다. 결국 이승과 저승은 언표 상 구분되어 있을 뿐, 분리되어 있지 않은 채 우주론적 인식 내에 포함되어 있는 것이다."(장미진, 2002:23).

이렇게 이승과 저승을 구분하지 않고 현재의 삶 속에 포함시켜 하나로 보는 인식 방법은 고대 제천의식에서 인간과 신과 자연을 하나로 보는 인식 방법과 동일한 것으로 이는 풍류정신의 조화의 속성으로 지속된다. 포함삼교라는 표현에서 짐작할 수 있듯이 풍류정신은 유·불·선이 유입되기 이전부터 신인합일의 이념으로 존재해 오면서 기존의 무속적 특성에 유·불·선을 조화시켜 왔다. 범신론적 세계관을 바탕으로 유·불·선과 현대의 기독교까지 수용하여 공존하고 있는 것은 풍류정신의 조화적 특성이 아니면 설명되기 어렵다. 역사적으로 원효가 여러 종파의 공존을 지향하는 화쟁(和諍)을 강조하는 것은 이런 풍류정신의 특성과 관련이 있기 때문이었다.

원효는 의상과의 여행 중 일체유심조(一切唯心造)를 깨닫고 돌아와 현실적인 국가 이념과 절대 권력의 체제를 뛰어넘어 이상적 자유주의자로써 파격과 무애(無碍)를 실천하며 현묘한 도를 설파한 인물이다. 원효는 치열한 구도자로서의 엄격한 면과 현실 속에서 불교의 교리를 실천해 간 수행자로서 성속을 자유롭게 넘나든 무애행을 실천한 인물이다. 원효는 생사와 열반, 윤회와 해탈이 결국 한마음에서 비롯된다는 일심(一心)에서 출발하여 화쟁사상의 원리로 이분법적 분별을 지워버리게 된다. 그의 일심(참마음) 사상은 단지 이론에 근거한 것이 아니라 실천과 경험에 의해 완성되었다. 이미 알려진 바대로 의상대사와 중국으로 가던 길에 무덤의 잠자리에서 해골에 고인 물을 마시며 경험한 편안함과 불안함은 마음의 작용에서 생기는 것으로 둘이 아니고 하나라는 깨달음에 이른다.

이후 원효는 포용과 이해로써 모든 차별과 편견을 감싸고 당시 신라 사회에 퍼진 지배층 사이의 권력을 위한 투쟁, 신분사회에서 발생하는 갈등과 분열이라는 어두운 면을 밝음과 조화로 이끄는 화쟁사상을 체계화시킨다. 이 화쟁사상에서 신라의 예술과 문화의 성취와 삼국통일의 힘이 비롯되었다. 이러한 일심사상과 화쟁사상을 바탕으로 성과 속을 구분하지 않고 어떤 사상이나 관습에 얽매이지 않으며 자유롭게 사고하고 실천한 그의 무애의 삶은 풍류문화의 조화의 삶이라고 할 수 있다.[10]

진정한 인간다운 삶을 바탕으로 하는 자연과 하나 되는 천지합일의 사상, 인간 본성의 참된 모습인 인(仁)의 사상, 선을 행하고 악을 억제하는 자비(慈悲)의 사상, 가장 인간다운 자연스러운 삶을 지향하려는 무위자연(無爲自然) 사상은 서로 존중하고 수용되어 궁극적인 인간 삶의 이상을 지향하는 이상사회로서의 세상을 형성하는데 필요한 요소들이다. 이러한 요소들의 합은 융화되어 새로운 이상을 이루고 동시에 또 다른 요소와 끊임없이 결합하고 조화되고 생성되면서 끝없는 전진을 통해 새로운 창조성으로 발전된다. 한쪽에서의 결핍은 또 다른 한쪽에서의 잉여로 채워지며, 잉여의 상태는 다른 빈 곳을 채움으로

---

10 "일심사상이 원효사상의 존재론적 토대라면 화쟁사상은 인식론적 토대이다. 이러한 체(體)로서의 일심과 용(用)으로서의 화쟁이 조화되어 실천에 이르는데 이것이 모든 경계와 차별을 없애고 평등과 통일의 무애의 세계이다."(윤종갑, 2005:321)

써 균형 상태로 돌아감을 나타낼 수 있다. 원자핵을 도는 전자는 끊임없이 이동하며 불완전한 원자들이 안정되도록 부족한 원자의 빈자리를 채워주는 것이다.

한국적 조화의 의미는 수묵화(水墨畵)에서도 찾아볼 수 있다. 수묵화는 신비감을 자아내는 그윽하고 현유한 세계를 그리고 있다. 이때 초연하고 탈속적인 분위기를 자아내는 색으로서 묵(墨)은 흑(黑)과 백(白)의 조화를 이룬다. 수묵화의 검은 색은 형이상학적 의미인 현(玄)을 의미하며 현은 노장사상에서 도(道)를 의미한다. 도덕경 1장의 '현지우현(玄之又玄)'이란 표현은 검은 색은 모든 사물의 근원인 하나(一)의 색으로 파악되고 있으며, 마지막 장인 48장의 '손지우손지어무위(損之又損至於無爲)'의 표현은 묵색을 존재의 본질에 도달하는 색으로 묘사하고 있다(신은경, 1996:105). 이 근원적인 흑색은 하나이면서 여럿을 포함하는 색이다. 이 하나 속에는 수많은 색과 그 형상이 녹아있는데 다시 수많은 색이 하나를 통해 생성된다.

도덕경(道德經)은 모든 존재의 본질적인 근원색을 현(玄)으로 보고 있으며 모든 색이 이로부터 생성되므로 도(道)의 이치라고 하였다. 수묵의 검은색 현(玄) 역시 모든 감각적이고 현상적인 제 모습들을 만들어내면서 동시에 거두어들이는 근원적인 존재의 색임을 암시하고 있다. 이로써 하나가 전체가 되고(일즉다), 전체가 하나가 되는(다즉일) 동시에 대상과 주체가 하나가 되어 망아와 몰아를 통한 조화의 지점에 도달할 수 있다. 실제로 수묵산수화를 세밀히 살펴보면 모든 대상들이 자연과 하나 되어 있다. 시내도, 나무도, 바위도, 사람도, 산도, 물줄기도, 배도, 집도 무리지어 있지 않으며 고독하게 홀로 존재해 있어도 자연과 합일되어 하나가 되어 있다. 모든 것이 용해되어 주체와 대상은 어느덧 하나가 되어 있다.

조화에서 개인을 느낄 수 없음은 같은 동양문화임에도 불구하고 일본문화에서 발견되기도 한다. 일본에서 조화의 표현은 와(和)이다. 일본의 조화는 섬나라라는 지정학적 특성상 외부세계로 진출할 수 없는 상황에서 사회 질서를 유지하기 위한 불가피한 윤리였을 것이다. 그런데 이 조화에는 개인이 없다. 집단을 구성하고 조화시키기 위해 개인의 가치는 함몰되고 있다. 그런 조건에서 개인을 존중하는 사고와 행동은 집단 따돌림을 수반하게 된다.

그러나 한국의 조화는 본질적으로 다르다. 한국의 조화는 개인의 가치가 존중되면서 집단 전체의 공동선을 위한 조화를 그 특징으로 하고 있다는 것이 서양과 일본의 조화와 다른 점이다. 그러나 전체와 조화되는 정도에 있어서 개체의 함몰 여부는 상대적인 판단에 돌려야 할 지 모른다. 표면상 드러나는 함몰의 정도와 관계없이 어떤 식으로든 전체와의 조화는 형성되고 있기 때문이다. 중요한 것은 외관상 드러나는 함몰의 정도이기 보다는 개체가 얼마나 자신의 차이성을 유지한 채 역동적이고 실증적인 역량을 간직하며 전체와 조화되어 가는가이다. 이 유기적인 조화의 측면에서 한국적인 개체성의 역량은 더욱 강도가 있다.

이런 양상을 샤를 페기는 양탄자의 바늘땀들이란 표현으로 제시하고 있다. 이는 양탄자 앞쪽의 완성된 무늬를 만들기 위한 양탄자 뒤쪽의 수없이 누벼진 바늘땀을 가리키는 용어로, 앞면의 균형적·동질적·대칭적인 정교함과 뒷면의 비대칭적·비동질적·비균형적 혼란스러움의 차이를 조화시키고 있다.

3. 한국 풍류문화에 담긴 한국어

지금까지 멋, 신명, 조화의 특성으로 범주화하여 살펴보았던 한국 풍류문화는 고대 제천의식 이래 한국인의 정신(idea), 예술(art), 행동(act) 문화의 정체성을 간직하고 오늘에 이르고 있다. 풍류문화는 유교·불교·무교를 연결시켜 하나로 조화시키는 포함삼교(包含三敎) 정신과, 한국인의 삶을 새로운 변화와 생성으로 지속시켜온 접화군생(接化群生) 정신을 지닌 대표적인 문화인 것이다(나채근, 2023:806). 이 절에서는 한국 풍류문화를 정신문화, 예술문화, 행동문화로 구분하고 각 문화가 담고 있는 한국어의 모습들을 살펴보고자 한다.

1) 정신(idea) 문화와 한국어

(1) 신명(神明)과 한국어

한국 풍류 정신문화의 주요소인 신명은 고정된 틀과 질서에서 벗어나 내면적 생기가 표출되는 모습으로 현세의 억눌린 감정과 느낌을 초월하여 새로운 삶의 창조적 생명력을 얻는다는 의미이다. 고대 부족국가의 부족들은 종교적 의미를 지니는 제천의식을 거행하며 춤과 노래를 통해 자연과 신과 하나가 됨으로써 응어리지고 맺힌 감정을 해소하고 기쁨과 감격을 느끼는 가운데 삶의 활력을 되찾았다. 그들은 신과 하나됨으로써 현재의 삶이 복되고 즐겁게 되기를 기원하였다.

달불놀이를 통해 신년을 맞아 풍년의 소망을 달에 기원하는 정월대보름 밤, 달의 상징성을 닮은 강강수월래 놀이는 노래와 춤으로 참여한 사람들의 정서를 고양시킨다. 놀이의 리듬은 시간이 갈수록 빨라져서 생명력이 약동하게 되고 진강강수래-중강강술래-자진강강술래로 진행되면서 노래와 발디딤과 춤사위는 속도가 더해지며 역동적으로 변해간다. 원을 그리는 나선형의 춤동작은 맺히고 풀리는 순환의 과정을 반복하며 신명의 과정을 잘 표현하고 있다.

이때의 신명의 역할은 억눌렸던 일상의 고뇌와 불만을 넘어 기쁨과 해소의 가능성을 여는 돌파구이다. 이는 얽혀있는 혼돈의 과거를 해체하고 새로운 질서로 재편하려는 의도를 지니고 있다. 비록 혼란 속의 무질서나 일탈이 존재하지만 이를 긍정적으로 재편하려는 자유분방함이 내재화되어 있다.

앞서 언급했듯이 신명은 한국문화가 기본적으로 풀어내는 문화라는 점과 관련되어있다. 그래서 사람들은 생활 속에서 화도 풀어야 하고 긴장과 오해도 풀어야 한다. 즉 한국인들은 푸는 것과 익숙해 있다. 신명이 푸는 문화라는 것은 맺힌 문화라는 전제가 성립할 때 가능하다. 우리는 맺힌다는 것을 '한(恨)'으로 형상화해 왔다. 이러한 한을 푸는 과정이 신명인 셈이다. 억눌리고 응어리졌던 한을 해소시키면 새로운 힘과 느낌이 분출하고 잠재되어 있던 에너지가 창조적 생명력으로 생성되어 나오는 것이 신명이다.

이러한 신명과 한의 특성은 예술문화의 영역인 한국소설 이청준의 연작소설 『남도사람』(『서편제』(1976), 『소리의 빛』(1978), 『선학동나그네』(1979))에서 두드러진다. 여기서는 소리꾼 여인의 한 맺힌 소리와 소리의 극에서 극으로 이어지는 체념과 슬픔을 풀어내어 승화시키는 신명의 본질이 탐색되고 있다. 여인은 소리하는 과정에서 소리와 의식이 하나 되는 신명을 경험하게 된다.

이러한 창조적 생명력으로 변이되는 특성이 신명이고 신바람 정서이다. 한민족은 부여의 영고, 고구려의 동맹, 예의 무천과 같은 고대 제천의식에서부터 신과 자연과 하나가 되어 풍류와 음주가무를 좋아하였다. 신이 나면 무엇이든 못할 것이 없는 신바람의 민족성을 갖고 있다. 이 신바람은 무교에서 기원한 것으로, 무교에서 쓰는 다음과 같은 표현도 이러한 신바람과 관련이 있다.

   (가) 신 끼가 있다, 신들린 듯하다, 신난다, 신명나다

오늘날에도 일상생활에서 흔히 사용되는 이러한 용어들은 한국 전통 무교의 영향이 여전히 한국 문화 속에 깊숙이 자리 잡고 있음을 알려주는 표현들이다. 이와 관련하여 '기(氣)'라는 표현도 많이 사용된다.

   (나) 기가 세다, 기가 차다, 기가 약하다, 기가 죽다, 기가 막히다, 기를 쓰다, 기를
        펴다, 기가 살다,

'기'는 이러한 표현 외에도 '기력, 원기, 궁기, 취기, 시장기, 몸살기' 등에 이르기까지 다양하게 사용되고 있다.

[표 1] 신(神)과 기(氣)가 들어간 언어표현 예시

핵심어	언어표현
신(神)	신바람 / 신 난다 / 신명나다 / 신 끼가 있다 / 신들린 듯하다
기(氣)	기력 / 원기 / 궁기 / 취기 / 시장기 / 몸살기 / 기가 세다 / 기가 차다 / 기가 약하다 / 기가 죽다 / 기가 막히다 / 기를 쓰다 / 기가 살다

(2) 한국 예절과 한국어

한국인은 언어 사용에 있어서 체면과 격식을 중시하는 경향이 있다. 이러한 측면은 신분을 반상(班常)으로 구분하는 전통적인 문화적 인습에서 나온 결과이다. 옛날 한국 사회에서는 양반 문화는 고귀하고 가치가 있지만, 상민 문화는 비루하고 천한 것으로 인식되었다. 이러한 체면과 허세의 문화는 한국 속담에도 고스란히 담겨 있다.

> (다) ㄱ. 보기 좋은 떡이 먹기도 좋다
>
> ㄴ. 입은 거지는 얻어먹어도 벗은 거지는 못 얻어 먹는다
>
> ㄷ. 양반은 얼어 죽어도 곁불은 아니 쬔다
>
> ㄹ. 양반은 물에 빠져도 개헤엄은 안 한다

① 계급방언

우리는 같은 사회에 살면서도 재산이나 교양의 정도에 따라 말에 차이가 있음을 생활 속에서 느끼며 살고 있다. 시장 바닥에서 들리는 말과 시내 고급 백화점에서 들리는 말은 어딘지 모르게 다르고, 공사장의 노동자들이 휴식 시간에 주고받는 말과 은행원들이 휴식 시간에 주고받는 말은 같은 말을 해도 어딘지 모르게 다르다.

> (라) 김옥자 씨는 동대문 시장에서 옷 장사를 해 돈을 제법 벌었다. 이십 여 년 동안 시장판을 떠나 보지 못했고, 집도 가게 윗 층에 얻어 오직 장사만 생각했

다. 그러나 돈이 모이자 자식 교육도 걱정되고 자신의 사회적 지위도 높이려는 생각이 들어 강남의 최신식 아파트에 입주했다. 그리고 이웃 여자들과 사귀기 시작했다. 그러나 이웃 여자들은 말씨부터 자기와 달랐다. 대화를 시작하면 주눅이 들어 말 한마디 제대로 할 수 없었다. 불쑥불쑥 튀어 나오는 시장 바닥 말투에 얼굴 붉힌 적이 한두 번이 아니었다. 같은 한국말을 하고 있으면서도 고상한 사모님들은 자기와는 다른 세계 사람들 같았다. 동대문 시장에 살 때는 이러지 않았는데, 돈은 돈대로 쓰면서도 자기만 무시당하는 것 같아 견딜 수가 없었다. 고상한 말투를 배우려고 노력했지만 자신의 말은 너무도 어색했다. 남편은 그런 김옥자 씨를 보고 비웃듯 말했다. '돈 많은 게 장땡이지 되지도 않는 교양이 무슨 소용이어. 그렇지 않어. 임자, 그냥 맘 편히 먹고 살어.'

사회학에서는 이들의 신분상 차이를 계급적 차이라 하고, 사회언어학에서는 계급의 차이가 언어적 차이로 이어진다고 생각한다. 사회적 요인에 의한 언어 변이형에서 계급의 차이에 따라 선택되는 언어 변이형은 사회 방언의 대표적 유형으로 계급방언 혹은 계층방언이라고 한다.

② 은어와 속어

사회 구조적인 계급 구분에 의한 언어 변이형과는 차이가 있지만, 특정 집단의 특수어는 사용자의 신분과 관계된다는 점에서 넓은 의미의 계급방언에 포함시킬 수 있다. 이런 점 때문에 많은 언어학자들은 이들을 통틀어 계층 방언이라 하고 계급방언을 계층 방언의 하위 개념으로 본다.

여기에는 집단어, 직업어, 전문어 등을 포함시킬 수 있다. 먼저 집단어로는 학생어, 군대어, 네티즌어 등을 들 수 있으며, 직업어로는 교사들의 언어, 상인들끼리의 언어, 중개인들의 언어, 의사들의 언어 등을 들 수 있다. 그리고 분야에 따른 전문어로는 스포츠, 바둑, 증권 등의 분야를 들 수 있다. 이들 언어에는 일정 정도 바깥 세계와의 단절

의도가 숨어 있어 흔히 은어(隱語)의 유형에 포함이 되기도 하며, 일반인들이 그 사용을 꺼리거나 속되게 여긴다는 점에서 금기어(禁忌語)나 속어(俗語)의 유형에 포함되기도 한다.

[표 2] 은어와 속어

은어와 속어	의미
건수올리다	여자사귀다
골때리다	황당하다
꼬댕이	공부도 못하고 놀지도 못하는 아이
꼬불치다	감추다
꼽사리	참견, 들러리
골때린다	골치아프다, 황당하다, 난처하다
구라(까다)	거짓말(하다)
날나리	놀기도 잘놀고 공부도 잘하는 아이
날밤까다	밤새다
담탱이	담임선생
당돌하다/당근이지	당연하다
따가리	라이타
맞짱	결투, 싸우는 것, 1:1대결 등등
말밥이지	당연하지(당근이지의 변천어,말밥=당근)
야려보다	노려보다, 반항하다
쪽팔리다	창피하다, 망신스럽다, 얼굴(=쪽)팔리다
쪽당하다	망신당하다, 창피당하다

(마) "나 심심햏. 넘 재미없다. 방가. 울 즐팅하자. 대딩이 먹는 술 고딩은 왜 못 먹어. 띨한 소리 그만 해. 고딩 신세 고딩이나 알지. 나는 요즘 야자 때문에 죽을 지경이다. 설대가 몬지. 너희 학교는 야자하냐? 나는 주유소 아르비 때문에 잠도 제대로 못 잔다. 글쿠낭. 나도 그랬거던."

최근 컴퓨터 통신이 확산되면서 이러한 표현은 기하급수적으로 늘어났다. 특히 컴퓨터 통신의 특성상 줄여쓰기가 일반화되면서 신조어가 만들어지고, 이러한 경향을 학생들이 주도하는 탓에 하나의 통신어는 집단어 성격을 띠면서 은어나 속어화되기 쉽다. 그러나 집단어나 전문어 중 일부 표현의 경우 신선한 표현을 찾는 욕구에 따라 일반화되기도 한다.

> (바) "컴맹으로는 21세기를 살 수 없다. 따불로 안 되면 따따불. 황제주에 등극하다.
>   곤경에서 벗어나기 위해 언론을 이용한 물타기를 시도하다. 승부수(勝負手)를
>   띄우다. 이번 조치는 향후 정국 주도권 탈환을 위한 포석(布石)이다. 환란 기보
>   (棋譜)를 작성, 역사적 기록으로 남겨 두어야 한다."

이러한 표현에서 '컴맹, 따불, 따따불, 황제주, 물타기, 승부수, 포석, 기보'와 같은 단어들은 일부 집단이나 분야에서 사용되던 것인데, 현재는 일반화되어 신문이나 방송 등 공식 매체에서도 사용되고 있으며, 이 중 '물타기, 승부수, 포석, 기보' 등처럼 의미가 확장되어 비유적으로 쓰이기도 한다.

③ 경어(敬語 honorific)

한국어의 경어 체계는 상당히 복잡하고 엄격하다. 우선 경어법을 이루는 언어적 장치가 많으며 그 장치 중에서도 문장 어미와 존대 어휘가 특별히 발달되어 있다.

"아버님께서는 어디 계십니까?"라는 표현은 대표적인 경어 표현이다. 이것은 말하는 사람이 이야기의 소재로 등장하는 아버지에 대해 경의를 표시하고자 '-님'이라는 존칭 접미사를 사용하였고, '있느냐'에 대한 경의를 '계십니까'로 표현한 것이다. 또 듣는 사람에 대해서도 '-느냐'에 대하여 '-읍니까'라고 하여 청자에 대한 경의도 함께 나타나 있다. 이처럼 이야기의 주체가 되는 인물이나 이야기를 듣는 상대에게 경의를 표하기 위하여 쓰는 언어표현을 경어라 한다.

한국어에서는 경어가 문법 범주 속에서 체계화되어 경어법이라는 문법의 하위 범주를 이룬다. 그만큼 경어 체계가 발달했다는 증거이다. 우선 문장 어미는 청자가 누구냐에 따라 최하 3등급에서 최고 6등급까지 구별하여 사용한다. 이러한 구별은 평서, 의문, 명령, 청유, 감탄 등 서법에 따라 모두 다르므로 한국어를 배우고자 하는 외국인은 상당히 어렵게 생각한다. 한국어의 이러한 경어법은 엄격하고 필수적이다. 특히 존대해야 할 상대에게 경어를 사용하지 않으면 상대방이 매우 불쾌하게 생각하는 동시에 정상적인 대화가 이어지지 못하는 경우도 있다.

■ 문장어미와 존대 등급

문장어미는 그대로 존대의 등급을 나타낸다. 4등급과 3등급이 격식 존대형이며, 이 가운데 격식체가 가장 높다. 2등급과 1등급은 비격식 비존대형이고 반말체가 가장 낮다.

[표 3] 존대 등급에 따른 서법 예시

존대등급 \ 서법		평서	의문	명령	청유	감탄
4등급	격식 존대형	보십니다	보십니까?	보십시오	보십시다	보시는군요
3등급	비격식 존대형	보세요	보세요?	보세요	보세요	보시네요
2등급	격식 비존대형	본다	보니?	보아라	보자	보는구나
1등급	비격식 비존대형	봐(보아)	봐(보아)?	봐(보아)	봐(보아)	보네(보네)

한국어의 경어법은 겸양법(謙讓法)과 공손법(恭遜法)으로 크게 나눌 수 있다. 먼저 겸양법(謙讓法)은 객체 존대법이라고도 하며 한국어에 나타나는 경어법의 하나이다. 존귀한 인물에 관련된 하위자(下位者)의 동작이나 상태를 표시하는 경어법이다. 이때 하위자는 동작이나 상태가 관련된 인물만을 기준으로 하는 것이며, 관련된 인물의 존귀함은 화자

에게도 성립되어야 한다. 손윗사람을 존재해서 부를 때 화자 자신은 낮추어서 말해야 한다. 즉 1인칭 '나' 대신에 '저'라는 겸양형을 써야 한다. 또한 나의 복수형인 '우리'도 '저희'를 사용하여 자기가 포함된 쪽을 낮춘다. 그리고 자신 부부도 부모 앞에서나 남 앞에서 낮추기도 한다.

다음 공손법(恭遜法)은 말을 듣는 사람을 얼마나 공손하게 대하느냐 하는 것을 나타내는 경어법이다. 말을 듣는 상대방을 대상으로 삼는 경어법이라는 뜻에서 '상대경어법'이라고도 하며, 상대방이 청자이므로 '청자경어법'이라고도 한다. 공손법은 예우의 대상인 청자가 발화의 현장에 있는, 그러면서도 그 청자가 대개 문장 안에는 모습을 드러내지 않는 것이 특징이다.

공손법은 예의와 격식을 차려서 말해야 하는 상황에서 사용하는 격식체와 격식을 차리지 않아도 될 만큼 가깝거나 친한 사이에서 서로를 높이거나 낮추는 비격식체로 구분할 수 있다. 격식체는 등급에 따라 다양하게 분류할 수 있으나 일반적으로 아주높임, 예사높임, 예사낮춤, 아주낮춤의 네 등급으로 분류된다. 이들은 각각 명령형 종결어미를 따라 '하십시오체(합쇼체)', '하오체', '하게체', '해라체'로 불리기도 한다. 비격식체는 두루높임과 두루낮춤 두 등급으로 분류되며, 이들은 각각 명령형 종결어미를 따라 각각 '해요체'와 '해체'로 불리기도 하며, '해체'를 반말(체)이라고도 한다.

[표 4] 한국어 상대경어법의 체계

격식 여부	구분	평서문	의문문	명령문	청유문	감탄형
격식체	하십시오체 (아주높임)	믿습니다	믿습니까	믿으십시오	믿으십시다	-
	하오체 (예사높임)	믿으오	믿으오	믿으오, 믿구려	믿으오, 믿읍시다	믿는구려
	하게체 (예사낮춤)	믿네	믿나 믿는가	믿게	믿세	믿는구먼
	해라체 (아주낮춤)	믿는다	믿느냐 믿니	믿어라	믿자	믿는구나

격식 여부	구분	평서문	의문문	명령문	청유문	감탄형
비격식체	해요체 (두루높임)	믿어요	믿어요	믿어요	믿어요	믿으세요
	해체 (두루낮춤)	믿어	믿어, 믿나	믿어, 믿지	믿어, 믿지	믿어, 믿지

경어 체계는 일본어나 중국어에도 있으나 인도유럽어에서는 그 예가 드물다. 독일어의 2인칭 단수대명사가 친한 사이에선 du, 경어로는 3인칭 복수인 Sie가 쓰이는 경우, 또는 프랑스어의 tu('너'에 해당하는 2인칭 대명사)에 대한 vous가 경어의 뜻을 나타내는 예는 있으나, 문법을 이룰 정도로 발달하지는 못하였다.

■ 존대 어휘

한국어 경어법을 구성하는 방법에는 어휘 자체에 일반형 어휘와 존대형 어휘를 구별하여 사용하기도 한다. 한국어의 몇몇 단어에는 일반형과 존대형의 두 가지 어형을 사용하여 특별한 경어 표현을 만들기도 한다.

[표 5] 한국어의 존대 어휘

일반형	존대형	일반형	존대형
먹다	잡수시다, 드시다	술	약주
자다	주무시다	집	댁
말하다	말씀하시다	죽다	별세하시다
밥	진지	있다	계시다
나이	연세, 춘추	생일	생신
이름	함자, 성함, 존함	-에게 주다	-께 드리다
아프다	편찮으시다	누구가	누구께서

2) 예술(art) 문화와 한국어

노래가 없는 민족은 없고, 유행가가 없는 나라는 없다. 그만큼 노래는 인류의 문화에서 빼놓을 수 없는 중요한 요소이다. 한국 민족도 '노래'에 관한한 둘째가라면 서러운 민족이다. 전국 방방곡곡에 있는 노래방만 보아도 한국 사람들이 노래를 얼마나 좋아하고 생활화하고 있는지를 잘 알 수 있다.

'노래'의 어원에서도 이러한 문화를 발견할 수 있는데, 그 어원은 '놀다[遊]'라는 동사의 어간 '놀'에 명사화된 접미사 '애'가 붙어서 '놀애' 즉 노래가 된 것이다. 노래는 민요·창가·시조·판소리·잡가·창·가요 등을 통틀어 이르는 말이며, 또 시·시조·가사와 같은 운문을 지칭하기도 한다. 노래의 기원을 살펴보면 노래는 역사 이전부터 있었으며, 토속적인 야만인 사이에도 조잡한 원시적인 타악기를 수반한 노래가 있었다. 당시의 노래는 언어가 충분히 발달하지 못했음을 감안할 때 가사의 형태가 아닌 다만 춤추며 '소리를 지르는' 형태의 노래였을 것으로 추측된다.

(1) 신라 향가

향가(鄕歌)는 신라시대부터 고려시대 초기까지 불리던 우리의 서정시가이다. 향가라는 의미는 우리나라의 노래라는 뜻이다. 중국어에 비해 우리말을 향언(鄕言)이라고 했던 당시의 사정을 살펴보면 그 뜻을 짐작할 수 있다. 향가 가운데 표현이 세련되고 정제된 형식을 띤 노래를 특히 사뇌가(詞腦歌)라 불렀다. 이러한 명칭은 「찬기파랑사뇌가(讚耆婆郎詞腦歌)」와 「신공사뇌가(身空詞腦歌)」 및 『균여전』에 실린 향가를 가리키는 데서 나타나고 있다. 현재 전하는 향가는 『삼국유사』에 13수, 『균여전』에 11수로 모두 24수가 있다.

　　(사) 모죽지랑가(慕竹旨郎歌)

　　　　去隱春皆理米(거은춘개리미)

　　　　毛冬居叱沙哭屋尸以憂音(모동거질사곡옥시이우음)

阿冬音乃叱好支賜烏隱(아동음내질호지사오은)

皃史年數就音墮支行齊(모사년수취음타지행제)

目煙廻於尸七史伊衣(목연회어시칠사이의)

逢烏支惡知作乎下是(봉오지악지작호하시)

郞也慕理尸心未行乎尸道尸(랑야모리시심미행호시도시)

蓬次叱巷中宿尸夜音有叱下是(봉차질항중숙시야음유질하시)

　　　　　※ 밑줄친 부분이 '훈독(訓讀)자' 나머지는 '음독(音讀)자'

<해석>

간 봄 기리워 함에

모든 것이 서러워 시름겨워 하는구나

아름다움 나타내신

얼굴이 주름살을 지으려고 하는구나.

눈 깜박할 사이에

만나뵈올 기회를 이루호리이다.

낭이여, 그리운 마음에 가는 길

다복쑥 우거진 마을에 잘 밤인들 있으리이까.

　위의 노래는 신라의 향가의 대표적인 것으로『모죽지랑가(慕竹旨郞歌)』이다. 신라 효소왕 때 득오(得烏)가 평소 흠모하던 화랑인 스승 죽지랑(竹旨郞)이 죽자 그를 추모하기 위해 지었다는 8구체로 된 향가 노래다.『삼국유사(三國遺事)』권2 효소왕대 죽지랑조(孝昭王代 竹旨郞條)에 관련 설화[11]와 함께 가사가 전한다.

11　『삼국유사』에는 이 노래를 짓게 된 동기를 설명해 주는 다음과 같은 설화가 전한다. 죽지랑의 무리에 득오곡이라는 사람이 있었는데, 매일 죽지랑을 모시다가 갑자기 열흘 가까이 나오지 않으므로 죽지랑이 그의 어미를 불러 연유를 물었다. 이에 그의 어미가 모량리(牟梁里)의 익선 아간(益宣

(2) 고려가요

고려가요는 고려 시대에 창작된 우리나라의 고유한 노래를 말한다. 고려가요는 주로 민간에서 불리며 전해 내려온 노래로, 오늘날까지 전해지는 것이 많지 않아 그 가치는 매우 높다. 이들은 주로 구비문학의 형태로 구전되다가 조선 시대에 이르러 일부가 문헌으로 기록되었다. 조선 시대에 편찬된 『악학궤범』, 『악장가사』, 『시용향악보 時用鄕樂譜』 등의 문헌에 일부 고려가요가 수록되어 있다.

고려가요의 특징을 몇 가지로 정리하면 다음과 같다

첫째, 구비문학의 전통이다. 고려가요는 문자가 아닌 구전으로 전해진 노래들이다. 따라서 정확한 작가나 창작 연대가 명확하지 않다.

둘째, 고려가요는 주로 민간에서 불린 노래로, 민속적인 요소가 강하다. 그 내용은 주로 사랑, 이별, 삶의 고통 등을 다루고 있다.

셋째, 형식적 특징으로 대개 3음보 또는 4음보의 리듬을 가지고 있다. 또한 반복적인 후렴구가 자주 등장하여 청중이 쉽게 따라 부를 수 있도록 되어 있다.

고려가요로 지금까지 알려진 대표적인 작품으로는 자연을 배경으로 삶의 고통과 슬픔을 노래한 작품으로 「청산별곡」이 있고, "청산에 살으리랏다"라는 후렴구가 유명하다. 이별의 아픔을 노래한 작품으로 「가시리」가 있는데, "가시리 가시리잇고"라는 후렴구가 있다. 그리고 충신의 애환과 고뇌를 표현한 노래한 「정과정곡」이 있다.

고려가요는 한국 문학사에서 중요한 위치를 차지하며, 오늘날에도 그 예술적 가치와

阿干)이 부산성의 창고지기로 급히 임명하여, 미처 인사도 못 여쭙고 떠나게 되었음을 고하였다. 죽지랑이 낭도 137인을 거느리고 떡과 술을 가지고 득오곡을 위로하러 가서는 밭에서 일하고 있는 득오곡을 불러 떡과 술을 먹이고 익선에게 휴가를 주어 함께 돌아갈 수 있도록 해줄 것을 청하였으나 익선은 굳이 허락하지 않았다. 이때 사리(使吏) 간진(侃珍)이 세금으로 곡식 30석을 거두어 성중으로 돌아가다가 낭의 선비를 아끼는 인품을 아름답게 보고, 익선의 융통성 없음을 못마땅하게 여겨 곡식 30석을 주면서 낭의 청을 허락해줄 것을 청하였지만, 그래도 듣지 않으므로 다시 말과 안장까지 주자 그때서야 득오곡을 놓아 주었다. 이러한 후의를 입은 득오곡이 죽지랑을 사모해서 이 노래를 지었다고 한다.

역사적 의미가 깊이 연구되고 있다. 그중 「가시리」는 작자·연대 미상의 고려가요로 「귀호곡 歸乎曲」이라고도 한다. 사랑하는 사람과의 이별을 안타까워하며 부른 노래로 애절한 심정을 곡진하게 표현하였다. 『악장가사』와 『시용향악보 時用鄕樂譜』에 전해지는 가사는 다음과 같다.

(아) 가시리

가시리 가시리잇고 나는

ᄇ리고 가시리잇고 나는

위 증즐가 태평성대(太平盛大)

날러는 엇디살라ᄒ고

ᄇ리고 가시리잇고 나는

위 증즐가 태평성대(太平盛大)

잡ᄉ와 두어리마ᄂᄂ

선ᄒ면 아니올세라 나는

위 증즐가 태평성대(太平盛大)

설온님 보내ᅌᅩ노니 나는

가시ᄂᄃ 도셔 오셔셔 나는

위 증즐가 태평성대(太平盛大).

-「가시리」(『국어국문학자료사전』, 1998, 한국사전연구사)

<해석>

가시렵니까? 가시렵니까?

나를 버리고 가시렵니까?

나더러는 어떻게 살라 하고

버리고 가시렵니까?

붙잡아 두고 싶지만

서운하게 생각하시어 아니 오실까 두렵습니다.

서럽지만 님을 보내오니

가시자마자 돌아오십시오.

이 노래는 떠나보내는 님을 간절히 그리워하는 마음이 잘 나타나 있는 고려 시대 노래이다. 이 작품에 표현된 남녀 간의 사랑은 단순히 이성적 사랑이라기보다 몽고의 침략과 유린에 따른 당시의 사회 혼란과 파국을 바탕으로 한 것이다. 즉, 이 작품에서 이상적인 것은 임과 내가 화합하여 이별의 슬픔 없이 함께 사는 것인데, 그러한 이상과는 관계없이 나는 어찌 살든 버려두고 떠나버리는 임의 냉혹한 현실의 장벽 앞에서 좌절하는 비극적 상황에 놓여 있는 비극미가 표출되어 있다. 이러한 비극적 정한은 민족 항일기의 폭압적인 식민지 치하를 배경으로 한 김소월(金素月)의 시에서 가장 섬세한 근대시로 승화되었다. 그리고 김소월의 시에 나타난 정한은 한국적 미의식의 맥락으로 이어져 내려오고 있다.

(3) 전통 창극

전통 창극은 한국의 전통 연극 형식 중 하나로, 판소리를 바탕으로 한 음악극이다. 판소리가 독창적인 음악 장르로서 노래와 이야기를 결합한 형태라면, 창극은 이를 여러 명의 배우가 나누어 부르고 연기하는 형태로 발전된 것이다. 전통 창극은 대략 19세기 말에서 20세기 초에 걸쳐 형성되기 시작했다.

판소리는 한 명의 광대가 고수 북장단에 맞추어 일정한 이야기를 목소리와 몸짓을 곁들여 두서너 시간에 걸쳐 창극조로 부르는 민속 예술 형태의 한 갈래이다. 조선 중기 이후 남도 지방 특유의 곡조를 토대로 발달하였다.

판소리의 4요소에는 소리, 아니리, 발림, 추임새가 있다. 소리꾼은 고수의 북장단에 맞추어 긴 이야기를 소리(창, 노래), 아니리(말), 발림(몸짓)으로 표현하면서 듣는 이(관객)

들을 웃기기도 하고 울리기도 한다. 이때, 고수는 북으로 장단을 맞추는데, 판소리에 사용되는 장단은 진양조, 중모리, 중중모리, 자진모리, 휘모리, 엇모리, 엇중모리 등 다양하다.

'아니리'는 소리 중간에 말로 내용을 설명하는 부분으로, 이때 소리꾼들은 잠깐씩 숨을 고르는 것이고, 소리와 아니리 중에 고수와 관중은 흥을 돋우기 위해 "좋다.", "옳거니!" 하는 말을 던져주는데, 이것을 '추임새'라고 한다. '발림'은 소리꾼의 표정과 몸짓을 말하는데, '너름새'라고도 한다. 소리꾼이 발림을 할 땐 주로 부채를 사용하는데 극적인 장면에서 부채를 활짝 펴거나 접어서 이야기에 더욱 집중하도록 하는 효과가 있다.

판소리의 발생기는 여러 평민문화가 발흥하기 시작한 조선 숙종 무렵으로, 『춘향가』, 『심청가』, 『흥부가(박타령)』, 『토별가(수궁가: 토끼타령)』, 『적벽가』, 『장끼타령』, 『변강쇠타령』, 『무숙이타령』, 『배비장타령』, 『강릉매화타령』, 『숙영낭자전』, 『옹고집타령』 등 무당의 12굿처럼 12마당으로 이루어졌다. 이어 조선 후기에는 동리(桐里) 신재효(申在孝)가 그때까지의 체계를 가다듬어 광대소리 12마당을 『춘향가』, 『심청가』, 『박타령』, 『가루지기타령』, 『토끼타령』, 『적벽가』 등 6마당으로 다시 묶은 뒤 내용도 실감이 나도록 고쳐 이후로 광대들은 이 극본에 따라 부르게 되었다.

(4) 전통 민요

한국의 전통 민요는 오랜 세월 동안 민중 사이에서 구전으로 전해져 내려온 노래로, 한국의 역사와 문화, 민속을 반영하는 중요한 예술 형태이다. 전통 민요는 지역과 용도에 따라 다양한 종류로 분류되며, 각각 고유한 특징을 가지고 있다.

이러한 전통 민요의 특징으로 첫째, 구전성으로 문자로 기록되지 않고 입에서 입으로 전해져 내려왔다. 이러한 구전성 덕분에 민요는 각 지역과 시대에 따라 다양한 변형과 변주를 겪으며 발전했다. 둘째, 지역적 다양성이다. 한국의 민요는 지역에 따라 독특한 특성을 가진다. 예를 들어, 경기도의 민요는 대체로 밝고 경쾌한 반면, 제주도의 민요는 바다와 관련된 내용이 많다.

전통 민요는 용도와 기능에 따라 노동요, 의식요, 놀이요, 서정요로 구분된다. 노동요는 일을 하면서 부르는 노래로, 노동의 리듬을 맞추고 작업의 효율을 높이는 기능을 한다. 예를 들면, 「강강술래」, 「아리랑」 등이다. 의식요는 제사나 의식에서 부르는 노래로, 종교적 또는 의식적인 의미를 담고 있다. 예를 들면, 「진도 씻김굿」이 있다. 놀이요는 놀이를 할 때 부르는 노래로, 주로 놀이의 규칙을 설명하거나 흥을 돋우는 역할을 한다. 예를 들면, 「강강술래」와 같은 민요가 있다. 서정요는 개인의 감정이나 이야기를 담은 노래로, 사랑, 이별, 슬픔 등의 주제를 다룬다. 예를 들면, 「쾌지나 칭칭나네」가 대표적이다. 전통 민요의 형식적 특징은 주로 3음보나 4음보의 리듬을 가지며 반복적인 후렴구가 자주 등장한다. 이는 청중이 쉽게 따라 부를 수 있도록 도와준다.

아리랑은 한국의 대표적인 민요로, 오랜 세월 동안 한국인들의 삶과 함께 이어진 노래이다. 이 노래는 한국인들이 가장 사랑하고 자주 부르는 노래 중 하나로, 특히 중요한 행사나 국가적인 이벤트에서 자주 불리곤 한다. 2002년 한일 월드컵 때도 아리랑은 국민들의 응원가로 널리 사용되어, 온 국민이 하나 되어 응원하는 모습을 보여주었다. 세계 곳곳에 사는 한국인들이 모이는 곳에서도 아리랑이 울려 퍼지며, 한민족의 단합과 정체성을 전 세계에 알리는 역할을 했다.

아리랑의 기원에 대해서는 여러 가지 설이 있다. 확실한 증거가 부족하기 때문에 다양한 추정과 가설이 존재한다. 우선 일부 학자들은 아리랑의 기원이 낙랑이라는 나라가 한반도에 존재하던 기원전 2세기까지 거슬러 올라간다고 주장한다. 낙랑은 한반도 북부와 중국 동북부에 존재했던 고대 국가로, 이 시기에 이미 아리랑과 같은 형태의 노래가 불려졌을 가능성이 있다고 본다. 또 다른 학설에 따르면, 아리랑은 고려왕조가 멸망하던 14세기 경에 처음 불려지기 시작했다고 한다. 고려왕조는 918년에 건국되어 1392년에 멸망했는데, 이 시기에 아리랑이 형성되었을 가능성이 제기된다.

아리랑의 기원에 대해 명확한 증거를 찾기 어려운 이유 중 하나는, 오늘날 전해지는 문헌 자료들이 주로 근세 이후의 것이기 때문이다. 문헌에 나타난 아리랑의 기록은 주로 대한제국 시기(19세기 말~20세기 초)에 집중되어 있다. 따라서 현재의 문헌 기록만을 근거로 한다면, 아리랑의 기원은 대한제국이 기울어 가던 시기로 소급될 수 있다.

아리랑은 한국을 대표하는 민요로, 다양한 지역에서 각기 다른 형태로 불린다. 정선 아리랑, 밀양 아리랑, 진도 아리랑 등 여러 버전이 있으며, 대개 "아리랑, 아리랑, 아라리요"라는 후렴구를 가진다.

(자) 정선 아리랑

아우라지 뱃사공아 배 좀 건네주게
싸리골 올동박이 다 떨어진다

떨어진 동박은 낙엽에나 쌓이지
사시장철 임 그리워서 나는 못 살겠네

물결은 출러덩 뱃머리는 울러덩
그대 당신은 어데로 갈라고 이 배에 올랐나

앞 남산의 청송아리가 변하이면 변했지
우리 둘이 들었던 정이야 변할 리 있나

아리랑 아리랑 아라리요
아리랑 고개 고개로 나를 넘겨주게

- 「정선 아리랑」의 한 대목

한국인에게 아리랑의 의미와 역할은 어떠한가? 아리랑은 단순한 민요를 넘어, 한국인들의 정서와 역사를 담고 있는 노래이다. 그 멜로디와 가사는 시대와 지역에 따라 조금씩 변해왔지만, 그 안에 담긴 감정과 의미는 변하지 않았다. 특히 일제강점기와 같은 어려운 시기에도 아리랑은 한국인들에게 위로와 희망을 주는 노래로 불렸다. 아리랑은 한국인의 단결과 정체성을 상징하며, 오늘날까지도 한국인의 마음속에 깊이 자리 잡고 있다.

결론적으로 아리랑은 그 기원이 명확하지 않지만, 오랜 역사 속에서 한국인의 삶과 함께 배태된 중요한 노래이다. 그러므로 이 노래는 한국인의 정서와 문화를 대표하며, 전 세계 어디서나 한국인들을 하나로 묶어주는 상징적인 역할을 한다.

(5) 현대 대중가요

한국의 현대 대중가요는 20세기 후반부터 발전하기 시작하여 오늘날 전 세계적으로 큰 인기를 끌고 있는 음악 장르이다. 특히 K-pop 장르는 다양한 음악 스타일과 장르를 포괄하며, 독특한 패션, 화려한 퍼포먼스, 혁신적인 뮤직비디오 등이 결합된 종합 예술 형태로 발전해왔다.

현대 대중가요의 특징은 첫째, 다양한 장르와 스타일이다. K-pop은 팝, 힙합, R&B, 댄스, 일렉트로닉, 발라드와 최근 트로트 등 다양한 음악 장르를 포함한다. 이러한 장르의 융합과 실험은 K-pop의 독창성을 높이는 요소이다. 둘째, 화려한 퍼포먼스이다. K-pop 아이돌 그룹은 음악뿐만 아니라 춤, 퍼포먼스에도 큰 비중을 둔다. 정교한 안무와 무대 연출은 K-pop의 큰 매력 중 하나이다. 셋째, 비주얼과 패션이다. K-pop 아티스트들은 독특하고 세련된 패션 스타일을 선보이며, 비주얼적인 측면에서도 큰 영향을 미친다. 헤어스타일, 메이크업, 의상 등이 음악과 조화를 이루어 팬들에게 큰 인상을 남긴다. 넷째, 팬덤 문화를 주도한다. K-pop은 강력한 팬덤 문화를 가지고 있다. 팬들은 팬클럽을 통해 아티스트를 적극적으로 응원하며, 다양한 활동을 통해 팬덤 문화를 형성한다. 소셜 미디어를 통해 전 세계 팬들과 소통하는 것도 큰 특징이다. 다섯째, 국제적 영향력이 매우 높다. K-pop은 이제 단순한 국내 음악 장르를 넘어 글로벌한 현상이 되었다. 방탄소년단(BTS), 블랙핑크, 엑소, 트와이스, 세븐틴, 뉴진스 등 여러 그룹이 국제적인 성공을 거두며, 한국 대중가요의 위상을 높이고 있다.

K-pop은 이제 단순한 음악을 넘어 하나의 문화 현상으로 자리잡고 있다. 소셜 미디어

와 유튜브를 통해 전 세계 팬들과 실시간으로 소통하며, 다양한 국가에서 팬미팅, 콘서트 등을 개최하고 있다. 이러한 글로벌 영향력은 한국 문화의 위상을 높이고, 한국 경제와 문화 산업에 큰 기여를 하고 있다. 현대 대중가요, 특히 K-pop은 계속해서 진화하며 새로운 음악적 시도와 혁신을 통해 전 세계 팬들에게 큰 사랑을 받고 있다.

한편 한국 대중음악의 또 다른 장르로 트로트(Trot)가 있다. 트로트는 1920년대부터 시작되었다. 트로트는 한국의 전통적인 음악 요소와 일본 엔카의 영향을 받아 형성된 장르로, 주로 중장년층에게 많은 사랑을 받아왔지만, 최근에는 젊은 층에서도 인기를 얻고 있다. 다음의 대중가요는 한국의 트로트라는 장르에서 불리는 노래 중의 하나이다.

(차) 진또배기

어촌마을 어귀에 서서 마을에 평안함을 기원하는 진또배기.

오리 세 마리 솟대에 앉아 물, 불, 바람을 막아주는 진또배기.

모진 비바람을 견디며 바다의 심술을 막아주고, 말없이 마을을 지켜온

진또배기, 진또배기, 진또배기.

풍어와 풍년을 빌면서 일 년 내내 기원하는 진또배기

배 띄워라 노를 저어라. 파도가 노래한다 춤을 춘다. 진또배기

오리 세 마리 솟대에 앉아, 물 불 바람을 막아 주는 진또배기

모진 비바람을 견디며, 바다의 심술을 막아주고, 말없이 마을을 지켜온

진또배기, 진또배기, 진또배기.

풍악을 울려라 만선이다. 신나게 춤을 추자 풍년이다. 진또배기

이 대중가요는 한국의 현대 대중음악 중 트로트라는 장르에서 불리우는 노래이다. 여기 나오는 진또배기의 어원은 다음과 같다. 강원도 동해안 마을인 강릉의 강문동이라는 포구마을에서 세 갈래로 갈라진 나무 끝에 나무오리 세 마리가 경포호를 바라보며

올라앉아 있는데 이것을 진또배기라고 부른다고 한다. 그리고 이것은 마을의 재앙을 막아주고 풍년을 기원한다고 믿고 있어서 신성하게 여긴다고 한다. 말하자면 한국의 전통 신앙에 나오는 솟대의 의미라고 할 수 있다.

솟대와 진또배기의 연결점은 무엇인가 궁금해져서 찾다 보니 고려가요인 청산별곡의 한 대목에서 그 증거를 찾을 수 있었다. 청산별곡의 7연에 '사ᄉ미 짒대예 올아셔 해금을 혀거를 드로라'에 나오는 '짒대'를 김완진 교수는 장대로 해석한 적이 있다. 그렇게 생각해보니 옛말에 장대를 짒대라고 했고, 이것이 진또가 되었을 가능성이 있다. 말하자면 짒대는 짒대>짐때>진때>진또의 변화를 겪었고, 배기는 박다에서 비롯되었는데, 박-(박다)+-이(일, 사람)로 되어 박이>백이>배기로 변천된 것이다. 그러므로 진또배기는 장대를 박는 일 혹은 사람이라고 보면 될 것 같다.

장대를 세우는 기록은 대략 고려 시대에 등장한다. 『고려도경』을 보면 옛날부터 장대를 세워 일반 집과 구별하였다는 기록이 있다. 이러한 행위는 귀신을 섬기면서 나쁜 기운을 누르고 기양(祈禳)을 하는 풍습이라고 한다. 그러니 장대를 세우는 행위는 액막이와 풍년을 기구(祈求)하는 전통 신앙이다. 즉 솟대는 예부터 내려온 장대 세우기(立竿) 신앙에서 비롯된 것이 분명하다. 그러므로 진또와 솟대는 같은 의미인 것이다. 실제로 고대 선사 시기의 북아시아 솟대는 모두 발생 기원에서 일치점을 보여주고 있다.

3) 행동(act) 문화와 한국어

우리 속담에 '옷이 날개고 밥이 분이다.'라는 말이 있다. 이 말은 '옷을 잘 입어야 풍채가 좋아지고, 밥을 잘 먹어야 신수가 좋아진다.'는 것이니 입고 먹는 것이 얼마나 중요한가를 보여주는 말이다. 이렇게 한국인의 삶 특히 의식주(衣食住)와 결부된 속담은 아주 많다.

(1) 집(住)과 한국어

주택이라는 말은 머무를 주(住)와 집 택(宅)의 합성어로서 그 뜻은 사람이 들어가 사는 집을 말한다. 이 말은 순수한 우리말인 '집'에 대한 한자어로 외래어이며, 같은 한자어인 주거(住居)와 유사하나, 전자가 집 그 자체의 건물만을 지칭한다면 후자는 집에서 이루어지는 생활도 포함된다고 할 수 있다. 또 가옥(家屋)이라는 말도 집 자체를 뜻하며, 저택(邸宅)은 비교적 큰 집을 말한다. 한편, 민가(民家)라는 말은 어떤 특정한 건축가가 건축하기보다 목수들이 선대로부터 물려받은 기술로 지은 일반백성들의 집을 말한다. 일제강점기 이후에는 양식과 일본식 건축(敵産家屋)과 구별하여 전래된 전통적인 집을 한옥(韓屋)이라 부르기도 한다.

집의 명칭은 역사적으로 다양하게 불렸으며 그 재료와 기능에 따라서도 매우 다양한 이름을 갖고 있다. 집의 종류에는 재료에 따라서 너와집, 토담집, 기와집, 초가집, 함석집이 있고, 기능에 따라서 꼭짓집, 다림방, 푸줏간, 대장간, 선술집, 드팀전, 안채, 사랑채 등이 있다.

한편 "집"이라는 단어는 건물 그 자체만을 뜻하지 않는다. 집의 개념은 가족구성원·거주지·건물·생활정도·동족·친족 등을 모두 포함하는 복합적인 개념이다. 예를 들어 보자. "저 집은 큰집이다."라고 하면 건물 자체가 큰 것을 말하기도 하지만, 큰아들의 집을 부르기도 한다. 또 "저 집은 높은 집이다."라고 하면 높은 건물을 뜻하기도 하고, 집주인의 높은 신분을 가리키기도 하는 것이다. 또 다른 예를 보자. "저 집은 양반집이다." 할 때는 집주인의 격(格)을 말하는 것이지 건물을 지칭하지는 않는다. 또한, 살림집은 오늘날의 병용주택이 아닌 순수하게 사람들이 사는 집을 말하며, 여염집은 관가나 창가(娼家) 등과 구분되는 일반백성들의 집을 말하는 것이다.

(카) 집 관련 속담

ㄱ. 집도 절도 없다.

ㄴ. 집에서 새는 바가지 들에 가도 샌다.

ㄷ. 집을 사면 이웃을 본다.

ㄹ. 집이 타도 빈대 죽으니 좋다.

(2) 의복(衣)과 한국어

꿰매는 일을 표현한 바느질 용어는 다양하다. 먼저 손바느질에서 가장 기본적인 바느질법으로 바늘땀을 위에서 아래로 성글게 꿰매는 홈질, 두 장을 맞대어 듬성듬성 홀 경우는 시침질이 되고, 촘촘하게 꿰맬 때는 박음질이라고 하며, 천을 포개 놓고 사이에 솜을 넣어 죽죽 줄이 지게 박는 것을 누빈다고 한다. 또한 양쪽의 시접을 맞대놓고 바늘을 번갈아 넣어가며 실땀이 겉으로 나오지 않도록 속으로 떠서 꿰매는 공그르기도 있고, 두 쪽을 합쳐서 가장자리를 위아래로 번갈아 겹쳐 꿰매는 사뜨기도 한 종류이다. 일의 마지막을 이르는 마무리는 마무르다에서 온 말이다. 옷깃을 여미고 끈을 매는 뒷단속을 표현하는 매무시 역시 또 다른 명사형이다. 매무새의 나중 모양새를 일러 맵시 혹은 매무새라고도 한다. 모양이 꼭 째여 앙증스럽고 귀엽다는 의미의 맵자하다라는 말도 여기서 파생되었다.

혹자는 한국인의 생활문화를 깁는 문화라고 규정하기도 했다. 그것은 단순히 해진 곳에 다른 조각을 대어 때우거나 그대로 꿰매는 땜질이 아닌 고도의 미학적 경지에 이른 땜질이라는 의미가 있다. 감치다 역시 두 헝겊의 가장자리를 맞대어 감아 꿰매는 기술을 표현한 말이지만, 이 말은 단순히 바느질 용어를 나타내는데 그치지 않고, 늘 잊혀지지 않고 가슴 속에 감돌고 있다는 추상어로서의 의미가 되기도 하니, 우리말의 감칠맛 나는 표현을 이런 것에서 발견하기도 한다. 현대에 이르러서는 어쩔 수 없이 바느질은 사라진다 해도 이렇듯 감칠맛 나는 표현은 생활 속에서라도 그대로 사용되기를 바란다.

(타) 의복 관련 속담

ㄱ. 옷은 새 옷이 좋고 사람은 옛 사람이 좋다.

ㄴ. 옷은 시집 올 때처럼 음식은 한가위처럼.

ㄷ. 옷을 격해 가려운 데를 긁는다.

(3) 음식(食)과 한국어

삼면이 바다로 둘러 싸여 있고 산지가 평야보다 많은 지형적 특성, 그리고 사계절이 뚜렷한 기후적 특성을 지닌 한국은 음식문화가 다양하게 발달했다. 음식에는 민족 특유의 속성과 문화가 담겨 있으니, 음식을 나타내는 어휘들이 우리말에는 많이 있을 수밖에 없다.

(파) 음식 관련 속담

ㄱ. 밥 군 것이 떡 군 것보다 못하다.

ㄴ. 밥 먹듯 하다.

ㄷ. 밥 먹을 때는 개도 안 때린다.

ㄹ. 밥 빌어다가 죽 쑤어 먹을 놈

ㅁ. 밥 아니 먹어도 배 부르다.

ㅂ. 밥 위에 떡

ㅅ. 밥은 굶어도 속이 편해야 산다.

ㅇ. 밥 푸다 말고 주걱 남 주면 살림 빼앗긴다.

ㅈ. 밥 한 알이 귀신 열 쫓는다.

특히 우리나라는 긴 겨울을 나기 위한 저장법과 가공법이 발달해 김치와 같은 발효식품이 많으며 조리 방법과 맛을 표현하는 낱말도 상당히 다양하다. 우선 불 사용 여부의 표현으로는 불로 익히는 조리법의 표현인 굽다, 튀기다, 지지다, 데치다, 볶다, 부치다, 익히다, 끓이다, 달이다, 찌다, 삶다, 고다, 데우다, 조리다, 쑤다, 덖다 등이 있다. 또한 불을 사용하지 않고 하는 조리법의 표현은 저미다, 다지다, 썰다, 무치다, 버무리다, 말리다, 절이다, 뜨다, 안치다 등이 있다. 또한 맛을 표현하는 말이 발달되어 있는데, 사계절로 인해 음식문화가 다양한 우리가 다채로운 미각어를 갖고 있다는 것은 어쩌면 당연한 일이라 하겠다.

[표 6] 음식 조리법에 따른 언어표현

불 사용 여부	언어표현
불로 익히는 것	굽다 / 튀기다 / 지지다 / 데치다 / 볶다 / 부치다 / 익히다 / 끓이다 / 달이다 / 찌다 / 삶다 / 고다 / 데우다 / 조리다 / 쑤다 / 덖다
불을 사용하지 않는 것	저미다 / 다지다 / 썰다 / 무치다 / 버무리다 / 말리다 / 절이다 / 뜨다 / 안치다

맛 종류에 따른 언어표현으로 단맛의 경우 달다, 달콤하다, 달곰하다, 달큼하다, 달짝지근하다, 달착지근하다, 들큰하다, 들쩍지근하다, 들부레하다 등이 있고, 쓴맛은 쓰다, 씁쓸하다, 씁쓰름하다, 씁쓰레하다, 쌉쌀하다, 쌉싸롬하다, 쌉싸래하다 등이 있다. 신맛을 표현하는 말에는 시다, 새큼하다, 시큼하다, 새곰하다, 시금하다, 시쿰하다, 산산하다 등이 있다. 또한 짠맛은 짜다, 짭짤하다, 찝질하다, 짐짐하다, 간간하다 등이 있고, 매운맛은 맵다, 매콤하다, 칼칼하다, 알알하다, 얼얼하다, 얼근하다, 얼큰하다, 알큼하다 등이 있다.

[표 7] 맛 종류에 따른 언어표현

맛 종류	언어표현
단맛	달콤하다 / 달곰하다 / 달큼하다 / 달짝지근하다 / 달착지근하다 / 들큰하다 / 들쩍지근하다 / 들부레하다
쓴맛	쌉쌀하다 / 쌉싸롬하다 / 쌉싸래하다 / 씁쓸하다 / 씁스름하다 / 씁쓰레하다
신맛	새큼하다 /시큼하다 / 새곰하다 / 시금하다 / 시쿰하다 / 산산하다
짠맛	짭짤하다 / 찝질하다 / 짐짐하다 / 간간하다
매운맛	알알하다 / 얼얼하다 / 얼근하다 / 얼큰하다 / 알큼하다 / 매콤하다 / 칼칼하다

이런 맛감각어는 정서적 유사성(類似性)에 의해 비유적 표현으로까지 확장하여 일상 언어 생활에서 애용되기도 한다. 사람의 특징을 표현할 때, 아무개는 '짜다, 싱겁다, 가볍다, 무겁다, 맵다, 텁텁하다' 등과 같이 감각적으로 표현하는 것이 그 보기이다.

(하) 맛과 음식 비유 표현

　　ㄱ. 키 크고 안 싱거운 사람 없다더라

　　ㄴ. 집안을 꾸려 가려면 좀 더 맵짜야 할텐데...

　　ㄷ. 요즘 재미가 짭짤하니?

　　ㄹ. 말을 '삼키다, 곱씹다, 소화하다, 음미하다, 흘리다, 토하다, 뱉다'

　　ㅁ. 달콤한 말, 설익은 말, 감칠 맛 나는 말, 싱거운 말

　　ㅂ. 양념으로 한 말씀 드리겠습니다. 말은 해야 맛이고 고기는 씹어야 맛이다.

(4) 놀이와 한국어

한국 민족에게 기원이 오래된 대표적인 민속놀이 중 하나가 윷놀이이다. 윷놀이를 하지 않는 지역을 찾아보기 어려울 정도이다. 윷판에 나오는 이름은 도, 개, 걸, 윷, 모(앞모, 앞밭, 앞여), 뒷도, 뒷개, 뒷걸, 뒷윷(뒤지), 뒷모(뒷밭, 뒤여), 찌도(짜도), 찌개(짜개), 찌걸(짜걸), 찌윷(짜윷, 짜지), 찌모(짜모, 쨀밭), 날도, 날개, 날걸, 날윷(밭지), 날밭(참), 앞모도, 앞모개, 방(방여), 속윷, 속모, 뒷모도, 뒷모개, 사려, 안찌(안지)로 총 29개가 나온다.

4개의 윷가락을 던져 나오는 5개 경우에 도(돼지亥), 개(개犬), 걸(양羊), 윷(소牛), 모(말馬)로 이름을 붙이고, 각 경우마다 움직이는 칸수를 정해 윷판을 이동하는 놀이다. 그런데 이런 대중적인 놀이에 심오한 이치와 문화적 기원이 담겨 있다니 놀랄 일이다. 5개의 이름은 고대 부족국가 시절 우리 민족에게 중요한 가축 문화가 담긴 관직명인 저가(豬加), 구가(狗加), 우가(牛加), 마가(馬加)에서 비롯되었다는 설이 있다.

각각 이름도 앞모는 앞에 나오는 모가 놓일 자리로 지름길의 앞밭이란 의미로 운이 따르는 것이다. 뒷모는 그 뒤에 나오는 모가 놓이는 자리로 지름길을 놓치고 뒤로 돌아

간다는 아쉬움이 담긴 이름이다. 찌모 혹은 짜모는 다시 한번 주는 지름길의 기회마저 놓치고 가장 먼 길을 돌아서 가야 되니 마음이 찌든다 혹은 속이 짜다란 안타까움이 담긴 이름이다. 날모는 마지막 나갈 수 있는 자리란 의미로 붙여진 이름인 것이다. 사려는 한자어인데, 논어에 보면 오백 명의 군사를 '려(旅)'라 하고, 다섯 '려'가 모이면 '사(師)'라 한다는 것이다. 아마도 천군만마를 얻은 것처럼 마음에 여유가 있는 곳이라서 이런 이름이 붙은 것이다. 안지도 한자어인데, 뒤에 수천 호위병을 두고 있으니 가장 안전한 곳이라는 뜻의 '안찌(安地)'에서 비롯된 이름인 것 같다.

민속 윷놀이(윷판)

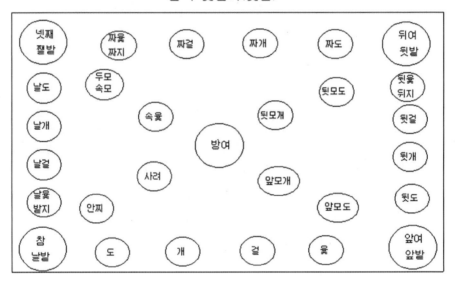

[桓檀古記(한단고기) 太白逸史(태백일사)]

[그림 1] 민속 윷놀이판

[표 8] 이십팔수(二十八宿)의 이름(네 짐승의 별자리)

방향	동물	별자리
동방 7수	용 (靑龍)	각항저방심미기(角亢氐房心尾箕)
서방 7수	호랑이 (白虎)	규루위묘필자삼(奎婁胃昴畢觜參)
남방 7수	공작 (朱雀)	정귀유성장익진(井鬼柳星張翼軫)
북방 7수	거북 (玄武)	두우여허위실벽(斗牛女虛危室壁)

어떤 민속학자는 인생의 희노애락(喜怒愛樂)을 맛보게 하는 것이 윷놀이판이라고 하는데, 윷판의 형세를 떠올리면 얼핏 그런 것도 같다. 이것을 가지고 농사의 풍년과 흉년을 가늠하는 점을 치거나 개인의 행, 불행을 가늠하는 윷점이라는 것도 있었다고 하니 그럴만하다.

4. 한류와 다문화 사회

1) 풍류문화와 한류

고대 제천의식에서 유래하는 '가무강신 소원성취'라는 표현에서 알 수 있듯이 한국민족은 고대부터 춤과 노래를 통해 신과 자연과 하나가 되어 삶의 안정과 행복을 기원하였다. 신과 자연과의 교감을 통해서 삶의 안녕을 이루려는 한국 민족의 염원은 높은 강도(intensity)를 지닌 신명으로 가득 차 있었다. 이러한 한국인의 염원은 유교·불교·무교를 통합하여 삶의 원리로 실천해온 풍류문화를 통해 계승되어 왔다. 오늘의 한류(韓流, Korean Wave)는 이러한 한민족의 염원에 스며있는 신명의 또 다른 양태라고 할 수 있다.

한류라는 용어가 1997년 중국에서 명명된 이래 한류는 일본과 중국을 넘어 아시아, 유럽, 아메리카, 아프리카 등 온 세계로 확산되고 있다. 오늘날 K-pop에 매료된 세계의 수많은 젊은이들이 매년 한국을 방문하고 있다. 이에 따라 세계의 젊은이들 사이에서 한국어와 한국 문화를 배우려는 열망이 유행처럼 번지고 있다. K-pop뿐만 아니라 한국 드라마, 한국 영화, 게임, 관광, 음식, 의복 등에 대한 관심도 확산되고 있다. 바야흐로 한류로 대표되는 한국 문화가 세계 모든 지역으로 퍼져가고 있는 시점이다.

이에 맞추어 한류현상의 기원·전개·발전에 관한 많은 연구가 이루어지고 있다. 따라서 이 시점에서 한류현상의 허와 실을 다시 한번 짚어 보고, 한류가 진정한 한국적 문화콘텐츠로서 어떻게 세계인과 조화하면서 새롭고 창조적인 세계문화를 생성해낼 수 있을지를 확인해보는 것은 의미있는 작업이 될 것이다. 이 작업에서는 무엇보다도 한류가 한국 고유의 풍류문화와 어떤 내재적 관계성을 지니고 있는지가 우선적으로 고려되어야 할 것이다.

한국이 세계문화를 선도해가는 이 시점에서 한국 고유의 정신적·미적 가치가 내재되지 않은 왜곡된 한류의 특성을 지속한다거나, 한류의 확산을 통한 금전적인 경제 효과에 집착한다거나, 한류를 지나친 비현실적인 로맨티시즘으로 과장하는 것은 경계되어야 한다. 사실상 한류의 발원지인 한국에서 조차 한류의 본질적 성격에 대한 명확한 규명이 온전하게 이루어지지 않고 있는 실정이다.

그동안 정부의 문화사업 계획에 따라 추진되었던 한류정책은 한국드라마에서 시작하여 K-pop, 게임, 뷰티, 영화, 음식, 관광 등으로 그 영역을 확대해왔다. 그러나 외형적으로 확대되고 있을 뿐 내면적으로 볼 때, 한류의 본질적 구성요소에 한국 고유의 정신적·문화적 특성이 반영되어 있지 않다는 의문이 제기될 수 있다. 따라서 현재 한류가 지닌 문화적 자원을 보완하여 다양한 세계 문화의 복잡한 상황에 유연하게 대처할 문화콘텐츠를 갖추어야 한다. 객관적이고 냉정한 시각으로 한류를 바라보면서 한류의 주요소인 드라마·노래·게임·영화 등에 내재된 K 콘텐츠를 구성하는 정신적·정서적·심리적 요소가 무엇인가를 다시 물어보아야 한다.

기존의 연구에 따르면 한류가 성공을 거둔 요인으로서 한국인이 지닌 한국적 정서, 종교적 심성 외에 한국인의 역동성, 문화자원, 통신인프라의 우수성, 다양한 문화콘텐츠

전략(고정민, 2014), 드라마 속의 인물로 전해지는 효와 따스함(김기덕, 이동배, 장제윤, 2012) 등을 들고 있다. 이러한 연구는 객관적이고 합리적인 분석의 결과임에는 틀림없다. 그러나 아쉬운 점은 위에서 거론된 한류의 여러 장점들 가운데 많은 부분이 다른 나라의 문화에서도 나타날 수 있는 일반적인 특성이라는 것이다. 다른 나라 문화와 공유할 수 있는 문화의 일반적 특성들을 지니는 것은 물론 중요하다. 그러나 한류문화의 외적 특성이 아닌 내면적 특성으로 내재되어 있는 한국 고유의 정서적·정신적·심리적 가치의 특수성(singularity)을 세계문화와 조화될 수 있는 문화의 보편적(universal) 가치로 변형시켜 가는 것은 더욱 중요하다.

한류에 내재된 문화적 특수성은 한국인의 고유한 풍류문화에서 찾을 수 있다. 유·불·무를 포함하는 한국 풍류문화는 고조선 시대에 발원하여 고대 삼국시대에 융성하였으며 고려와 조선을 거쳐 현대까지 한민족의 정신과 삶 속에 지속되어 온 문화이다. 고조선 시대부터 현재에 이르는 긴 역사의 과정에서 춤, 노래, 건축, 미술, 문학 등 삶의 바탕을 이루어 왔던 분야 속에 내재된 풍류문화의 멋, 신명, 조화의 속성은 한류문화의 저류를 관통하는 문화적 요소가 되어 왔다. 이러한 풍류문화의 속성들은 한류문화의 풍부함과 다양성을 확보할 수 있는 여건이 될 수 있다. 현재 일반화된 한류문화의 특성을 풍류문화의 특수성과 보편적 속성을 통해 재설정함으로써 한류문화가 올바르게 자리매김 될 때 한류문화는 내적인 풍부함과 다양성을 바탕으로 창조적으로 발전하고 확대되어갈 수 있을 것이다.

풍류문화의 내적인 풍부함과 다양성은 한류문화를 실생활 속에서 새로운 문화콘텐츠로 활용하는데 사용 될 수 있다. 풍류문화는 리좀(rhizome)(들뢰즈·가타리, 2001:54)적 특성과 다양체(multiplicity)(들뢰즈·가타리, 2001:20-21)적 특성을 지니고 있다. 즉 풍류문화는 역사적으로 타문화를 수용하고 통합하는 특성에 그치지 않고, 통합한 문화를 뭇 백성들의 생활에 적용하고 실천하는 특성도 지니고 있다. 포함삼교와 접화군생이 그것이다. 이는 한국문화를 넘어 세계문화 현상에도 동일하게 적용될 수 있다. 이런 의미에서 한국 풍류 문화가 지닌 차이성(differrence)은 새로운 세계문화의 생성에 적절한 여건(datum)이

될 수 있는 것이다.

문화체육관광부의 『콘텐츠산업백서』에 보면 주요 중점사업으로 "TV드라마와 K-pop 중심의 한류에서 다양한 문화콘텐츠를 투자하여 개발"하고, "반한, 혐한 정서 해소를 위한 국가 간 교류 협력 강화"를 제시하고 있다. 이러한 관점에서 풍류문화의 포함삼교와 접화군생적 특성을 재확인하고, 풍류문화의 멋, 신명, 조화의 속성을 세계문화의 보편적 속성으로 변환시켜 나가는 것이 무엇보다도 중요하다고 여겨진다.

즉 한류의 지속적인 확산을 위해 문화콘텐츠에 대한 내용과 해석에 풍류 문화가 지닌 새로운 아이디어를 제공할 수 있어야 한다. 오늘날 세계인은 국가나 민족을 형성하고 살고 있지만 기실 국가나 민족을 가르는 경계는 겉으로 드러난 현상에 불과할 뿐 세계인의 감정과 정신은 거대한 질료의 흐름으로 통합되어 흐르고 있다. 추상화되고 왜곡된 감각(感覺) 이전의 "원초적 인식이나 느낌"(primary feeling)(Whitehead, 1978:231)은 세계인이면 어디에 살든 누구나 동일하게 느끼는 정서이다. 풍류문화는 이러한 정서를 문화콘텐츠의 형태로 재생산해야 한다. 즉 인간이면 누구나 느끼는 정서를 발현시키는 계기에 호소해야 한다. 예를 들어 방탄소년단(BTS)의 노래 「아리랑」은 인간의 원초적인 감성에 호소하는 한국 민족의 정서적 특성과 고유한 율동과 리듬을 세계인의 정서와 새롭게 접속시키는 문화콘텐츠의 한 예가 될 수 있을 것이다.

오늘의 세계는 말 그대로 다민족·다문화 사회이다. 어느 문화가 더 우월하다거나 열등하다고 할 수 없다. 역사상 존재해왔던 문화는 민족 주체마다 그 고유한 질료와 형상을 달리하며 다양하게 존재하여 왔다. 현존하는 어떤 민족도 스스로 존재하는 본질적 가치를 지니고 있듯이, 그들이 구현하는 문화 역시 고유한 독자성과 보편성을 지닌 존재 가치를 지니고 있다고 하겠다. 한류의 할 일은 세계 모든 문화의 독자성과 보편성의 저류를 흐르고 있는 원초적 느낌이라고 하는 거대한 질료의 흐름에 호흡을 맞추어 세계인이 공감할 수 있는 세계문화를 새롭게 창조해가는 일이다.

2) 풍류문화와 다문화적 삶

금세기에 발생한 COVID-19는 세계인의 문화 인식 저변에 잠재해왔던 오리엔탈리즘 (orientalism)에 근거한 문화적 편견과 인종차별의 문제를 다시금 제기하면서 다문화적 삶을 고찰하게 하였다. 다문화적 편견과 오해는 독일의 시사주간지 『Der Spiegel』이 붉은 색 우비를 입고 방독면을 착용한 아시아인 남성 사진에 노란색으로 쓴 '메이드 인 차이나(Made in China)' (2020.2.1.)라는 표제를 내건 경우가 대표적 사례라고 하겠다(박한선, 2020:189). COVID-19는 한국 다문화 사회의 사회적 약자와 소수자의 삶도 압박하였다. 외국인 노동자들이 집단으로 거주하는 공장 등에서 대규모 COVID-19 감염 사태(『중앙일보』, 2021.2.17.)는 빈번히 발생하고 있고, 결혼이주 여성들은 사회적 불평등과 차별을 겪으며 인권 침해를 당하고 있다.[12]

여기서 현재 한국이 마주하는 한국식 다문화의 모습을 짚어야 할 것이다. 한국의 다문화사회는 서구의 다문화 사회처럼 원주민, 다수 민족, 소수 민족들로 구성된 사회가 아닌, 한국인이 대다수이고 결혼이주민과 이주 노동자가 일부를 차지하고 있는 사회이다. 한국 다문화 사회의 문제점은 겉으로 드러난 서구와 한국식 다문화의 사회적·경제적 문제를 안고 있음과 동시에, 내면적으로는 오리엔탈리즘적인 서구식 문화 인식을 무비판적으로 수용한 결과 서구문화는 우월하게 보지만 제3세계 문화는 열등하다고 여기는 문화인식의 이중성을 안고 있는 상황이다.

그런 까닭에 한국에서 지향해야 할 다문화적 결합체는 한국인과 결혼 이주 여성, 이주 노동자들이 문화상대주의적 입장에서 서로의 문화적 등가치성과 개인의 가치를 존중하는 결합체이어야 하겠지만 현실적으로 이러한 다문화적 결합체를 구성하는 것은 요원한

---

12   전익진, 「한 공장서 115명 집단감염, 왜?…'외국인 노동자 숙소' 의심」, 『중앙일보』, 2021.2.17.; 홍인기, 「투표권없는 이주민 242만명」, 『서울신문』, 2019.10.9.; 박중엽, 「이주노동자는 어떻게 살아남았나」, 『뉴스민』, 2020.9.10.; 양태삼, 「결혼이주여성 최대고민은 법률, 생활, 그리고 이혼 순」, 『연합뉴스』, 2021.2.9.

실정이다. 게다가 저 출산, 고령화로 인한 다문화 사회로의 이행은 가속화되고 있다. 앞으로 한국사회가 사회 구성원들 간의 상호 존중과 소통이라는 문화상대주의에 입각한 다문화주의의 모습을 띄지 못한다면, 그리고 이주민들이 자신들만의 문화적 정체성을 유지하지 못하고 지속적인 동화와 배제와 차별에 노출된다면, 한국적 다문화주의의 모습은 왜곡될 수밖에 없다(오경석, 2007:25-29).

문화상대주의적 다문화주의는 소수의 민족, 언어, 문화를 지닌 소수집단도 자신들의 문화적 차이를 인정받을 수 있는 다문화 사회 본래의 모습을 요구하고 있다. 이러한 시대적 요청에 단순히 관념적으로 소수민족의 문화를 이해하고 그들의 문화를 존중하겠다는 태도만으로는 부응하기 어렵다. 이러한 혼란스러운 다문화적 상황에서 한국의 풍류문화가 지닌 조화의 특성은 여러 민족들이 지닌 상호문화를 서로 수용할 수 있는 세계 문화 주체들 간의 근본적인 인식의 변화를 가능하게 할 수 있을 것이다.

왜냐하면 풍류문화는 오랜 역사를 통해 제도화, 구조화됨이 없이 무형상적으로 한민족의 삶과 정서의 바탕을 이루면서 자기장(磁氣場)처럼 다른 종교인 유교·불교·무교를 모두 포함하고(包含三敎) 백성들을 교화시켜 보다 나은 삶으로 이끄는(接化群生) 행동문화적 실천을 지속해온 문화였기 때문이다. 포함삼교와 접화군생으로 정의되는 한국 풍류문화가 소통(疏通)과 공감(共感)의 문화로 COVID-19 이후 문화 간의 조화와 개인과 공동체의 보다 나은 삶을 위한 뉴 노멀로 자리매김될 수 있는 가능성을 모색하는 것은 의미있는 일이 될 것이다.

COVID-19 이후 달라지는 기술, 환경문제, 삶의 본질에 대처하는 인식과 방식은 그 이전과는 판이하게 달라졌다. 국내외적으로 비대면 운동경기, 랜선 여행뿐만 아니라 드라이브인 콘서트, 드라이브인 졸업식, 드라이브인 고해성사 등 전에 없던 새로운 삶의 방식에서 다문화적 결합체의 삶은 또 다른 도전에 직면해 있다. 동시에 경제위기로 인한 양극화가 첨예화되고 인종 차별 및 이념 간의 갈등도 심화되는 상황에서 문화 간 조화를 통해 개인과 공동체는 공감하고 협력해야(positive freedom)한다는 제러미리프킨(2021.1. 3.)의 인식대로 다문화 사회를 사는 개인과 공동체의 안정과 행복은 상호 간의 배려와 소통에 달려있다는 공통의 인식과 실천이 필요하다. 이러한 인식과 실천은 그들이 공유하는 구조적으로 고착화된 문화의 성격을 창조적으로 탈구조화시켜 상호 관계성을 회복하는 소통의 문화로 변화시킬 때 가능한 일이다.

이분법적인 문화 인식이나 사고로는 기존의 에피스테메(episteme)를 벗어나 변화되고 생성될 수 없다. 창 닫힌 모나드(monad)로는 소통할 수 없다. 서로 엮여 비추는 보배구슬[13]이 필요하다. 풍류문화가 이러한 보배구슬의 역할을 할 시점이 되었다. COVID-19 이후 혼란된 사회적·문화적 상황에서 모든 존재가 서로 연결되어 상호 문화적 가치를 존중하고 다문화적 원만한 삶을 가능하게 하는 것은 풍류문화가 지닌 상호 소통과 공감의 연결성을 통해서 일 것이다(Ra, C. & Lee, M., 2021:48).

현재 국내·외적으로 실시하고 있는 다문화 정책과 다문화 교육이 의도한 목적을 충분히 성취하고 있지 못하는 것은 올바른 정책과 제도의 부재도 아니고 교육적 인프라와 방법론의 부재도 아니다. 그 사회와 문화를 구성하는 다수자와 소수자 모두가 공유할 수 있는 인도주의적 인식과 자발적인 실천의 부재가 문제이다. 풍류 정신문화가 지속적인 사회 문화운동으로 전개되기 위해서는 모든 다문화 구성원들의 적극적인 참여가 중요하다. 다문화 교육활동의 경우에도 다문화 교육에 종사하는 한국인 교원이나 전문가들의 일방적인 교육이 아닌, 다문화 가정의 결혼이주여성과 이주민 노동자들도 함께 강사진으로 참여하여 다문화 문제를 전향적으로 진단하고 해결하려는 교육적 활동이 필요하다. 모든 민족과 문화가 서로 연결되어있고 서로를 인정하고 배려하는 노력으로 새로운 문화를 창조해갈 수 있다는 인식을 고취시키는 교육 활동을 통해, 문화 다수자는 문화 소수자에 대한 배타적 문화의식을 버리고 문화 소수자는 문화 다수자를 향한 일방적인 동화가 아닌 자신들의 정체성을 유지함으로써 다문화 사회의 소중한 구성원으로서 함께 공생할 수 있어야 할 것이다.

13　화엄(華嚴) 연기론(緣起論)의 핵심인 '중중무진연기(重重無盡緣起)나 의상의 화엄일승법계도(華嚴一乘法界圖)의 관점은 결국 일원론적 소통과 무애를 통한 문화 간 조화의 가능성을 보여준다.

탐구 과제

1) 한국 민족 문화의 범위와 의미를 정의해 보자.

2) 최치원의 『난랑비서』에 기록된 한국 풍류문화가 지니는 포함삼교와 접화군생의 의미를 생각해 보고, 풍류문화가 지닌 멋, 신명, 조화의 특성이 무엇인지 논의해 보자.

3) 풍류문화의 하위 범주인 정신·예술·생활 문화와 관련된 한국어의 양상들을 토론하고 정리해 보자.

4) 창조적이고 지속적인 한류 문화 콘텐츠 확산을 위해 풍류문화가 어떤 새로운 아이디어를 제공할 수 있는지 논의해 보자.

5) 다양한 민족적·문화적 가치를 배려하고 존중하는 상호 문화적 다문화주의에 필요한 풍류문화의 특성이 무엇인지 논의해 보자.

제7장 **한국어의 사용 원리**[1]

1. 공손성 원리

1) 개념

언어는 대화를 기반으로 사람과 사람이 만나서 사용하는 것이며, 이는 사회성이 전제되어 있다. 원만한 대인관계를 유지하기 위해서는 공손하고 예절 바르게 주고받는 말의 태도를 기반으로 한다. 대화 참여자들 사이의 사회적인 관계를 형성하고 유지하는 기능을 한다.

> (가) 문 좀 닫아.
> (나) 바람 들어온다.
> (다) 문 좀 닫을래?
> (라) 문 좀 닫아 주겠니?

---

[1] 김동언(2005), 『국어표현론』, 월인, 4. 국어 사용의 원리에서 제시한 4가지 원리를 채택하여 참조했고, 그 외 국립국어원의 자료를 참고했다.

문을 닫아달라는 요청을 위와 같이 다양하게 표현할 수 있다. 대개 사람들은 (가), (나)보다는 (다)나 (라)를 많이 사용한다. 직접적인 표현인 (가)나 간접적인 표현인 (나)보다 (다)나 (라)와 같이 공손형을 더 많이 사용한다. 자기 입장보다는 상대방의 입장을 먼저 고려하기 때문이다. 공손성의 원리란 자기중심적인 생각을 상대방의 입장에 서서 표현하려는 것이다. 즉, 자신의 말이 상대방에게 미치는 영향을 고려하는 태도의 문제로 귀결된다. 대화 참여자들이 서로의 인격을 존중하고 예의를 갖추려고 노력하는 이 공손성 원리야말로 대화를 움직이는 기본적인 원동력이다. 이 공손성 원리를 기반으로 하여 말을 정중하게 할 수 있는 사람은 원만한 대인 관계를 형성할 수 있고, 사회생활에서 겪게 되는 여러 가지 갈등 상황이나 문제 상황을 해결해 나가는 데에도 유리하다.

대화에서 자신을 먼저 낮추는 자세를 공손성이라 하고, 이러한 원리를 공손성의 원리라 한다. 한국어는 특히 공손성을 중시하는 언어이다. 한국어는 세계적으로 유례가 없을 정도로 다양한 경어법을 가지고 있다. 이는 상대의 신분이나 지위에 따라 다양한 어휘와 문법적 방법으로 표현을 달리하기 때문이다.

2) 높임법

한국어의 높임법은 ① 어미나 ② 어휘로 나타난다. ①은 선어말어미 '-시-'를 첨가하는 주체높임법, 종결어미를 변화시킨 상대높임법이 있다. ②는 체언과 용언과 같은 어휘를 통해 주체높임법과 객체높임법을 실현한다. 그 유형을 자세히 다루어 보고자 한다.

(1) 어미 변화에 의한 높임법

① 주체높임법

주체높임법은 문장에서 주어를 높이는 방법으로 용언에 선어말어미 '-시-'를 첨가하여 나타난다. 예를 들어, '선생님께서 오신다'는 주체인 '선생님'을 직접 높이는 직접주체높임의 경우이며, '선생님은 책이 많으시다'는 주체 관련 소유물인 '책'을 높여 주체인

'선생님'을 간접적으로 높이는 간접주체높임의 경우다.

> (가) 아버지께서 신문을 읽으시고 계시다. >...읽고 계시다.
> (나) 야, 선생님이 오래. >선생님께서 오라셔.
> (다) 성은(聖恩)이 망극(罔極)하옵니다. > ...망극하시옵니다.
> (라) 하늘도 전하의 뜻을 받자올 것입니다. > ...받으실 것이옵니다.

    (가)는 두 용언이 나타날 때 '-시-'가 반복되어 나타나므로 하나만 사용하는 것이 자연스럽다. (나)는 선생님을 높여 부르지 않고 있는 것으로 뒤에 오는 말이 옳은 말이다. (다)는 사극에서 자주 나오는 말로 임금 앞에서 주로 사용하는데, '-옵-'으로도 공손 표지가 드러나지만 더 정확한 표현으로는 '-시-'도 첨가해야 한다. (라)는 '-자오-'는 상대 높임에 쓰이는 형태로 신하인 화자가 청자인 임금에게 공손하게 말하는 어법만 반영하고 주체인 하늘에 대한 높임법은 나타나 있지 않다. 그렇게 때문에 뒤에 오는 것이 바른 말이다.

> (마) 과장님 댁 강아지는 아주 {*예쁘시네요. 예쁘네요.}
> (바) 과장님 매신 넥타이는 참 {*예쁘시네요. 예쁘네요.}

    (마), (바)에서 '-시-'는 강아지와 넥타이를 직접 높여서 어색하다. 따라서 주체의 소유물이나 부착물을 지나치게 높이는 것을 삼가야 한다. 과장님은 넥타이가 아주 잘 {어울리십니다, 어울립니다*}'의 경우는 '-시-'가 붙는 것이 정상이다. 가게에서 일하는 사람들이 손님을 높여 부르기 위해 물건에까지 '-시-'를 사용하는 경우가 빈번한데 이는 잘못된 표현이다.

② 상대높임법

상대높임법은 어말어미의 변화를 통해 상대(청자)의 연령, 지위, 친소관계에 따라 상대를 높이거나 낮추어 대우하는 것으로 청자높임법 또는 공손법이라고도 한다.

[표 1] 한국어 상대경어법의 체계(제6장 재사용)

격식 여부	구분	평서문	의문문	명령문	청유문	감탄형
격식체	하십시오체 (아주높임)	믿습니다	믿습니까	믿으십시오	믿으십시다	-
	하오체 (예사높임)	믿으오	믿으오	믿으오, 믿구려	믿으오, 믿읍시다	믿는 구려
	하게체 (예사낮춤)	믿네	믿나 믿는가	믿게	믿세	믿는 구먼
	해라체 (아주낮춤)	믿는다	믿느냐 믿니	믿어라	믿자	믿는 구나
비격 식체	해요체 (두루높임)	믿어요	믿어요	믿어요	믿어요	믿으 세요
	해체 (두루낮춤)	믿어	믿어, 믿나	믿어, 믿지	믿어, 믿지	믿어, 믿지

특히 합쇼체에서는 선어말어미 '-옵/으오-', '-삽/사옵/사오-', '-잡/자옵/자오-'를 넣으면 더욱 공손하게 되는데 이는 편지글과 같은 문어체라든가 정중한 의식이 거행될 때와 같은 의식어에서 쓰인다.

(가) ㄱ. 아버님, 이번 방학에는 내려가겠사옵니다.
ㄴ. 잠시 후에 예식이 거행되겠사오니 내빈 여러분께서는 ······

그런데 격식체의 네 등분에서 하오체와 하게체의 사용층과 사용 환경은 감소하고 있으며 합쇼, 하오, 하게체를 구분하지 않고 간편한 해요체를 두루 쓰고 있다. 이러한 해요체가 두루높임의 간편함도 있지만 경박하게 보일 때도 있어 상황을 잘 분별해서 써야 한다. 예를 들어 가방을 받아 준 웃어른에게 '아저씨 고마워요'라고 한다면 버릇없어 보일 수 있다. 이 경우 '아저씨 고맙습니다'로 해야 예절이 바르게 느껴진다.

③ 압존법

우리나라 가정에서 특수한 경우에 주체높임을 억제하는 압존법이 있다. 예를 들어 손자가 할아버지께 아버지에 대해 말할 때 아버지를 높이지 않고 말했다.

> (가) 할아버지, 아버지가 아직 안 들어왔습니다. (압존법)
> (나) 할아버지, 아버지께서 아직 안 들어오셨습니다. (비압존법)

지금은 언어생활의 편리함을 추구하여 청자-주체-화자의 관계를 고려하는 압존법 사용이 번거로워서 (나)도 허용하였다. 한편, 할아버지가 손자에게 자기 아들에 대해 말할 때도 아들을 낮추어 말하는 압존법이 있다.

> (다) 수민아, 아버지 좀 오라고 해라. (압존법)
> (라) 수민아, 아버지 좀 오시라고 해라 (비압존법)

(라)의 경우도 청자인 손자 기준으로 아들을 높여 말하는 것으로 허용할 수 있다. 자기 부모를 남에게 말할 때 낮추는 압존법은 없고 부모를 말할 때는 반드시 높여야 한다.

> (마) (평사원이) 사장님, 이 과장님은 출장 가셨습니다. (원칙)
> (바) (평사원이) 사장님, 이 과장은 출장 갔습니다. (압존법 X)

회사 내의 경우는 다음 예처럼 윗사람에 대해서는 듣는 사람이 누구든지 '-시-'를 넣는 것을 원칙으로 하고 전통 압존법을 불허하여 가정의 경우와 차이가 난다.

(2) 어휘에 의한 높임법

① 체언에 의한 높임법

한국어에서 명사나 대명사에 높임말이나 낮춤말을 구별하여 대상을 높이거나 낮출 수 있다.

[표 2] 한국어 체언에 의한 높임법

품사	낮춤말	예사말	높임말
대명사	저, 소생	나, 본인	
	저희	우리	
		너	자네, 당신, 댁, 그대, 어른, 귀하
	그놈, 그자	그이	그분
명사	애비, 아범	아버지	가친(家親), 선친(先親), 선고(先考)
	에미, 어멈	어머니	자친(慈親), 선비(先妣), 현비(顯妣)
		맏형	백씨(伯氏), 백형(伯兄)
		둘째형	중씨(仲氏), 중형(仲兄)
		아우	계씨(季氏), 제씨(弟氏)
		(남) 아들, (남) 딸	아드님, 영식(令息); 따님, 영애(令愛)
		조카	함씨(咸氏)
	이빨	이	치아
		밥, 식사	진지
		집	댁
	말씀	말	말씀

남을 부르거나 가리켜 말할 때 대명사 선택이 까다롭다. 이는 호칭어 체계가 복잡하기 때문이다. 1인칭의 '나-저', '우리-저희'는 높임말은 없고 낮춤말만 있다. 이 중에서 '우리 나라'를 '저희 나라'라고 하는 경우가 있는데 이는 잘못된 말이다.

흔히 자녀들이나 며느리가 '아빠(아버님), 식사하세요.'라고 하는데 '진지 잡수세요'로 해야 한다. '식사'는 일본식 한자어이기도 하거니와 아랫사람에게라면 몰라도 윗사람에게는 천박한 표현이다. 직장에서도 흔히 '식사하셨습니까'라고 묻는데 '점심 드셨습니까?'처럼 말하는 것이 좋다.

한국어의 모든 어휘가 높임말과 낮춤말을 다 갖춘 것은 아니다. '병'의 높임말로 '병환'이 있지만 낮춤말은 없다. '말'은 '말씀'이 높임말도 되고 낮춤말도 된다. '제 말씀을 드리니 선생님께서는 이렇게 말씀하시었습니다.'에서 앞에 쓰인 '말씀'은 자기의 '말'을 낮추는 낮춤말이며 뒤에 쓰인 '말씀'은 선생님의 '말'을 높이는 높임말이다.

② 용언, 조사에 의한 높임법

일부의 용언과 조사가 문장의 주체나 객체를 높이기 위해 따로 발달해 있다. 주체는 주어를 말하며 객체는 주어의 행동이 미치는 대상으로 흔히 '-을'과 같은 목적격이나 '-께'와 같은 여격이 붙는 성분이다. 특히 객체높임법은 중세국어에서 '-ᄉᆞᆸ,ᄌᆞᆸ,ᅀᆞᆸ-'과 같은 선어말어미를 첨가하여 활발히 쓰였으나 '-ᄉᆞᆸ,ᄌᆞᆸ,ᅀᆞᆸ-'이 근대국어 이래로 '-사오, 자오, 사옵, 자옵, 옵-' 등으로 변하면서 상대높임법의 기능으로 변모해 오늘날은 단지 '드리다, 모시다, 여쭈다'처럼 일부 용언을 통해서만 객체높임법이 실현되고 있다. 다음에 주체 및 객체높임의 예들이다.

[표 3] 한국어 용언에 의한 높임법

높임	낮춤말	예사말	높임말
주체높임	처먹다	먹다	자시다, 잡숫다, 잡수시다, 드시다
		아프다	편찮으시다

		자다	주무시다
	뒈지다	죽다	돌아가시다
		있다	계시다
		이/가	께서
객체높임	지껄이다	말하다, 묻다	여쭈다, 여쭙다, 여쭈옵다
		보다, 만나다	뵙다, 뵈옵다
		주다	드리다
		데리다	모시다, 뫼시다
		에게	께

3) 언어 예절

언어의 주요 기능은 의사소통이지만, 우리 속담에 '아해 다르고 어해 다르다, 말 한 마디로 천량 빚을 갚는다.'라는 말이 있을 정도로, 같은 내용이라도 표현 방식에 따라 상대에게 호감을 줄 수도, 역효과를 낼 수도 있다. 호감을 주기 위해서는 공손하고 예의 바르게 말하는 것이 중요하다. 공손성의 원리는 의사소통에서 윤활유 역할을 하며, 화자 의 세심한 배려가 필요하다.

언어 예절은 호칭, 지칭어, 인사말, 경어 등에서 두드러진다. 그러나 현대 사회에서는 이러한 언어 예절이 혼란스러워지고 있다. 이는 권위적·폐쇄적 사회에서 민주적 개방사 회로, 대가족제도에서 핵가족제도로 변하면서 전통적인 언어 예절이 적응하지 못한 결과 이다. 예를 들어, 남자 스승의 부인을 이르는 사모님은 있으나, 여자 스승의 남편을 이르 는 말이 없다는 것은 옛날 여자 선생님이 없었던 사회 구조의 결과요, 옛날에는 시아버지 앞에서 남편을 지칭할 때 남편을 높이지 못하는 예에 따라 남편을 '개'라고 한 것은 엄격한 가족제도의 결과라 하겠다. 그러나 지금에 와서 여자 스승의 남편을 이르는 말이 나, 시아버지 앞에서 남편을 지칭하는 말을 찾지 못하여 곤혹스러워하는 것은 언어가 시대 변화를 수용하지 못한 결과이다.

언어와 언어 예절은 시대에 따라 변한다. 따라서 현대의 언어 예절도 시대의 흐름을 반영해야 한다. 하지만 언어가 역사적 산물이라면, 현재의 언어 예절은 그 전통성을 유지하면서도 시대에 맞아야 한다. 이는 상대방을 존중하고, 자신을 낮추어 겸손하게 표현하는 정신을 기반으로 해야 한다.

(1) 인사와 소개

인사말은 사람들이 만났을 때 주고받는 의례적인 말로, 일정한 격식을 지키는 것이 바람직하다. 인사말은 일상생활에서 사용하는 것과 특별한 상황에서 사용하는 것으로 나눌 수 있다.

아침 인사로는 하위자라면 상위자에게 '안녕히 주무셨습니까?' 또는 '진지 잡수셨습니까?'로, 밤 인사로는 '안녕히 주무십시오'라고 하면 된다. 그러나 요즘 일부 신세대처럼 'Good Morning'의 번역어인 '좋은 아침'을 쓰는 것은 좋지 않으며 더욱이 상위자에게 이런 인사를 하는 것은 무례라 할 수 있다.

작별의 인사말도 '안녕히 계십시오'나 '다음에 뵙겠습니다'가 무난한데 윗사람에게 '수고하십시오'로 하면 잘못이다. '수고'라는 말이 '受苦'라는 불교적 표현에서 유래한 것으로 고생을 받는다는 뜻으로 보는 어원 해석이 있으므로 '수고하세요'는 '고생하라' 는 뜻으로 해석되기 때문이다. 따라서 이런 경우는 높임법 관련 어휘 표현의 선택이 매우 중요한 경우가 된다.

그런데 '수고하세요'의 경우 젊은 세대들이 줄기차게 쓰고 있다는 현실을 또한 무시할 수 없다. 나이든 세대들 중에는 '수고하세요'라는 표현을 쓰는 젊은이들을 몰상식한 수준으로 평가하기도 하지만 그것은 일부 노년세대에서나 그러한 경향이고 현실은 그 표현이 워낙 일반화되어 있다는 현실이 중요한 것이다. 즉 젊은 세대들은 몰상식해서가 아니라 그 표현을 진정으로 작별의 인사 표현으로 관습화하여 말하고 있는 것도 사실이 라는 점을 이해해야 할 것이다.

만일 이 표현을 금한다면 그런 경우 '수고하세요'를 쓰지 말고 '안녕히 계세요'라고 쓰는 것이 거의 유일한 작별의 인사법이라 하겠다. 그런데 한창 일을 열심히 하는 상위자에게 젊은 사람이 떠나면서 송구함의 뜻으로 '수고하세요'를 쓰는 것이라고 젊은이들은 답하므로 굳이 어원 의식에 묶여 잘못된 표현으로 매도하는 것은 문제가 있을 수 있다고 하겠다. 이럴 때는 '먼저 나가겠습니다. 내일 뵙겠습니다'라고 말하는 것도 방법이다.

처음 만난 사람에게는 '처음 뵙겠습니다, ○○입니다'라고 소개하고, 자신의 성이나 본관을 소개할 때는 '○○(본관) ○(성) ○(哥)'로 하는 것이 좋다. 일반적으로 '씨(氏)'는 남의 성을 말할 때만 사용한다.

중간에서 다른 사람을 소개할 때는 자기와 가까운 사람, 손아래 사람, 남성을 우선 소개하는 것이 원칙이다. 예를 들어, 젊은 남자 선생님과 어머니를 소개할 때는 선생님에게 먼저 어머니를 소개하는 것이 올바른 방법이다.

(2) 간접존대와 호칭

사람을 직접 부를 때 쓰는 말은 호칭어, 제3자를 지칭할 때 쓰는 말은 지칭어라고 한다. 대화에서 사용하는 호칭어와 지칭어는 관계에 따라 특별한 단어를 사용하거나 높임말과 낮춤말을 써야 한다. 잘못 사용하면 일상생활이 매끄럽지 않을 수 있다. 지칭어와 호칭어를 사용하는 일은 근본적으로 윗사람에 대한 높임법의 사용을 의식해서 출발하는 것이므로 관련되는 것이다.

언니나 형, 손위 누이뻘 되는 이에게는 이름을 부를 수 없고 '형, 언니, 누나'와 같은 호칭 또는 지칭어를 사용해야 한다는 공손 규칙이 있지만 손아래 동생에게는 이름으로 부르거나 가리킬 수 있어 분명한 차이를 보여 준다. 바로 이러한 구별 의식이 '손위, 손아래' 사람이라는 '상하 관계 대우'에 따른 기준이 작용하고 있다는 증거이다. 따라서 호칭어, 지칭어의 문제도 결국은 높임법 의식을 바탕으로 한다.

> (가) 남편에 대해: 다른 사람 앞에서 남편을 '그분'이라 높이는 것은 잘못이다. 남편
> 을 부를 때는 '여보'가 가장 무난하며 '○○ 아버지, ○○ 아빠, 영감'도 연령에
> 따라 가능한데 자녀의 호칭어인 '아빠'로 남편을 부르는 것은 잘못이다. 젊은

부부들이 쓰는 '자기'도 바람직한 말은 아니다.

(나) 아내에 대해: 남편이 아내를 부를 때는 '여보'가 가장 무난하며 '○○ 엄마, 임자'도 연령에 따라 가능하다. 아내를 '마누라'나, 외래어인 '와이프'로 부르는 것도 바람직하지 못하다.

(다) 남편의 동기에 대해: 남편의 형은 '아주버님'으로 불러야 하며 아이들이 부르는 '큰아버지, 큰아빠'는 바른말이 아니다. 시동생에 대해서는 미혼이면 '도련님'으로 하고, 혼인 후에는 '서방님'으로 해야 한다. 시동생을 아이가 부르는 것에 기대어 '삼촌'이라고 부르는 것은 잘못이다. 손아래 시누이는 미혼 때나 혼인 후나 '아가씨, 아기씨'로 해야 한다. 손위 시누이는 '형님'으로 부른다. 시누이들의 남편은 원래 내외하는 관계라서 호칭어가 없으나 현대에 와서는 호칭이 필요해져 '아주버님, 서방님, ○○동 서방님'으로 부르면 된다.

(라) 남성이 남동생의 아내에 대해: '제수씨, 계수씨'로 부른다. 자녀에게는 '작은어머니, 숙모'로 지칭한다.

(마) 여성이 남동생의 아내에 대해: '올케'라고 해야 하며 '○○ 엄마'라고 하는 것은 타인을 부르는 것 같으므로 삼가야 한다.

(바) 누나의 남편에 대해: '매부, 매형, 자형'으로 부른다. '자형'은 남부 지방에서 많이 썼으나 중부에서도 쓰이게 되어 표준화법에서 허용했다. 여동생의 남편은 '매부, ○ 서방'식으로 한다. 여동생의 남편은 '매제'도 일부에서만 쓰여 아직 표준화법에서는 허용하지 않았다.

(사) 누나의 시어머니나 남동생의 장인에 대해: '사장(査丈)어른'이라 하며 '며느리'나 '사위'의 어머니는 '사부인(査夫人)'이라 한다. 남동생의 장인을 '사돈어른'이라 함은 잘못이다. '사돈어른'은 항렬이 같은 남자 사돈을 부르는 말이다. 한편 '사위'의 누나를 '사부인'으로 함도 잘못이며 사위 누나의 나이에 따라 '사돈, 사돈아가씨, 사돈처녀'를 써야 한다.

2. 경제성 원리

1) 개념

인간은 기본적으로 경제적인 동물이다. 말하거나 행동할 때 힘을 덜 들이면서 목적을 이루려는 특성이 있다. 흔히 최소한의 노력으로 최대한의 효과를 얻으려고 한다.

언어생활에서도 이러한 원리를 적용하려는 현상을 자주 볼 수 있다. 주로 발음을 편하게 하거나 말을 짧게 줄이려는 경향이 이에 해당한다. 최소한의 노력을 들이려는 방식에는 단순화 현상과 동화 현상이 있다. 단순화 현상으로는 축약, 탈락, 약화, 이중모음의 단모음화, 자음군 단순화, 생략 등이 있고, 동화 현상으로는 전설모음화, 구개음화, 조음 위치 동화 등의 발음 규칙이 있다.

2) 단순화

(1) 축약

축약은 준말 혹은 단축이라고도 불리며, 언어의 어떤 형태가 인접해 있는 다른 형태와 결합하여 음운적으로 압축되거나 언어의 연속적인 형태를 하나로 간소화하는 과정이나 결과이다. 이러한 과정에는 주로 세 가지 서로 다른 현상이 있다. 첫째, '아이'를 '애'로 줄이는 어휘적인 축약, 둘째, '나는'을 '난'으로 줄이는 통사적 축약, 셋째, '불고기 백반'을 '불백'으로 줄이는 약어로 나눌 수 있다. 전자는 음운의 탈락에 이어 축약이 일어난다는 점에서 공통점이 있지만, 후자는 두음절(頭音節)을 모아 합성된 약어라는 점에서 차이가 있다.

음운 탈락에 이은 축약을 음운론적 축약이라고 한다. 음운론적 축약에는 어휘적인 것과 통사적인 것이 있다.

(가) 어휘적 축약

아이-애, 사이-새, 요사이-요새, 여기-예

다음-담, 마음-맘, 처음-첨

제일-젤, 내일-낼, 재미있다-재밌다, 가지다-갖다

조금-좀, 지금-짐

이렇게-이케, 그렇게-그케, 저렇게-저케

(나) 통사적 축약

말하지요-말하죠, 드시지요-드시죠, 있겠지요-있겠죠

상태입니다-상탭니다, 것이거든요-거거든요

바뀌었다-바꿨다, 뛰어서-뛰서

놓아-놔, 놓은-논, 넣었습니다-넜습니다, 낳았으면-났으면

이것이-이게, 이것은-이건, 이것을-이걸, 것이-게. 것을-걸, 무엇이-뭐가

호랑이는-호랑인, 서울에는-서울엔, 이러니까는-이러니깐. 가다가는-가다간

너를-널, 영화를-영활, 먹기를-먹길

예상하기로는-예상키로는, 심심하지-심심치

어떻게 해-어떡해

　

두음절(頭音節)을 모아 합성한 약어는 단어나 구를 줄여서 이용한다. 영어의 경우에는 두자음이라 하여 IPA(International Phonetic Alphabet)처럼 문자로 줄여서 표기하지만 한국어에서는 대체로 음절로 표기한다. '박정희 대통령'을 줄여 '박통'이라 한다든지, '옥상에서 떨어진 메주'를 줄여 '옥떨매'로 하는 것 등이 모두 그러한 예이다. 청소년들이 통신언어에서 흔히 쓰는 '즐', '고딩' 등도 각각 '즐겁게 놀다 가시오.', '고등학교 학생'을 뜻하는 약어라 할 수 있다. 다음에 약어의 예를 보인다.

(다) 약어

    교육개혁심의위원회 - 교개위

    손해배상청구소송 - 손배소

    지불준비금 - 지준

    불고기 백반 - 불백

    공영과 민영 - 공민영

    신약과 구약 - 신구약

    내국과 외국 - 내외국

    연립주택 - 연립

    모범택시 - 모범

(2) 탈락

탈락은 특정 음운이 탈락하거나 이중모음이나 자음군 중 하나가 생략되는 경우이다. 특정 음운이 탈락하는 경우는 구어에서 특히 자연스러운데, 이는 발음을 원활하게 하기 위한 것이다.

(라) 음운탈락

    드릴게요-드리께요, 줄게-주께, 좋을까요-좋으까요

    이것-이거, 것만-거만, 요것-요거

    손에다가-손에다, 넣다가-넣다

    그것-것, 그거-거

    여기에다가-여기다가, 때에도-때도, 거기에서-거기서

    훨씬-훨, 그러니까는-까는, 왕건더기-왕건이, 핸드폰-핸폰

이중모음이나 자음군 중의 하나를 탈락시키는 경우도 경제성의 원칙에 기반하는 현상

이라 할 수 있다. 이들은 표준어로 대우받지 못하는 현상이다.

    (마) 이중모음 및 자음군 단순화

        봤거든-밨거든, 관계-관게

        뭐-머, 주워도-주어도

        되다-대다, 최근-채근

        바꿔다-바끼다, 쉬다-시다, 뒤에서-디에서

        닭-닥, 밟다-밥다, 없다-업다

        무릎-무릅, 부엌-부억, 끝-끗, 젖-젓, 꽃-꼿

(3) 약화

구어에서는 'ㄱ, ㄴ, ㅎ' 등이 모음 사이나 비음과 모음 사이에서 약화되는 경우가 많다. 이것은 심하면 탈락되기도 한다.

    (바) 약화

        은행-으냉, 전화-저놔, 여행-여앵

        그니까-그이까

        그것두-그엇두

(4) 생략

생략은 원래 있던 것이 어떤 경우에 보이지 않게 되는 것을 말한다. 문장이 줄어드는 경우도 있다. 특히 한국어의 경우, 대화에서 주어가 대부분 생략될 수 있으며, 다른 문장 성분도 상황에 따라 자주 없어진다.

생략에는 기능어 생략, 상황적 생략, 문맥적 생략, 관용적 생략이 있다. 기능어 생략은 조사나 어미 같은 문법적 요소의 생략을 말하며, 상황적 생략은 비언어적 상황에서 예측할 수 있는 요소를 생략하는 것이다. 이런 경우 화자와 청자가 상황을 공유함으로써 주어나 서술어를 생략할 수 있다. 문맥적 생략은 언어적 문맥 속에서 생략된 요소를 예측할 수 있을 때 발생한다. 이는 대개 선행하는 문맥과 되풀이되는 요소를 생략하는 경우이다. 관용적 생략은 관용적으로 일부 요소가 없어지는 경우이다.

(사) 기능어 생략

　나(는) 학교(에) 갑니다.

(아) 상황적 생략

　ㄱ. (들려오는 소리에 대하여)

　　% 들리니?

　　그래. % 들려

　ㄴ. 커피 두 잔 주세요

　　커피 두 잔 %

(자) 문맥적 생략

　ㄱ. 너 돈 있니?

　　없어

　ㄴ. 철수는 결석했니?

　　예, 결석했어요.

　ㄷ. 영수는 서울 갔다. 서점에 들렀다.

　　그는 공부를 잘 하지만, 나는 잘 하지 못한다.

(차) 관용적 생략

　금연(입니다)

　안녕(하세요)

3) 동화

(1) 모음교체

좀 더 발음하기 편리하게 하기 위해 음소의 교체를 통해 형태가 달라지는 경우가 있다. 대부분 모음 교체를 볼 수 있는데, '오'를 '우'로, '어'를 '으'로 바꾸는 자생적 교체뿐만 아니라 움라우트 같은 동화 현상에 의해서도 발생한다. 이러한 교체는 실제 생활에서의 발음을 반영하지만, 표준 발음으로는 인정받지 못한다.

(가) 모음교체

오늘도-오늘두, 손으로-손으루, 뭐라고-머라고, 함부로-함부루

창피하다-챙피하다, 벗기다-벳기다, 같아요-같애요, 하더라도-하더래도

평범하더라도-평범하드라도, 좋던데-좋든데, 됐거든-됐그든, 어른-으른

(2) 위치동화

위치동화는 앞의 자음이 뒤의 자음 발음 위치에 동화되어 발음되는 현상으로, 발음 방법에는 변화가 없다. 이는 양순음 앞에서 치조음이 양순음으로, 연구개음 앞에서 양순음이나 치조음이 연구개음으로 바뀌는 경우를 포함한다. 이러한 현상은 발음의 편리함 때문에 일어나지만, 표준 발음으로 인정되지 않는다.

(나) 위치동화

신문-심문, 엿보다-엳보다-엽보다, 옷만-온만-옴만

받고-박고, 손가락-송가락, 있고-읻고-익고

감기-강기, 참기름-창기름, 잠그다-장그다

(3) 방법동화

방법동화는 인접한 자음끼리 같은 발음 방법을 사용하려는 현상을 말한다. 비음 아닌 소리가 비음을 만나 비음으로, 유음 아닌 소리가 유음을 만나 유음으로 바뀌는 경우가 이에 해당한다. 이는 조음 방법을 통일하여 발음을 더 쉽게 하려는 노력 경제의 원리가 작용한 것이다.

> (다) 방법동화
>
> 막론-망논, 먹물-멍물, 닫는다-단는다, 밥맛-밤맛
>
> 삼천리-삼철리, 선릉-설릉, 달님-달림

(4) 구개음화

구개음화는 구개음이 아닌 소리가 구개음인 'ㅣ' 모음 앞에서 구개음으로 발음되는 현상이다. 구개음화에는 'ㄷ' 구개음화와 'ㄱ, ㅎ' 구개음화가 있는데, 서울을 중심으로 한 중부 방언에서는 'ㄷ' 구개음화만 나타난다. 'ㄷ' 구개음화는 서북 방언에서는 여전히 실현되지 않고 있으며, 함경도 육진 방언에서는 일부 진행 중인 것으로 알려져 있다. 이는 지역에 따라 편차가 있음을 보여준다. 구개음화는 구개음이 아닌 소리를 구개음 위치로 바꾸어 발음하는 것으로, 발음의 경제성을 추구하는 현상이다.

> (라) 구개음화
>
> 같이-가치, 해돋이-해도지
>
> 길-질, 기름-지름
>
> 힘-심, 형-성

3. 정확성 원리[2]

1) 개념

언어는 의사소통 수단으로서 사람들 사이의 약속이기 때문에, 정확하게 사용하지 않으면 오해를 일으킬 수 있다. 이를 방지하기 위해서는 언어를 정확하게 구사해야 하며, 이를 정확성의 원리라고 한다.

언어는 수학이나 컴퓨터 언어처럼 규칙적이지 않고 매우 불완전하기 때문에, 효과적으로 의사를 전달하려면 이 점을 유의해야 한다. 언어의 불완전성은 어휘 수가 무한하지 않다는 점과 문장의 의미가 애매모호한 경우가 많다는 점을 의미한다. 예를 들어, 우리가 빈번히 쓰는 말 가운데 '쓰레기 분리수거'라는 말이 있다. '수거(收去)'는 '거두어 간다'는 말이기 때문에 쓰레기를 가지고 갈 경우에만 '쓰레기 수거'라고 해야 하는데 쓰레기를 버리는 경우에도 '쓰레기 수거'라고 하니 이는 분명 잘못된 말이다. 쓰레기를 나누어서 버리는 경우 '분리수거'는 '쓰레기 나누어 버리기' 정도로 고쳐 써야 한다.

다음으로, 일상생활에서 잘못 사용하는 예를 어문규범을 중심으로 정확성의 원리를 살펴보고자 한다.

2) 한글 맞춤법

한글 맞춤법은 한글로 한국어를 정확하게 적는 방법의 규범이다. 한글 맞춤법의 총칙에 그 원리가 있다.

> <한글 맞춤법 총칙>
> 제1항: 한글 맞춤법은 표준어를 소리대로 적되, 어법에 맞도록 함을 원칙으로 한다.

---

2   민현식(1999), 『국어 정서법 연구』, 태학사를 참조했다.

제2항: 문장의 각 단어는 띄어 씀을 원칙으로 한다.

제3항: 외래어는 외래어 표기법에 따라 적는다.

한글 맞춤법의 대원칙은 '표준어를 소리대로 적되 어법에 맞도록' 적는 것이다. 제1항은 이 두 가지 원칙을 따라 표준어를 한글로 정확히 적는 방법을 제시한다. 제2항은 단어 단위로 띄어쓰기를 규정하는데, 단어가 독립적으로 쓰이는 최소 단위이기 때문이다. 예를 들어, '나 학교 간다'에서 '나', '학교', '간다'는 각각 단어이므로 띄어쓰기를 한다. 다만, 조사는 독립성이 없으므로 앞말에 붙인다. 예를 들어 '내가 학교를 간다'에서 '가', '를'은 조사이므로 앞말에 붙여 쓴다. 제3항은 외래어 표기법으로, 외래어는 원어의 언어적 특징을 고려하여 적어야 하며, '외래어 표기법'에 따라 적는 것이 원칙이다. 외래어는 고유어와 한자어와 함께 국어 어휘 체계에 포함된다.

이처럼 한글 맞춤법은 한국어를 정확히 적는 방법을 규정하며, 여기서는 일상생활에서 자주 틀리는 예를 중심으로 살펴보고자 한다.

(1) 체언의 오용

체언 중에 명사의 오용은 주로 명사 어휘의 바른 사용 문제이기에 의미 영역에서 다루게 되며 여기서는 의존명사, 대명사, 수사의 오용을 다룬다.

① 의존명사, 대명사의 오용

의존 명사나 대명사의 오용 유형은 다음과 같다.

(가) 지금 질문하는 거는 > 지금 질문하는 것은

제 꺼예요 > 제 것이에요

(나) 그가 올텐데 큰일 났다. > 그가 올 텐데 …

(다) (한국인끼리의 상황에서) 저희 나라는 > 우리나라는

(라) 너가 > 네가.

　　너들, 너네들 > 너희들

(마) 아버지께서는 자기 생각을 말씀하셨다. > ...당신 생각을...

　(가, 나)는 의존명사 관련 사례로 구어로 '거'는 '것'으로, '-ㄹ 텐데'는 '-ㄹ 터인데'의 준말이므로 띄어 써야 할 것인데, 교과서에서도 '-ㄹ 텐데'는 붙이거나 띄어 일관성이 없다. (다)의 '나라'는 한국인끼리든 외국인에게 말할 때든 언제나 낮출 필요가 없으니 '우리나라'로만 써야 한다. (라)의 2인칭 대명사나 (마)의 재귀 대명사 용법도 높임법의 재귀 대명사 용법을 잘 살펴야 한다. 그 밖에 '우리 엄마, 우리 아빠, 우리 형, 우리 언니'처럼 상위자를 포함한 '우리'라는 표현은 가족주의 문화에 따른 어법으로 허용되나 '우리 신랑, 우리 남편, 우리 아내'처럼 배우자에게 쓰면 잘못된 어법이다.

② 의존명사와 띄어쓰기의 오용

특히 의존명사는 어미, 조사 처리 문제와 얽혀 다음과 같은 띄어쓰기 혼란이 많다.

(가) 그가 왔기에(=왔으니) 말(=망정)이지.

(나) 얼굴이 예쁠뿐더러 마음씨도 곱다.(-ㄹ뿐더러: 어미)

(다) 믿음대로 된다.(보조사)

　　믿는 대로 된다.(의존명사)

(라) 그가 온 때문이 아니다.(의존명사)

　　음주운전 때문에 걸렸다.(의존명사)

(마) 기가 찰 노릇이다.(의존명사)

　　사람 노릇이 어렵다.(의존명사)

(바) 하나만 안다/사흘만 참아라.(유일의 '만': 보조사)

　　사흘 만에 돌아왔다.(경과의 '만': 의존명사)

볼 만하다.('만하다': 보조용언. '볼만하다'로 붙여 씀도 허용)

(사) 문 밖에 두어라.(밖: 자립명사)

너밖에 없다./수원까지밖에 안 갔다.(밖에: 조사)

너 밖에(도) 또 있다./ 예상 밖의 일.(밖: 의존명사)

(아) 아는 터에 그럴 수 없다.(의존명사)

그가 알 터인데./그가 알 텐데.(의존명사)

(자) 떠난 지(가) 사흘되었다.(시간 경과의 '지': 의존명사)

그가 오는지 마는지 올지 말지 모르겠다.(사실의 '-ㄴ/ㄹ지': 어미)

어찌나 아픈지.(감탄의 '-ㄴ지': 어미)

(차) 키가 전봇대만큼 크다.(정도 비교의 '만큼': 보조사)

애쓴 만큼 얻는다.(정도의 '만큼': 의존명사)

방송인만큼=방송이니만큼(이유의 '만큼': 어미)

놀라우리만큼 침착했다.(정도의 '-리만큼': 어미)

(카) 네가 아는 바를 진술하라.(사실의 '바': 의존명사)

못 갈 바에야 / 떠난 바에야 (경우의 '바': 의존명사)

불법으로 집을 지은바, 철거가 당연하다.(-ㄴ바, -던바: 어미)

(타) 그가 사는 데는 고급 주택가이다.(처소의 의존명사)

먹는 데에는 안 빠진다.(경우의 의존명사)

소비가 늘어나는 데 비해 수입은 안 는다.(경우의 의존명사)

소비가 늘어나는데 수입은 안 는다.('-ㄴ데': 설명의 어미)

키가 꽤 큰데.(감탄의 '-ㄴ데': 어미)

(파) 어미: -ㄹ망정, -ㄹ라치면, -ㄹ수록, -ㄹ작시면, -다시피, -ㄴ즉(슨)

(2) 조사의 오용

다음은 조사의 오용 중에 빈도 높은 유형을 제시하면 다음과 같다.

(가) 주격 과잉 사용: 예상이 됩니다 > 예상됩니다. / 구속이 되었습니다 > 구속되었습니다.

(나) '의'의 반복 사용: 앞으로의 사태의 전개를 주목한다 > 앞으로의 사태 전개를 주목한다

(다) '에 의해': 충격에 의해 > 충격으로, 충격 때문에. / 정부에 의한 단속을 > 정부의 단속을

(라) '가-를' 오용: 11마리가 도난당했다 > '누가 무엇을 도난당하다'의 구조임

(마) '까지': 30일까지 마감 > 30일에 마감, 30일까지 접수

(바) '뿐': 한 권뿐이 없다.> 한 권뿐이다., 한 권밖에 없다.

(사) 만큼: 운동만큼은 자신있습니다. > 운동만은… (비교의 '만큼'과 한정의 '만'은 구별됨)

(아) 고통에 못 이겨 > 고통을… ('이기다'의 목적어이므로 '고통을'임)

(자) 김씨로부터 들었다. > 김씨에게(서)… ('으로부터'는 from의 외래 번역투임)

(차) 나라에 충성, 부모에 효도 ('에게'는 유정명사에 붙고, '에'는 무정명사에 붙음)

(3) 용언의 오용

① 동사, 형용사 변별 문제

(가) -은/는: 정서가 {메마르는*, 메마른} 것을 느끼지 못한다.('메마르다'는 형용사이다).

(나) 형용사 명령형의 오용: 조용해라, 성실해라, 얌전해라, 착실해라> -히 해라.(형용사는 명령형이 불가능하므로 이 예들은 '-히 해라'로 해야 한다)

(다) 그에 (맞는, 걸맞은, 알맞은, 걸맞는*, 알맞는*) 태도다.: '맞다'는 동사이고 '걸맞다, 알맞다'는 형용사이기에 '맞는, 걸맞은, 알맞은'이 맞다.

② 불규칙 용언의 오용

제18항에서 용언의 어미가 바뀌면, 어간이나 어미가 원칙에 벗어나면 벗어나는 대로 적는다는 규정이 있다. 이를 벗어나는 것은 모양이 바뀌는 것을 말하는데 다음과 같은 세 가지가 있다.

(가) 어간의 모양이 달라지는 것: 싣다[싣--는, 실-어(←싣-+-어)]

(나) 어미의 모양이 달라지는 것: 하다[하-고, 하--여(←하--+--아)]

(다) 어간과 어미의 모양이 달라지는 것: 파랗-다[파랗-지, 파래(←파랗-+-아)]

[표 4] (가) 어간의 모양이 달라지는 것

불규칙 용언	특성	예시
'ㅅ' 불규칙 활용	모음 어미 앞에서 어간의 'ㅅ'이 탈락	벗-+-어→벗어(X) 낫-+-아→나아(O) 짓-+-어→지어(O)
'ㄷ' 불규칙 활용	모음 어미 앞에서 'ㄷ'이 'ㄹ'로 바뀜	얻-+-어→얻어(X) 묻-+-으면→물으면(O) 듣-+-어→들어(O)
'ㅂ' 불규칙 활용	모음 어미 앞에서 '오/우'로 바뀜	잡-+-아→잡아(X) 줍-+-어→주워(O) 덥-+-어→더워(O)
'르' 불규칙 활용	모음 어미 앞에서 'ㄹㄹ'로 변함	따르-+-아→따라(X) 구르-+-어→굴러(O) 빠르-+-아→빨라(O)
'우' 불규칙 활용	모음 어미 앞에서 어간의 'ㅜ'가 탈락	주-+-어→주어(X) 푸-+-어→퍼(O)

[표 5] (나) 어미의 모양이 달라지는 것

불규칙 용언	특성	예시
'여' 불규칙 활용	'하-' 뒤에 오는 어미 '-아/-어'가 '-여'로 바뀜	살-+-아→ 살아(X) 일하-+-아→일하여(O) 공부하-+-아→공부하여(O)
'러' 불규칙 용	어간이 '르'로 끝나는 일부 용언에서 어미 '-어'가 '-러'로 바뀜	이르-+-어→일러(X) 다르-+-아→달라(X) 이르-+-어→이르러(O) 푸르-+-어→푸르러(O)
'너라' 불규칙 활용	명령형 어미 '-거라'가 '-너라'로 바뀜	오-+-거라→오너라(O)
'오' 불규칙 활용	명령형 어미 '-어라'가 '-오'로 바뀜	주-+-어라→주어라(X) 다-+-어라→다오(O)

[표 6] (다) 어간과 어미의 모양이 달라지는 것

불규칙 용언	특성	예시
'ㅎ' 불규칙 활용	어간의 'ㅎ'이 빠지고, 어미 '-아/-어'가 '-애'로 바뀜	좋-+-아→좋아(X) 노랗-+-아→노래(O)

3) 표준어 규정

언어는 다양성을 내포하고 있어 사용하는 사람에 따라 다르게 쓰인다. 이를 통일하기 위해 표준어가 필요하다. 표준어의 성격은 표준어 규정 제1부 표준어 사정 원칙에 따라 정해진다..

○ 제1항: 표준어는 교양 있는 사람들이 쓰는 현대 서울말로 정함을 원칙으로 한다.

표준어 원칙은 문화적, 시대적, 지역적으로 규정된다. 문화적으로 '교양'을 기준으로 하여 국민 누구나 사용할 수 있는 공용어로 설정하였다. 시대적으로는 '현대'를 기준으로 하여, 옛말이 아닌 현대어를 표준으로 삼았다. 지역적으로는 '서울말'을 기준으로 하여, 서울에서 가장 보편적으로 쓰이는 말을 표준어로 정했다.

여기서는 고유어 사용, 부정확한 어휘, 한자어와 외래어 남용 문제 등 일상생활에서 순화할 수 있는 용어를 중심으로 살펴보고자 한다.

(1) 고유어 사용

한국어는 주로 한자어로 구성되어 있지만, 고유어 역시 그 중요성을 갖고 있다. 그런데 많은 사람들이 한국어의 고유어가 조사나 어미 정도로만 한정된다고 잘못 인식하고 있다. 실제로는 다양하고 감각적인 고유어들이 존재하지만, 이를 찾아 쓰는 노력이 부족한 실정이다.

먼저 고유어 '곰비임비'의 경우를 살펴보자. '곰비임비'는 물건이 쌓이거나 일이 계속 일어나는 상황을 표현하는 고유어이다. 이 낱말의 어원은 고려가요 '동동(動動)'의 서사(序詞)에 나오는 '德이란 곰비예 받즙고 福으란 림비예 받즙고'라는 구절로 올라간다. '곰'은 '뒤'를, '님(림)'은 '앞'을 의미하는 말이기 때문에 이 구절은 덕은 나중에 복은 먼저 계속해서 받겠다는 생각을 나타낸 것이다. '곰'은 '뒤', '님'은 '앞'을 의미하는 단어들은 원래 명사이지만 이 둘이 결합하여 부사로 사용되고 있다. '곰비님비>곰븨님븨>곰비님비>곰비임비'와 같은 변화를 볼 수 있다. 현재 '곰비임비'는 표준어로 통용되지만, 지역마다 '곰배님배, 곰부임부, 곰방임방, 곰비곰비, 곰부곰부' 등 다양한 변형이 사용되고 있다.

한국어는 소리나 모양을 흉내 내는 의성어나 의태어가 발달되어 있으며, 대부분 어근이 반복되는 특징이 있다. 반복에는 '올록볼록'처럼 자음이 바뀌는 경우, '실룩샐룩'처럼 모음이 바뀌는 경우, '싱글벙글'처럼 음절이 바뀌는 경우가 있다. 의태어는 자음이나 모음의 교체에 따라 다양한 의미를 가진 단어를 만들어 낸다. 예를 들어, '올록볼록'은 자음 교체로 '올통볼통, 올톡볼톡, 올독몰똑, 올쏙볼쏙' 등이, 모음 교체로 '울룩불룩'이

된다. '올록볼록, 올통볼통, 올톡볼톡'은 우악스러운 모양을, '올쏙볼쏙'은 고르지 않게 자란 모양을, '울룩불룩'은 더 큰 모양을 뜻한다. "울퉁불퉁 고르지 못한 논뚝 길 옆으로 올쏙볼쏙 솟은 어린 모가 앙증스럽다"라는 표현은 적절하다.

'모르쇠'는 최근에 사전에 등재된 단어로, '모르-'에 '쇠'가 결합하여 '아는 것이나 모르는 것이나 모두 모른다고 하는 태도'를 뜻한다. '쇠'는 보통 '철, 쇠붙이'를 의미하며, '굴렁쇠, 자물쇠, 열쇠' 등에서 이러한 의미로 쓰인다. 그러나 '상쇠, 덜렁쇠, 알랑쇠, 구두쇠, 돌쇠'처럼 사람을 낮추어 이를 때도 있다. 드물게 '모르쇠'처럼 '행위나 태도'를 나타내기도 하며, '발쇠'는 '남의 비밀을 살펴서 다른 사람에게 알려주는 짓'을 뜻한다. 예를 들어, 한 신문 기사에서는 "지금까지 청문회 증인들의 '모르겠다, 기억나지 않는다.' 는 등 모르쇠 작전에 식상해 있던 시민들은 마치 속사포를 쏘아대는 것 같은 그의 답변 태도에 일면 후련함을 느꼈다."라는 표현을 사용하여 실감을 더했다.

윗사람에게 말씀드린다는 뜻의 '사뢰다'는 '말하다'는 뜻을 가진 고어 '숣-'에 '-오이다'가 결합한 말이다. 예를 들어, "수양은, 왕께 대하여, 이 소년 왕이 듣고 재미있을 이야기를 골라가면서 사뢰었다"라는 문장에서 쓰인다. 역사적으로 '숣다'는 한자 '백(白)'으로 표기되기도 했는데, 이는 한자를 뜻으로 읽는 전통 때문이다. 현대의 '통행에 불편을 드려 죄송합니다. 현장소장 백'에서의 '백(白)'은 이러한 전통의 잔영이다. 옛날 웃어른에게 드리는 편지의 말미에 사용되던 '상사리'도 원래는 '상숣이'였으며, '상슬빅>상ᄉᆞ이>상ᄉᆞ리>상사리'로 발전한 것이지만, '상백시(上白是)'로 표기되었다. 여기서 '白是'는 각각 '숣'과 '이'를 뜻으로 표기한 것이다.

인체의 부분을 지칭하는 고유어 중에는 사람의 운명을 점치는 데 쓰이는 경우가 있다. 예를 들어, 귓불이 크고 두툼하면 부유하게 산다는 의미를 가지며, 쌍가마는 결혼을 두 번 한다는 의미를 가진다. 또한, 특정 신체 관련 단어와 서술어가 어울려 운명을 점치기도 한다. '인중이 길다'는 수명이 길다는 뜻이고, '거머리가 눕다'는 여자동생이, '거머리가 서다'는 남동생이 태어난다는 의미를 가진다.

이러한 사실은 민간에 널리 전해져 온 말이지만, 이러한 속설은 과학적 근거가 없던 시절 신체적 특징으로 운명을 예측하던 습관에서 비롯된 것이다.

(2) 부정확한 어휘

언어생활에서는 정확한 단어가 아닌 비슷한 뜻의 단어를 잘못 쓰이는 경우가 많다. 예를 들어, '맨발 벗고 뛴다'는 '양말 벗고'나 '맨발로'가 맞고, '발자국 소리가 난다'는 '발자국'이 소리가 날 수 없으므로 '발걸음 소리'가 맞을 것이고, '도둑을 지키는 개'도 '집을 지키는 개'가 맞다. 보험회사 경고문의 '질병 보장, 암 보장, 위험 보장'도 '건강 보장, 질병 안심, 암 안심'으로 바꿔야 한다. 이런 지시 어휘의 부정확한 표현 중에는 수사법상 용인되는 것도 있으니 '머리 깎다'는 '머리털 깎다'가 맞지만 '머리 깎다'를 부분-전체 관계의 제유법으로 보아 관용하며 '얼음이 얼다'도 '물이 얼다'나 '얼음이 생기다'가 맞지만, 현실에서 '얼음이 얼다'가 자주 쓰인다. 또한 '걸음을 걷다'가 '길을 걷다' 대신 잘 쓰이는 것과 마찬가지다. '신호등에 파란불이 켜졌다'도 '파란등'이 더 정확하지만 관용적으로 사용한다. 이러한 관용 표현을 어디까지 허용할지는 모호하지만 이미 고치기 어려울 정도로 관용화된 경우는 어쩔 수 없다고 해도 가급적 부정확한 어휘에 대해 문제 의식을 갖고 바른 어휘 표현을 쓰도록 일깨우는 지도가 필요하다. 다음 (가)은 체언류, (나)는 용언류의 경우다

> (가) 낙뢰시설 > 피뢰시설
>
> 활 쏘다 > 화살쏘다
>
> 열쇠가 안 열린다 > 문이 안 열린다
>
> 사건의 {주인공*, 장본인} 미담의 {장본인*, 주인공}
>
> 넓이뛰기 > 멀리뛰기
>
> 귀성객(중국적 표현) > 귀향객
>
> 극장구경가다 > 영화구경가다
>
> 한국 최대의 실학자 정약용 > 한국 최고의 실학자 정약용

그의 실패를 (귀감*, 타산지석)으로 삼다

부모 연세가 세살 터울이시다 > 세살 차이시다: '터울'은 동기간에 씀

학교가 끝나다 > 수업이 끝나다

흐린 날씨가 많다 > 흐린날이 많다

해갈을 면하다 > 해갈했다, 갈증을 면했다.

가족의 안위를 위해 > 가족의 안전을 위해

(나) 참사자들의 넋을 기리고 > …넋을 위로하고: '기리다'는 칭찬하다의 뜻으로만
                          씀

장비를 휴대한 트럭이 > 장비를 갖춘 트럭이: '휴대'는 사람에게만 쓴다.

골프치다 > 골프하다

미술그리다 > 그림그리다

영향을 미치다 > 영향을 끼치다

손톱자르다 > 깎는다

인사말로 가름합니다 > 인사말로 갈음합니다

사람을 실은 버스가 > 사람을 태운 버스가

모금액이 너무 작아 > 모금액이 너무 적어

한참 일할 나이 > 한창 일할 나이

통행에 불편을 드려 > 통행에 불편을 끼쳐

도둑을 당한 > 도둑을 맞은, 도둑질을 당한

화재를 만나 > 화재가 나

체중을 빼다 > 체중을 줄이다, 살을 빼다

(3) 한자어와 외래어 남용 문제

고유어는 한국어의 핵심을 이루는 것으로 그 개발에 지속적인 관심을 기울여야 하나, 한자어나 외래어의 경우도 필요한 곳에는 적절히 사용되어야 한다. 그런데, 지나치게

남용하는 것은 우리의 언어표현에 걸림돌이 될 수 있다.

한국어에는 사용하는 어휘 중 70% 이상 한자어인 만큼 한자어의 사용 비중이 매우 높다.[3] 그런데 한국어에 사용되는 한자어는 기원도 다양하다. 중국어에서 비롯된 어휘도 있고, 일본어에서 들어온 어휘와 한반도에서 자생한 어휘도 있다.

[표 7] 한자어 기원에 따른 사용례

기원		한자어 사용례
중국어유래	고전문	중심(中心), 천지(天地), 천성(天性), 타인(他人), 생명(生命), 평생(平生), 풍속(風俗), 동물(動物), 식물(植物)
	백화문	십분(十分), 자유(自由), 용이(容易)
	종교 (불교)	화두(話頭), 의심(疑心), 공부(工夫), 중생(衆生), 자비(慈悲)
	귀화어	필(筆)->붓, 묵(墨)->먹, 상채(常菜)->상추, 백채(白菜)->배추
일본어 유래		철학(哲學), 심리학(心理學), 미학(美學), 공학(工學), 우주(宇宙), 원소(元素), 입구(入口), 출구(出口), 할인(割引), 품절(品切), 엽서(葉書), 약속(約束), 직업(職業), 출산(出産), 고참(古參), 식비(食費), 간식(間食), 견학(見學), 고객(顧客), 승강장(昇降場), 노점(露店), 이익(利益), 일요일(日曜日)
한국어 자생		배달(配達), 사돈(査頓), 시댁(媤宅), 친정(親庭), 안목(眼目), 양반(兩班), 영감(令監), 총각(總角), 사주(四柱), 팔자(八字), 복덕방(福德房), 감기(感氣), 고생(苦生), 편지(便紙), 서방(書房), 도령(道令)

그런데, 문제는 일본어 유래 한자어가 아직도 줄어들지 않고 자주 쓰인다는 데 있다. 우리말에 그에 대응되는 고유어나, 전통적으로 쓰여 온 한자어가 있는지 찾아보지도 않고, 일본에서 쓰이는 말을 그대로 옮겨오는 것이다. 집을 아직 짓지 않은 집터를 이르는

---

3 한국어에는 한자어 비중이 높기 때문에 국가에서는 1,800자의 한자를 교육하도록 교육 범위와 내역을 설정하고 있다. 그리고 2005년, 2010년, 2015년, 2020년에 국립국어원에서 실시한 국민의 언어 의식 조사에서 국민의 60% 이상 1,800자 정도의 한자 교육이 적절하다고 했다.

'나대지(裸垈地)', 배가 와서 닿는 장소를 이르는 '선착장(船着場)', 물이 많을 때만 물에 잠기는 땅을 이르는 '고수부지(高水敷地)' 등의 일본식 한자어들은 각각 '빈 집터, 나루, 강터(강 둔치)' 등으로 고쳐 써도 좋을 것이다.

오늘날 흔히 쓰이는 일본식 한자어 '약속(約束), 이익(利益), 일요일(日曜日)'에 대한 우리 전통 한자어는 각각 '언약(言約), 이문(移文), 공일(空日)'이었지만 이제 후자를 사용하는 사람은 거의 없다. 지금도 나이가 많은 노인 중에는 토요일은 반공일, 일요일은 온공일이라는 표현을 사용하기도 한다.

한자어를 잘 이해하는 것이 한국어 표현과 이해 능력을 높이는 기준이 되기도 한다. 그런데 한국민뿐만 아니라 외국인들에게 한국어를 어렵게 생각하는 여러 가지 문제점 중에 대표적인 것이 관공서에서 사용하는 공공언어에 다음과 같이 난해한 한자어를 사용하고 있다는 것이다.

[표 8] 공공언어의 난해한 한자어

가각(街角)지점[모서리 지점, 모퉁이 지점], 감호(監護)[감독 보호], 개가제(開架制)[자유롭게 책을 찾아 볼 수 있는 제도], 게첩(揭帖)[붙임], 대서(代書)[대신 쓰다], 물건지(物件地)[소재지], 번문(飜文)하다[글자로 옮겨쓰다], 부의(附議)하다[토의에 부치다], 부작위(不作爲)[소극적 대응(행위)], 불수리(不受理)[서류를 처리하지 않음], 상회(上廻)하다[웃돌다], 소관(所管)[맡은], 식재(植栽)되다[심어져 있다], 원적(原籍)[본거지], 필(畢)하다[마치다], 허무인(虛無人)[실제 존재하지 않은 사람]

외래어는 호기심이나 표현의 신선미, 자기 과시 등의 이유로 과용되어 문제가 될 수 있다. 예를 들어, 일본어의 경우 문어에서는 저항감 때문에 잘 쓰이지 않지만, 구어에서는 여전히 자주 사용된다. 일본에서 들어온 말은 다음 (나)와 같은 예시가 있다.

(나) ㄱ. 오뎅, 사시미, 히야시, 와라바시, 함바집, 엥꼬

　　 ㄴ. 구락부, 빵구, 샤쓰, 혹꾸, 만땅

ㄷ. 앙꼬, 우동, 단스

(나 ㄱ)은 일본 고유어의 차용이며, (나 ㄴ)은 서구 외래어가 일본을 거쳐 들어온 것이며, (나 ㄷ)은 중국어가 일본을 거쳐 들어온 말이다.

서구에서 유래된 외래어는 해방 이후 급속히 퍼지면서, 과자류 이름으로는 '콘칩, 바몬드 쵸콜렡, 다이제스티브, 에이스, 멜로우' 등이 널리 쓰인다. 또한 '바캉스(휴가), 트랜드(경향), 밀리터리 룩(군대풍 의류), 아이템(항목)'과 같은 용어들도 많이 사용된다.

국제화 시대에서도 가능한 우리 말에 적합한 표현을 찾고 사용해야 하며, 한자어나 외래어는 필수가 아니라면 최대한 억제해야 할 필요가 있다.

4) 외래어 표기법

(1) 기본원칙

외국어가 한국어에 들어와 자연스럽게 사용되면 외래어가 된다. 외래어의 표기는 해당 언어의 발음과 특성을 반영하기 위해 각 언어별로 규칙이 정해져 있다. 예를 들어, 영어에는 없는 한글 소리에 맞춰 'f, v'와 같은 소리를 어떻게 표기할지 문제가 된다. 한글에는 그에 상응하는 소리와 문자가 없기 때문에 새로운 글자를 만들거나 비슷한 음가를 가진 기존 문자를 대체할 수밖에 없다. 개화기에는 영어 'f'를 정확히 표기하기 위해 '쯔랑스, 쌔여손' 등의 '쯔'은 영어 'f'를 정확히 표기와 같은 새로운 글자가 만들어진 경우이다. 현재 '그래프(graph(græf)'에서의 'ㅍ'은 'f'의 발음과 비슷한 한글 문자로 대신 사용되고 있다. 이와 같은 원칙을 정한 것이 바로 외래어 표기법이다.

외래어 표기법(1995.3.16)의 정신은 제1장 표기의 기본 원칙에서 읽을 수 있다.

<외래어 표기의 기본원칙>
제1항 외래어는 한국어의 현용 24 자모만으로 적는다.

제2항 외래어의 1음운은 원칙적으로 1기호로 적는다.

제3항 받침에는 'ㄱ, ㄴ, ㄹ, ㅁ, ㅂ, ㅅ, ㅇ'만을 쓴다.

제4항 파열음 표기에는 된소리를 쓰지 않는 것을 원칙으로 한다.

제5항 이미 굳어진 외래어는 관용을 존중하되, 그 범위와 용례는 따로 정한다.

외래어 표기법은 외국어가 한국어화된 경우에 필요한 규정을 제공한다. 제1항에서는 한국어의 24자모로 적는다는 원칙을 제시하며, 제2항은 각 외래어 음운에 한글 글자를 일치시키도록 규정한다. 예외적인 경우는 원칙적으로 다루며, 제3항은 한국어 발음에 맞게 표기하라는 지침을 포함한다. 예를 들어, 'good morning'의 경우 '굿 모닝'으로 표기한다. 제4항은 외래어에서의 유성과 무성의 파열음을 한국어 평음과 격음으로 구분하여 적는 방법을 설명하며, 제5항은 이미 굳어진 외래어는 굳어진 표기를 유지하도록 한다. 이 규정들은 '외래어 표기 용례집' 등에서 각 단어의 표기를 확인할 수 있다.

(2) 혼동되는 외래어 표기

다음은 자주 틀리는 외래어 표기의 예이다.

(가) 자주 틀리는 외래어 표기

커피숖(coffee shop)→커피숍, 굳모닝(good moning)→굿모닝

나레이터(narrator)→내레이터, 이태리(伊太利)→이탈리아

티임(team)→팀, 뉴요크(New York)→뉴욕

삿뽀로(Sapporo,札幌)→삿포로, 빠리(paris)→파리, 까페(cafe)→카페

잉글리쉬(english)→잉글리시, 플래쉬(flash)→플래시, 쉬림프(shrimp)→슈림프

비젼(vision)→비전, 쥬스(juice)→주스

캐머러(camera)→카메라, 바이타민(vitamin)→비타민

모터롤러(Motorola)→모토로라, 시티은행(city)→씨티은행

5) 로마자 표기

(1) 기본 원칙

로마자 표기는 외래어 표기와 반대다. 한국어를 로마자로 표기하는 것이다. 로마자 표기를 규정한 한국어의 로마자 표기법(2000.7.7)의 원칙은 1장 표기의 기본 원칙에 제시되어 있다.

<로마자 표기의 기본원칙>

제1항 한국어의 로마자 표기는 한국어의 표준 발음법에 따라 적는 것을 원칙으로

한다.

제2항 로마자 이외의 부호는 되도록 사용하지 않는다.

기본 원칙은 한국어의 표준발음을 로마자 기호로만 적으라는 것이다. 예전의 로마자 표기는 로마자 이외에 드러냄표(´)와 반달표(˘)를 사용해서 표기하였는데, 더 이상 기호를 사용하지 않도록 하였다. 예를 들어. '철수'를 예전의 방식으로 하면 'Ch'ŏlsu'로 적어야 하나, 현재의 표기법으로는 'Cheolsu'로만 표기하면 된다. 드러냄표는 한국어의 격음을, 반달표는 'ㅓ,ㅡ,ㅢ'와 같은 특정한 모음을 표기하기 위해 고안된 것이었는데, 이제 이것을 사용하지 않는다. 격음을 위해서는 'k, t, p, ch'를 이용하는데, 이것이 가능한 것은 한국어의 유성과 무성 평음을 구분하지 않고 모두 'g, d, b, j'를 쓰기 때문이다. 특정한 모음을 위해서는 이중 로마자를 사용하고 있다. 즉, 'ㅓ'는 'eo'. 'ㅡ'는 'eu', 'ㅢ'는 'ui'로 적는 방식이다.

(2) 유의해야 할 로마자 표기

로마자 표기에서 유의해야 할 것은 파열음과 유음의 표기이다. 한국어의 'ㄱ, ㄷ, ㅂ'는 모음 앞에서는 'g, d, b'로, 자음 앞이나 어말에서는 'k, t, p'로 적는다. 또한 'ㄹ'은 모음

앞에서는 'r'로 자음 앞이나 어말에서는 'l'로 적는다. 단, 'ㄹㄹ'은 'll'로 적는다.

> (가) 구미 Gumi, 백암 Baegam, 호법 Hobeop, 한밭 Hanbat,
>
> 벚꽃 beotkkot, 강남대로 gangnamdaero, 함평군 Hampyeong
>
> 임실 Imsil, 설악 Seorak, 대관령(대괄령) Daegwallyeong

또한, 한국어의 발음에서 음운변화가 일어날 때에는 변화된 결과에 따라 적는다.

> (나) 백마(뱅마) Baengma, 신라(실라) Silla
>
> 학여울(항녀울) Hangnyeoul, 알약(알략) allyak
>
> 해돋이(해도지) haedoji, 같이(가치) gachi
>
> 잡혀(자펴) japyeo, 놓다(노타) nota, cf. 묵호 Mukho
>
> cf. 낙동강(낙똥강) Nakdonggang, 압구정(압꾸정) Apgujeong

6) 자주 틀리는 어법

(1) 피·사동법의 오용

한국어에서 피동은 꼭 필요한 경우가 아니면 가급적 쓰지 않는다. 그런데 피동형을 자주 사용하는 것은 영어와 일본어의 영향으로 본다.

> (가) 위급한 상황으로 보여집니다. → 보입니다.
>
> (나) 우리의 연구 계획이 선정되어졌다. → 선정되었다,
>
> (다) 절약하는 생활 속에 다져가는 복지사회 → 다져지는 복지사회
>
> (라) 이러한 경제적 난관은 극복되어야 한다. → 난관을 극복해야 한다.
>
> (마) 이 문제는 다시 검토될 필요가 있다. → 이 문제를 다시 검토할 필요가 있다.

(바) 노동법이 개정되어야 산업의 평화를 가져올 수 있다. → 노동법을 개정해야

(사) 나는 뛰는 가슴을 진정시켰다. → 가슴을 진정했다.

(아) 그는 자기의 생각을 끝까지 관철시켰다. → 끝까지 관철했다.

(자) 목표를 실현시키기 위해 노력하였다. → 실현하기 위해 노력하였다.

(차) 정지선 단속이 강화되어졌다. → 단속이 강화되었다.

(가)는 당당하지 못하게 보이고, (다)는 '다지-+-지다'가 맞는 표현이다. (라), (마)도 능동으로 사용할 수 있는 표현 피동으로 사용하고 있다. (바)는 '노동법 개정'이나 '산업의 평화를 가져오는' 주체는 사람이므로 '노동법을 개정해야'로 써야 한다. (사)는 '시키다'는 사역동사이므로 대상이 있어야 한다. 내가 누군가를 시킨 게 아니라 나 스스로 가슴을 진정했으므로 '진정했다'가 되어야 한다. (아) 역시 누구를 시켜서 한 행위가 아니므로 '관철했다'가 되어야 한다. (자)는 타동사에 다시 '시키다'를 붙여서 이중 사동이 되는 경우도 많다. '소개하다' '실현하다' 와 같은 타동사에는 절대 '시키다'를 붙이면 안 된다. 이중 사동도 외국어의 영향으로 오용되고 있다. (차) '강화되다'는 말 자체가 피동의 표현인데 굳이 '강화되어졌다'라는 이중표현을 써 오히려 어색하다.

(2) 비문

주어가 생략되었을 때는 서술어와 목적어의 호응관계가 분명하지 못할 때가 많다. 문장이 길 때는 주어, 목적어, 서술어를 일치시켜야 한다.

(가) 앞으로의 과제는 이러한 방안들이 차질 없이 진행되도록 정부가 철저히 감시해
　　야만 합니다.

(나) 햄버거가 먹고 싶다.

(다) 술이 취해서 인사불성이다.

(라) 전문가에게 자문(諮問)을 구하였다.

(마) 어느 분에게 사사(事師) 받았습니까?

(바) 저는 홍길동 선생님에게 사사 받았습니다.

(가)는 '앞으로의 과제'가 주어이므로 술어는 '~감시하는 것입니다.'가 되어야 한다. (나)는 '먹고 싶다'의 주체는 햄버거가 아니라 사람이다. '이/가'는 주격과 보격에만 쓰인다. 따라서 '햄버그를 먹고싶다'가 바른 표현이다. (다)는 '취해서 인사불성이 된' 주체는 사람이지 술이 아니다. '술에 취해서'로 써야 한다. (라) '전문가에게 자문하였다'가 바른 말이다. 사사는 스승으로 모시다, 스승으로 받들다의 뜻이다. (마) '어느 분에게 가르침(지도)을 받았습니까?'가 되어야 한다. (바) '저는 홍길동 선생님을 사사했습니다'가 옳다.

(3) 의미 중복

음절이나 어휘를 습관적으로 반복하여 같은 의미가 중복되지 않도록 한다. 특히 고유어와 외래어가 만날 때 흔히 생긴다.

(가) 쓰이는 용도에 따라 → 쓰임에 따라

(나) 앞으로 전진한다 → 앞으로 나아간다

(다) 먼저 선취점을 얻고 → 먼저 점수를 얻고

(라) 어제 어린이 대공원에 갔었다. 그곳은 전혀 질서가 없는 무질서 속에 사람들이 이곳저곳으로 우왕좌왕 옮겨 다니고 있었다.→사람들이 질서없이 이곳저곳으로 옮겨 다니고 있었다.

(마) 저희들은 책임감을 느끼지 않을 수 없습니다→책임을 느끼지 않을 수 없습니다

(바) 허송세월을 보냈다→허송세월했다

(사) ×××집사님은 ×월×일에 하나님의 부르심을 받아 소천(召天)하셨음을 알려드립니다(→하나님의 부르심을 받았음을 알려드립니다)

(아) 약 50여 군데(→약 50군데 또는 50여 군데)

(자) 우리 모두 다 함께 손뼉을(→우리 모두 손뼉을, 우리 다 함께 손뼉을)

(차) 그 이야기는 근거 없는 낭설일세(→그것은 근거 없는 말일세, 그것은 낭설일세)

(가)는 '쓰임'과 '용도(用途)'가 중복된다. (나)는 '전진(前進)'은 '앞으로 나아감'을 뜻하므로 중복된다. (다)는 '선취(先取)'는 '먼저 얻는다'는 뜻이므로 중복된다. (라)는 '갔었다'는 '갔다'로 바꾸어야 한다. 우리말의 시제에서는 대과거가 없으므로 '었'을 쓸 필요가 없다. '무질서(無秩序)'는 '질서가 없는'과 중복되고, '이곳저곳으로'와 '우왕좌왕(右往左往)'은 같은 뜻이므로 둘 중 하나는 빼는 편이 낫다. (마)는 '감(感)'이 '느끼다'와 중복된다. (바)는 '허송(虛送)'에는 '보내다(送)'의 뜻이 포함되어 있다. (사)는 하늘의 부르심을 받는 것이 '소천(召天)'이므로 중복된다. (아)는 '약' '여' '가량'은 모두 같은 뜻이다. (자)는 '모두' '다' '함께'가 중복되므로 하나만 써도 된다. (차)는 '낭설(浪說)'은 '근거 없는 이야기'를 뜻하므로 중복된다.

(4) 외국어투 표현

국제적 교류가 늘면서 외국어와 접촉하는 기회가 많아지면서 외국어의 번역 과정에서 영향을 받은 것으로 보이는 외국어투의 표현이 문제이다. 외국어와의 접촉은 두 가지 면에서 우리말에 영향을 끼친다. 하나는 우리말이 갖고 있지 못한 표현 방법을 보충해 줌으로써 우리말 표현의 정확도를 높이는 데 기여하는 긍정적인 것이고, 다른 하나는 단순히 외국어 사용의 습관으로 우리말의 구조를 왜곡시키는 부정적인 것이다. 전자는 언어는 끊임없이 변한다고 볼 때, 우리말 발전을 위해 필요한 것이므로, 너무 지나치지 않도록 유의하면 되겠으나, 후자는 자제하고 쓰지 말아야 한다.

문장의 정확한 표현을 때로 도와주는 것으로 시제, 3인칭 대명사의 사용, 접속어의 사용 등을 들 수 있는데, 이들이 지나쳐 어색한 느낌을 주는 경우가 많다.

(가) 그는 전쟁이 끝난 오늘날까지 여기를 떠나지 못했었다.

나는 그가 철수의 제안을 거부하였었다는 사실을 알고 있다.

(나) 그의 아버지가 돌아가신 그 소녀는 매우 쓸쓸하게 보인다.

(가)는 '-었었-'으로 나타나는 과거완료의 사용이 번번이 쓰이는데, 한국어에서 이는 과거에 그리 뚜렷이 구분되던 것은 아닌 듯하다. 영어의 분명한 구분이 정확하다는 의식에서인지 논리상 과거완료를 써야 할 상황이면, 의식적으로 이를 쓰려는 경향이 있다. '오늘날까지'라는 부사구가 있음에도 과거완료를 쓰는 것은 문제가 아닐 수 없다.

(나)는 대명사를 지나치게 사용한 경우다. 한국어는 예측 가능한 주어는 생략하는 것이 정상이기 때문에 대명사의 사용이 그리 많지 않았다. 삼인칭 여자를 가리키는 '그녀'가 쓰이기 시작한 것이 얼마 되지 않는다는 사실도 그간의 실정을 말해준다. 명령문을 제외한 모든 문의 주어를 반드시 밝혀야 하는 영어는 대명사를 자주 쓸 수밖에 없고 이것이 한국어에 영향을 미친 것이라고 보아야 할 것이다.

다음의 예문도 한국어 문의 구조와는 다른 것으로 어색하다.

(다) 권위에의 도전, 범죄와의 전쟁

우주에로의 여행, 항간에서의 소문

그에 있어서의 민족주의는 이런 것이 아니다.

(라) 이곳에 쓰레기를 버리지 말 것을 경고한다.

그런 여성을 찾는 것이 불가능함을 인정해야 한다.

(다)은 일본말의 영향으로 보이는, 속격조사 '의'가 부사격 혹은 처격조사와 결합된 것으로, 한국어로 충분히 표현할 수 있는 표현인 데도 불구하고 외국어의 직접적인 영향을 받은 예에 해당된다. 한국어 속격조사 '의'는 생략되는 것이 더 자연스러울 뿐만 아니라, 다른 격조사 뒤에 직접 이어지지 않은 것이 원칙이다. 이들은 각각 '권위에 대한 도전, 범죄에 대한 전쟁, 우주로 가는 여행, 항간의 소문' 등으로 표현하는 것이

자연스럽다. 이 점에서 '그에 있어서의'는 '그가 생각한' 정도가 되어야 할 것이다.

(라)는 영어의 명사화 구문의 표현과 관련된다. 흔히 영어의 명사절은 '-것'으로 명사형은 '-음'으로 번역되는데, 이것이 남용되는 경우가 많다. '버리지 말 것을'은 '버리지 말라고 경고한다.'로, '불가능함을'은 '불가능하다는 것을' 로 표현되는 것이 자연스럽다.

이 외에 '주목할 만하다'로 표현될 수 있는 '주목에 값 한다'. '-에 지나지 않는다'로 표현될 수 있는 '-에 다름 아니다'도 일본어의 영향으로 보이는 아주 어색한 경우다. '그 문제에는 관심을 두지 않겠다. 재미있는 것 중의 하나는 철수의 꺼벙한 머리모양이다. 이곳에는 많은 명소가 있다. 즐거운 시간 가지시기 바랍니다.'등은 영어의 영향으로 믿어지는 것으로 역시 어색한 느낌을 지우기 어렵다. 이들은 각각 '다루지 않겠다, 한 가지 재미있는 것은, 명소가 많이 있다, 보내시기' 정도의 표현으로 가능하기 때문이다.

4. 표현성 원리

1) 표현과 수사

한국어는 같은 내용을 다양한 방식으로 표현하여 의사 전달의 효과를 극대화하려는 표현성의 원리를 가지고 있다. 이 원리는 전통적인 수사법과 연관되어 있으며, 사람들이 자신의 생각을 효과적으로 전달하기 위해 사용하는 문체적 기법을 포함한다. 이러한 기법은 문학 작품뿐만 아니라 일상생활에서도 사용된다. 예를 들어, 어린이가 뜨거운 난로를 만지며 "아이, 차가워"라고 말하는 것은 '뜨겁다'는 점을 강조하기 위한 수사적 기법이다. 수사법은 단순히 말을 꾸미는 것이 아니라, 생각을 정확하고 효과적으로 전달하는 방법이다. 글의 성격에 따라 수사법의 효용은 달라질 수 있으며, 논리적인 글과 감성적인 글은 서로 다른 표현 방식을 요구한다. 수사법에는 다양한 종류가 있다.

□ 수사법의 종류

비유법: 직유, 은유, 상징, 풍유[4](≒우유), 의인, 의성, 환유, 제유[5]

강조법: 과장, 영탄, 반복, 열거, 점층, 점강, 대조

변화법: 설의, 인용, 대조, 도치, 반어, 생략

2) 비유법

비유법은 어떤 사물이나 현상을 설명하려고 그와 비슷한 다른 사물이나 현상을 끌어대어 표현하는 방법이다. 이때 동원되는 비교의 대상은 흔히 어떤 개념을 특징적으로 나타내는 경우가 많아서 상대방이 이해하기 쉽다는 장점을 가지고 있다. 비유법은 가장 활발하게 쓰이는 수사법의 한 가지로, 직유, 은유, 풍유, 의인, 의성, 환유, 제유 등으로 다시 분류할 수 있다. 이 중에서 흔히 쓰이는 것으로는 직유법, 은유법, 상징법이 있다.

(1) 직유법

직유법은 두 사물이나 현상의 유사점을 직접적으로 표현하는 수사법으로, 가장 널리 사용된다. 이 방법은 비교되는 대상 간의 연결을 위해 '처럼', '같이', '마냥'과 같은 보조어를 사용한다. 예를 들어, '잠자리 날개 같은 모시 저고리'는 저고리가 잠자리 날개와 유사하다는 원관념을 '같은'이라는 보조어를 통해 연결하고 있다.

다음은 직유법의 예이다:

(가) 돌담에 속삭이는 햇발같이

풀 아래 웃음 짓는 샘물같이

4　비유 표현의 일종으로 원관념을 완전히 숨기고, 보조 관념만 드러내는 비유법, 교훈, 속담 등을 말한다.

5　환유는 관련성에 따른 비유로 관련성 있는 사물을 통해 전체를 비유하는 방법이고, 제유는 비유 대상의 일부를 통해 전체를 비유하는 방법이다.

내 마음 고요히 고운 봄길 우에

오늘 하루 하늘을 우러르고 싶다

새악시 볼에 떠오는 부끄럼같이

시(詩)의 가슴을 살포시 젖는 물결같이

보드레한 에머랄드 얇게 흐르는

실비단 하늘을 바라보고 싶다

- 김영랑, 「돌담에 속삭이는 햇발」

(가)의 예문에서 '햇발', '샘물' 등이 비교 용어로 연결되었다. 하지만 '네 구두는 내 구두 같다'고 하면 직유가 안 된다. 왜냐하면 비유는 본질적으로 성질이 다른 것을 비교해야 하기 때문이다.

(2) 은유법

은유법은 두 사물이나 현상 간의 비슷한 점이 독자나 청자의 상상에 맡겨진다는 점에서 직유법과 다르다. 즉, 동질성이나 이질성에 대해 직접적 표현이 없이 다만 암시될 뿐이다. 이러한 점 때문에 은유는 전달하려는 힘도 강하고 생각할 여운도 길게 한다.

다음은 은유법의 예이다:

(나) 내 마음은 호수요

그대 저어 오오

나는 그대의 흰 그림자를 안고 옥같이

그대 뱃전에 부서지리다

내 마음은 촛불이오

그대 저 문을 닫아 주오

나는 그대의 비단 옷자락에 떨며 고요히
최후의 한 방울도 남김없이 타오리다

내 마음은 나그네요
그대 피리를 불어다오
나는 달 아래 귀를 기울이며 호젓이
나의 밤을 새이오리다

내 마음은 낙엽이오
잠깐 그대의 뜰에 머무르게 하오
이제 바람이 일면 나는 또 나그네같이 외로이
그대를 떠나오리다

- 김동명, 「내 마음은」

(나)의 예문에서 은유에는 표현 형식은 서술문 구조이다. 즉, '무엇이 무엇이다'와
같은 구조이다. '내 마음은 호수요'라는 표현에서 볼 수 있는 은유는 가장 강렬하면서
기본적인 방법이다.

(3) 상징법

상징법은 원관념이 겉으로 드러나지 않음으로써 보조관념으로 유추해야 한다. 따라서
상징에서는 그 원관념을 알아채기가 매우 어렵다. 이런 이유에서 상징은 가장 강력한
비유의 방법이 된다.

다음은 상징법의 예이다:

(다) 섭섭하게,

　　　그러나

　　　아주 섭섭지는 말게

　　　좀 섭섭한 듯만 하게/

　　　이별이게,

　　　그러나

　　　아주 영 이별은 말고

　　　어디 내생에서라도

　　　다시 만나기로 하는 이별이게/

　　　蓮꽃

　　　만나러 가는 바람이 아니라

　　　만나고 가는 바람같이 ……/

　　　엊그제

　　　만나고 가는 바람이 아니라

　　　한두 철 전

　　　만나고 가는 바람같이 ……

- 서정주, 「연꽃 만나고 가는 바람같이」

(다) 예문에서 바람과 연꽃의 만남은 생명체의 유한성을 표현하고 있다. 여기서 '바람'
은 인간의 한평생을, '연꽃'은 이승을 상징한다. 이 시는 이러한 상징을 통해 인생의
깊은 의미를 노래하고 있다.

3) 강조법

전달하려는 의미를 강조하기 위해서 여러 수사법이 사용된다. 강조법에는 과장, 영탄,

반복, 열거, 점층, 점강 등의 방법이 있지만, 여기서는 과장, 반복, 점층법 등에 대하여 살펴본다.

(1) 과장법

과장법은 실제 사물이나 사실보다 부풀려 말하는 수사법이다. 과장법에서 쓰인 내용은 실제로 이루어지기 어려운 것이 대부분이다. 그를 통해 화자의 의도를 분명히 하는 효과가 있다.

다음은 과장법의 예이다:

> (가) 그 날이 와서, 오오 그날이 와서
>
> 　　육조(六曹) 앞 넓은 길을 울며 뛰며 뒹굴어도
>
> 　　그래도 넘치는 기쁨에 가슴이 미어질 듯 하거든
>
> 　　드는 칼로 이 몸의 가죽이라도 벗겨서
>
> 　　커다란 북을 만들어 들쳐 메고는
>
> 　　여러분의 행령에 앞장을 서오리다
>
> 　　우렁찬 그 소리를 한번 이라도 듣기만 하면
>
> 　　그 자리에 거꾸러져도 눈을 감겠소이다.
>
> 　　　　　　　　　　　　　　　　　- 심훈, 「그날이 오면」

(가) 예문은 그러한 있을 수 없는 과장의 표현을 보이고 있다. 해방되는 날을 기다리며 읊은 노래인데, '이 몸의 가죽을 벗겨 커다란 북을 만든다'는 것은 시인의 마음을 좀 더 확실히 표현하려는 노력의 결과일 것이다.

과장법은 종종 실제보다 축소하여 표현하기도 한다. 이를 축소법이라고 부르지만, 표현 효과가 과장법과 유사하므로 과장법의 범주에 포함되기도 한다. 예를 들어, '인정머리는 털끝만치도 없다'나 '월급이 쥐꼬리만 하다'에서 '털끝'이나 '쥐꼬리'는 실제보다 축소된 표현으로, 인정이 부족하거나 월급이 적다는 의미를 전달한다.

(2) 반복법

반복법은 뜻이 같거나 비슷한 단어 또는 구절을 되풀이하여 사용하는 수사를 말한다. 같거나 비슷한 말을 여러 번 반복한다는 것은 그만큼 그것이 중요하다는 사실을 은연 중에 드러내 강조의 효과를 보는 것이다.

다음은 반복법의 예이다:

> (나) 수필은 청자연적이다. 수필은 난이요 학이요 청초하고 몸맵시 날렵한 여인이다.
> 수필은 그 여인이 걸어가는 숲 속으로 난 평탄하고 고요한 길이다. 수필은
> 가로수 늘어진 페이브먼트가 될 수도 있다.
>
> - 피천득, 「수필」

반복법에는 다양한 형태가 있으며, 도치 반복, 수미 반복, 어형 변화 반복, 부가 반복 등이 포함된다. 도치 반복은 단어의 순서를 바꾸어 반복하는 방식이며, 수미 반복은 한 행의 끝과 다음 행의 시작을 동일하게 반복하는 방식이다. 어형 변화 반복은 형태를 약간 바꾸어 반복하는 방식이고, 부가 반복은 다른 말을 덧붙여서 되풀이하는 방식이다. 예를 들어, "그는 멀리 떠나갔다. 아주 멀리 떠나갔다."라는 문장은 부가 반복의 예시이다.

(3) 점층법

점층법은 표현의 강도를 조금씩 높여가는 수사법을 말한다. 적은 것에서 많은 것으로, 작은 것에서 큰 것으로, 덜 중요한 것에서 중요한 것으로 점점 강도를 높여 표현의 효과를 높인다.

다음은 점층법의 예이다:

(다) 네 소원이 무엇이야 하고 하나님이 내게 물으시면, 나는 서슴지 않고 '내 소원은 대한독립이오' 하고 대답할 것이다. 그 다음 소원이 무엇이냐 하면, 나는 또 '우리나라의 독립이오.' 할 것이요, 또 그다음 소원이 무엇이냐 하는 셋째 번 물음에도, 나는 더욱 소리를 높여서 '나의 소원은 우리나라 대한의 완전한 자주 독립이오.' 하고 대답할 것이다.

- 백범 김구, 『백범일지』 중 「나의 소원」에서

(다) 예문에서 '네 소원이 무엇이냐'를 반복하면서 그에 대한 응답을 점층적으로 나열하고 있다. 이러한 표현 방식은 강한 인상을 남기고, 의도를 더 분명하게 전달하는 효과가 있다.

4) 변화법

변화법은 표현의 방식이나 구조를 변화시켜 독자의 주의를 환기하고, 표현의 효과를 높이는 수사법이다. 변화법에는 설의법, 인용법, 도치법, 반어법 등이 포함된다.

(1) 설의법

설의법은 질문 형식을 사용하여 독자나 청자의 주의를 환기시키고, 스스로 답을 생각하게 하는 방법이다. 이는 단순한 질문이 아니라, 화자의 의도나 감정을 전달하려는 목적을 가진다.

다음은 설의법의 예이다:

(가) 산산이 부서진 이름이여!
　　허공 중에 헤어진 이름이여!
　　불러도 주인 없는 이름이여!

부르다가 내가 죽을 이름이여!

- 김소월, 「초혼」 중

위 예문 (가)에서 "불러도 주인 없는 이름이여!"라는 구절이 설의법을 사용한 예이다. 이 질문은 답을 기대하지 않으며, 이름을 부르며 슬픔과 절망을 표현한다.

(2) 인용법

인용법은 다른 사람의 말이나 글을 인용하여 자신의 주장을 강화하는 방법이다. 이는 독자에게 더 큰 신뢰감을 주고, 전달하려는 메시지의 힘을 더한다.

다음은 인용법의 예이다:

(나) "나는 생각한다. 고로 존재한다."라고 데카르트는 말했다. 이 말은 우리의 존재
　　에 대한 깊은 성찰을 요구한다.

- 한철수, 「철학의 이해」

(3) 대조법

대조법은 서로 다른 단어나 구절을 대비시켜 차이를 드러내는 수사법이다. 예를 들어, "앉아서 주고, 서서 받는다"와 "가루는 칠수록 고와지고, 말은 할수록 거칠어진다"에서 대립되는 구절이 같은 문단 내에 사용된다.

다음 예문 (다) 『용비어천가』에서는 '불휘 깊은 나무'와 '샘이 깊은 물'이 서로 다른 성격을 대조적으로 표현하고 있다.

(다) 불휘 기픈 남ᄀᆞᆫ 바라매 아니 뮐ᄊᆡ 곶 됴코 여름 하ᄂᆞ니
　　새미 기픈 므른 ᄀᆞ무래 아니 그츨ᄊᆡ 내히 이러 바라래 가나니

-『용비어천가』 제2장

대조법은 통사구조에 따라서 사용되기도 한다. 다음 예문 (라)에서는 문 단위의 대조를 보여준다.

> (라) 앞 남산의 피나무 단풍은
>   구시월에 들고요
>   이 내 가슴 속 단풍은
>   시시때때로 든다.
>
> - 『정선아리랑』

이 민요에서 '앞 남산의 피나무 단풍'은 '이 내 가슴 속 단풍'과 대조되며, '구시월에'는 '시시때때로'와 대조되고 있다.

(4) 도치법

도치법은 문장의 구조를 변화시켜 독자의 주의를 끌고, 표현의 효과를 높이는 방법이다. 주어와 술어의 위치를 바꾸거나, 강조하고자 하는 부분을 문장 앞에 배치하는 방식이 주로 사용된다.

다음은 도치법의 예이다:

> (마) 죽는 날까지 하늘을 우러러
>   한 점 부끄럼이 없기를,
>   잎새에 이는 바람에도
>   나는 괴로워했다.
>
> - 윤동주, 「서시」 중

(5) 반어법

반어법은 실제 의미와는 반대되는 표현을 사용하여 독자나 청자에게 강한 인상을 주고, 표현의 효과를 높이는 방법이다. 이는 종종 비판적이거나 풍자적인 의도를 가지고 사용된다.

다음은 반어법의 예이다:

(바) 나 보기가 역겨워

　　가실 때에는

　　말없이 고이 보내드리오리다. /

　　영변에 약산

　　진달래꽃,

　　아름따다 가실 길에 뿌리오리다. /

　　가시는 걸음 걸음

　　놓인 그 꽃을

　　사뿐히 즈려밟고 가시옵소서. /

　　나 보기가 역겨워

　　가실 때에는

　　죽어도 아니 눈물 흘리오리다.

　　　　　　　　　　　　　　　　　- 김소월, 「진달래꽃」

위 예문 (바)에서 화자에게 이별은 고통스럽다. 특히 달콤하게 사랑을 속삭이던 그 입술이 차가운 이별을 말을 한다면. 상상만 해도 아찔하다. 화자와 님은 아직 이별하기 전이다. 하지만, 고이 보내드리고 싶은 마음도, 가는 길에 꽃을 뿌려 잘 가라고 하며 죽어도 눈물 흘리지 않겠다는 말은 다 반어법이다. 죽어도 보내기 싫은 마음일 것이다.

이와 같이 한국어의 다양한 수사법은 표현의 효과를 극대화하고, 독자나 청자의 주의를 끌며, 전달하고자 하는 메시지를 더 강력하게 만드는 데 중요한 역할을 한다. 이러한 기법들을 적절히 사용함으로써 글의 품질을 높이고, 의사소통의 효과를 극대화할 수 있다.

탐구 과제

1) 언어 예절 중 인사는 가장 기본적인 요소이다. 관계에 따라 인사하는 방법이 어떠한지를 논의하고 관계에 따라 왜 다르게 인사하는지를 논의해 보자.

2) 한글 맞춤법 제1항~3항에 있는 한국어의 문화적 특성에 대해서 논의해 보자.

3) 경제성의 원리에서 축약, 탈락, 약화, 생략 중에 어떤 현상이 가장 두드러지는지 설명하고, 왜 그러한 현상이 나타나는지 논의해 보자.

4) 표현성의 원리에서 일상생활에서 수사법을 사용하여 표현하는 것이 있는지 찾아보자.

제8장 **한국어문화론**

1. 한국어문화론의 성격과 정립[1]

언어와 문화 간의 관계를 연구하는 학문 분야로는 인류학의 하위 영역으로 태동한 '언어인류학(linguistic anthropology)'이 대표적이다. 언어인류학은 20세기 초 미국에서 보아스(Boas, F.), 사피어(Sapir, E.), 워프(Whorf, B. L.) 등에 의해 발달하였다. 초기 언어인류학은 아메리카 원주민 언어에 대한 연구로 촉발되었으며, 언어인류학의 현장 조사 방법론은 추후 미국 구조주의 언어학의 실증적 방법론에도 영향을 주었다.

이 장에서는 언어인류학의 영역을 기반으로 한국어와 한국문화의 상관성을 탐구하는 학제로서 '한국어문화론'의 수립이 필요함을 지적하고자 한다. 이 분야의 이름을 '국어인류학'으로 지정할 수도 있지만, 이는 언어인류학의 주요 관심사인 친족어·인사법·의사소통법 등에 지나치게 치우쳐 있다는 인상을 주기 쉽다. 따라서 '국어인류학'보다 넓은 연구 분야를 포괄할 수 있는 명칭인 '한국어문화론'이 적절하다고 여겨진다. 한국어문화론은 언어인류학의 방법론과 연구 내용을 포함하되, 그 본질적인 부분은 한국어학의 연구와 방법론에 기초를 두고 있는 학문 분야로서 정립되어야 할 것이다. 한국어 연구에

---

[1] 민현식(2000:21-70)에서 제안한 '국어문화론' 정립을 위한 견해와 기준 및 영역 설정에 대한 의견 및 그에 대한 논거를 전적으로 수용하여 참조했다.

있어 '한국어문화론'이라는 새로운 학문 분야를 정립할 필요성은 다음과 같이 정리할 수 있다.

첫째, 한국어를 모국어로 하는 내국인들이 국어문화에 대한 깊은 이해를 증진시키기 위함이다. 국어 교육은 당연히 국어문화 교육과 함께 이루어져야 하지만, 그동안의 국어 교육에서는 한국어문화론의 학술적 기반이 충분히 마련되지 않았다. 글로벌화와 조기 영어 교육이 확산되는 현대 사회에서 모국어 화자들, 특히 아동들이 영어 문화에만 치우치지 않고 객관적으로 자국어문화를 이해할 수 있도록 하려면 국어문화의 정체성을 명확히 하는 것이 중요하다. 이러한 변화를 실현하기 위해선 한국어문화론을 기반으로 한 국어 교육이 필수적이다.

오늘날 한국 사회에서는 전통적인 문화 양식이 빠르게 변화하고 있으며, 이에 따라 국어문화도 급격히 변모하고 있다. 특히 조기 영어 교육을 비롯한 외국어 교육 강화로 인해 서구화되는 신세대의 한국어 사용 능력이 상대적으로 위축될 우려가 있다. 이러한 맥락에서 국어 교육은 단순히 국어 문법에 대한 학습에 그치는 것이 아니라, 친족 호칭, 성명 문화, 존대법 사용 등 국어문화에 대한 학습을 포괄해야 한다.

둘째, 교포 2세나 외국인을 대상으로 한 교육에서 국어문화의 이해를 통해 의사소통 능력을 효과적으로 강화시키기 위함이다. 올바른 국어문화 교육은 교포 2세들이 자국의 정체성을 강화하고 가족 간의 세대 간의 동질성을 유지하는 데 기여해야 한다. 또한 외국인들에게는 모국과 한국 간의 상호 이해를 높여 의사소통을 원활하게 하는 데 기여해야 한다. 이러한 목표를 달성하기 위해서는 한국어문화론의 연구와 실용화가 필수적이다.[2]

한국어문화론의 연구는 언어인류학 분야의 주요 선행 연구에 바탕하여[3] 이론적 기초

---

2 이때 교포 및 외국인을 위한 국어문화 교육은 내국인을 위한 한국어문화론의 영역을 공유하되, 교육 수준과 교수 방법을 조절하는 차원으로 구성되어야 할 것이다.
3 언어인류학 분야의 대표적인 고전인 뮤리얼 사비에-트로이크(Saville-Troike, M. 1982/1989)의 『The Ethnography of Communication(의사소통의 민족학)』, 론 스콜론과 수잔 윙 스콜론(Scollon, R.

를 마련해야 한다. 또한 국어학, 국어 교육론, 언어 심리학, 사회언어학, 국사학, 민속학 등 한국학의 다양한 영역에서 국어와 국어문화와 관련된 요소들을 추려서 논의를 보충해야 한다.

현재로서는 한국어문화론의 영역이 학문적으로 충분히 확립되지 않았고, 관련 분야의 학술적 논의 역시 부족한 실정이다. 따라서 한국어문화론 분야의 수립과 발전을 위해서는, 먼저 다양한 학문적 자료를 기반으로 한국어문화론의 내용과 범위를 명확히 설정하는 노력이 필요하다.

국어문화에 관한 초기 논의라고 할 수 있는 허웅의 『한글과 민족문화』(1974), 심재기의 『한국 사람의 말과 글』(1985) 등은 국어문화사를 기술하는 데 있어서 중요한 위치를 차지하고 있다. 한편 최근에는 대학 교양 과목에서 한국어와 문화를 접목한 강의 교재 개발이 활발히 이루어지고 있다. 남기탁 외의 『국어와 민족문화』(1995), 마성식의 『언어, 사고, 생활』(1996) 등은 교양적 차원에서 한국어문화론을 개관하고 있다.

김민수·고영근·이익섭·심재기 등이 엮은 『국어와 민족문화』(1984)는 국어문화 관련 논문을 폭넓게 모은 편저로, 국어와 문화의 상관성에 대한 심도 있는 논의를 제공하고 있다. 또한 국립국어원의 계간지인 『새국어생활』에는 국어문화에 대한 구체적인 논의를 담고 있는 특집 기사들이 수록되어 있어 참고할 수 있다.[4] 그 한편 1980년대에 이중언어학회, 국제한국어교육학회가 창립되면서 한국어와 한국 문화에 대한 국제적인 관점의 연구가 본격화되어 다양한 논문이 발표되었다.

한국어문화론의 영역을 설정하기 위해서는 우선 기존의 논저들이 국어문화라는 개념을 어떻게 다루고 있는지를 살펴보아야 한다. 앞서 언급한 허웅(1974) 및 심재기(1985)는 주로 일반인을 대상으로 한 교양 서적으로, 차자법과 훈민정음, 한글 문학의 변천사

& Scollon, S. W., 1995)의 『Intercultural communication: A Discourse Approach(문화 간 의사소통)』 등을 예로 들 수 있다.

4   한국정신문화연구원 편(1993), 소두영(1995)처럼 언어기호와 문화의 상관성을 탐구하는 기호학적 논의도 보이는데 이 글에서는 언어기호의 분야까지 논의를 확대하지는 않는다.

등을 중심으로 한 국어문화사의 통시적 서술을 목적으로 하고 있다. 다만 이들은 주로 문자사 및 한글 문학사에 논의를 집중하고 있어, 다양한 제반 영역에 대한 탐구는 다소 부족하다고 볼 수 있다. 한편 김민수·고영근·이익섭·심재기(1984)의 논문집은 총 5부 구성으로 다양한 국어문화 관련 주제를 다루고 있다. 이들은 언어와 민족문화 관련 논설부터 시작해 서지학, 국어의 계통, 어원, 지명, 성명, 방언, 국어 순화, 문체, 문학 작품의 언어학적 분석, 속담론, 차자법과 한자 문화, 훈민정음론, 국한 혼용 문제, 문자 정책, 외래어 문제 등 다양한 소재를 포괄적으로 다루고 있다.

한국어문화론의 내용 설정을 위한 작업에서는 이러한 다양한 주제들을 폭넓게 수용하고, 국어문화의 다양한 측면을 깊이 있게 탐구하는 것이 필요하다. 특히 현대 사회에서의 한국어 사용 환경 변화와 그에 따른 문화적 영향도 함께 고려하여, 전통적인 문화와 현대적인 실체를 연결짓는 관점도 중요하다.

그렇다면 한국어문화론의 구체적인 내용은 어떻게 구성할 것이며, 국어 교육이나 한국어 교육의 분야에서 이를 어떻게 응용할 것인가? 한국어문화론의 내용은 문화의 개념을 어떻게 정의하느냐에 따라 달라질 수 있을 것인데, 주지하다시피 문화를 한마디로 정의 내리기는 쉽지 않다. 다만 문화의 개념을 소수 향유층의 교양을 뜻하는 '고급 문화(high culture)'와 인류학에서 말하는 '인류학적 문화(anthropological culture)'로 크게 구분하였을 때, 한국어문화론은 전자에 국한되지 않고 후자를 아우르는 관점을 취한다고 말할 수 있다.[5] 한국어문화론의 내용은 인류학적 문화의 관점에서 가급적이면 한국 문화의 총체, 즉 국어·문학·국사·예술·사회학·건축·과학 등 모든 학문 영역에 걸친 한국학 연구의 내용 속에서 추출하는 것이 바람직할 것이다. 다시 말해 한국어문화론에서 문화의 범위는 정신문화-물질문화, 고급문화-저속문화를 모두 포괄하며, 나아가 음주문화·군사문화·주택문화 등 열린 집합의 신조 문화 개념까지도 모두 아우를 수 있어야 한다. 새롭고 미시적인 문화가 형성되는 과정마다 그에 상응하는 언어적 사항은 새로이 탐색될 수 있기 때문이다.

---

5   이러한 구분은 스콜론 & 스콜론(Scollon, R. & Scollon, S.W., 1995:126)에서 제안한 분류이다.

일찍이 언어인류학 분야의 고전인 스콜론과 스콜론(Scollon, R. & Scollon, S.W., 1995)에서는 '문화 간 의사소통'이라는 주제 아래, 언어인류학적 관점에서 언어와 문화의 상관성을 심도 있게 탐구하였다. 이 논저의 주요 내용을 정리하자면 아래와 같다.

첫째, 언어와 문화가 상호작용하며 서로가 서로를 형성하고 규정한다는 주장이다. 언어는 문화를 표현하고 전달하는 도구인 동시에, 문화는 언어 사용의 방식과 내용을 규정한다. 이는 언어가 단순히 의사소통의 수단이 아니라, 문화적 맥락에서 의미를 생성하고 공유하는 중요한 요소임을 시사한다.

둘째, 언어 사용이 사회적 맥락과 문화적 배경 속에서 어떻게 작동하는지에 대한 담화 분석의 방법론을 통한 접근이다. 담화는 단순한 언어 표현을 넘어 사회적 행동, 문화적 규범 및 가치 등을 반영한다. 따라서 언어 사용은 그 자체로 사회적 실천이며, 언어 사용의 양상에서 발화자의 문화적 정체성이 드러난다고 할 수 있다.

셋째, 다양한 문화 간 의사소통(intercultural communication)의 과정에서 발생하는 오해와 갈등에 대한 분석이다. 이들은 문화적 차이가 언어 사용과 이해에 어떻게 영향을 미치는지, 그리고 의사소통 과정에서 이러한 차이를 어떻게 극복할 수 있는지를 논의했다. 특히 서로 다른 문화적 배경을 가진 사람들이 만날 때 발생하는 의사소통의 문제를 해결하기 위한 전략을 제안했다.

넷째, 언어 사용에 있어 맥락적 중요성에 대한 강조이다. 모든 자연어는 특정한 사회적·문화적·역사적 맥락 속에서 사용되며, 이러한 맥락을 이해하는 과정이 의사소통의 성공에 필수적인 요소라는 것이다. 즉 의사소통에서 언어적 표현은 그 자체로 완전한 의미를 지니는 것이 아니라, 맥락 속에서 해석되어야만 하는 것으로 이해된다.

다섯째, 언어 사용은 개인과 집단의 정체성을 형성하고 표현하는 중요한 수단이라는 주장이다. 언어는 개인이 자신을 사회적 맥락 속에서 어떻게 위치하고 있는지를 나타내며, 개인의 정체성은 언어 사용을 통해 지속적으로 형성되고 재구성된다.

스콜론과 스콜론(1995)은 언어와 문화의 상관성을 이해하는 데 있어 중요한 실마리를 제공했다. 특히 언어가 문화적 맥락에서 어떻게 의미를 생성하고 전달하는지를 탐구함으로써, 언어 사용이 단순한 의사소통을 넘어 사회적 실천이자 문화적 표현임을 보여주었다. 나아가 이를 통해 언어와 문화의 복잡한 관계를 이해하고, 다양한 문화 간 의사소통에서 발생하는 문제를 해결하는 데 기여하였다. 위 논저에서 제안된 언어와 문화의 복잡한 상관성은 아래와 같이 정리된다.

[표 1] 스콜론과 스콜론(1995)의 언어와 문화의 상관성 분류(민현식, 2000)

분류	하위분류	세부내용
(1) 이념 (ideology)	역사(history), 세계관(worldview)	① 신념(beliefs) ② 가치관(values) ③ 신앙(religion)
(2) 사회화 (socialization)	사회적·문화적 맥락 (social and cultural context)	① 교육(education), 문화화(enculturation), 문화섭취(acculturation) ② 1차 및 2차 사회화(primary and secondary socialization) ③ 성격과 학습 이론(theories of the person and of learning)
(3) 담화 방식 (forms of discourse)	의사소통의 전략 (strategy of communication)	① 언어적 기능(functions of language): - 정보와 관계(information and relationship) - 협상과 비준(negotiation and ratification) - 집단 조화와 개인의 복지(group harmony and individual welfare) ② 비언어적 의사소통(non-verbal communication): - 신체언어론(kinesics): 몸짓(the movement of our bodies) - 공간학(proxemics): 공간 사용(the use of space) - 시간 개념(concept of time)
(4) 지면 체계 (face systems)	사회 조직 (social organization)	① 친족관계(kinship) ② 자아 개념(the concept of the self) ③ 내집단과 외집단 관계(ingroup-outgroup relationship) ④ 공동사회와 이익사회(Gemeinschaft and Gesellschaft)

위 목록을 살펴보면 언어와 문화의 상관성을 역사, 세계관(신념, 가치, 신앙), 교육, 문화

화, 사회화, 성격 및 학습 이론, 언어 기능(정보 기능과 관계 기능, 화해와 비준 기능, 집단 조화와 개인 복지 기능), 비언어적 의사소통(신체 언어, 공간학, 시간 개념), 지면(知面) 체계(친족관계, 자아개념, 내외 집단관계, 공동사회와 이익사회) 등 매우 광범위한 요인으로 열거하고 있다. 이러한 요인들은 한국어문화론의 영역을 어떻게 구성해야 할 것인가를 엿보게 한다. 즉 한국어문화론의 내용 구성은 이처럼 광범위한 언어인류학적 요인들과 국어를 세밀하게 관련지으면서, 국어 고유의 문화적 요인들을 발견하는 방향으로 이루어져야 한다.

한국어문화론은 한국어가 한국 사회와 문화를 어떻게 반영하고 형성하는지를 깊이 이해하는 분야이다. 다시 말해 한국어문화론은 한국어가 한국 문화와 어떻게 상호작용하며, 한국어가 한국인의 사고방식·사회구조·역사·일상생활에 어떤 영향을 미치는지를 연구하는 분야로 수립되어야 한다. 또한 이 분야의 연구는 한국어 학습자뿐만 아니라 한국 문화에 관심이 있는 모든 사람들에게 중요한 통찰을 제공해야 한다. 이러한 이론적 배경에서 한국어문화론이 다루어야 할 대표적인 논제들을 아래와 같이 정리할 수 있다.

첫째, 한국어와 정서 표현이다. 한국어가 한국인의 정서 표현에 어떤 영향을 미치는지, 예를 들어 존댓말과 반말을 통해 나타나는 관계의 위계, 사회적 거리 등이 정서 표현에 미치는 영향을 분석한다. 표정·몸짓·억양 등 한국어와 함께 사용되는 비언어적 의사소통 수단도 논의의 대상이 될 수 있다.

둘째, 언어와 사회구조의 관련성이다. 존댓말과 반말이나 가족 호칭 등이 이에 관련된다. 한국어의 경어 체계는 사회적 관계·연령·지위에 따라 달라지며, 한국어의 다양한 가족 호칭어는 한국의 사회문화에서 형성된 가족 내 역할과 관계를 반영한다. 이처럼 한국어 체계와 사용을 통해 한국 사회의 위계질서와 사회적 규범에 대한 이해도를 높일 수 있다.

셋째, 언어와 문화적 가치에 관련된 주제이다. 한국어의 속담과 관용구는 한국인의 생활양식·가치관·지혜를 담고 있으며, 이를 통해 한국문화의 특성을 파악할 수 있다. 또한 한국어의 특정 단어, 예컨대 '정(情)', '한(恨)', '눈치' 등은 일종의 문화적 키워드로서 한국인의 독특한 감정과 사고방식을 잘 보여준다.

넷째, 언어와 한국어의 변천사에 대한 부분이다. 한국어의 역사적 변천 과정을 통해 한국사의 주요 사건과 변화, 그리고 그것이 언어에 미친 영향을 연구한다. 또한 한자어의 도입과 변형 과정, 그리고 그것이 한국어에 미친 영향을 연구한다.

다섯째, 한국어와 교육 분야이다. 한국어 교육 방식과 내용, 특히 외국인을 위한 한국어 교육의 문화적 요소를 연구한다. 또한 정부의 언어 정책이 한국어와 문화에 미친 영향, 예를 들어 어문규범에 대한 인식, 한글날의 의의 등의 주제를 다룰 수 있다.

여섯째, 언어와 문학에 대한 주제이다. 한국 문학 작품에서 나타나는 언어와 문화의 상호작용을 분석한다. 구비문학(민담, 전설, 설화 등)을 통해 전통적인 한국인의 삶과 문화 등을 내포하고 있는 민속적 기반을 이해할 수 있다.

일곱째, 언어와 일상생활의 관련성이다. 한국어의 일상 대화에서 나타나는 특성을 분석하여 일상생활 속에서의 문화적 맥락을 파악할 수 있다. 그리고 생활 속의 언어유희 (말장난, 유머 등)를 통해 한국인의 유머 감각과 문화적 특성을 이해할 수 있다.

여덟째, 한국어 사용의 지역별 언어 다양성에 대한 주제이다. 특히 방언은 지역별 방언의 차이와 그 문화적 배경을 바탕으로 형성된다. 그러므로 특정 지역에서의 언어 사용은 그 지역의 문화적 기층과도 관련성이 높다.

아홉째, 한국어와 다문화 사회에 관한 주제이다. 다문화 사회에서의 한국어 사용과 그 변화, 이주민들이 한국어를 배우면서 겪는 문화적 적응 과정을 연구할 수 있다. 또한 한류와 같은 문화적 현상이 한국어의 전파와 사용에 미치는 영향을 분석하면서 한국어의 세계화를 탐구할 수 있다.

앞서 언급하였듯 한국어문화론에서 다루어야 하는 내용은 한국인의 전 생활 영역에서, 그리고 전 학문 영역의 한국학 관련 연구에서 추출한 한국어문화 요소 일체이다. 이를 바탕으로 한국어문화론의 연구 범위를 크게 다음과 같이 제안할 수 있다.[6]

---

6 위 논제들은 현재까지의 한국어학 연구 업적을 바탕으로 한국어의 문화적 면면을 조명한 것으로,

[표 2] 한국어문화론의 연구 범위

구분	세부 연구 영역
협의의 한국어문화론	한국어 어휘 문화 연구 한국어 문자 문화 연구 한국어 화법 문화 연구 한국어 문체 문화 연구 한국어 방언 연구 한국어 문학 연구 ⋮
광의의 한국어문화론	한국어 위상 연구 한국어 계통 연구 한국어 사상철학 연구 한국어 심리 연구 한국어 성명 문화 연구 해외 한국어문화 연구 ⋮

한국어문화론의 연구 범위는 크게 협의의 한국어문화론과 광의의 한국어문화론으로 구분하여 설정할 필요가 있다. 협의의 한국어문화론은 문화적 요소와 상호작용하는 한국어에 주목하는 분야라면, 광의의 한국어문화론은 그러한 상호작용의 맥락에서 관찰되는 한국어의 인접 영역을 널리 포괄하는 분야라고 할 수 있다. 이처럼 한국어문화론을 협의의 영역과 광의의 영역으로 구분함으로써, 광범위한 한국어문화론의 연구 대상을 명확히 초점화하고 체계적으로 분류할 수 있다.

이하 논의에서는 위 연구 범위의 구분을 기준으로 하여 한국어문화론의 관점에서 다룰 수 있는 각 세부 영역의 논제를 각각 소개하고자 한다. 필요에 따라 국어 교육 및 한국어 교육 현장에서 이를 강조할 수 있는 내용이나 방법을 함께 제안할 것이다.

문화의 개념을 넓게 설정한 만큼 그 세부 내용은 가변적으로 재설정할 수 있다. 이러한 연구 영역은 민현식(2000:36)에서 제안한 구분을 받아들여 재구성한 것이며, 각 영역의 세부 설명에서도 민현식(2000)을 참조하였다.

2. 협의의 연구 영역

협의의 한국어문화론은 언어와 문화의 상호작용이라는 관점에서 문화적 요소와 관련하여 한국어를 연구하는 국어학의 한 분야이다. 담화적 표현, 언어 정체성, 대중문화, 한국문학 등을 주요 대상으로 삼아, 한국어의 체계 및 특성이 한국어로 구현되는 문화적 요소들과 어떠한 연관성을 지니고 있는지를 분석한 연구가 이에 해당한다.

협의의 한국어문화론에서 다루어지는 대표적인 연구 주제는 다음과 같다. 첫째, 한국어의 어휘와 문법에 반영된 한국문화와 전통과 문화적 특성에 대해 탐구는 한국어 어휘 문화 연구이다. 둘째, 한국어의 문자 사용과 관련된 심리적·문화적·사회적·역사적 특성에 대해 탐구하는 한국어 문자 문화 연구이다. 셋째, 한국의 전통적인 문화를 바탕으로 형성된 담화 환경에서 나타나는 고유한 언어 표현에 대해 탐구하는 한국어 화법 문화 연구이다. 넷째, 한국어 담화 및 텍스트의 문체적 특성과 그 문화적 배경에 대해 탐구하는 한국어 문체 문화 연구이다. 다섯째, 한국어의 세밀한 지역적 차이와 지역 문화의 연관성에 대해 탐구하는 한국어 방언 연구이다. 여섯째, 한국어 문학 작품이 지닌 문화적 의미와 함께 시·소설·희곡 등 개별 문학 장르에서의 언어적 특징과 문화적 배경을 탐구하는 한국어 문학 연구이다. 이하 문단에서는 각 세부 영역의 개요를 설명하고, 각 영역에서 다루는 핵심적인 논제의 사례를 일부 소개한다.

1) 한국어 어휘 문화 연구

한국어 어휘 문화 연구는 한국어 어휘 속에 담긴 문화 요소를 다루는 분야이다. 각 언어는 특정 어휘 분야에서 독특한 특성을 가지며, 이는 문화적 배경과 언어적 구조의 차이에서 기인한다. 즉 어휘 차원에서 관찰되는 언어와 문화의 상관성은 특히 비교언어학적 관점에서 유표적으로 나타난다.

어휘 문화 연구는 '문화어구(文化語句, cultural phrases)'라는 개념을 바탕으로 이루어질 수 있다. 문화어구는 박영순(1989)에서 제시한 '문화적 기본어휘'의 개념과 유사한 것으로, 한국어의 다양한 어휘와 어구를 통해 문화적 의미를 탐구하는 데 중점을 둔다. 문화어구는 다음과 같은 다양한 차원에서 분석할 수 있다.

(1) 어휘 차원의 문화어구

① 어원어: 각종 어원어들에 담긴 문화적 의미는 한국어문화론의 중요한 내용이 된다. 어원어는 어원이 형성된 문화 영역을 기준으로 세부 분류할 수 있다.

[표 3] 어원어의 분류와 사례

구분	세부 분류	예시
어원어	역사 어원어	'고마하다(敬)'의 어근 '고마-(← 곰)' '조/종(-祖/-宗)' 등 임금 명칭 '루/각/정(樓/閣/亭)', '백일장(白日場)', '스승' …
	민속 어원어	'설', '한가위', '대보름' 등 민속 어원
	일반 어원어	'봄', '여름' 등 계절명 어원 '엄(母)-움(苗)-암(雌)' 등 공통 의미자질 분석 '가랑비', '두더지', '다람쥐' 등 확정적 분석

② 관련어: 관련어(thesaurus)는 특정 개념 간의 상호 관계를 나타내는 어휘군을 뜻한다. 각 언어에서 관련어를 분류하는 구조는 해당 언어권의 문화적 상징과 연관된다. 한국어 어휘와 문화적 상징의 상관성을 바탕으로 하여, 그 논리를 더욱 체계화해야 한다.

[표 4] 관련어의 사례

구분	세부 분류	예시
관련어	신체어	'눈가-눈시울-눈언저리-눈자위' …

의성어·의태어	'마리', '켤레', '그루', '채', '포기', '벌' …
색채어	'노랗다-노르스름하다-노르스레하다-노르끄레하다 …' …
기타	'먼저/우선', '마침내/드디어', '행여/혹시' …

③ 종교어: 불교·유교·기독교 등 종교 내적으로만 사용되던 어휘의 의미가 독특하게
　　변화하여 어휘 체계에 정착하는 경우가 있다. 한국어 어휘 체계에 정착한
　　종교어는 문화어구 연구의 대표적인 대상이다.

[표 5] 종교어의 분류와 사례

구분	세부 분류	예시
종교어	불교어	인연(因緣), 건달(乾達), 무심(無心), 상사(上士), 신통(神通), 야단법석(野壇法席), 점심(點心) …
	유교어	군자, 소인, 대장부 …
	기독교어	십자가, 은혜, 구원, 물질, 전도 …

④ 차용어 및 외래어: 외국어 어원의 단어를 빌려 사용하는 단어인 차용어의 변천사도
　　한국어 어휘 문화 연구의 주요 관심 영역이다. 특히 한국어에 강한 영향을 준 외래
　　어인 한어계·몽고어계·일본어계·영미어계 등에 주목하여, 시대별로 차용어의 변천
　　사가 어떻게 나타나는지를 논하여 그 문화적 의미를 살펴볼 수 있다. 차용어 어휘
　　항목이 한국어의 어휘 체계에 정착하는 경우 이를 외래어라고 한다. 외래어 또한
　　개별 어휘 항목의 어원에 따라 다양한 문화적 의미를 추출할 수 있는 자료가 된다.
　　아직 제대로 정리되어 있지 않은 다양한 일본어계 외래어를 유형적으로 체계화하
　　는 작업, 일본계 한자어와 중국계 한자어의 변별과 그 유입 경로를 비교하는 작업
　　등이 이루어질 필요가 있다.

[표 6] 외래어의 분류와 사례

구분	세부 분류	예시
외래어	고유 일본어	오뎅, 구두, 와리바시 …
	훈독 일본어	철학, 과학, 연필, 내각, 철사, 병원, 우유, 개화 …
	일본어 숙어	허세를 부리다, 마각을 드러내다 …
	일본계 서구어	백미러, 올드미스, 오토바이, 앙꼬, 우동, 담배 …
	기타	'핑계' ← '빙자(憑藉)', '마포걸레' ← '맙(mop)' …

외래어는 한국어 어휘 체계 내부로 끊임없이 수용되고 있으며 최근에는 통신 기술의 발달로 인해 외래어의 사용이 더욱 일반화되고 있다. 특히 신어의 형성에도 외래어가 다양하게 활용되므로 그 흔적에서 문화교류의 실마리를 관찰할 수 있다.

⑤ 유행어 및 신어: 시대별 유행어나 신어는 언어와 사회·문화의 상관성을 읽을 수 있는 가장 좋은 자료이다. 특히 최근 한국어교육의 현장에서 의사소통 중심의 학습을 위한 현장 과제(task) 중심 학습법이 관심을 끌고 있는 만큼, 현장 언어의 생동감을 위해 유행어나 신어에 대한 사회언어학적 연구 성과들이 충분히 활용되어야 할 것이다.

(2) 구절 및 문장 차원의 문화어구

① 속담: 한국어 속담은 한국의 언어와 문화를 깊이 이해하는 데 중요한 자료이다. 속담은 짧고 간결한 형태로 한국인의 지혜, 가치관, 생활 방식 등을 담고 있다. 그러므로 한국어 속담은 한국인의 생활과 사고방식을 이해하는 데 중요한 자료로서, 한국어문화론의 연구 영역에서 다루어질 수 있다. 속담을 연구함으로써 한국의 전통과 문화, 언어적 특성, 사회적 가치 등을 종합적으

로 이해할 수 있으며, 이는 한국어와 한국 문화 연구에 깊이를 더하는 데 큰 도움이 된다.

[표 7] 속담의 분류와 사례

구분	세부 분류	예시
속담	교훈담	콩 심은 데 콩나고 팥 심은 데 팥 난다, 낮말은 새가 듣고 밤말은 쥐가 듣는다 …
	비유담	수박 겉핥기, 꿀먹은 벙어리, 개팔자, 청산유수 …
	길흉담	금기: 밤에 손톱 깎지 말라. 쌀 먹으면 에미 죽는다, 권유: 아이 많이 울려야 목청 좋아진다. 아침에 일찍 일어나면 부자된다 징표: 가마가 둘이면 두 번 장가간다, 아침에 까치 울면 재수 있다, 해몽: 꿈에 흰 옷 입으면 안 좋다, 꿈에 똥 만지면 운이 트인다

② 수수께끼: 수수께끼는 질문-응답 구조를 통해 지혜를 겨루는 전래담을 의미한다. 수수께끼가 세계 보편적으로 존재하는 문화어구인만큼, 한국어 수수께끼와 외국어 수수께끼의 대비를 통한 논의도 가능하다.

③ 인사말: 인사말은 일상생활의 의사소통에서 가장 고빈도로 사용하는 관용 표현이다. 한국어와 외국어 인사말의 구성을 비교하는 연구를 통해 민족성과 문화적 차이를 탐구할 수 있다.

④ 고사성어: 고사성어는 주로 고사를 배경으로 교훈이나 비유를 압축하고 있는 숙어를 의미한다. 한국어에서는 네 글자로 이루어진 한자 고사성어, 즉 사자성어가 대표적이다. 다만 글자수에 관계없이 고사를 담은 어휘라면 모두 고사성어로 포괄해도 무리가 없다.

[표 8] 고사성어의 분류와 사례

구분	세부 분류	예시
고사성어	사자성어	유비무환(有備無患), 고진감래(苦盡甘來) …
	기타	홍일점(紅一點), 출사표(出師表), 대장부(大丈夫) …

⑤ 숙어: 숙어는 여러 개의 어휘가 결합한 구성이 마치 한 단어처럼 사용되며, 그 구성 성분의 어휘적 의미와 구분되는 새로운 의미를 획득한 구성을 뜻한다. 흔히 관용어구 또는 관용 표현이라고 일컫기도 한다. 숙어의 구성요소가 지닌 어휘적 의미에서 제3의 새로운 의미가 형성되는 도출 과정을 살펴보면, 해당 언어가 사용되는 사회·문화적인 배경을 짐작해 볼 수 있다.

[표 9] 숙어의 분류와 사례

구분	세부 분류	예시
숙어	전통적 관용어	뒤를 보다, 낯을 붉히다, 한 잔 하다, 애쓰다, 간장을 녹이다, 애쓰다, 기가 막히다, 시집 가다/오다, 장가 들다, 간장 녹이다. 시치미 떼다, 마음 먹다, 속(가슴)이 타다, 애가 타다, 간담이 썩다, 불똥이 튀다, 간장을 태우다, 애가 끊어지다, 이갈다, 눈밖에 나다, 황천 가다 …
	타문화 차용 관용어	판도라의 상자, 뜨거운 감자, 황금알 낳는 거위 …

2) 한국어 문자 문화 연구

한국어 문자 문화 연구는 한국어의 문자 사용과 관련된 문화적·역사적·사회적 특성을 연구하는 분야이다. 전통적으로 한국어의 표기에 사용되어 온 문자를 고려하여 보았을 때, 한국어 문자 문화 연구의 핵심은 한자 및 한글 문화의 실상을 탐구하는 영역이라고 할 수 있다. 나아가 한국어의 문자 문화에 대한 논의는 한자의 차용과 활용, 한글의 창제와 발전에만 그치지 않고, 이를 바탕으로 형성된 한국 문학, 인쇄·출판 문화, 디지털 시대의 문자 문화 등 다양한 측면을 포괄할 수 있다.

(1) 차자론(借字論)

차자론은 고대국어 시기부터 조선시대에 이르기까지 한국어를 표기하기 위해 한자를 사용하는 방법인 차자법의 원리와 발달을 연구하는 분야이다. 한국어를 표기하기 위한 고유의 문자인 훈민정음이 창제되기 이전 시기까지 한자를 이용한 차자법은 한국어를 문자언어로 표기하는 유일한 방법이었다. 차자표기의 발전 단계는 간략하게 '한자 차용 → 고유명사 표기 → 서기체(誓記體, 국어 어순식 표기) → 향찰(鄕札), 이두(吏讀), 구결(口訣)' 순으로 정리되며, 각 시기 문헌 자료를 바탕으로 개별 차자법의 원리와 사용 환경을 검토하여, 한자와 관련된 한국어 문자 문화를 탐구할 수 있다.

(2) 한글의 창제와 발전 및 문화적 정체성 확보

세종대왕이 1443년에 새로운 문자를 창제하고 1446년에 반포함으로써, 한국어는 고유의 문자 체계를 갖추었다. 세종대왕은 이 문자를 훈민정음(訓民正音)이라고 이름을 지었는데, 이는 '백성을 가르치는 바른 소리'라는 뜻이다. 현재 이를 '한글'이라고 부른다. 한글은 가획의 원리에 따라 발음의 변화를 자형의 획에 반영하여, 각 자음자 및 모음자가 계열을 이루도록 구성되어 있다. 또한 한글 표기는 자음과 모음의 구조적인 조합으로 이루어지며, 자음자와 모음자를 모아쓰기하여 음절 단위로 자형을 구성하는 특성이 있다. 이러한 한글 특유의 과학적 원리와 표기법은 발음과 문자 간의 일치성을 높여 학습 및 사용의 실용성을 크게 높인다.

한글은 한국인의 문화적 정체성을 상징하는 대표적인 문화 유산이기도 하다. 한글은 문자를 만든 목적과 원리를 알 수 있는 세계 유일의 문자이다. 세종대왕이 문자를 창제하기 전에 백성들은 중국의 한자를 사용하거나 한자의 소리와 뜻을 빌려서 이두(吏讀), 구결(口訣), 향찰(鄕札)로 우리말을 기록했다. 그러나 한자와 한자 차용 체계는 일반 백성들이 사용하기는 어렵고 불편했다. 이를 안타깝게 여긴 세종대왕은 백성을 위하는 마음으로 사용하기 쉬운 문자체계로 한글을 만들었다. 하지만 국가 공식문자로 사용되지 못하다가 1894년 고종의 칙령으로 국가가 인정하는 나랏글이 되었다. 한글은 일제강점기에 어려움을 겪기도 했지만 우리말글을 지키기 위한 꾸준한 노력으로 지금에 이르렀다.현대 대한민국 정부에서는 한글 창제를 기념하는 날인 한글날(매년 10월 9일)을 국경일로 지정하여, 한국어와 한글의 중요성을 되새기는 계기로 삼고 있다. 최근 한류의 확산과 함께 한글도 국제적으로 주목받고 있으며, 외국인들이 한글을 학습함으로써 한국 문화를 이해하려는 경향도 증가하고 있다.

(3) 한자 사용과 영향

한자는 한글 창제 이전부터 오랫동안 한국에서 사용되었다. 한글 표기가 일반화된 오늘날에도 일부 문자생활의 환경에서는 여전히 한자 표기가 중요하게 다루어지고 있다. 특히 인명·지명 등의 고유명사, 적확한 어휘 선택이 요구되는 학술 텍스트, 일부 전통적인 문헌 등에서는 한국어의 한글 표기만큼이나 한자 표기가 일반화되어 있는 경우를 찾아볼 수 있다. 한편 한자 표기를 직접 사용하지 않더라도 한국어 어휘의 상당수는 한자어로 구성되어 있기 때문에, 단어의 형성소로서 개별 한자의 의미를 직관적으로 인식하고 있는 경우가 많다. 따라서 어휘적 측면에서 한자어의 영향은 한국어 단어의 풍부함과 의미적 정밀성을 더해주는 중요한 기능을 한다고 할 수 있다.

(4) 문학과 출판

한국의 고전 문학 작품들은 대부분 한문으로 기록되어 있는데, 이는 조선시대의 문학 창작을 주도한 양반층이 문학적 표현을 위해 한자를 사용하는 것을 선호하였기 때문이다. 다만 한글 창제 이후 중인 및 상민 등 평민층, 그리고 여성층을 중심으로 하여 한글 문학은 그 규모를 꾸준히 확장해 나갔다. 특히 평민층의 국문 소설 문화, 여성층의 언간(諺簡, 한글 편지) 및 내방가사(內房歌辭) 등 내간체(內簡體) 문화는 한글 문학의 발달사에서 중요한 역할을 차지한다. 더불어 조선시대의 활자 인쇄술 발전과 함께 출판 문화도 번성하게 되었는데, 특히 한글 문학은 인쇄 및 출판 문화가 발달하기 위한 수요로서 중요한 추진력이 되었다. 이후 조선 후기와 일제 강점기를 거쳐 현대에 이르러 한글 문학은 한국어의 문화유산으로 공고히 자리잡게 되었으며, 오늘날 한국은 다양한 한글 서적과 출판물을 활발하게 생산하고 있다.

(5) 교육과 문자 사용

한글은 음성과 자형이 구조적인 관계를 지닌 특유의 과학성으로 인해 학습 난이도가 낮아, 교육적 측면에서 매우 우수한 문자 체계로 인정받는다. 현대 한국 사회에서 한글은 고유의 문자체계로서 기초 교육의 중요한 부분을 차지하고 있다. 모든 국민은 의무교육 과정에서 한글을 읽고 쓸 수 있도록 교육받으며, 이는 한국의 높은 문해율로 이어진다. 일부 학교에서는 한국어 어휘력을 증진하기 위한 목적으로 한자 교육을 병행하여 한자어의 이해를 돕는 경우도 있다. 외국인 학습자를 대상으로 한 한국어 교육에 있어서도 한글 교육은 초급 단계의 가장 기초적인 영역에서 이루어지며, 한글 사용을 바탕으로 하여 한국어 교육을 수행하는 것이 보편적이다.

(6) 디지털 시대의 문자 사용

디지털 시대에 들어서면서 한글의 사용은 인터넷과 모바일 기기에서 더욱 활발해졌다. 한글은 로마자 알파벳과 같은 음소문자로서, 디지털 환경에서의 커뮤니케이션 속도와 효율성을 높이는 데 뛰어난 문자이다. 특히 가획의 원리에 따라 만들어진 한글 자음자 및 모음자의 구성은, 자판의 공간이 물리적으로 한정되어 있는 모바일 환경에서 매우 효율적인 자판의 개발을 가능하게 하였다. 한편 온라인 상에서 비언어적 표현을 대체하는 이모티콘, 효율적이고 참신한 표현을 추구하는 축약어 및 신어의 사용이 증가하면서, 언어규범을 중시하는 종래의 문자 사용과 명확히 구분되는 새로운 형식의 문자 문화가 관찰되고 있다. 이러한 새로운 문자 문화는 사용자들의 유행이나 관심도에 따라 매우 빠르게 변화한다는 특징이 있어, 개별적인 양상을 포착하여 분석하기보다는 그러한 변화를 가능하게 하는 언어외적 원리에 보다 주목할 필요가 있다. 특히 온라인 환경의 의사소통 비중이 비교적 높은 젊은 세대에서 이러한 변화를 주도하고 있는바, 젊은 세대가 한국어 문자 문화와 그 변화에 미치고 있는 영향이 점차 커지고 있다고 볼 수 있을 것이다.

한국어 문자 문화 연구는 한글과 한자를 중심으로 한국의 문자 사용과 배경을 연구하는 분야이다. 다만 문자 그 자체에 대한 탐구에 함몰되지 않고, 다양한 측면을 통해 문자 문화의 언어외적 실현을 함께 살핌으로서 한국인의 정체성과 문화적 유산을 이해하는 데 기여해야 한다. 한국어 문자 문화 연구는 한국어를 배우는 학습자들에게 이해와 흥미를 더하는 한편, 한국의 고유한 문화를 깊이 있게 이해하려는 사람들에게 새로운 지평을 제공할 수 있다.

3) 한국어 화법 문화 연구

한국어 화법 문화 연구는 한국어 화법과 관련된 문화적·사회적·언어적 특성을 연구하는 분야이다. 화법은 대화나 연설에서 말하는 방식과 태도를 의미하며, 이는 각 문화의 가치관·사회규범·인간관계 등을 반영한다. 한국어의 화법 문화와 관련된 주요 내용은 다음과 같다.

(1) 존대와 격식

한국어는 존댓말(높임말)과 반말(낮춤말)을 통해 상대방에 대한 존중을 표현한다. 이는 상대방의 나이, 사회적 지위, 친분관계 등에 따라 달라진다. 공적인 자리나 처음 만나는 사람에게는 주로 격식 있는 표현을 사용한다. 이는 상대방에 대한 예의를 표하고, 자신을 신뢰받을 수 있는 사람으로 보이도록 한다.

(2) 대화의 간접성

한국어 화법은 직접적으로 말하기보다는 간접적으로 돌려 말하는 경우가 많다. 이는 대화 참여자의 체면 손상을 방지하고 불쾌감을 줄이기 위한 방법이기도 하다. 그래서 한국어 언어예절에서는 민감한 주제에 대해 부드럽게 혹은 간접적으로 표현하는 완곡어법이 중요하게 여겨진다. 예를 들어 상대방이 명백한 실수를 한 상황이라 하더라도, 이를 지적하는 발화를 할 때는 직접적으로 말하기보다 간접적으로 말하는 것이 바람직하다.

(3) 거절과 요청 발화의 간접성

한국어 담화에서는 상대방의 행동의 변화를 요구하는 지령적인 발화를 할 때, 간접적인 화법의 사용이 특히 강하게 요구된다. 상대가 요청한 바를 직접적으로 거절하는 "아니요", "싫어요" 등의 발화는 매우 단호한 태도를 표현하는 것으로 인식된다. 이에 상대방의 체면을 위협하지 않고 거절 의사를 표현하기 위해서는 직접적인 표현을 사용하기보다 "생각해 볼게요", "고려해 볼게요" 등의 완곡한 의미를 지닌 발화를 선택한다. 요청의 화법에 있어서도 이는 마찬가지로 "~하세요", "~합시다" 등의 청유형 및 명령형 문장을 직접 발화하는 것은 대체로 회피된다. 대신 "(괜찮으시다면) ~하기를 도와주실 수 있을까요?", "~하기를 도와주시면 감사하겠습니다" 등의 완곡한 발화로 요청을 표현하는 것이 바람직하다.

(4) 경어법과 배려

한국어는 상대방의 지위와 나이에 따라 다양한 화계의 경어법을 사용한다. 이는 언어를 통해 상대방을 존중하고, 사회적 위계를 나타내는 중요한 요소이다. 또한 한국어 담화에서는 대화 참여자들 간 상대방의 감정을 배려하는 것이 중요한 언어예절로 간주된다. 이는 발화뿐 아니라 청취의 과정에서도 적용되는 것으로, 특히 청취자에게는 예의바르고 친절한 반응과 상대방의 말을 경청하는 태도가 중요하다. 이러한 문화적 배경으로 인해 한국어 화법에서는 적절한 순간에 침묵을 유지하는 것도 담화의 일부분으로 여겨진다. 상황에 따라서는 자신의 말차례에서 침묵을 선택함으로써 발화만큼이나 많은 의미를 전달할 수 있다.

(5) 친근함과 거리감

경어법은 대화 참여자 간의 위계뿐 아니라, 대화 참여자 간의 인식적·사회적 거리를 표시하고 조정하는 기능을 한다. 친근함과 거리감에 있어 가까운 사이에서는 주로 반말을 사용하며, 먼 사이에서는 주로 존댓말을 사용한다. 다만 경어법을 통한 인식적·사회적 거리 조정에는 대화 참여자 간의 관계뿐 아니라 담화 상황도 함께 고려된다. 예컨대 발화자와 청취자가 사적으로 친밀한 관계를 형성하고 있다 하더라도, 대화가 이루어지는 환경이 공적 담화 상황인 경우에는 상호 존댓말을 사용함으로써 적절한 거리를 유지하는 것이 바람직하다.

한국어 화법 문화 연구는 한국인의 대화 방식과 태도를 연구하여, 이를 통해 한국 사회의 문화적·사회적 특성을 이해하는 데 기여한다. 존대와 격식, 간접적 표현, 경어법 사용, 예의와 배려 등 다양한 요소를 통해 한국어 화법은 상대방을 존중하고 배려하는 문화를 반영하고 있음을 알 수 있다. 한편 이러한 화법 및 언어예절에 대한 인식은 고정적인 것이 아니며 세대에 따라 조금씩 달라지기도 한다. 예컨대 젊은 세대는 기성세대에 비해 직설적이고 간결한 화법을 선호하는 경향이 있다. 또한 글로벌화로 인해 외국어와의 혼용이나 외래어 사용이 증가하면서, 외국의 화법 및 언어예절이 전통적인 화법에 영향을 주는 등 변화가 일어나고 있다. 이러한 연구는 한국어를 배우는 학습자들에게도 중요한 문화적 이해를 제공하며, 효과적인 한국어 의사소통을 돕는 실용적인 의의를 지닌다.

4) 한국어 문체 문화 연구

한국어 문체 문화 연구는 한국어의 문체적 특성과 그 배경에 대해 연구하는 분야이다.

문체는 언어 사용의 특정한 방식이나 스타일을 말한다. 문체는 어휘·문법·표현 등의 방식을 통해 구성된다. 한국어에는 다양한 문체가 존재하며, 이는 사회적 상황, 사용자의 지위나 목적 등에 따라 달라지기도 한다. 이러한 한국어의 다양한 문체적 양상을 분석하여 분류하고, 그 문체가 형성되는 사회적·역사적·문화적 요인을 탐구할 필요가 있다.

(1) 사회적 요인과 문체

한국어의 문체는 사회적 요인에 따라 구분된 각 집단마다 서로 다르게 나타날 수 있다. 예컨대 상류층·중류층·하류층 등 각 사회적 계층에 따라, 젊은 세대와 기성세대 등 연령이나 세대에 따라 서로 구분되는 고유한 문체적인 특성을 관찰할 수 있다. 이러한 문체적 차이는 각 집단마다 언어 교육 수준, 주로 노출된 담화 환경, 주류 의사소통 매체, 언어 태도와 인식 등이 복합적으로 작용하여 발생하는 일종의 사회언어학적 차이라고 할 수 있다.

(2) 역사적 배경과 문체

시대 변화에 따라 한국어의 전형적인 문체도 함께 변화하므로, 역사적 배경에 따른 한국어 문체의 변천사를 논의할 수 있다. 다만 고대 및 중세 시대 한국어의 문체는 역사적으로 전해지는 시조·민담 등의 문헌을 통해 그 특성을 짐작할 수 있을 뿐, 기록 자료의 부족으로 구체적인 실체를 확인하기는 쉽지 않다. 중세 한국어의 산문을 살펴보면 '~고, ~며, ~니, ~고, ~야, ~라' 등 장황한 형식으로, 연결어미를 반복 사용한 장문·혼문 구조가 빈번하게 나타난다는 점이 특징적이다. 즉 정보구조의 연결에 연결어미를 선호하는 '장문 연결어미 중심 문체'라고 할 수 있다.

반면 근대 이후의 한국어는 문헌 및 음성 자료를 바탕으로, 이전 시기의 한국어에 비해 문체를 비교적 명확하게 재구할 수 있다. 개화기를 거치면서 근대 이후 한국어는 '~다.'로 종결되는 단문 구조의 사용 빈도가 매우 높아졌다. 개별 정보구조를 연결할 때는 '~다. 그리고 ~다. 그러나 ~다. 그런데 ~다' 등의 형식으로, 접속부사를 사용하여 여러 단문을 나열하는 문체를 선호하게 되었다. 이는 즉 정보구조의 연결에 접속부사를 선호하는 '단문 접속부사 중심 문체'라고 할 수 있다. 근대 한국어의 문체는 언어 정비 및 국어 교육 등 언어 정책 및 계획에 의해 조정되었으며, 이것이 현대 한국어의 기본적인 틀을 형성하였다고 볼 수 있다.

(3) 문체와 문학

한국 문학 작품들은 갈래마다 고유의 문체를 가지고 있다. 시·소설·극 등 다양한 장르에서 각기 다른 문체가 표현된다. 특히 현대 문학 작품에서는 전형적인 문체와 함께, 작가 개별의 고유한 문체가 자유롭게 혼재되어 나타나는 경향이 있다. 문학은 언어의 아름다움과 특성을 극대화하는 예술인바, 문학 이론과 연관한 한국어 문체 연구가 이루어질 필요가 있다.

(4) 현대 한국어의 변화와 문체

인터넷과 모바일 플랫폼의 발달로 인한 의사소통 매체의 확장은 언어 사용의 범위를 넓히며, 이에 따라 새로운 문체적 요소를 추가할 수 있다. 특히 이모티콘, 축약어, 신어 등은 현대 한국어의 문체를 변화시키는 중요한 요소로 주목된다. 또한 한류와 같은 문화적 현상을 바탕으로 한 외국어문화와의 교류·통섭은 한국어의 문체에 영향을 미치며, 전 세계적으로 한국어 사용의 다양성을 널리 알리는 데 기여하고 있다.

(5) 교육과 문체

국어 교육 및 한국어 교육에서는 표준어와 일상어, 문어와 구어, 존댓말과 반말 등 다양한 문체를 학습하도록 한다. 이는 학습자들이 다양한 담화 상황에 따라 적절하게 문체를 선택할 수 있도록 하기 위함이다. 특히 한국어 교육에서는 기본적으로 표준어 학습이 일관적으로 강조되지만, 특정 담화 환경에서 적절한 문체를 선택하는 능력은 한국어 사용의 유창성을 크게 증진시키는 요소가 된다.

한국어 문체 문화 연구는 한국어의 다양한 문체적 양상을 이해하고 분석함으로써 언어 사용의 규칙과 변화, 그 배경을 탐구하는 분야이다. 이러한 연구는 언어 교육, 문학 연구, 사회 문화 분석 등 다양한 분야에서 중요하게 작용하고 있으며, 한국어 사용자들의 언어 이해와 문화적 정체성을 이해하는 데 귀중한 자료를 제공한다.

5) 한국어 방언 연구

방언은 특정 요인에 따라 내부적 차이가 실현되는 한 언어의 하위 분화체를 의미한다. 한국어 방언은 다양한 차원에서 나타나는데, 특히 전통적으로 논의되어 온 한국어 방언은 지역 방언이다. 지역 방언의 특징을 구획에 따라 논의하는 것은 일상생활에서의 언어 사용을 이해하는 데 중요한 부분을 차지한다. 한국어문화론의 관점에서 이루어지는 한국어 방언 연구의 주요 내용을 정리하면 다음과 같다.

첫째, 방언의 다양한 분류에 대한 설명이다. 특정 지역에서 사용되는 언어 변이인 지역 방언과 사회적 계층에 따라 달라지는 언어 변이인 계층 방언, 연령대에 따라 달라지는 언어 변이인 세대 방언, 성별에 따라 달라지는 언어 변이인 성별 방언 등을 한국어 방언의 주요 분류로 들 수 있다.

둘째, 지역 방언의 실재성과 중요성에 대한 설명이다. 한국인은 태어난 지역에 따라 서로 다른 방언을 자신의 모어로 삼게 된다. 최근에는 표준어의 영향으로 방언적 특성이 점점 약화되고 있는 추세이긴 하나, 억양·담화표지 등 일부 언어적 특성은 표준어형으로 조정하기가 매우 어렵다. 특히 공적 영역에 해당하는 담화 상황에서는 표준어 발화를, 사적 영역에 해당하는 일상생활에서는 방언형 발화를 수행하는 화자가 늘어나고 있다. 따라서 방언이 구획되는 각 지역에 따른 일상언어 사용 양상에 대한 이해는 한국어 체계를 온전히 밝히는 데 중요한 요소가 된다. 이와 더불어 지명, 설화 등에 반영된 방언적 요소를 바탕으로 민족의 문화 자산으로서의 가치를 논의할 수 있다.

셋째, 방언에 대한 언어 교육적 접근이다. 국어 교육에서 방언을 다루는 데 있어 가장 주목해야 하는 점은 방언에 대한 올바른 언어의식 형성에 있다. 즉 언어 교육의 목적상 공적 영역에서는 표준어 사용을 유도하되, 사적 영역에서 주로 사용되는 방언을 표준어에 비해 열등한 것으로 인식하지 않도록 주의해야 한다. 한국어 교육에 있어서도 대체로 표준어 학습이 강조되지만, 일상언어의 사용 영역에서는 방언에 대한 이해가 바탕이 되어야 유창성을 더욱 높일 수 있다. 특히 고급 단계에서는 방언을 포함한 언어 자료를 활용하여 한국어 지역 방언에 대한 이해를 높여야 한다.

6) 한국어 문학 연구

한국어 문학 연구는 문학과 언어의 상호 이해를 돕기 위해 문학 작품을 언어학적으로 분석하고 문화사적으로 해석하는 방법론이 필요하다. 이를 위해 텍스트언어학과 문체론 등을 참조하여 문학·언어·문화를 입체적으로 연결해야 한다.

문학 작품의 감상은 한국어와 한국 문화를 통합적으로 이해할 수 있게 한다. 특히 고전 문학류는 풍부한 이야기와 다양한 인물·사건을 통해 언어 사용자 및 학습자의 흥미를 높이는 데 유용하다. 한국어 문학 연구의 실용화를 위한 기초 연구로서, 고전 문학의 주요 모티프가 되는 어휘인 '바보, 효자, 도깨비, 토끼' 등을 중심으로 관련 설화를 체계적으로 정리하는 작업이 이루어져야 할 것이다.

또한 한국어 문학 연구의 관점에서 현대 문학에 대한 체계적인 재분류가 이루어질 수 있다. 예컨대 한국 현대 문학은 개화기 계몽 문학, 일제하 저항 문학과 순수 문학, 6·25 전쟁 문학, 산업화 시대의 민주화·빈부·통일 문제를 다룬 민족 문학 등으로 구분할 수 있다. 나아가 이러한 분류를 통해 한국 역사와 문학을 이해하는 한편 한국어의 문학적 가치를 학습할 수 있어야 한다.

한국어 문학 연구가 이루어지기 위해서는 무엇보다 텍스트 자료의 아카이빙 작업이 선행되어야 한다. 체계적인 언어 자료 계획을 통해 한국어 문학을 깊이 이해하고 이를 교육에 효과적으로 활용할 수 있는 기반을 구축해야 한다. 나아가 교육적인 차원에서도 학습 수준에 따라 신화, 설화, 전래 동화, 시조, 고대소설, 가사, 판소리, 민요, 현대문학 등 다양한 한국 문학 장르를 활용하는 비중을 높일 필요가 있다.

3. 광의의 연구 영역

광의의 한국어문화론은 한국어를 사용하는 사회적·역사적·심리적 맥락을 포함하여, 한국어와 관련된 다양한 외부 요인을 탐구하는 모든 영역을 포괄한다. 한국어문화론의 범위는 문화적 요소와 연관된 한국어를 직접 분석하는 연구에 국한되지 않으며, 한국어와 관련된 다양한 인접 분야에 대한 탐구를 아우르는 분야로 설정되는 것이다.

광의의 한국어문화론에서 다루어지는 연구 주제의 사례는 다음과 같다. 첫째, 한국어가 지닌 세계적 위상의 동향을 살피고, 미래 사회에서 한국어의 존속 가능성에 대해 예측하는 한국어 위상 연구이다. 둘째, 한국어가 어떠한 과정으로 형성되고 발전되었는지, 나아가 인접 언어들과 역사적으로 어떤 관련이 있는지에 대한 한국어 계통 연구이다. 셋째, 한국어로 이루어진 한국인의 이름에 대해 문화인류학적 관점으로 탐구하는 한국어 성명 문화 연구이다. 넷째, 한국인의 언어에 대한 인식과 한국인이 지닌 철학적 세계관의 연관성을 다루는 한국어 사상철학 연구이다. 다섯째, 한국어의 사용 양상을 살피고 그것이 한국인의 인지 과정에 어떻게 연관되는지를 탐구하는 한국어 심리 연구이다. 여섯째, 해외에서 한국어가 사용되고 있는 다양한 맥락과 그 문화적 의미를 탐구하는 해외 한국어문화 연구이다. 이하 문단에서는 각 세부 영역의 개요를 설명하고, 각 영역에서 다루는 핵심적인 논제의 사례를 일부 소개한다.

1) 한국어 위상 연구

한국과 한국어의 세계적 위상은 한국인 스스로의 인식에 비해 높은 편이다. 2000년대 이후 2020년대까지 한국의 경제 규모는 GNP와 총 무역량이 모두 세계 10위권 내에 머무르고 있다. 인구를 살펴보면 2020년대 기준 대한민국의 인구는 약 5,000만으로 세계 20위권에 있으며, 북한 약 2,500만과 재외 동포 약 600만 등을 포함하면 약 8,100만 내외로 세계 10위권에 들 만큼 증가하였다. 또한 수천 년의 민족 역사에서 단일 언어문화를 유지한 민족으로는 유대인과 한국인이 대표적이라는 점도 주목할 만하다.

[표 10] 5천만 명 이상 모국어로 사용하는 세계 언어 순위표
(Gary Simon, Ethnologue the 27th edition, 2024.2.)

순위	언어	주요 국가	사용 국가 수	사용자 수(백만)
1	만다린 중국어 Mandarin Chinese	중국	4	941
2	스페인어 Spanish	멕시코, 스페인	31	486
3	영어 English	미국, 영국	58	380
4	힌디어 Hindi	인도	4	345
5	벵골어 Bengali	방글라데시, 인도	4	237
6	포르투갈어 Portuguese	브라질, 포르투갈	13	236
7	러시아어 Russian	러시아	17	148
8	일본어 Japanese	일본	2	123
9	광둥어(월어) Yue Chinese(Cantonese)	중국, 홍콩	7	86
10	베트남어 Vietnamese	베트남	3	85
11	터키어 Turkish	터키	12	84
12	오어 Wu Chinese	중국	1	83
13	마라티어 Marathi	인도	2	83
14	텔루구어 Telugu	인도	2	83
15	서부 펀자브어 Western Punjabi	파키스탄	4	82
16	한국어 Korean	대한민국, 북한	2	81
17	타밀어 Tamil	인도, 스리랑카	4	79
18	이집트 아랍어 Egyptian Arabic	이집트	16	78
19	독일어 German	독일, 오스트리아	16	76

순위	언어	주요 국가	사용 국가 수	사용자 수(백만)
20	프랑스어 French	프랑스, 캐나다	29	74
21	우르두어 Urdu	파키스탄, 인도	5	70
22	자바어 Javanese	인도네시아	1	68
23	이탈리아어 Italian	이탈리아	13	64
24	페르시아어 Persian(Farsi)	이란	6	62
25	구자라트어 Gujarati	인도	2	58
26	하우사어 Hausa	나이지리아	6	54
27	보지푸리어 Bhojpuri	인도	2	53
28	레반트 아랍어 Levantine Arabic	시리아, 레바논	4	51
29	민남어(호키엔) Southern Min(Hokkien)	중국, 대만	7	51

전 세계 자연어의 통계를 제공하는 에스놀로그(Ethnologue)의 2024년 판본에 의하면 한국어의 경우 모국어 사용 인구수로는 세계 16위로, 공용어 사용 인구수로는 세계 15위로 기록되어 있다.[7] 또한 한국어의 고유 문자인 한글은 전 세계 400여 개의 문자 가운데 최고의 표음문자로서 독창성·과학성을 인정받고 있다.

교육적 측면에 있어 이러한 한국어의 문화적 위상을 강조하는 것은 언어 학습의욕을 높이는 데 크게 기여한다. 특히 국어를 배우는 내국인 학생 및 교포뿐만 아니라 외국인을 대상으로 한 한국어 교육의 서두에 이러한 위상을 강조할 필요가 있다.

2) 한국어 계통 연구

한국어 계통 연구는 한국어가 어떤 언어들과 역사적·계통적으로 관련이 있는지를 연

---

7   다만 한국어보다 앞선 순위에 놓인 인도·파키스탄 지역의 펀잡어(Panjabi, 4,000만-7,000만), 인도네시아의 자바어(Javanese, 4,500만-6,500만), 인도·네팔 지역의 비하리어(Bihari, 4,000만-6,500만)는 추정 인구수의 폭이 커서 상대적으로 신뢰도가 높지 않은 불확실한 통계이다. 즉 한국어 사용 인구가 이들의 실제 인구보다 많아 순위가 더 높아질 가능성이 있다.

구하는 분야이다. 한국어의 기원과 계통에 대해서는 다양한 가설이 제안되어 왔으나, 아직 학계에서 확립된 정설은 없는 실정이다.

(1) 북방계: 알타이어족설

한국어 계통에 대해서는 현재 북방계설, 그 중에서도 알타이어족설(이기문, 1972)이 가장 널리 알려져 있다. 알타이어족설은 한국어가 터키어, 몽골어, 퉁구스어 등과 같은 알타이어족에 속한다는 이론이다.[8] 한국어가 일본어와 함께 알타이어족에 속한다는 학설은 오랜 기간 정설로 받아들여져 왔으나, 이에 대해 의문을 제기한 논의 또한 활발하게 보고되어 왔다. 한국어와 일본어는 알타이어족의 특징과 실제적인 친연성이 높지 않기 때문이다. 알타이어족설이 설득력을 강화하기 위해서는 한국어와 몽고·터키·만주어 상호 간의 관계가 더욱 강조되어야 할 것이다. 다만 최근의 언어학적 연구에서는 알타이어족이라는 분류 자체의 타당성이 다소 의심받기도 한다.

[표 11] 북방계 언어와 한국어의 유사성 사례

어휘 항목	한국어	만주어	몽골어	중세몽골어
봄(春)	pom	fom	on	horn
불(火)	pul	fulgije	üiije	hülie
빌-(願; 소원을 ~)	pil	firu	irüge	hirüger
붓-(泊; 물을 ~)	pus	fusu	ösür	·

(2) 남방계: 인도 드라비다어족설

남방계설은 한국어가 남방계 언어들, 특히 드라비다어족과 관련이 있을 가능성을 제기

8　알타이어족설만큼 활발한 논의가 이루어지지는 않았으나, 고아시아 어족설(시베리아 어족설) 또한 소개할 만하다. 고아시아 어족설은 고아시아 어족의 기층을 기반으로, 나중에 이동해 온 알타이어족의 기층이 덮여 한국어가 발달하였다는 가설이다(김방한, 1981).

한다(Herbert, 1905). 이 이론은 주로 드라비다어족에 속하는 다른 언어와의 어휘적 유사성을 기반으로 한다. 다만 문법적 유사성은 어휘적 유사성만큼 높지 않다는 점에서 비판점이 있다.

남방계설을 논의할 때는 『삼국사기』 및 『삼국유사』에 아유타국(阿踰陀國) 출신으로 기록된 가야 김수로왕의 왕비 허황옥(許黃玉) 설화도 소개할 수 있을 것이다.[9]

[표 12] 남방계 언어와 한국어의 유사성 사례

어휘 항목	한국어	드라비다어	어휘 항목		한국어	드라비다어 (타밀어-칸나다어)
쌀	ssal	sal, hal	1인칭 대명사	보조사(-는)	nanin(나는)	na-nu
				여격(-에게)	naege(내게)	nan-age
				대격(-를)	naril(나를)	nan-nannu
벼	byə	biya	2인칭 대명사	보조사(-는)	nənin(너는)	ni-nu
				여격(-에게)	nəege(네게)	nin-aga
				대격(-를)	nəril(너를)	nin--nannu
씨	ssi	bici	3인칭 대명사	보조사(-는)	kinin(그는)	ava-nu
				여격(-에게)	kiege(그에게)	avan-ige
				대격(-를)	kiril(그를)	avan--nannu
풀	pul	pul	1인칭 복수 대명사	보조사(-는)	urinin(우리는)	na-vu
				여격(-에게)	uriege(우리에게)	nav-age
				대격(-를)	uriril(우리를)	nav-annu

---

9 『삼국유사』에 기록된 아유타국(阿踰陀國)에 대한 해석은 학자에 따라 다양하나, 현대 인도 북부의 아요디아(Ayodhya) 지역, 혹은 인도 남부의 카니야쿠마리(Kanyakumari) 지역의 고대 국가를 지목하는 가설이 있다. 이 가설을 받아들인다면 허황옥 왕비의 모어인 고대 인도 드라비다계 언어와 금관가야가 위치하였던 한반도 남부 지역 고대국어는 어떠한 관계에 있었을지 생각해 볼 수 있는 흥미로운 기록이 된다.

(3) 기타: 고립어설, 일본어 연관설

최근에는 한국어가 현대의 인접 언어와 어족을 이루지 않고 독자적으로 발전한 것이라는 견해도 제기되고 있다. 이에 일부 학자들은 한국어가 다른 언어들과 계통적으로 명확한 관계를 맺지 않고 독자적으로 발달했다는 고립어설을 주장하고 있다. 이러한 관점에서는 언어 계통도에서 한국어가 하나의 독립한 가지를 이루게 된다.

한편 한국어와 일본어의 관계에 관심을 갖는 학자들은 한국어와 일본어의 유사성에 주목하는 연구를 발표하고 있다. 두 언어는 문법 구조와 어휘에서 많은 유사점을 보이지만, 이들 사이의 계통적 관계는 아직 명확히 규명되지 않았다. 이에 한국어와 일본어를 동일한 계통으로 보는 가설도 있지만, 단순히 오랜 기간의 문화적 교류로 인해 유사성이 발생하였다고 보는 가설도 있다. 따라서 한국어와 일본어의 관계를 규명하기 위해서는 고대국가 이래 일본의 한반도 도래인(渡來人) 및 한국 도래문화(渡來文化)에 대한 분석이 함께 이루어져야 한다. 아울러 '연오랑세오녀(延烏郎細烏女)' 설화와 같은 일본 이주 한국인 설화도 이에 관련하여 언급할 수 있을 것이다.

이처럼 한국어 계통 연구에 관해서는 아직 해결되지 않은 복잡한 문제가 남아 있다. 많은 연구자들이 다양한 방법론과 자료를 통해 한국어의 기원을 밝히기 위해 노력하고 있으나 확실한 합의에 도달하지 못하고 있어, 앞으로도 활발한 연구가 계속될 것으로 예상된다.

3) 한국어 사상철학 연구

한국어 사상철학 연구는 한국인의 언어관과 같은 사상철학적 문제를 다루는 학문 분야이다. 이 분야에서는 한국인의 언어관을 비롯하여 종교 언어의 양상, 그리고 사상 철학적 사유 도구로서의 한국어 사용 양상 등을 탐구한다. 한국어 사상철학 연구의 주요 내용은 다음과 같이 정리할 수 있다.

첫째, 한국인의 언어관과 이에 따른 언어 사용 양상을 밝히는 것이다. 한국인은 언어를 절제하는 침묵과 근신을 중요시하며, 이에 따라 언어 사용에 신중을 기하는 경향이 있다. 둘째, 종교 언어의 양상으로 종교적 맥락에서의 한국어 사용과 그 철학적 의미를 분석하는 것이다. 셋째, 한국어의 사유 도구로서의 역할을 분석하는 것이다. 한국어가 사상과 철학적 사고를 표현하는 도구로 어떻게 사용되는지를 고찰한다. 이러한 연구는 한국어의 본질과 그 사용 방식에 대한 깊은 이해를 제공하며, 한국문화와 사상에 대해 포괄적으로 인식할 수 있도록 해준다.

한편 한국인의 언어관에 대한 이해를 높이기 위해, 이러한 언어관의 형성 과정을 고대부터 현대까지 통시적으로 조망해 보는 것도 흥미로운 연구 논제가 된다. 고대 한반도에서는 언어나 문자의 신성함을 믿는 주술적 언어관이 돋보였다. 단군신화의 "상기우신웅원화위인(上祈于神雄 願化爲人, 항상 환웅에게 빌어 인간이 되기를 원하였다)", 김수로왕 관련 구지가(龜旨歌), 수로부인 관련 헌화가(獻花歌), 그 외에도 해가사(海歌詞), 서동요(薯童謠), 처용가(處容歌) 등 당대의 언어 관련 기록에서 토속적·불교적 주술성이 드러난다.

중세에는 우리말과 글의 주체성을 강조하는 자주적 언어관이 발달하였다. 예컨대『균여전(均如傳)』서문에는 고려 초기의 문신 최행귀가 균여대사가 지은 10구체 향가를 한시로 번역함으로써 균여의 불교 진리를 번역하여 중국에 알리려 했다는 기록이 남아 있다. 『훈민정음』해례본의 정인지 서문에는 한자 차자법의 한계를 밝히고 지역 풍토마다 언어 문자가 다를 수밖에 없다는 근거로 정음 창제의 당위성을 설명하고 있다. 이러한 기록을 통해 고려시대 및 조선시대의 주체적 언어관을 엿볼 수 있다.

개화기에는 언어를 통해 사람들을 교화하고자 하는 계몽적 언어관이 두드러졌다.『독립신문』사설, 주시경(周時經)의 『국어문법』서문 등에서 이러한 언어관을 확인할 수 있다. 종교적 차원에서 이루어진 성경의 번역 수용 양상에서도 당대의 언어관과 문화사적 의의를 도출할 수 있다.

일제강점기에 이르러서는 민족주의적·저항적 언어관이 부각되었다. 「한글마춤법통일안」(1933) 등 각종 표기규범을 완성하고『우리말큰사전』을 편찬한 조선어학회의 연구 정신, 1942년 10월 조선어학회 사건에서 확인되는 식민지 언어에 대한 저항 정신 등이 특히 주목된다. 조선어학회를 계승한 한글학회에서 1991년부터 1992년까지 간행한 『우리말큰사전』 서문에서 당대의 저항적 언어관을 구체적으로 확인해 볼 수 있다.

그리고 현대에는 복합적 언어관이 형성되어 있다. 민족주의적 언어관을 계승하는 국어 순화 운동, 순우리말 운동 등에서 한국어를 자랑스럽고 아름답게 여기는 자주적·긍정적인 언어관이 확인되는 반면, 상품명이나 상호명 등에서 한국어보다 외래어를 선호하는 등 한국어를 세련미가 없고 고루하다고 여기는 사대적·부정적인 언어관도 함께 확산되어 있다. 예컨대 100여 년 전의 광고문안과 최근의 광고문안을 비교하여 본다면 이러한 복합적 언어관의 갈등을 살펴볼 수 있을 것이다.

다만 한국인의 언어관이 이처럼 점차 다변화되고 있음에도 여전히 그 총체적인 경향은 동양적 언어관의 전형성에 기반한 것으로 보인다. 한국인들은 전통적으로 언어를 경계(警戒)의 대상으로 여기며, 침묵을 자기 표현을 억제하는 수양(修養)의 도구로 인식해 왔다. 이러한 언어관은 언어에 대한 비개성적·소극적·윤리적 관점을 바탕으로 하는데,[10] '침묵이 금이다', '낮말은 새가 듣고 밤말은 쥐가 듣는다', '말이 씨가 된다' 등의 격언이 공통적으로 가리키는 바 말을 아끼는 행동이 지혜롭다는 인식은 현대 한국 사회에서 여전히 유효하게 받아들여지고 있다.

이처럼 통시적으로 정리한 시대별 언어관은 한국어에 대한 문화적 인식 변화나 국어 수호정신을 이해하는 데 중요한 도움을 줄 수 있다. 특히 한국어 교육의 문화 학습 요소를 편성하는 데 있어, 한국어 사상철학 연구는 반드시 고려해야 하는 영역이라고 할 수 있다.

---

10 이에 대비되는 서양적 언어관은 자기표현을 중시하는 개성적·적극적·과학적 언어관을 특징으로 한다. 이러한 서양적 언어관은 토론·웅변·변증법적 변론술 등의 수사법이 발달했던 고대 희랍, 그리고 의회 민주주의의 정치 체제 및 자연과학·철학의 언어를 발달시킨 근대 유럽의 역사에서 비롯된 것이다.

4) 한국어 심리 연구

언어와 사고의 상관성을 연구하는 분야를 언어심리학이라고 한다. 언어심리학의 하위에서 한국어라는 개별 언어를 다루는 한국어 심리 연구의 영역을 설정할 수 있다. 즉 한국어 심리 연구는 한국어 사용자의 심리적·정서적·인지적 특성을 연구하는 학문이다. 이는 심리학과 언어학의 교차점에 위치하며, 한국어가 사용되는 상황에서 사람들의 심리적 반응과 행동을 탐구한다. 한국어 심리 연구의 주요 내용은 다음과 같다.

첫째, 한국어와 대화 참여자의 감정의 연관성이다. 우선 화자가 한국어를 사용하여 감정을 표현하는 방식을 연구할 수 있다. 한국어의 다양한 존댓말 체계와 어휘가 감정 표현에 어떤 영향을 미치는지 탐구한다. 다음으로는 청자가 한국어로 표현된 감정을 어떻게 인지하고 해석하는지 연구할 수 있다. 예를 들어 말투나 어조, 특정 단어 선택이 감정 인지에 어떤 영향을 미치는지 분석하는 것이 이에 해당한다.

둘째, 한국문화와 한국어의 관계와 상호작용이다. 한국어가 한국인의 문화적 가치관·세계관의 형성에 어떤 역할을 하는지 분석하는 것이다. 예를 들어 존댓말 사용이 사회적 관계와 계층구조 인식에 어떤 영향을 미치는지 연구할 수 있다. 나아가 한국 사회의 전형적인 문화적 특성인 집단주의, 유교 사상 등이 언어 사용과 의사소통 방식에 어떤 영향을 미치는지 살필 수 있다.

셋째, 사회적 상호작용과 한국어 사용의 관련성이다. 한국어 담화를 통해서 한국인들이 대인관계를 형성하고 유지하는 방법에 대한 연구가 이에 해당한다. 예를 들어, 존댓말과 반말의 사용이 관계 형성에 미치는 영향을 탐구할 수 있다. 또한 한국어 사용자들의 의사소통 방식을 연구할 수 있으며 의사소통 상황에서 간접적 표현, 암시적 표현 등이 어떤 상황에서 주로 사용되는지 분석할 수 있다.

넷째, 한국어 사용과 한국어 화자의 정체성이다. 한국어 사용이 개인의 정체성 형성에 미치는 영향을 연구하는 것이다. 한국어의 독특한 표현 방식이나 어휘가 개인의 자아 개념과 어떻게 연결되는지 탐구할 수 있다. 또한 한국어와 그 하위 분화체가 집단 정체성,

특히 민족적·지역적·세대적 정체성 형성에 어떤 역할을 하는지 연구할 수 있다.

다섯째, 한국어 사용과 한국인의 인지 및 사고방식의 영향이다. 한국어의 특정 문법 구조나 어휘가 사고방식에 어떻게 영향을 미치는지 탐구하는 것이다. 또한 한국어 사용 시 발생하는 인지적 과정을 언어 처리의 결과로 분석할 수 있다. 이를 위해 문장 구조 이해, 어휘 처리, 발화 생성 등이 어떻게 이루어지는지 탐색해야 할 것이다.

여섯째, 한국어 사용과 정신 건강의 문제이다. 한국어 사용이 스트레스와 정서적 안녕에 어떤 영향을 미치는지 연구할 수 있다. 예를 들어 한국어로 감정을 표현하는 방식이 스트레스 해소에 어떤 역할을 하는지 분석할 수 있다. 나아가 진단의 차원을 넘어 언어 치료의 분야로 연구 영역을 확장할 수 있다. 정신 건강 치료에서 한국어 사용의 효과를 연구할 수 있는 것이다. 또한 한국어를 사용하는 치료 절차가 정신과 환자의 회복에 어떤 영향을 미치는지 탐구할 수 있다.

일곱째, 한국어를 이중언어로 사용하는 재외동포 화자의 심리 연구이다. 재외동포들은 상층어를 숙달하지 못한 사회적 상황, 발화 상대에 따라 언어 레퍼토리를 전환하는 담화 환경 등에서 언어 선택에 대한 갈등을 겪는다. 두 문화권의 심리적 소속 및 사회적 규제를 동시에 받는 이중 규제의 압력에서 심리적 부담을 느끼는 것이다. 이러한 이중언어 화자들이 두 언어와 문화를 조화롭게 받아들이고, 심리적 갈등을 줄여 안정된 정체성을 형성할 수 있는 방안을 탐구할 필요가 있다.

이처럼 한국어 심리 연구는 한국어 사용자가 경험하는 다양한 심리적 현상을 한국어와 연관하여 이해하고, 나아가 이를 바탕으로 교육·상담·의학 등 여러 분야에 적용 가능한 유용한 정보를 도출할 수 있다.

5) 한국어 성명 문화 연구

한국어 성명 문화 연구는 한국인의 이름과 관련된 문화적·사회적·역사적 특성을 연구하는 영역이다. 한국의 성명 문화는 고유한 역사와 문화를 반영하고 있으며, 이를 통해 한국 사회의 구조와 가치관에 대한 이해를 높일 수 있다. 한국의 독특한 성명 문화에서 나아가 명칭의 어원과 변천사, 동서양 성명 문화의 차이 등을 바탕으로 한국 문화의 정체성을 더욱 정교하게 기술하는 데 기여할 수 있다.

한국의 성명 문화는 족보 문화와 항렬의 원리를 통해 독특하게 나타난다. 현대 한국에는 약 270여 개의 성과 약 3,400개의 본관(本貫)이 사용되고 있다. 이는 10만여 개의 성이 사용되는 일본, 2,600여 개의 성이 사용되는 중국과 비교했을 때 동아시아 지역에서도 매우 독특한 문화임을 알 수 있다. 이러한 족보 문화는 한국이 자랑하는 기록 문화의 한 사례이기도 하다.

한국의 족보는 성과 본관을 중심으로 전승되어 유교적 가문주의를 강하게 반영하고 있다. 한국인의 성은 대개 한 글자로 이루어져 있으며, 이는 가족이나 가문의 상징이다. 본관은 성과 함께 가문의 뿌리를 나타내며, 같은 성이라도 본관에 따라 다른 가문으로 구분된다. 또한 한국의 족보에는 세대에 따라 부여되는 항렬자(行列字, 돌림자)가 있다. 일부 가문에서는 이름을 지을 때 같은 세대임을 나타내는 항렬자를 사용하여 작명함으로써 가문의 결속을 높인다.[11]

이처럼 엄밀한 족보 문화로 인해 과거에는 성명을 통해 사회적 지위나 가문을 어렵지 않게 짐작할 수 있었다. 조선시대의 귀족에 해당하는 양반 가문은 고유한 성과 본관을 가졌고, 이를 통해 신분을 유지할 수 있었던 것이다. 현대에는 성명만으로 사회적 지위를 판단하는 경우는 줄어들었으나, 여전히 가문과 관련된 명성이 중요하게 여겨질 때가 있다.

한국인의 이름은 보통 두 글자로 구성된다. 이름은 부모가 자녀에게 지어주는 것이 통상적이며, 한자를 통해 개별적인 의미를 담도록 한다. 전통적 작명 관습은 소위 사주팔자(四柱八字)를 고려하여 짓는 것인데, 이는 개인의 삶이 운명과 조화를 이루기를 기원하

---

11   한편 한국은 결혼 후에도 여성의 성을 남편의 성으로 바꾸지 않는다. 이는 여성의 본래 가문과
      정체성을 유지하려는 문화적 관습에서 비롯된 것이라고 할 수 있다.

는 기복신앙적 성격을 띤 문화이다. 현대에는 전통적 작명 관습과 무관한 요소인 시대적 유행, 발음의 아름다움, 단순한 어휘적 취향 등에 따라 이름을 짓는 경우도 늘어나고 있다. 한편 한국에는 상대의 이름을 직접 호명하는 대신 아명(兒名)·자(字)·호(號)·시호(諡號) 등의 호칭어를 사용하는 전통이 있어 왔는데,[12] 현대에 이르러서는 이러한 관습이 거의 사라진 상황이다.

[표 13] 전통적 호칭어 관습의 사례: 율곡 이이, 퇴계 이황

본명	아명	자	호	시호
이이(李珥)	이현룡 (李見龍)	숙헌 (叔獻)	율곡(栗谷), 석담(石潭), 우재(愚齋)	문성공 (文成公)
이황(李滉)	이서홍 (李瑞鴻)	경호(景浩), 계호(季浩)	퇴계(退溪), 도옹(陶翁), 퇴도(退陶), 청량산인(淸凉山人)	문순공 (文純公)

동양 문화권은 일반적으로 이름을 존중하는 경명사상(敬名思想)을 공유하며, 한국 문화에서도 이름은 가문과 개인을 나타내는 중요한 가치로 여겨진다. 현대 한국에서는 호적(戸籍) 제도를 통해 출생과 동시에 성명 등록이 이루어지는데, 특정 조건을 충족하면 법적으로 성명 변경이 가능하다. 이는 주로 부정적인 의미를 가진 이름을 변경하거나, 사회적으로 새로운 출발을 위해 이름을 바꾸는 경우에 해당한다. 이러한 조치는 이름에 대한 문화적 중요성을 반영한 한 사례라고 볼 수 있다. 또한 역사적으로 중요한 인물들의 이름은 그 자체로 문화적 의미를 가지며, 종종 후손들의 이름에도 영향을 미치기도 한다. 이처럼 한국 문화에서 성명은 단순한 개인 식별 수단을 넘어, 깊은 문화적 의미와 사회적 기능을 지니고 있으며, 이를 통해 한국인의 정체성과 가치를 엿볼 수 있다.

---

12 아명은 관례 이전까지 사용하는 호칭, 자는 성년이 되면서 가문이나 스승이 내리는 호칭, 호는 스스로가 지어 부르는 호칭, 시호는 죽은 후 임금이 내리는 호칭으로, 각각의 호칭이 지닌 문화적 의미와 사용 상의 제약이 조금씩 다르다.

특히 교훈적 의미를 담은 전통적인 한자 이름과 최근의 고유어·외래어 이름 문화의 성명 의미를 비교하거나, 한국의 작명 문화와 서구권의 작명 문화의 차이를 비교하는 등의 대조언어학적 연구가 병행된다면 한국 성명 문화의 특수성을 보다 명확하게 확인할 수 있을 것이다.

마지막으로 한국어 성명 문화 연구는 사람의 성명에서 나아가 다양한 고유명사류로 그 연구 대상을 확장해 볼 수 있다. 국명(國名), 시조명(始祖名), 수도명(首都名), 지명(地名), 제도명(制度名) 등은 앞서 논의한 어휘 문화 연구의 어원어 영역에서 다루는 연구 대상인데, 이름이라는 고유명사를 다루는 성명 문화 연구의 관점에서의 탐구를 병행한다면 더욱 다각적인 해석이 가능해질 것이다.[13] 고유명사류의 어원은 통일된 해석이 부재하고 단정하기 어려운 경우가 많지만, 가설의 차원에서나마 명명(命名) 관습의 문화적 의미를 탐구하는 과정이 이루어질 필요가 있다.

6) 해외 한국어문화 연구

해외 한국어문화 연구는 해외에서 한국어가 사용되고 있는 다양한 맥락과 그 문화적 의미를 연구하는 분야이다. 이 분야는 전 세계적으로 한국어를 사용하는 사람들의 언어 사용 패턴, 문화적 배경, 사회적 상황 등을 분석하여 다양한 관점에서 한국어의 특성을 이해하려는 목적을 가지고 있다.

---

13 예컨대 한양(漢陽), 낙양(洛陽), 함양(咸陽), 진양(晋陽) 등 '양(陽)자 돌림'을 가진 지명에는 양지(陽地)를 찾는 풍수사상이 깔려 있고, 치악산(雉岳山), 섬진강(蟾津江), 무악재 등에는 그 이름에 연관된 배경 설화가 있음을 다룰 수 있다. 특히 일제 강점기 당시 토지 조사를 통한 1914년 창지개명(創地改名), 민족말살정책에 따른 1940년 창씨개명(創氏改名)에 대한 연구, '애오개 > 아현(阿峴)', '구리개(銅峴) > 황금정(黃金町)', '논고개 > 논현동(論峴洞)' 등 근현대의 행정 지명 변천사 연구 등을 성명 문화론의 관점에서 다룰 수 있다.

(1) 한국어의 글로벌 사용 증가

외국어로서의 한국어 교육이 이루어지는 나라가 점차 늘어나고 있어, 한국 밖에서 한국어가 교육 및 사용되는 범위가 확장되고 있다. 특히 2000년대 후반부터 한류의 급격한 확산과 함께 해외에서 한국어 학습의 수요가 크게 증가하고 있다. 이러한 해외에서의 한국어 교육 현황은 한국어 및 한국 문화에 대한 이해를 증진시키는 데 새로운 관점이 될 수 있다.

(2) 한국어 사용자의 사회적 및 문화적 위치

해외에 거주하고 있는 한국계 이민자들은 기층어로 한국어를 사용하며, 자신의 언어적·문화적 정체성을 유지하려는 노력을 기울이고 있다. 해외에서 한국어를 지칭하는 용어는 지역에 따라 '남한어, 표준어, 북한어, 문화어, 고려말, 한국어, 조선어, 조선말, 국어' 등으로 다양하다. 이러한 서로 다른 명칭은 각 공동체에서 인식되고 있는 한국어의 지위가 어떠한지를 반영하고 있다. 더구나 각 지역에 따라 발음·어휘·조어법·표기·띄어쓰기·속담·관용 표현 등이 대한민국 표준어와 상이하게 고립적으로 발전한 경우가 많다. 이에 개별 지역에 따른 거주국 언어의 간섭 양상과 한국어 교육상의 문제점을 이중언어 교육 및 다중언어교육의 관점에서 연구해야 할 필요가 있다. 이중언어 화자에 대한 이상적인 교민 정책의 핵심은 재외동포들이 민족 언어문화의 유지를 통해 정체성을 보존하는 것과, 해당 거주국 문화에 적극적으로 적응하여 살아가는 것을 동시에 달성하도록 돕는 데 있다. 이중언어 화자들의 정체성의 위기의식에 대한 사회언어학적 연구가 해외 한국어문화 연구에서 다루어짐으로써, 해외 한국어의 이해가 교민 정책에 실용적으로 참고할 수 있도록 해야 한다.

(3) 한국어와 문화적 정체성

해외 한국어는 특히 한국 문화와 깊은 연관이 있다. 한국 문화가 한국어에 언어내적인 영향을 미칠 뿐 아니라, 소수자 언어인 한국어를 학습하고 보존하기 위한 가장 중요한 동기로 작용하기 때문이다. 이러한 관점에서 한류의 확산과 한국 문화 콘텐츠의 인기 증가는 한국어를 학습 및 보존의 동기를 높이는 요인이 된다는 점에서 의의가 크다. 다양한 국적의 사람들이 함께 생활하는 사회에서 한국어가 다양한 언어와 함께 공존하며 다문화적 대화에 관여할 수 있게 하기 위해서는, 해외 한국어 사용자의 문화적 정체성의 확립이 매우 중요하다. 한편 이는 국내에 정착한 다문화 가정의 경우에도 마찬가지로 적용된다.

(4) 한국어와 다른 언어와의 상호작용

한국어가 단일한 공용어로 기능하여 절대적인 위상을 지닌 국내의 경우와 달리, 해외 한국어의 환경은 영어·중국어 등 다른 주요 언어들과의 상호작용 문제가 복잡하게 얽혀 있다. 해외 한국어문화 연구에서는 번역학이나 비교언어학 등 다양한 학제적 관점에서 한국어와 다양한 언어의 공통점 및 차이점을 밝히고, 이를 바탕으로 해외 한국어 화자들의 언어 생활이 원활하게 이루어 수 있도록 기여해야 한다.

(5) 문학과 예술에서의 한국어 사용

다양한 한국 문학 작품들이 해외에서 번역되고 읽히고 있는 가운데, 한국어의 문체적 특성이 타 문화권에서 어떻게 해석되는지를 연구할 수 있다. 예를 들면 영국의 맨부커상을 수상한 한강의 『채식주의자』와 같은 작품과 그 번역을 바탕으로 한국어 및 한국 문화의 요소가 어떻게 수용되고 있는지를 확인할 수 있다. 한편 해외에서 한국어 및 한국 문화를 활용한 시각예술·음악·연극 등의 작품이 창작되고, 주요 소비자층으로 한국인이 아닌 외국인을 겨냥하는 사례가 늘어나고 있어 이에 대한 연구 분석도 이루어질 필요가 있다.

해외 한국어문화 연구는 전 세계적으로 한국어가 사용되고 있는 다양한 맥락에서 언어와 문화의 관계를 깊이 있게 연구하는 분야이다. 이는 한국어를 사용하는 사람들의 다양한 경험과 상황을 이해하고, 그들의 언어적 실천과 문화적 정체성을 존중하는 데 중요한 기여를 한다.

탐구 과제

1) 한국어 문화론의 연구 영역은 매우 광범위하고 가변적이다. 교재에서 제안한 열두 가지 영역 외에, 한국어 문화론의 영역으로 포섭할 수 있는 새로운 연구 분야로는 어떤 것이 있을지 함께 생각해 보자.

2) 현대에 이르러 한국인의 언어관은 전통적인 관점에서 벗어나 점차 복합적으로 변화하고 있다. 자신은 한국어에 대해 어떤 생각과 관점을 갖고 있는지, 즉 한국어에 대한 자신의 언어관이 어떠한지 스스로 진단하여 보자.

3) 최근 남존여비 의식과 관련된 한국어 친족 호칭에 관한 사회적·정책적 논의가 활발하다. 예를 들어 '시댁~처가', '도련님~처남' 등 성별에 따른 호칭어의 위계가 형태적으로 드러나는 어휘를 순화하고자 하는 견해가 있다. 이에 대해 찬성 또는 반대 의견을 제시하고 언어 문화적인 근거를 들어 토론해 보자.

4) 재외 동포들이 사용하는 해외 한국어를 한국어 체계의 일부로 간주하는 것이 과연 타당한지 생각해 보자. 만약 타당하지 않다면 해외 한국어를 한국어와 같은 어족에 속한 별개의 언어로 간주할 수 있는지에 대해 논의해 보자.

제 3 부

문화 속의 한국어 연구

제9장 한국어 방언에 담긴 언어문화

1. 문학 작품에서 방언의 효과[1]

방언은 정서적 가치가 높은 언어로, 이를 통해 소통하며 문화적 공감대를 형성할 수 있다. 특히, 향토 문학 작품에 경상도 방언이 포함되면 그 효과는 더욱 커진다. 이 글에서는 경상도 방언으로 표현된 향토 문학 작품을 살펴보며, 영남 문화와 영남인의 삶을 어떻게 표현하고 있는지 알아보고자 한다.

이청준은 『여름의 추상』에서 표준어는 환경 조건이나 필요성에 의해 사실적인 지시성과 기호의 기능에 충실할 뿐, 삶에 대한 사랑이나 믿음이 적다고 말한다. 반면, 시골의 사투리는 더 많은 자유를 누린다고 한다.

시나 소설에서 방언을 활용하는 것은 모국어 규칙을 위반하는 것이 아니다. 방언은 민중들의 살아있는 언어(living language)로서, 그들의 삶의 방식이 잘 드러난다. 문학 작품에서 방언을 사용하면 심미적 충격이나 운율적 효과를 줄 수 있으며, 등장인물의 향토적 개성을 부각시킬 수 있다.

예를 들어, 프랑스 극작가 몰리에르(Molière)의 『평민귀족(Le Bourgeois gentilhomme)』

---

1   이상규(2007), 『방언의 미학-우리말 풍경 돌아보기』, 살림출판사 중에서 '2. 문학작품에 비친 언어의 주술-언어의 위반으로부터 시작되는 시적 창조' 부분을 참조하고 인용했다.

에서는 인물의 희극성과 열등성을 나타내기 위해 터키 방언을 사용한다. 시인들은 향토적 특성, 심미성, 민족의식을 드러내기 위해 방언을 사용한다. 프랑스의 시인 롱사르(Ronsard)는 『시학제요(Abrégé de l'art poéique)』에서 시인들에게 프랑스 방언 중 가장 의미 깊은 단어를 능란하게 선택해 사용할 것을 충고한다. 방언은 한 언어의 역사와 사람들의 삶의 자취를 담고 있다.

안도현 시인이 엮은 『안도현의 노트에 베끼고 싶은 시』에서 소개한 서정춘 시인의 「백석 시집에 관한 추억」에 대한 시인의 서평을 통해, 방언의 중요성과 그 가치를 다시 한번 되새길 수 있다.

> (가) 아버지는 새 봄맞이 남새밭에 똥 찌끌고 있고
>   어머니는 어덕배기 구덩이에 호박씨를 놓고 있고
>   딸머리 정순이는 떼끼칼로 나물 캐고 있고
>   할머니는 복구를 불러서 손자 놈 똥이나 핥아 먹이고
>   나는 나는 나는
>   몽당이손이 몽당이손이 아재비를 따라
>   백석 시집 얻어보러 고개를 넘고
>
>   - 서정춘, 「백석 시집에 관한 추억」

> "단순하고 유사한 통사 구조가 반복되고 있지만 참 맛깔스러운 시다. 그것은 시인이 곳곳에 의도적으로 전라도 방언을 배치해 놓았기 때문이다. 방언의 친근성으로 말미암아 이 시는 한국인 전체의 추억을 길어 올리는 한 폭의 따뜻한 그림이 된다."

전라도 방언을 모르는 사람도 전라도의 향취를 느끼고, 시골 마을의 풍경을 쉽게 떠올릴 수 있다. '찌끄리다(흩어 뿌리다)', '떼끼칼(잭나이프의 '제크+칼')', '딸머리(딸은 머리)'와 같은 전라도 방언은 표준어에서 벗어나 더욱 풍성하고 무게감 있는 표현을 만들어 낸다.

이는 전라도적 풍경을 생생하게 표현하는 언어의 마법이자 언어의 위반이다.

시는 낱말 하나, 쉼표 하나가 전체에 영향을 미치는 살아 있는 유기체이다. 따라서 방언으로 쓴 시를 표준어로 쉽게 번역해서는 안 된다.

표준어 제정 이후, 방언으로 창작된 작품들을 표준어로 전환하는 과정에서 본래의 의미를 잘못 이해하는 경우가 많았다. 특히, 1920년대 활동한 이상화 시인의 작품은 1950년대에 표준어로 교열되면서 많은 오류가 발생했다. 방언을 정확한 표준어로 바꾸지 못해 생긴 사례들을 살펴보겠다.

> (나) 반갑지도 않은 바람만 냅다 불어
>
> 가엾게도 우리 보리가 **황달증**이 든 듯이 노랗다
>
> 풀을 뽑느니 **이장**에 손을 대 보느니 하는 것도
>
> 이제는 헛일을 하는가 싶어 맥이 풀려만 진다!
>
>   - 이상화, 「비를 다고」

'황달증'은 얼굴이 노랗게 변하는 간질병의 하나이다. 그런데 대부분의 시집에서 모두 '달증'으로 교열하고 있는데 이는 모두 대구 방언에 대한 이해 부족으로 인한 오류이다. 그리고 '이장'은 농기구(農器具)를 뜻하는 대구 방언이다.

> (다) 농구 ' <경남>(울산(울주), 함양, 산청), 농구 ' 기 <경남>(창녕), 농구 ' 여장 <경남>(창원), 농구 ' 연장 ' <경남>(하동, 김해), 농구 ' 이장 ' <경남>(함안), 농구 <경기><경남><경북><전남><전북>, 농기 <경남>, 농구엔장 <경기>, 농구여장 <경남>, 농구연장 <경기><경남><경북><충북>, 농구연쟁 <경기>, 농구이장 <경남>, 농구인장 <충북>, 농기 ' 구 <경남>(거창, 합천, 사천, 남해, 거제), 농기 ' 연장 ' <경남>(양산), 농기구 <강원><경기><경남><경북><전남><전북><제주><충남><충북>, 농기에 <전북>, 농기연장 <경남><경북><전

남<충북>(단양), 농기이장 <경북>, 농사연장 <경기>, 농쟁기 <강원><경기>, 엔장 <경기>, 여장 <경남>, 여장 ' <경남>(창원), 연모 <경기>, 연장 <경기> <경남><경북><전남><전북><제주><충남><충북>, 연장 ' <경남>(밀양, 울산 (울주), 창원, 거제), 연쟁 <충북>, 옌장 <강원><경기>, 이장 ' <경남>(창녕, 의령, 진주, 고성, 통영), 이장 <경남><경북>, 이쟁 <경남>, 이젱 ' <경남>(창녕), 인장 <충북>, 잠대<제주>, 장기 <제주>, 쟁기 <강원><경기><제주>, 쨍이 <경남> (' '는 상성을 나타냄)

- 국립국어원 21세기 세종계획(2003), 남북한방언검색시스템

이처럼 '이장'이 '농기구'의 방언형이라는 사실이 입증되었음에도, 2004년 '미래사'에서 간행한 이상화 시집은 여전히 '이랑'으로 표기하고 있다. 이는 학계에서 지적한 오류를 수정하지 않은 것이다. 시집들이 베껴 쓰기 방식으로 간행되면서 이러한 오류를 반복하고 있으며, 지역 방언을 제대로 이해하지 못해 원전 작품의 의미를 왜곡하는 사례가 많다.

(라) 아, 가도다 가도다 쫓아 가도다.
　　잊음 속에 있는 간도(間島)와 요동(遼東)벌로
　　주린 목숨 움켜쥐고 쫓아 가도다.
　　자갈을 밥으로 햇채물을 마셔도
　　마구나 가졌더라면 단잠은 얽맬 것을—

　　　　　　　　　　　　- 이상화, 「가장 비통한 기욕」

(라)는 이상화의 「가장 비통한 기욕」이라는 시이다. 이 시에서 '자갈'은 여러 이본 시집에서 '진흙'으로 바뀌어 있다. 이는 '햇채'를 해독하는 과정에서 '자갈'로 밥을 해 먹을 수 없다고 판단한 교열자가 자의적으로 '진흙'으로 수정했기 때문으로 추정된다. 이상화의 「가장 비통한 기욕」과 박경리의 『토지』에는 '햇채'라는 단어가 등장한다.

① 주린 목숨 움켜쥐고, 쪼처가도다/ 진흙을 밥으로, 햇채를 마셔도/ 마구나, 가젓드

　　면, 단잠은 얽맬 것을　　　　　　　　　　　　　- 「가장 비통한 기욕」

② "머시 우짜고 우째요? 그년 말을 와 내가 못할 기요? 옥황상제 딸이라서 말

　　못하것소? 임금님 딸이라서 말 못하것소! 헤치구덕에 꾸중물 겉은 더러운 년!"

　　　　　　　　　　　　　　　　　　　　　　　　　　　- 『토지』

　여기서 '햇채'는 '빗물이나 집안에서 버린 물이 흘러가도록 만든 시설'로, '수채'의 경상도 방언이다. 『표준국어대사전』에서는 '해채'를 표제어로 설정하고 있으며, '수채'의 경남 방언이라고 설명하고 있다. '수채'의 고어는 '쉬궁'인데,[2] 이는 '시궁창'이라는 단어와 유사하다.

　대구 방언에서 '햇추', '힛추'는 '더러운 물'을 의미하며, 따라서 '햇채구딩이'는 '더러운 물구덩이' 또는 '시궁창'을 뜻한다. 이 밖에도 경상도 지역에서는 '수채구데이', '수채구디', '수체구디', '수채구명', '수채꾸데이', '수채꾸디', '수체', '수체구데이', '수체구명', '수체꾸데이', '수최구무', '수치구영', '수통', '숫채', '수치', '햇추', '해짓또랑' 등이 함께 사용된다.

　　(마) 아까 구경한/피에로의 슳업은 신세를 생각하며

　　　　　　　　　　　　　　　　　　　　　　　- 이장희, 「가을밤」

　대구 출신 이장희 시인의 시 「가을밤」에서 '슳업은'은 '서러운'의 의미로 쓰인 낱말로

2　현대 국어 '시궁창'의 예전 말은 15세기 문헌에서 '쉬궁'으로 쓰였다. 또한, '슈구'라는 형태도 16세기 문헌에서 나타났다. 이 '쉬궁'의 첫음절의 '뉘'가 'ㅟ'로 바뀌고 그 다음 음절의 'ㅜ'가 'ㅗ'가 되어서 '싀공'이란 형태가 17세기 문헌에서 나타난다. 현대 국어 '시궁창'은 문헌에서 나타나지 않지만 '쉬궁>*싀궁'과 같은 변화 과정을 겪은 후에 '창'이 결합하여 형성된 복합어로 볼 수 있다. 이 流江河 하마 쉬궁에서 달오뷘 바뤨리 깁고 크며 - 『월석(月釋)』, 18:47쉬궁 거(渠) - 『훈몽 중(訓蒙 中)』, 6.

이해되는데 이를 '실없는'으로 잘못 해석한 예도 있다.

평북 정주 곽산 출신인 김소월의 시에는 섬세한 향토 방언이 800여 곳에서 결 고운 무늬를 이루어, 전통 가락과 장단까지 느낄 수 있다. 김소월은 1920년대 문학 일상어와 평북 방언을 구분하지 않고, 방언을 표준어와 대립되는 관점에서가 아니라 자연스러운 일상어이자 모어로서 수용했다. 그는 시마다 평균 2개 이상의 방언이나 방언 변이형이 사용할 만큼 방언을 풍부하게 활용했다.

> (바) 산새도 오리나무
> 우혜서 운다.
> 산새는 왜우노, 시메산골
> 영넘어 갈나고 그래서 울지
> 눈은 나리네 와서 덥피네
> 오늘도 하롯길
> 칠팔십리
> 도라섯서 육십리는 가기도 햇소
>
>   - 김소월, 「산」

한편, 작품 「산」에서 '시메산골'은 '두메산골'과 함께 '인적이 드문 산골 마을'을 뜻하며, 정주 지방에서 오늘날까지 사용된다. 또한, '하롯길'이라는 방언형도 외롭고 쓸쓸한 전경을 잘 드러내는 표현으로 적절하게 배치되어 있다.

백석은 1920년대에 평북 방언을 일상어로 사용하여 주옥같은 시 작품을 남겼다. 그의 시 「여우난골족」에는 '엄매, 아배, 진할머니, 진할아버지'와 같은 평북 정주 지방의 방언이 등장한다. 백석은 '하로, 토방돌, 아룻간, 쌈방이, 고무, 매감탕, 오리치, 반디젓, 삼춘, 사춘' 등 다양한 방언을 효율적이고 다채롭게 활용한 시인으로 평가된다.

(사) 토끼도 살이 오른다는 때 아르대즘퍼리에서 제비꼬리 마타리 쇠조지 가지취

　　고비 고사리 두릅순 회순 산나물을 하는 가즈랑집 할머니를 따르며

- 백석, 「가즈랑집」

백석은 「가즈랑집」에서 '아르대즘퍼리(아래쪽 진창)', '제비꼬리(산나물)', '마타리(다년초)', '쇠조지(산나물)', '가지취(산나물)' 등의 방언을 효과적으로 활용하여 모어의 폭을 확장한 뛰어난 시인이었다. 백석에게 방언은 표준어에 대립되는 개념이 아니라, 기층민의 혼과 얼이 담긴 민족어이자 자신의 일상 언어였다. 그는 방언을 통해 농촌 정서를 현장감 있게 묘사했으며, 「박각시 오는 저녁」에서는 관서 지방 시골의 여름 저녁 풍경을 방언과 함께 실감나게 그려냈다.

이용악의 시는 함경북도 방언이 물씬 섞여 있으며, 변두리 지역의 외로움을 담고 있다. 변두리는 중심에서 벗어나 외부와 단절된 외로운 장소로, 그는 이 속에서 외로움을 달래며 시를 썼다. 그는 철저하게 방언의 다양성을 인식("말 다른 우리 고향")하고 있으며, 함경도 방언을 통해 민족적 정체성을 확보하려는 의지("방언의 향려(鄕閭)를 아는가", "너의 방언으로 때 아닌 봄을 불러 줄게")가 분명했다. 곧 방언은 그의 시에서 구어적 일상성과 살아 있음을 확인하는 외로운 외침이었다. 방언은 그의 시와 사회적 현실을 화해시키려 했지만, 그 출구를 찾지 못한 노스탤지어의 표지였다. 이용악의 방언 사용은 단순한 문학적 수단이 아닌, 높은 차원의 치밀한 의도로 활용되었다.

(아) 울듯 울듯 울지 않는 전라도 가시내야

　　두어 마디 너의 방언으로 때아닌 봄을 불러줄게

- 이용악, 「전라도 가시내」

(자) 색다른 국경을 넘고자 숨어 다니는 무리

　　맥풀린 백성의 방언의 향려(鄕閭)를 아는가

더욱 돌아 오는 실망을

- 이용악, 「천치(天痴)의 강아」

(차) 멀구광주리의 풍속을 사랑하는 북쪽나라

말 다른 우리 고향

달맞이노래를 들려주마

- 이용악, 「아이야 돌다리 위로 가자」

이용악은 시 속에서 '방언'이라는 어휘를 직접 사용하거나 '말 다른 우리 고향' 등의 표현을 자주 활용하며, 실제로 함경도 방언뿐만 아니라 전라도, 경상도 방언[3]도 의도적으로 구사한다. 이를 곽충구는 고향을 등지고 떠도는 유민이나 고향을 동경하는 시인의 모습을 효과적으로 그려내기 위한 장치로 해석한다. 방언은 그 지역과 고향을 상징하며, 이용악에게 방언은 단순한 지역적 일체감의 징표를 넘어 변두리로 내몰린 민족적 정서와 한을 함의하는 상징적인 표지였다. 그의 방언 사용은 일제에 의해 고향에서 쫓겨나 표류하는 동족들의 슬픔과 외로움을 상징하는 것이다.

(카) 아낙도 우두머리도 돌볼 새 없이 갔단다

도리샘도 뗏집도 버리고 강건너로 쫓겨갔단다

- 이용악, 「오랑캐꽃」

스스로 고향을 떠나거나 버린 것이 아니라 고향으로부터 쫓겨난 이들에게 방언은 '쫓겨난 고향'이자 '잃어버린 고향'의 징표이다. 동시에 방언은 고향을 잃어버린 이들에

---

3 「집」이라는 시에서 '앞이건 뒤건 내 가차이 모올래 오시이소'라는 구절이 있는데, 이때 '가차이'는 '가까이', '오시오소'는 '오십시오'를 말하는 것이다. 이는 방언으로 감정을 고스란히 드러낼 수 있는 효과로 사용된다.

게 고향으로 다가갈 수 있는 유일한 수단이자 통로가 될 수 있다. 「전라도 가시내」에서 고향을 잃고 유랑하는 사내는 자신과 비슷한 처지의 떠돌이 전라도 가시내를 타향에서 만나 하룻밤의 추억을 나눈다. 고향에서 쫓겨나 힘없이 유랑하는 철새와 같은 신세, 나라를 잃은 우리 민족의 떠돌이 삶의 한과 가족들과의 이산으로 생긴 이별에 대한 그리움을 묘사하는 주요 장치로 방언이 활용되고 있다.

(타) 알룩조개에 입맞추며 자랐나
　　 눈이 바다처럼 푸를뿐더러 까무스레한 네 얼골
　　 가시내야
　　 나는 발을 얼구며
　　 무쇠다리를 건너온 함경도 사내

　　 바람소리도 호개도 인전 무섭지 않다만
　　 어드운 등불 밑 안개처럼 자욱한 시름을 달게 마시련다만
　　 어디서 흉참한 기별이 뛰어들 것만 같애
　　 두터운 벽도 이웃도 못미더운 북간도 술막

　　 온갖 방자의 말을 품고 왔다
　　 눈포래를 뚫고 왔다
　　 가시내야
　　 너의 가슴 그늘진 숲속을 기어간 오솔길을 나는 헤매이자
　　 술을 부어 남실남실 술을 따르어
　　 가난한 이야기에 고히 잠거다오

　　 네 두만강을 건너왔다는 석 달 전이면

단풍이 물드러 천리 천리 또 천리 산마다 불탔을 겐데

그래두 외로워서 슬퍼서 초마폭으로 얼굴을 가렸더냐

두 낮 두 밤을 두루미처럼 울어 울어

불술기 구름 속을 달리는 양 유리창이 흐리더냐

차알싹 부서지는 파도소리에 취한 듯

때로 싸늘한 웃음이 소리없이 새기는 보조개

가시내야

울듯 울듯 울지 않는 전라도 가시내야

두어 마디 너의 방언으로 때아닌 봄을 불러줄게

손때 수집은 분홍 댕기 휘 휘 날리며

잠깐 너의 나라로 돌아가거라

이윽고 얼음길이 밝으면

나는 눈포래 휘감아치는 벌판에 우줄우줄 나설 게다

노래도 없이 사라질 게다

자욱도 없이 사라질 게다

- 이용악, 「전라도 가시내」

   스스로 고향을 떠나거나 버린 것이 아니라 고향으로부터 쫓겨난 이들에게 방언은 '쫓겨난 고향'이자 '잃어버린 고향'의 징표이다. 동시에 방언은 고향을 잃어버린 이들에게 고향으로 다가갈 수 있는 유일한 수단이자 통로가 될 수 있다. 「전라도 가시내」에서 고향을 잃고 유랑하는 사내는 자신과 비슷한 처지의 떠돌이 전라도 가시내를 타향에서 만나 하룻밤의 추억을 나눈다. 고향에서 쫓겨나 힘없이 유랑하는 철새와 같은 신세, 나라를 잃은 우리 민족의 떠돌이 삶의 한과 가족들과의 이산으로 생긴 이별에 대한 그리움을 묘사하는 주요 장치로 방언이 활용되고 있다. 조국을 잃어버린 입장에서 또는 고향에서 내쫓긴 신세라는 점에서는 동병상련을 앓고 있는 경우라면 이질적인 방언끼리라도 서로 강하게 연결될 수 있는 끈을 갖게 된다.

이 시에 등장하는 두 주인공은 일제 순사로부터 쫓겨 두만강을 건너 숨어든 함경도 출신의 한 사내와 가난 때문에 석 달 전 두만강을 건너 북간도로 밀려온 전라도 가시내이다. 이들이 유랑자가 된 이유는 다르지만, 일제 식민지라는 현실이 이들을 고향에서 쫓아낸 공통점이 있다. 조국과 고향을 잃어버린 서글픈 이들은 사소한 몸짓이나 언어로도 쉽게 소통할 수 있다. 특히 변방으로 밀려난 이들이 상호 소통할 수 있는 신호 체계는 바로 그들의 고향 말씨인 방언이다. 서로를 위로할 처지는 아니지만, "두어 마디 너의 방언으로 때 아닌 봄을 불러줄게"라는 사내의 애틋한 마음은 방언을 통해 더욱 긴밀하게 전달될 수 있었다.

시적 화자는 일본 순사에게 쫓기는 처지임에도 불구하고, 두만강을 건너 북간도의 어느 주막까지 밀려온 자신의 상황보다 더 애처로운 전라도 가시내를 만나 하룻밤을 지샌다. 낯선 그들이 쉽게 소통할 수 있었던 장치는 바로 그들의 고향 방언이었다. 짧은 하룻밤 동안 서로 이질적인 고향 말씨를 통해 두 사람은 하나 된 민족임을 확인한다. 그러나 그들의 이별은 이미 예정되어 있었다. 민족적 이별처럼 그들도 헤어져야 했다. 얼음길이 밝는 새벽에 우줄우줄 떠나야 하는 슬픈 이별을 앞두고, 소리도 없이 지나가는 하룻밤의 시간이 얼마나 안타까웠을까? 이러한 이별을 당연하게 받아들일 수밖에 없는 식민지 시대 기층민들의 서러움이 눈보라처럼 이 시의 내면에 조용히 깔려 있다.

이 시에 나타난 몇 가지 해독이 어려운 방언 낱말을 살펴보자. "바람소리도 호개도 인전 무섭지 않다만"에서 '호개'는 '늑대'의 방언형으로 알려져 있다. 국립국어원의 남북한방언검색시스템에 따르면, '늑대'에 대한 북한 지역의 분포형 중 '호개'는 황해 지역의 곡산과 신계에서 나타난다.

(파) 개승냉이 <평남>(영원)<평북>(자성, 후창), 말승량이 <황해>(재령), 성양이 <함남>(북청), 승내 <함남>(북청), 승내이 <평남>(개천, 덕천, 순천, 영원, 용강)

<평북>(박천, 벽동, 영변, 용천, 운산, 철산) <함북>(경원, 길주, 학성, 온성, 종성, 회령, 경원), 승냥 <함남>(정평), 승냥이 <함남>(북청), 승내이 <함남>(정평), 승앵 <함북>(무산), 승양이 <함북>(길주, 명천, 경성, 경원, 무산), 승영 <함북>(학성), 승앵이 <함북>(학성, 명천, 청진, 경흥, 무산), 호개 <황해>(곡산, 신계)

- 국립국어원 21세기 세종계획(2003), 남북한방언검색시스템

그런데 우리나라 북부 지역에는 늑대가 출몰했다는 증거가 없다. 따라서 '호개'는 늑대가 아니라 '나이 먹은 늙은 호랑이'의 방언형인 '호까지'와 같은 것이 아닐까 추정하기도 한다. '인전'은 '이제'라는 뜻의 함경도 방언이며, '술막'은 '주막(酒幕)'을 뜻한다. 이 시에 등장하는 사내는 일본 순사들에게 쫓기는 독립운동 전사일 것이고, 전라도 가시내는 전라도에서 유랑하다 밀려온 주막집 작부로 일하는 여자일 것이다.

너를 만나기 위해 내 가슴에는 '온갖 방자의 말을 품고' 달려왔다는 말에서 '방자'는 '방자(放恣)스러운'으로 해석될 수 있다. '눈포래'는 함경도 방언에서 사용되며, '삽살개 짖는 소리/눈포래에 얼어붙는 섣달 그믐'(「우라지오 가까운 항구에서」)에 나온다. '눈보라'의 다른 방언형으로도 알려져 있다.

(하) 눈포래 <평북>(태천) <평남>(중화, 평원), 눈보라 <평남> <평북>(진남포, 강서) <함북>(부령), 눈보래 <평남><평북>(중화, 평양, 대동, 용강, 강동, 성천, 양덕, 맹산, 영원, 덕천, 개천, 순천, 안주) <함남><함북><황해>(송화, 신천), 눈보래 비 <함북>(경흥), 눈포래 <평남>(순천, 대동) <평북>(태천) <함남>(고원)

- 국립국어원 21세기 세종계획(2003), 남북한방언검색시스템

제4연은 서정성이 돋보이는 부분이다. 눈보라가 치는 지금과 달리, 석 달 전 전라도 처녀가 북간도로 올 때는 가을 단풍으로 물든 산천을 보며 슬픔에 치마폭으로 얼굴을

가리던 모습이 떠오른다. '두루미처럼 울어 울어'의 주체가 처녀인지 기차인지 명확하지 않으나, 처녀로 보는 것이 애절하다. '불술기'는 함경북도 방언으로 기차를 의미하며, 이는 '불(火)+술기(수레)'로 해석된다. 이 방언은 개화기 일본과 중국에서 차용된 '기차'와 '화륜차' 대신 고유어로 만들어진 문명어이다.

제5연은 떠돌이들의 우연한 만남을 묘사하며 로맨틱한 장면을 연출하지만, 제6연에서는 이별의 비애를 다루어 더욱 애절한 분위기를 만든다. 세파에 시달린 가시내에게 해 줄 수 있는 것은 그녀의 방언으로 때 아닌 봄을 불러주는 일뿐이다. 이는 그녀를 잠시나마 고향으로 돌아가게 하여 위로하는 방법이다. 서로의 외로움을 치유할 유일한 수단인 방언으로 존재를 확인하고 교감하는 것이다. 하지만 결국 눈보라 휘몰아치는 들판에서 기약 없는 이별을 맞이하게 된다. 이러한 이별은 두 인물 사이의 이별일 뿐만 아니라, 그 시대에 내팽개쳐진 한반도의 민중들 간의 이별을 상징한다.

이 시에서 전라도 가시내의 방언과 함경도 사내의 방언은 두 개의 적대적 힘이자 동시에 한 곳으로 쏠리는 중력의 힘으로 작용한다. 시인 이용악이 의지하는 방언은 출구도 미래도 없이 눈보라 속 들판을 쓸쓸히 걸어가는 민중들의 언어다.

2. 방언 문학 작품에 담긴 언어문화[4]

시인이나 작가를 언어의 연금술사 또는 창조자라고 부른다. 문학 작품에 나타나는 언어는 기존의 언어 질서를 깨뜨리면서도 새롭게 구축하는 모순된 모습을 보여 준다. 문학 언어는 작가가 새롭게 만들어 낸 개인어이거나 토속적인 지역 일상어일 때가 많다. 다시 말해, 문학 언어는 그 자체가 하나의 창조적 결과물이자 주술적인 언어라 할 수

---

[4] 이상규(2007), 『방언의 미학-우리말 풍경 돌아보기』, 살림출판사 중에서 '2. 문학작품에 비친 언어의 주술-문학작품에 나타난 지역 방언' 부분을 참조하고 인용했다.

있다.

현대 시사에서 방언을 활용한 시인 중 김소월은 우리말의 운율을 아름답게 가꾼 서정 시인이라면, 정지용은 우리말을 이성적으로 조탁한 시인이고, 백석은 우리말의 방언을 채집하고 제자리에 앉힌 시인이다. 사라져 가는 민족의 전통적 고유한 정서를 방언 속에서 캐내어 시를 쓴 최초의 시인이 백석이라고 할 수 있다. 이처럼 백석의 시에서는 방언과 고어가 매우 중요한 역할을 하기 때문에, 이를 모두 표준어로 바꾸면 시의 맛이 사라지고 말 것이다. 백석은 무수한 평안도와 함경도 방언을 자신의 시에 활용함으로써 현대시의 발전 성과로 모국어를 확장시킨 시인으로 손꼽힌다. 백석의 시는 당대의 우리말의 보고라고 할 수 있다.

평북 정주 출신인 백석은 지금은 길상사가 된 서울의 옛 유명 요정 대연각의 여주인 길상화(본명 김영한)의 연인으로 잘 알려져 있다. 그러나 그는 연인 관계보다는 우리 문학사에서 독특한 업적으로 더 유명하다. 그의 시 작품에는 다양한 방언과 사투리, 옛말이 사용되어 있다. 이 때문에 그의 작품은 이해하기 어렵지만, 표준말로 바꾸면 시의 맛이 없어지기 때문에 더욱 가치 있게 평가된다.

이 절에서는 다양한 경상도 방언이 작품 속에서 어떻게 사용되는지 살펴보도록 하자. 경상도 방언이 반영된 김동리의 「바위」에서 "고맙습니다. 천지신명 우리 신주님, 인저 이 불쌍한 년의 소원을 드러 주실라캄니꺼, 고맙습니더. 고맙습니더."라는 구절에서 '-니더', '-니꺼'와 같은 경북 방언의 종결 어미 형태를 확인할 수 있다. 김원일의 『불의 제전』에서는 "오히려 큰짐 덜었다고 생각해라."에서 '큰짐'이 '책임'의 의미로 사용된다. 이문열의 『변경』 중 "그건 글코- 야야. 차라리 내일 아침 첫차로 나가제. 이십리 길도 마딘데. 걸어보지도 않은 니가 어예 걷는다꼬……."라는 구절에서는 '마디다(절약이 되어 잘 소모되지 않다)'와 같은 낱말의 의미를 다른 지역 화자라면 방언 사전 없이는 이해하기 어렵다.

박경리의 작품에는 경남 통영 방언이 많이 남아 있다. 『토지』에 등장하는 '배슬다'[5]라는 낱말은 '아이를 배다'를 나타내는 방언으로, '배(다)+슬다' 혹은 '배(에)+슬다'라는 구성으로 이해할 수 있다. '슬다'는 '벌레나 물고기 따위가 알을 깔기어 놓다'라는 의미를 가진 말이다.

1920년대 민족 저항 시인 이상화의 시에는 국어 정서법이 정착되지 않은 시기에 발표된 작품들로, 대구 방언인 '짬'[6]이 그대로 남아 있다. 「비를 다고」, 「시인에게」, 「빼앗긴 들에도 봄은 오는가」, 「병적 계절」 등에서 나타난 '짬'은 "어떠한 일이 일어난 영문이나 사건의 앞과 뒤"라는 의미로 해석된다(이상규, 1999). 정한모·김용직(1975)의 『한국현대시요람』에서는 '짬'을 '셈'으로 교열하기도 했다. 대구·경북 방언에서 '짬'은 '영문', '사리 분별', '철', '겨를' 등의 여러 의미로 사용되며, '짬 없는'이라는 시어는 문맥에 따라 '아무 영문도 모르는', '사리 분별을 하지 못하는', '철이 없는', 또는 '시도 때도 없는'이라는 의미로 해석될 수 있다.

현진건은 대구 방언 사용자이자 경성에서 신문 기자 생활을 한 경험 덕분에, 그의 작품에는 '국해(시궁창의 흙)', '데불다', '뒤통시', '몰', '불버하다', '삽작', '엉설궂다', '찰지다', '거진'과 같은 대구 지역 특유의 표현이 자연스럽게 사용되고 있을 뿐만 아니라 '별판'[7], '찐답잔은'[8], '노박이'[9], '진동한둥'[10], '감때사나운'[11]과 같은 방언들도 등장한다. 그의 작품을 통해 예전에는 표준어가 제정되기 전에도 지역 방언을 넘어서, 더 넓은 공통어를 사용하려는 시도가 있었음을 엿볼 수 있다.

청마 유치환의 시에도 경남 방언들이 귀중한 보석처럼 빛을 발하고 있다. 그의 작품 『보리누름』에서 등장하는 '보리누름'이라는 방언은 '보리가 누렇게 익는 시기'를 뜻한

---

5 열 달 **배슬려** 낳은 제 자식이라고 다 그럴까. 우리 홍이 장개갈 때까지, 늘 그래 쌌더마는 며느리 손에 밥 한 끼 못 얻어묵고, 공 안 든 임네는 며느리 시중받아감서 죽었는데. -「토지」

6 미친개 꼬리도 밟는 어린애의 **짬** 없는 그 마음이 되어/ 밤이라도 낮이라도 -「시인에게」

7 글세 그게 **별판**이야. 그래도 그 잔손질 만흔 다보탑을 시작한 것만 **별판**이지. -「무영탑」

8 한 남자와 두 여자! **찐답잔은** 일인걸. -「무영탑」

9 거기 무슨 일간이 있어요. **노박이**로 비를 맞으실걸 뭐. -「무영탑」

10 대감께서 사랑에서 **진동한둥** 들어오시더니 마님께 무슨 분부를 내리신 모양이든뎁시요." -「무영탑」

11 더구나 만일 그이가 아니었든들 그 **감때사나운** 제자들을 누가 제어를 할 것인가? -「무영탑」

다. "보리누름에 선늙은이 얼어 죽는다."라는 구절은, '보리가 누렇게 익을 때는 따뜻해야
할 시기임에도 바람이 차서 얼어 죽을 정도로 춥다'는 의미를 비유적으로 전달한다.
또한, 이른 봄인 춘궁기에 덜 익은 보리를 찧어 죽이거나 보리밥을 지어 먹을 때 '풋보리
쌀을 눌러 찧은 것'을 '보리누름'이라고도 하며, 이로써 만든 죽을 가리킨다.

김재홍(1997)은 청마의 시 「입추」에서 등장하는 '쨍이'[12]를 '잠자리'의 경남 통영 방언
형으로 해석하고 있다. 노천명의 시인이 창작한 「창변」에서도 "쨍이를 잡는 아이들의
모습이"라는 구절에서 이 낱말이 등장한다. 그러나 남북한방언검색시스템(2003)에는 '잠
자리'의 방언형인 '쨍이'가 기록되어 있지 않다.

청마의 시집 『청마시집』에 수록된 '씨앗이'라는 작품에서도 '쨍이'가 나타나며, 여기
서는 주석을 통해 '쨍이=잠자리'임을 명확히 밝히고 있다. 따라서 '쨍이'가 '잠자리'를
표현하는 경남 통영 방언의 특색임을 확실히 확인할 수 있다.

청마의 「항가새꽃」에서 등장하는 '항가새꽃'[13]이라는 방언은 '엉겅퀴'를 의미하는데,
이 꽃은 우리나라 전역에 분포하고 있다. '항가새'를 뜻하는 고어형은 『사성통해』의
'항것괴'와 『훈몽자회』의 '항것귀'에서 확인할 수 있다. 또한 『중정방약합편』에는 '항가
새(*大薊)'와 '조방가새(*小薊)'라는 풀이름이 기록되어 있다. 『만선식물자휘』에는 '대계
(大薊)'라고 불리는 '대항가새'(Centaurea monanthos, Georg)가 '양홍화' 혹은 '항가새', '엉
겅퀴'로 불린다고 한다. 중세 국어에서 '항가새'라는 표현이 '항가쿠', '항가꾸' 등으로
방언으로 분화되다가 다시 '엉겅퀴'라는 이름으로 변모하는 과정을 볼 수 있다. 이러한
고어형은 추억 속에 잊혀져가는 것이 아니라 지역 방언 속에 여전히 살아 숨 쉬고 있는
것이다. 그런데 이것이 표준어가 아니라는 이유로 그저 버릴 수 있는 방언으로만 간주해

---

12 **쨍이** 한 마리 바람에 흘러흘러 지붕 너머로 가고/ 땅에 그림자 모두 다소곤히 근심에 어리이다
    - 「입추」
13 어느 그린 이 있어 이같이 호젓이 살 수 있으니 **항가새꽃**/ 여기도 조으이 **항가새꽃** 되어 **항가새꽃**/
    생각으로 살기엔 여기도 좋으이/ 하세월 가도 하늘 건너는 먼 솔바람 소리도 내려오지 않는 빈/ 골짜기
    - 「항가새꽃」

야 할까?

1930~1940년대 이후 방언을 시 작품에 의도적으로 활용한 작가로는 서정주와 박목월이 대표적이다. 이들은 남도의 민족적 서정을 이어온 시인으로서, 각각 호남 방언과 영남 방언을 적절히 시 작품에 녹여내며 남도의 풍부한 문화와 정서를 살려내고 있다. 서정주와 박목월은 단순히 소재로서 방언을 사용하는 것을 넘어서, 전라도와 경상도라는 지리적 공간과 그 지역 사이를 매개하는 방언을 시적 표현의 중심으로 삼았다. 이들의 공통된 특징은 고향을 떠나 다른 곳에서 생활하며, 그리고 다시 고향의 토속적 정신으로 회귀하려는 열망을 시의 매개로써 표현하고자 했다는 점이다. 이들은 방언을 사용함으로써 고향에 대한 그리움과 향수를 시적으로 표현하며, 멀리 떨어진 고향에 대한 정서적 보상을 언어의 매체를 통해 찾아내려고 했다.

박목월의 『청록집』에 수록된 「산도화」, 「란 기타」, 「경상도의 가랑잎」에서는 특히 많은 경상도 방언 낱말과 문법적 특징이 사용되었다. 이 작품들은 경주를 중심으로 한 향토적 풍경과 애틋한 그리움, 한가함의 정취를 효과적으로 전달하기 위해 경상도 방언을 그대로 활용한 것이 큰 특징이다. 박목월은 방언을 선택함으로써 지역적인 정서와 느낌을 묘사하며 독특한 시적 효과를 창출했다.

특히 「사투리」라는 작품에서는 박목월이 방언을 통해 어떤 의도를 가지고 작품을 구성했는지를 잘 엿볼 수 있다.

> (가) 우리 고장에서는
>
> 오빠를
>
> 오라베라고 했다.
>
> 그 무뚝뚝하고 왁살스러운 악센트로
>
> 오오라베 부르면
>
> 나는
>
> 앞이 칵 막히도록 좋았다.

나는 머루처럼 透明한
밤하늘을 사랑했다.
그리고 오디가 샛까만
뽕나무를 사랑했다.
혹은 울타리 섶에 피는
이슬마꽃 같은 것을……
그런 것은
나무나 하늘이나 꽃이라기보다
내 고장의 그 방언이라 싶었다.

참말로
경상도 방언에는
약간 풀냄새가 난다.
약간 이슬냄새가 난다.
그리고 입안에 마르는
黃土흙 타는 냄새가 난다.

- 박목월, 「사투리」

　　박목월의 시 「사투리」는 서술어가 과거 시제로 되어 있어, 그가 서울 생활 속에서
고향에 대한 그리움을 나타내기 위해 '사투리'라는 고향 말씨를 소재로 삼았음을 알
수 있다. 방언을 통해 향토적 시적 정서, 즉 그리움을 표현하며, '오라베', '칵' 등의
대표적 방언을 사용하고 있다. 예를 들어, "앞이 칵 막히도록 좋았다."에서 '칵'은 경상도
방언의 독특한 맛을 살린 표현이다. 이중 모음이 자음 아래에서 단모음화한 '칵' 대신
'콱'으로 표현했다면 경상도 방언의 절묘한 맛을 느끼기 어려웠을 것이다.
　　3연의 '방언 = 풀냄새(취각) = 이슬냄새(취각) = 황토흙 타는 냄새(시각, 취각)' 등식은

방언을 시어로 활용한 박목월의 의도를 잘 드러낸다. 박목월은 시에 방언을 사용하여 경상도 사람들의 정감과 심성, 그리고 고향에 대한 그리움을 표현하고, 고향의 색채와 냄새까지도 하나의 풍경으로 형상화하는 데 성공하고 있다. 고향에 대한 그리움은 청각, 시각, 미각, 취각까지 일치하는 방언으로 표현할 수밖에 없을 만큼 절박한 감정이다. 이러한 시적 표현을 표준어로 바꾸면 박목월이 의도한 바와는 전혀 다른 것이 될 것이다.

박목월의 시에서는 기층민들의 삶의 애절함을 향토적인 언어로 표현함으로써 큰 반향을 일으킬 수 있었다. 그의 작품 중에서도 특히 가난한 무지렁이 기민층의 삶을 가장 인간적인 모습으로 담아낸 절창의 시가 있다. 이는 아버지 제사상 앞에 엎드려 있는 우리의 이웃, 만술아비의 삶의 애환을 노래한 「만술 아비의 축문」이다. 이 시는 고향의 방언을 사용하는 것에 그치지 않고, 고향의 인물들과 기층민의 삶의 현실을 방언을 통해 구체화함으로써, 손진은(2003)이 말한 바와 같이 '고향의 공간에서 방언의 정신을 체화한 인간형과 그들이 사는 공간의 구체적이고 전체적인 성격을 극적인 양식으로 구축'하고 있다.

이처럼 박목월은 변방 언어인 방언을 대담하게 시의 중심에 끌어올림으로써 방언의 일상 사용자인 민중들의 삶을 시의 전면에 드러내면서, 동시에 고향의 향토적 삶의 내부에서 자신의 존재적 위치를 확인시키고 있다.

(나) 아베요 아베요

　　내 눈이 티눈인걸

　　아베도 알지러요.

　　등잔불도 없는 제상에

　　축문이 당한기요.

　　눌러 눌러

　　소금에 밥이나 많이 묵고 가이소.

　　윤사월 보릿고개

아베도 알지러요.

간고등어 한손이믄

아베 소원 풀어드리련만

저승길 배고플라요

소금에 밥이나마 많이 묵고 가이소.

니 정성이 엄첩다.

이승 저승 다 다녀도

인정보다 귀한 것 있을락꼬,

망령도 감응하여, 되돌아가는 저승길에

니 정성 느껴느껴 세상에는 굵은 밤이슬이 온다.

- 박목월, 「만술 아비의 축문」

"아베요 아베요/ 내 눈이 티눈인걸/ 아베도 알지러요."라는 구절에서 박목월은 경상도 속담인 '내 눈이 티눈이다(까막눈, 곧 글자를 읽지 못하는 무식함)'를 활용하며, 서술어로 '알지러요, 배고플라요, 가이소, 엄첩다, 있을락꼬' 등의 방언을 풍부하게 사용하면서 머슴살이하는 만술 아비의 가난과 무식함, 그리고 기층민의 서러움을 섬세하게 표현하고 있다. 특히 '엄첩다'라는 방언은 '제법이다, 기대 이상이다'라는 의미를 내포하고 있는데, 이를 표준어 '제법이다'로 번역하면 시의 분위기와 뉘앙스가 전혀 달라질 것이다. 이러한 방언의 사용은 박목월의 시에 독특한 맛과 감정의 깊이를 부여한다.

또한 '아베요 아베요'라는 반복을 통해 애절한 호소력을 음악적인 운율 효과로 훌륭하게 살려내고 있다. 이 구절에서 '내 눈이 티눈이다'는 '글자를 읽지 못한다'는 뜻을 내포하고 있다. 이를 이해하지 못하면 "등잔불도 없는 제상에/ 축문이 당한기요"라는 대목과의 의미적인 연결을 이해하기 어렵다. 이 구절은 내가 무식할 뿐만 아니라 등잔불이 없어 축문이 안 보이니 제사를 지낼 수도 없다는 의미를 담고 있다.

박목월의 시에는 다른 방언권 화자들이 이해하기 힘든 경상도 방언의 독특한 시어가 많이 사용되며, 때로는 새로운 시어를 창조하여 사용하기도 한다. 예를 들어, 「박꽃」이라는 시에서는 '아슴아슴, 저녁답, 자근자근'과 같은 낱말이 등장한다. "흰 옷자락 아슴아슴 / 사라지는 저녁답"에서 '아슴아슴'은 '아슴푸레하다(기억에 희미하거나 또는 잘 보이지 않는 상태를 말함)'라는 방언의 형용사에서 파생된 것이다. 또한, 「귀밑 사마귀」라는 작품에서 '길숨한'(길쭉한)이라는 방언형은 이와 같은 조어 방식의 다른 예이다. 「아가」라는 작품에서는 "꽃송이가 이울고 … 또한 꿈은 이울고 비맞이 바람에"에서 '비맞이'라는 조어형이 등장한다. 이는 '비 오기 전에 불어오는 바람'이라는 앙증맞고 아름다운 조어형이다. 또 다른 예로, '울밖에는 옹당 벌샘'(「부룩쇠」)에서 '벌샘'은 '자연적으로 생긴 샘'을 의미하며, '벌-'은 '제멋대로, 자연 그대로'라는 의미를 지닌 접두사이다. 이처럼 박목월은 경상도 방언의 특성을 살려 시에 독특하고 생동감 넘치는 표현을 창조하여 사용함으로써 그의 작품에 특유의 감성과 매력을 부여하고 있다.

박목월의 시 작품에는 경상도 토박이 화자가 아닌 경우뿐만 아니라 토박이 화자인 경우에도 이해하기 어려운 경상도 방언의 특유한 낱말들이 많이 사용된다. 예를 들어, 「눌담」에서는 '미우는'이라는 낱말이 등장하는데, 이는 '자루를 박는'이라는 특정한 행동을 의미한다. 또한, 「산그늘」에서는 '상기'가 나오며, 이는 '늘'이라는 의미로 사용된다. 다른 예로는 「밭을 갈아」에서 등장하는 '쩌서'는 '잘라' 또는 '베어'라는 방언형이다.

박목월의 시에 등장하는 방언은 종종 새롭게 창조된 시어들을 포함하여 다채롭다. 예를 들어, 「목단여정」의 '해으름'은 '해질 무렵의 해거름'을 의미하며, 「한정」에서 나오는 '고누는'은 '겨누는'을 뜻한다. 또한, 「낙랑공주」에서의 '보얀'은 '하얀'을 지칭하며, '이내'는 '곧 바로'를 나타내는 부사어이다.

특히 「눌담」이나 「낙랑공주」와 같은 작품에서는 '우둘두툴한'이나 '설핏한'이라는 표현이 사용되어 경상도의 토속적인 냄새와 분위기를 효과적으로 묘사한다. '우둘두툴한'은 경상도 특유의 말투를 상징하며, '설핏한'은 구름에 가려 뚜렷하지 않은 모습을 의미한다.

그러나 이러한 방언은 종종 이해하기 어려운 경우도 있다. 예를 들어, 「아가」에서의

'난길로'는 '어려운 길'이나 '길이 나 있는'이라고 쉽게 해석될 수 있지만, 실제로는 경상도 방언에서 '처녀가 바람이 나서 집 밖으로 나가다'라는 뜻으로 '난질가다' 또는 '화냥질가다'라는 뜻으로 '난질가다'에서 파생된 '난길'이라는 말이다.[14] 따라서 「아가」에서는 '어린 사슴이 제멋대로 집을 벗어나다'라는 의미로 이해되어야 한다. 또한 '하룻한'(「나그네」), '무질레밭 약초길'(「산그늘」)과 같이 그 의미가 분명하지 않은 예들도 있다.

고어형이 그대로 잔존하는 시어가 간혹 발견된다. 예를 들어, 「임에게」와 「아가」에서 등장하는 '가람'은 고대 국어의 '江(ᄀ롬)'에서 비롯된 것이다. 또한, 「구황룡」의 '이울고'와 「폐원」의 '이운다' 역시 경주 방언에서 사용되는 고어형으로, '이울다'의 의미인 '시들다, 이지러지다'가 그대로 남아 있음을 보여 준다.

또 다른 예로는 「당인리 근처」의 '끄실리고'인데, 이는 '그을리다'를 의미하며 경북 방언에서 특히 음운사와 깊은 관계를 가진 낱말이다. 경주 방언은 고대 국어의 중심 지역이었기 때문에 이러한 고어형이 여전히 사용되고 있다. 예를 들어, '끄실리다'는 '그슬리다>그실리다'와 같이 고대 국어의 흔적이 고스란히 남아 있는 예시이다. 또한, 「야반음」에서의 '소내기/소나기'는 움라우트 현상이 적용된 예시로, 이는 고유의 발음과 어원을 지니고 있다. 박목월의 시에서는 종종 지역적인 특성을 반영한 시어들이 등장한다. 예를 들어, 「나그네」에서는 '상반밥'[15]이라는 시어가 나오는데, 이는 과거 쌀이 부족한 상황에서 쌀과 보리쌀을 반반씩 섞어 지은 밥을 의미한다. 또한, 「사향가」에서의 '안존하다'는 밤차를 타고 아침에 도착한다는 의미로 사용되며, 경주 특유의 지혜와 정신적인 풍경을 묘사하는 데 활용된다. 이러한 시어들은 특정 지역의 문화와 생활 방식을 반영하며, 종종 특정 상황이나 정서를 정확하게 전달하기 위해 사용된다.

경상도 방언의 특징은 종종 박목월의 시에서도 잘 드러나고 있다. 예를 들어, 「적막한

---

14 '난질가다'에서 '난-'과 '-질'이 결합된 '난질'이 역구개음화된 형태가 바로 '난길'이라고 파악할 수 있다.

15 죽기전에 고향산나물을 참기름에 덤북히 무쳐/ 햇보리 **상반밥**에 팥을 두어 실컷 먹고 싶은게 원이라고 간혹 인편에 전해 오기도 했다. -「나그네」

식욕」에서는 "보이소 아는 양반 아인기요/ 보이소 웃마을 이생원 아인기요/ 서로 불러 길을 가며 쉬며 그 마지막 주막에서/ 걸걸한 막걸리 잔을 나눌 때"라는 구절에서 경상도 방언적 종결형이 잘 나타나고 있다. 또한, 「치모」에서도 "또 왜 왔노 일 안하고 이놈/ 할아버지가 호통을 치면/ -아재요/ 놀아가믄 일도 해야지 안는기요"라는 구절에서도 서술어의 활용형에서 방언적 특징이 잘 드러나며, 이는 매우 특정한 향토적 분위기를 연출해내고 있다. 이처럼 목월은 자신의 시에 방언을 활용함으로써 경상도의 독특한 언어적 특성을 강조하며 지역적 맛과 정서를 풍부하게 표현하고 있다.

3. 방언에 새겨진 문화 코드와 미래

1) 한국어문화 코드를 품은 방언

방언은 일정한 지역이나 사회 계층에서 사용하는 말이다. 방언은 공통어가 분화되면서 음운, 형태, 의미 변화를 거쳐 생성되었거나, 일정한 지역의 오랜 언어문화적 특징을 기반으로 생성된 언어이다. 그러므로 방언에는 지역에서 오랫동안 전해오는 다양한 문화, 전통, 역사가 무늬처럼 새겨져 있고, 지역민들의 독특한 정서와 사고가 살아 숨 쉬고 있다. 그래서 방언을 통하면 지역의 삶과 문화를 깊이 이해할 수 있다. 방언은 지역민들이 서로 동질감을 느끼면서 우리 가족과 동네 사람과 유대감을 갖게 하고 지역의 정체성을 유지하게 해주는 소중한 문화유산이다.

보통 지역 출신의 작가들은 자기가 경험한 문화와 전통과 의미를 정밀하게 묘사하기 위하여 방언을 사용한다. 작가는 방언을 사용함으로써 어휘가 품고 있는 사전적인 개념을 뛰어넘어, 작가 자신이 겪은 정서적 경험을 아주 다양하게 표현하면서 심미적 효과를 얻고 있다. 우리 지역 출신의 작가 중에는 작중 인물의 성격을 뚜렷이 드러내고, 사실적 현장성을 얻는 데 더 효과적이라고 생각하여 지역 방언을 많이 사용하는 사람도 있다.

하근찬은 『수난이대』에서 '니 우짜다가그래 댔노?', '전쟁하다가 이래 안 댔심니꾜. 수류탄 쪼가리에 맞았심더. 얼른 낫지 않고 막 썩어 들어가기 땜에 군의관이 짤라 버립디더, 병원에서예'라고 대구 지역의 방언으로 표현했다.

최근 국립국어원에서 개발한 '지역어 종합 정보'에서 '소꿉장난(소꿉놀이)'의 방언지도를 검색해 보면 남한 지역에서만 사용하는 방언형이 80여 가지가 발견된다. 이들을 어휘나 음운 차이로 분류해 보아도 크게 10여 개 이상의 방언형들로 나눌 수 있다. 만약 표준어 '소꿉장난'만을 표준국어대사전에 올려 사용하도록 한다면, 이 어휘의 대표 방언형인 '빠끔살이, 반두깨미, 살림살이, 도꿉장난, 통고발이, 동두깨미, 흑밥, 밥펄락, 새끔살이, 땅깽이, 송구팔이, 동갑살이, 헛밥놀이' 등은 조만간 잊혀 버릴 가능성이 높다.

한국어는 지역의 방언이 바탕에 있으며, 편의상 한국어의 표준을 설정하기 위해 교양 있는 서울말을 중심으로 표준어를 정한 것이다. 말하자면 표준어란 국가의 언어를 대신하기 위해 인위적으로 설정한 언어인 것이다. 그러므로 방언은 표준어의 존재를 유지시키는 중요한 언어문화 자원임을 잊지 말아야 한다.

표준어에는 한국어를 대표한다는 공통어의 개념이 포함되어 있어야 바람직하다. 이처럼 공통어 개념을 충실하게 반영하기 위해서는 각 지역의 방언이 표준어에 충분히 반영될 때 비로소 공통어의 개념을 가진 표준어가 되는 것이다. 그동안은 방언에 대한 정밀하고 종합적 연구가 충분하지 못하고 방언 어휘의 역사나 방언의 생성 규칙 및 표준어와의 상관성이 충분히 밝혀지지 않아서 표준어에 들어갈 수가 없었다. 앞으로는 방언에 대한 깊은 이해와 연구를 통하여 방언에서 공통어적인 특질을 찾아내어서 표준어에 반영하며, 지역의 독특한 방언으로 자리 잡을 수 있도록 해야 한다.

방언은 우리 민족의 역사와 전통이 새겨져 있고 지역민의 정서가 녹아 있는 문화재와도 같다. 유무형의 문화재를 보존하고 새롭게 가꾸는 것처럼, 방언도 잘 보전하려면 지역어가 갖는 정밀한 의미와 쓰임을 바탕으로 만들어진 방언사전이 있어야 한다. 이러한 방언사전을 바탕으로 공통어적 표준어를 선정해야만 교양 있는 서울말로 정하는 일방적인 표준어가 아니라 한국어를 대표하는 공통어로서의 표준어를 확립할 수 있다.

방언은 한국어의 보물 창고이다. 한국어를 잘 보전하기 위해서는 이제 아름다운 지역 방언을 찾아 골라 쓰는 지혜가 필요한 시대이다.

2) 방언의 쓸모

방언은 과연 쓸모 있는 언어인가? 버려야 하는 언어인가? 만일 쓸모가 있다면 어떤 면에서 그런 가치가 있는가?

먼저, 방언은 정서적 가치가 있다. 이 가치는 다른 말과의 차별적 판단과 관련 있지만, 동시에 동일한 방언 화자들 간에는 친밀한 교감을 조성한다는 점에서 비롯된다. 자신의 고향 말에 대한 정서적인 공감이 존재하다 보니 타향에서 자신의 말과 비슷한 말투를 듣게 되면 친밀함과 애향심이 가득 차게 된다. 오죽하면 방언을 탯말이라고 표현하면서 태중에서 들었던 어머니의 말이라고 하여 정감을 높이는 사람들도 있다.

둘째, 방언의 언어적 가치이다. 방언은 우리말의 변천 과정을 학술적으로 연구하는 사람들에게 옛말에 대한 적절한 증거를 제공하고 있다. 일단 현재 조사된 생생한 방언을 연구 자료로 활용하면서, 옛 문헌에서만 본 적이 있는 특별한 어형을 방언에서 발견하면서 문헌에 한정된 연구 시야를 넓혀 주기도 한다. 또한 다양한 방언 변이가 이루어진 모습을 규명하는 연구를 통해 언어 변천의 특징과 어원적인 어휘군을 밝히는데 도움이 된다. 예를 들면 경상도 방언에서 '어불다(어울리다)', '자불다(자다)' 등은 15세기 문헌에서 발견되는 '어븗다', 'ᄌᆞᆲ다'보다 더 고형인데, 현재 방언에서 발견된다. 또한 방언 '가오리(鰩魚)'의 분포에서 발견된 변이형의 변화가 '가보리>가부리>가우리>가오리'로 되어 있어 순경음 ㅂ(ㅸ)의 역사적인 변천 과정을 확인할 수 있다.

셋째, 방언의 문화적 가치이다. 방언을 통해 생생하게 살아 있는 한국말을 좀 더 사실적으로 접근하면서 친숙감을 조성하기도 한다. 특히 문학 작품에서 방언을 사용하면서 더욱 현장감 있는 사실적인 효과를 높이기도 한다. "가실 볕이 오뉴월 볕허고 같기야 헐라디요마는 가실 볕도 하로가 달브고 이틀이 달브제라"는 조정래의 『태백산맥』에 나오는 대목인데, 전라도 방언의 정감 어린 표현을 느낄 수 있다. 이 작품의 실제 배경은 전남 벌교와 지리산 주변이다. 이런 문화적 가치는 다양한 문화콘텐츠 개발에도 활용되면서 현장감과 사실감을 높이고 있다.

넷째, 방언의 경제적 가치이다. 방언을 활용한 경제적 활동은 언어 산업 중의 하나이다. 실제로 방언이 상품화되면서 산업적 쓸모를 증명하기도 했다. 2012년부터 2014년까지 3년간 국립국어원과 경북대학교에서 진행한 방언 상품 아이디어 공모전이 대표적인 예이다. 이러한 언어 산업에 적용되는 부분은 방언 상품, 방언 네이밍, 방언 문학, 방언 예술, 매스컴 방언, 방언 보존 운동, 방언 이벤트, 방언 대회, 방언 연극 등이 있다.

방언은 우리 민족의 역사와 전통이 새겨져 있고 지역민의 정서가 녹아 있는 문화재와도 같다. 이러한 방언의 쓸모를 생각하면서 소멸 위기에 처한 방언을 잘 보전하기 위한 방법을 모색할 필요가 있다.

3) 사라져 가는 방언에 대한 단상(斷想)

"야이, 문디야!"는 대구에서 아주 친한 친구를 오랜만에 만났을 때, 너무 반가워서 나누는 지역의 대표적 방언 인사말이다. 문디는 나환자의 경상도 방언으로 위의 말을 표준말로 표현하면 '야이, 나환자야!'라고 할 수 있다. 이 사투리 인사말을 표준말로 따지면 엄청난 모욕처럼 들리는 표현이 된다. 그런데 우리 지역의 이상한 인사법은 주로 아주 친한 사이에 사용된 애정이 깃든 표현이다. 이 표현에는 '참으로 오랜만이다', '그동안 큰일 없이 잘 지냈냐?' 등과 같은 온갖 친근한 뜻이 내포되어 있다. 하늘이 내린 벌이라고 해서 천형이라고도 일컫는 문디(나환자)라는 부름말을 앞세워, 가장 애정 어린 표현으로 바꾼 경상도 식의 독특한 인사법이라고 할 수 있다. 그런데 요즘에는 이런 말을 하는 사람도 드물어서 이제는 추억이 되어 가고 있다.

'갱시기'란 추억의 음식이 있다. 대구, 경북 지방에서 갱시기가 탄생하게 된 동기는 자세히 알 수 없으나 전형적인 서민 음식임은 분명했다. 날씨는 쌀쌀하고, 딱히 찬거리도 마땅찮을 때, 먹다가 남은 식은 밥, 먹던 김치, 콩나물 외에도 먹다 남은 온갖 잡동사니 반찬 부스러기 등을 집어넣어, 뜨끈하게 끓여서 먹는 소위 잡탕 음식이다. 요즘으로 치면 제대로 된 음식은 아니다. 살기 어려웠던 시절 서민 집안에서 한 끼를 때우던 음식이었다. 그런데 이 말과 음식도 점점 추억이 되어 가고 있다.

우리 지역에서 추억이 될 말이 많이 있다. 선나(조금), 다부로(도로/도리어), 억수로(많이), 한거석(많이), 허들시리(너무나도), 천지삐까리(많다), 몽창시리(무척), 한발띠(많이), 대낄로(정말, 대박), 샜다(많다), 포시랍다(호강스럽다/까탈스럽다) 등 요즘은 점점 사라져 가는 말들이 있다.

인류학자인 니컬러스 에번스는 자신의 저서 『아무도 모르는 사이에 죽다』에서 노인 한 사람이 죽으면 도서관 하나가 불타는 것과 같다고 했다. 그것은 한 사람이 사용하는 말에 그 사람이 겪어온 생활과 환경, 역사와 문화가 녹아 있기 때문이다. 2010년 12월에 유네스코는 제주어를 소멸 위기 4단계인 '아주 심각하게 위기에 처한 언어'로 분류하면서 제주어의 소멸을 경고했다. 그런데 요즘 우리 지역어도 제주어에 못지않게 점점 사라짐을 절감하고 있다.

그러나 반대로 새 기운을 얻어서 많이 알려진 말도 있다. '단디(잘)'가 그 좋은 예이다. 지역어 중에는 메시지를 전하는 강도가 표준어보다 강한 경우가 있는데, 이 말이 여기에 해당된다. '단디'는 일단 소리에 힘이 들어간다. "정신을 바짝 차리고 잘 해라"라는 기를 불어넣는 말이라고 할 수 있다. 우리 지역의 은행에서 '단디카드'를 만들어서 유행시킨 적이 있다. 그래서인지 젊은 사람들도 이 말을 그리 낯설게 여기지 않는다. 사라질 수 있는 말도 언중들이 관심을 가지면 되살릴 수 있다는 가능성을 보인 증거이다.

2012년부터 2014년까지 사투리 상품 아이디어 공모전을 3차례 개최한 적이 있다. 당시 언론에도 꽤 소개되면서 사투리에 대한 관심이 많이 높아졌다는 후일담을 들었다. 이후 광주 송정시장 입구에 '역서사소'라는 자그마한 상점이 생겼다고 한다. 이곳에서는 각 지역어를 이용한 상품을 만들어서 판매한다고 한다. 특히 젊은 사람들에게 인기가 있어서 사라져 가는 말들에게 소생의 희망을 줄 수 있을 것 같다.

앞으로 사라져가는 말에 대한 아쉬움의 단상을 뛰어넘어 이를 소생시킬 방안을 찾아가는 희망의 단상이 될 수 있기를 기대한다.

4) 인공지능 시대에 방언의 미래

"마음대로 토해 내는 말들이 모두 살아 있는 구수한 우리말이 되어 있는 사람을 만나면 정말 반갑다. 우리는 이런 사람의 말에서 비로소 잊었던 고향으로, 우리의 넋이 깃들인 세계로 돌아가게 된다. 그리고 이런 사람은 어렸을 때 배운 고향의 말을 참 용하게도 잊어버리지 않고 빼앗기지도 않고 잘도 가지고 있구나 하고 한없이 부러워진다." 이오덕의 책 머리말에 나오는 구절이다. 여기서 고향의 말이란 바로 방언을 뜻한다.

방언에는 그 지역에서 예부터 전해오는 다양한 문화, 전통, 역사가 살아 숨 쉬고 있고, 그 지역 사람들의 독특한 정서가 깊이 배어 있다. 방언을 통하여 그 지역의 삶과 문화를 깊이 이해할 수 있다. 또한 방언은 지역민들이 서로 동질감을 느끼면서 가족과 동네 사람과 정서적 연대감을 갖게 하고 정체성을 유지하게 해주기 때문에 가장 기초적이면서도 중요한 문화유산이다.

앞서 살펴본 바와 같이 작가들은 개인이 겪은 문화와 전통과 의미를 세밀히 묘사하기 위하여 방언을 사용한다. 시인은 방언을 사용함으로써 시어가 지닌 사전적인 개념을 넘어, 자신이 겪은 정서적 의미를 아주 독특하게 표현하며 심미적 효과를 얻고 있다. '우리 고장에서는 오빠를 오라베라고 했다. 그 무뚝뚝하고 왁살스러운 악센트로 오오라베 부르면 나는 앞이 칵 막히도록 좋았다. (중략) 참말로 경상도 방언에는 약간 풀냄새가 난다. 약간 이슬 냄새가 난다. 그리고 입안에 마르는 黃土흙 타는 냄새가 난다.' 박목월 시인의 「사투리」란 시이다. 이 시에서 '칵', '오라베'는 경상도의 경주 방언이다. 경상도 방언의 맛깔스런 느낌을 주는 방언의 풍경을 통해 고향에 대한 그리움의 정서를 잘 드러내고 있다.

소설가들도 작중 인물의 성격을 보여 주고, 현장의 사실감을 얻는 데 더 효과적이라고 생각하기 때문에 방언을 적극적으로 사용한다. 현진건은 대구 출신이면서 경성에서 신문 기자 생활을 했기 때문에 그의 작품에는 '국해(시궁창의 흙), 데불다, 뒤통시, 불버하다, 삽작, 엉설궂다, 찰지다, 거진'과 같은 대구 방언이 매우 자연스럽게 사용되고 있다. 또한 그의 「무영탑」을 읽다 보면 '찐답잔은'(한 남자와 두 여자! 찐답잔은 일인걸), '노박이' (거기 무슨 일깐이 있어요. 노박이로 비를 맞으실걸 뭐), '진둥한둥'(대감께서 사랑에서 진둥한둥 들어오시더니 마님께 무슨 분부를 내리신 모양이든뎁시요), '감때사나운'(더구나 만일 그이가 아니었든들 그 감때사나운 제자들을 누가 제어를 할 것인가?)과 같은 정겨운 방언의 풍경을 만날 수 있다.

방언은 표준어를 존재하게 하는 가장 중요한 언어 자원이다. 한국어는 각 지역의 방언으로 이루어져 있으며, 한국어의 표준을 정하기 위하여 서울말을 중심으로 거기에 각 지역의 방언을 포함하여 표준어가 정해진 것이다. 말하자면 표준어도 방언의 풍경을 볼 수 있는 산물인 것이다.

최근에는 방언을 알아듣고 방언으로 말하는 인공지능을 개발하기 위해 대규모의 국가적인 프로젝트를 추진하고 있다. 바로 한국판 뉴딜 종합 계획에서 10개 분야의 자연어 데이터 구축 사업이다. 향후 계획은 실생활 속의 자연어인 토착어(Vernacular)를 수집하여 인공지능에게 학습할 수 있도록 제공하는 것이다. 이 사업이 성공적으로 수행된다면 인공지능과 방언으로 대화할 수 있는 날도 머지않아 기대해 볼 수 있을 것이다. 또한 인공지능이 특별한 방언으로 창작한 시와 소설을 만나면서 고향의 정서를 느낄 수 있는 시대가 올 수도 있다. 이것이 앞으로 이루어질 인공지능 시대에 예측할 수 있는 방언의 미래이다.

탐구 과제

1) 표준어와 방언이 가진 이미지에 대해 논의해 보자. (예: 방언-향토적, 친근/표준어-정보 전달적 등)

2) 서울말과 표준어가 동일한지, 동일하지 않은지 생각해 보고 그 이유에 대해 논의해 보자.

3) 문학 작품에서 방언의 가치에 대해서 논의해 보자.

4) 일상 대화 속이나 누리 소통망(SNS)에서 유행하는 미디어 사투리에 대하여 알아보고 방언 보전의 필요성에 대해 논의해 보자.

제10장 한국어문화 자원의 조사와 연구

편리함과 윤택함이라는 이름 아래 진행되어 온 고속 성장의 이면에는 우리의 언어와 문화, 생태계가 훼손될 가능성이 높아지고 있다. 따라서 인류의 미래가 걸린 언어, 문화, 생태계의 다양성을 존중하고 절멸 위기에 처한 그들의 생명력을 유지하고 복원하기 위해 함께 행동해야 한다.

유네스코는 1992년 '생물 다양성 협약'을 체결하고 2001년 '세계 문화 다양성 선언'을 채택하여 언어와 문화의 다양성을 지키기 위해 노력하고 있다. 왜 생태주의자들은 종의 다양성을 옹호하는가? 그것은 바로 순조로운 진화의 길을 모색하고자 함이다. 진화라는 발전과 변화가 종의 다양성을 기반으로 하여 가능하듯이 언어의 진화도 언어의 다양함을 바탕으로 이루어지는 과정이다. 언어의 대표 단수만 옹호하는 일은 언어의 다양성 자체를 무너뜨리는 일이며, 이는 곧 진화에 역행하는 일이다.

현재 삶의 편의성을 위해 모든 것을 거시적인 관점에서 표준화하려는 경향이 뚜렷해져 비표준적이고 미시적인 것들은 소멸의 위기에 처해 있다. 그러나 이제는 잃어버린 지난날의 다양하고 미시적인 삶의 유산을 복원하기 위한 노력이 시작되고 있다. 이러한 분위기는 중심 언어에서 멀어진 변방의 언어라고 방치했거나 정화의 대상으로까지 여겼던 비표준적인 말을 보존하려는 노력에서도 엿볼 수 있다.

영국의 뛰어난 언어학자 데이비드 크리스틸(David Crystal)은 저서 '언어의 죽음(Language

Death)'에서 어떤 소수의 언어든, 언어라는 이름을 가진 존재가 힘센 언어에 의해 사라져 가는 것은 '비극'을 넘어 '재앙'으로 간주하고 있다. 인류의 삶에는 다양성이 필요하며, 다양성을 바탕으로 이루어진 언어는 나름의 정체성을 가져야 자연스럽다. 언어는 역사의 저장고일 뿐만 아니라, 인류의 지식 총량에 기여하고 그 자체로 흥미의 대상이 되기 때문에 그의 주장은 타당하다. 어떠한 언어이든 사라진다는 것은 인류에게 돌이킬 수 없는 손실을 의미한다.

따라서 아직 연구되지 않았거나 충분히 기록되지 않은 소멸 위기에 처한 언어들을 문법, 사전 및 구전 자료의 기록을 포함한 문서 형태로 기록하는 것은 매우 중요한 사명이다. 그런 의미에서 언어문화 자원을 조사하고 보존하는 방안은 중요한 의의를 갖는다.

사라질 운명에 처해 있는 한국어문화 자원을 수집하고 디지털 아카이브로 축적하는 일은 우리 민족에게 중요한 의미를 지닌다. 이를 통해 우리 민족의 언어문화가 한민족의 위대한 '문화유산'으로 다음 세대에 계승되고 상속할 만한 가치가 있는 문화적 자산임을 명심하는 계기가 되었으면 한다.

1. 한국어문화 자원 연구의 이론적 틀[1]

1) 훔볼트의 언어 이론

우리는 우리 자신이 그렇게 생각하더라도 실제로 항상 우리가 생각하는 대로 말하는 것은 아니다. 언어란 우리가 주변 세상과 상호작용을 통해 만들어 낸 산물이다. 우리가 담화를 구성하고 언어적 범주를 발달시키는 방법은 환경에 대한 경험과 그 경험을 통해 다른 사람들과 성공적으로 의사소통하는 방법에서 도출된다.

---

1   김덕호(2009), 『한국 언어문화 디지털 아카이브 구축론』, 역락을 참조했다.

빌헬름 폰 훔볼트는 세계의 다양한 언어들을 연구하면서 언어의 본질과 인간 정신의 발현에 대한 사유를 전개했다. 훔볼트가 다양한 언어를 연구한 이유는 문제의 본질을 파악하기 위해 비교방법론을 사용했기 때문이다. 이는 언어철학적 문제 접근에서도 먼저 주어진 사실들을 경험적으로 확인하는 것에서 출발해야 한다는 점에 근거한다. 모든 철학적 연구는 경험적 사실과 사변의 조화로운 협동 작업을 통해 가능하다는 것이 그의 학문적 관점이었다(정영근, 1999).

훔볼트는 언어의 비교 연구를 통해 각 언어가 구조적으로 상이하다는 점을 밝혀내고, 그러한 차이가 인류의 정신적 발전과 어떤 연관성을 지니는지를 추적했다. 그에게 언어는 인간의 본질과 당위를 파악하는 관건이었다. 그의 언어관을 이해하기 위해 우선 '정신적 힘'의 개념을 이해해야 한다. 이 힘의 본성은 활동성에서 나오며, 자신을 표출할 때 객관화 과정의 영향을 받는다. 정신적 힘은 현재에서 과거 깊숙한 곳까지, 태고의 어둠 속에서 자신을 상실한 지점까지 이른다. 언어가 그 기능을 수행하는 것은 정신적 활동의 순수한 산출이라기보다는 이미 전래된 것을 수용하고 변형한 결과이다. 인간 정신이 발달해 온 과정을 되돌아볼 때, 언어는 인간의 정신과 밀접히 연관되어 있음을 알 수 있다(정영근, 1999).

정신적 힘의 활동을 이해하는 일은 언어 밖에서 파악할 수 없다. 정신은 언어를 매체로 해서만 발달하며, 자신의 표출로서의 언어에 정신적 특성을 부여한다. 정신이 언어를 통해 자신을 나타내 보임으로써, 언어는 다시 정신에 영향을 주고, 정신이 지속적으로 활동하여 새로운 것을 창조하도록 작용한다. 그래서 언어는 인류 내면의 역사에 진정한 전환점을 가져온 장본인이라 할 수 있다. 표상이 주관적 활동으로부터 분리되는 것은 아니다. 정신적 힘의 활동에서 생기는 대상에 대한 표상은 언어적 음성화를 통해 주관성을 잃지 않으면서 객관화된다. 표상은 개념으로 변화하며, 주관성이 고유한 것으로 파악된 내용은 언어 개념을 통해 대상화됨으로써 객관화된다.

언어는 '외면적 사유'이며 사유는 '내면적 언어'로서 이 둘은 서로 분리될 수 없는 연관성을 지니고 있다. 언어는 정신 활동의 산물인 동시에 조건이다. 언어는 정신적인 힘으로서 언어공동체 안에서의 역동적인 활동을 통해 인간이 자신의 고유한 세계상을 형성하게 해주는 그 무엇이다. 언어 자체는 결과물이 아니라 활동이기 때문에 정신의 활동과 언어는 통일체를 이루고 있으며 서로 분리될 수 없다. 한 민족이나 국가는 언어가 지닌 정신적 특징을 통해 규정되기 때문에 민족 또는 국가란 살아있는 언어를 매체로 하여 유기적이고 운명적으로 연결된 정신적인 통일체라는 것이 훔볼트의 생각이다(정영근, 1999).

헤르더의 언어관에 영향을 받은 훔볼트는 일반적 언어능력을 인간이 생존하는 한 반복되는 정신의 산출 활동, 즉 에네르게이아(Energeia)로 파악했다. 정시호(1994)는 훔볼트의 언어철학을 다음 네 가지로 요약하고 있다.

첫째, 언어는 정신적 창조 활동, 즉 에네르게이아이다. 이는 훔볼트 언어관의 핵심 사상이다. 훔볼트에 따르면 언어는 본질적으로 인간의 창조적 정신 활동과 등식 관계를 이루며, 인간 정신에 의한 세계 발전 과정이 된다. 언어란 그 참다운 본질에 따라 파악하면 고정적이면서도 동시에 일시적인 것이다. 문자를 통한 유지조차도 불완전하며, 이는 미이라와 같은 보존에 불과하다. 이를 다시 감각화하기 위해서는 우리의 동적인 기여가 필요하다. 언어 자체는 결과물(Ergon)이 아니라 오히려 활동(Energeia)이다. 언어의 정의는 발생적일 수밖에 없다. 즉, 언어란 분절된 음성이 사상 표현을 할 수 있게끔 영원히 반복되는 정신 활동인 것이다(정시호, 1994).

둘째, 언어 행위는 곧 사유를 의미한다. 언어 없이는 사고가 명료히 표출되지 못한다. 언어는 사고의 형성 기관이다. 어느 정도 흔적 없이 지나가는 정신적이고 내적인 지적 활동은 발화에서의 음성을 통해 외면화되어 감각적으로 인지할 수 있게 된다. 따라서 지적 활동과 언어는 분리될 수 없는 하나이다. 지적 활동은 필연적으로 언어 음성과 결부된다. 그렇지 않으면 사고는 명백성을 획득할 수 없고, 상념은 개념이 될 수 없다. 사고, 음성 도구, 청각은 언어와 분리할 수 없는 결합성을 가지며, 이는 근원적이고 그 이상 해명될 수 없는 불변의 인간성의 조직인 것이다(정시호, 1994).

셋째, 언어력에 의한 정신적 개변(改變)은 인간 의식과 외계 사이의 중간 세계에서 이루어진다. 어떻게 외부 세계와 정신세계가 연결되는가? 그것은 직접적인 관계가 아니라 간접적인 관계로서 중간 세계를 거쳐 이루어진다. 훔볼트는 중간 세계를 "언어는 단순히 상호 이해를 가능하게 하는 교환수단일 뿐만 아니라, 인간 정신이 그 내적 활동에 의해서 정신과 외부의 중간에 위치한 하나의 참다운 세계"라고 규정하고 있다. 이러한 중간 세계 구조를 해명하기 위한 수단이 어휘장 이론이다.

넷째, 모든 언어는 독자적인 언어 세계관을 가진다. '정신적·언어적 중간 세계'는 각 모국어마다 상이하게 나타난다. 예를 들어, 독일어에서는 빨강, 주황, 노랑, 초록, 파랑, 보라의 6색을 기본색으로 설정하고 있는 반면, 로데시아의 쇼나(Shona)어는 3색을, 리베리아의 바사(Bassa)어는 2색을 기본색으로 보고 있다. 이는 망막의 생리적 결함을 의미하는 것이 아니라, 그 이상의 색채 구별을 요구하지 않는 생활 환경이 이러한 언어적 중간 세계를 형성했기 때문이다.

2) 에드워드 사피어의 언어이론

사피어(1884~1939)는 미국의 언어학자이자 인류학자로, 미국 구조주의 언어학의 초기 발달에 중요한 역할을 한 학자이다. 미국 구조주의 언어학은 에드워드 사피어의 심리주의적 구조주의와 블룸필드의 행동주의적 구조주의로 나뉠 수 있으며, 사피어는 전자의 발달을 주도했다. 그는 프란츠 보아스로부터 일반 언어학과 문화인류학 강의를 듣고, 문화인류학적 언어 연구에 관심을 가지게 되었다.

사피어는 소수 원주민의 언어를 연구하는 방법을 '현장에서 자료를 수집한 뒤 정리하고 분석하는 것'으로 보았다. 첫째, 그는 자료를 수집하고 그 자료만을 중심으로 연구하는 발견적 절차를 중요시했다. 둘째, 실지조사를 통해 직접 수집된 자료는 음성적인 기록이기 때문에 음성 형식의 연구가 중심이 되고, 더 나아가 형태의 연구에도 관심을 가졌다. 이러한 접근법은 미국 구조주의 언어학의 방법론적 기초가 되기도 했다(권재일, 1990).

보아스(1858~1942)는 전통 언어학 이론과 아메리카 원주민 언어 연구를 통해 특정 언어의 문법 구조가 고전 문법의 틀에 맞지 않음을 인식하고, 언어마다 고유한 내재적 논리가 있다고 주장했다. 이러한 보아스의 학문적 전통을 이어받은 사피어는 심리주의적 음운관을 밝힘으로써 '음운'의 개념을 확립했다. 그는 수집된 음성을 정밀하게 관찰하면서 말소리의 유형(sound pattern)에 관심을 가졌으며, 이것이 음운의 체계화, 더 나아가 언어의 체계화에 대한 관심으로 이어졌다.

사피어는 언어의 말소리가 존재하는 세계를 두 가지로 보았다. 하나는 심리적인 존재로서, 순수한 객관적 말소리 체계 뒤에 더 한정된, 내재적/이상적 체계가 존재한다고 보았는데, 이는 언어 사용자에게 의식될 수 있는 것이다. 다른 하나는 '음운'과 같은 개념으로, 개인의 머릿속에 있는 언어 조직에 대한 기본적인 틀이다. 이 틀은 의사소통을 가능하게 하고, 그 언어가 가지고 있는 모든 현실적 수단의 기반이 된다. 이를 사피어는 언어적 유형(linguistic pattern)이라고 불렀다. 사람들은 이러한 언어 유형에 따라 실제 언어 자료를 사용하여 의사소통하며, 의사소통의 양식은 문화적 환경에 의해 결정된다고 보았다(권재일, 1990).

사피어는 음운, 문법, 언어 유형론, 언어 변화론 등에 관심이 있었다. 그의 음운관은 두 가지로 요약된다. 첫째, '음운 - 유형 단위' 음운관이고, 둘째, '심리주의 음운관'이다. 그는 여러 유형의 언어를 알고 있었기 때문에, 말소리를 정확하게 관찰하여 언어의 구조 관계를 파악했다. 이러한 바탕에서 사피어는 이상적인 말소리(ideal sound)라는 개념을 제안하였다. 그의 '음운 - 유형 단위' 음운관은 심리주의 음운관과 밀접하게 관련되어 있다. 말소리가 존재하는 두 가지 차원 중 하나가 심리적인 차원이라는 것이다.

사피어의 언어 변화론에 따르면, 언어는 시간의 흐름에 따라 변화한다. 그는 변화가 일정한 방향으로 이루어진다고 보았다. 언어의 역사적인 변화는 근본적으로 개인적 변이에서 시작하지만, 언어 사용자는 대부분 어떤 한 방향으로 누적되어 가는 변화를 무의식적으로 선택하게 된다. 이때 변화의 흐름이 나타나고 이러한 변화의 흐름은 음운, 단어, 통사 등 모든 언어 요소에서 실현된다. 사피어는 언어 변화의 흐름을 확인하는 방법으로 토박이 화자가 언어 형식을 사용할 때 '주저함(hesitation)의 실험'을 제시하였다.

어떤 언어 형식을 사용할 때 주저함이 나타난다는 것은 언어 변화의 징후로 해석될 수 있다. 예를 들어, 문장의 앞부분에 "whom"이 와야 할 경우에 무의식적으로 "who"가 선호되는 경우가 있다. 사피어는 이러한 예를 통해 변화의 흐름과 그 경향을 설명했다. 변화의 흐름은 일정한 방향으로 변화되는 누적이며, 이는 고유한 변화의 경향을 가진다고 보았다. 또한, 언어의 공시태는 불변체가 아니라 끊임없이 흐르는 변화체라고 생각했다.

사피어는 언어와 문화에 대해서도 깊은 관심을 가졌다. 그는 언어는 문화와 분리될 수 없다고 보았으며, 문화를 어떤 사회가 행하고 생각하는 것이라고 정의했다. 언어는 사고의 특정한 방법이라는 것이다. 이러한 그의 생각은 언어상대성 가설과 언어 세계관설을 확립하는 데 기여하였다. 이 가설은 언어가 그 사용자의 사고방식이나 정신 구조에 일정한 영향을 끼치며, 나아가서 세계관을 지배한다는 내용을 담고 있다(권재일, 1990).

3) 벤자민 워프의 언어이론

워프는 '언어와 논리'에서 다음과 같이 주장했다. "언어가 (사고에) 아무리 중요한 역할을 하더라도, 심층적 의식 과정에 대한 표면적 장식에 불과하다." 이 의식화 과정은 모든 전달, 신호, 기호의 전제이며, 필요에 따라 언어나 기호체계의 도움 없이도 전달이 가능하다고 주장했다. 따라서 표층적 장식인 언어는 심층적 의식 과정, 즉 사고에 기반한다고 말한다.

사고는 전적으로 언어적이라고 가정하는 사람들이 있다. J.B.왓슨(John Broadus Watson)이 이러한 견해를 가졌던 대표적인 인물이다. 그의 큰 공적은 말 없는 사고를 할 때 언어가 가진 강하지만 눈에 띄지 않는 역할을 인식시키고 가르쳤다는 점이다. 그러나 그의 잘못은 이 점을 철저히 추구하면서, 사고의 언어적 측면이 생물학적으로 배열된 과정인 말(speech)이나 언어(language)가 아니라 문화적 조직인 말(speech)이라는 점을 이해하지 못했다는 데 있다. 몇몇 언어학자들 역시 사고는 전적으로 언어적이라는 견해를 가지고 있다.

그러나 어떤 언어에 의한 사고가 반드시 단어들을 필요로 하는 것은 아니다. 예를 들어, 아메리카 원주민 부족인 초크토(Choctaw)족은 '시제'나 '문법적 성별'이라는 단어를 들어본 적이 없음에도 불구하고, 경험한 사건이나 대상들에 대해서 가장 능숙한 문법학자 못지않게 그러한 구별을 할 수 있다.[2] 많은 사고는 단어 없이도 개인의식이 가진 초점의 '배후'나 '위'에 있는 전 어형변화, 어휘류, 문법적 규칙을 조작한다(정시호, 1994).

워프의 언어 상대성 원리에 따르면 언어는 민족성에 영향을 주고, 반대로 문화가 언어에 영향을 미친다고 주장한다. 특히 능동과 피동의 관계는 행위자가 행동의 직접적 객체를 되는 통사적 현상을 나타내며, 한국어는 이러한 관점에서 피동문보다는 능동문이 중심이 되어 있다. 이 현상은 영어와 대조적으로 피동문이 상대적으로 적다는 점에서 뚜렷하게 드러난다. 실제로, 논리적이거나 인지적으로는 타동사가 있는 문장이 대체로 피동문으로 표현될 수 있지만, 실제 언어 사용에서는 그 비율이 매우 낮다. 이러한 이유로 한국어는 능동문을 중심으로 한 언어로 간주될 수 있다(박영순, 2004).

4) 어휘장 구축 이론

1920년대 중반, 어휘장 이론의 선구적인 언어학적 업적이 출간되었다. 메이어(Meyer)는 "어떠한 단어도 완전히 고립된 것은 아니며, 각 단어는 특정 체계에 속하게 마련이고, 그 체계에 의해 개별 표현의 의미론적 위치가 완전히 이해된다"고 보았다. 슈페르버(Sperber)는 『의미론 입문』에서 개별 단어 대신 어휘 집단의 의미 변화를 다루었다. 입센(Ipsen)은 개별 단어의 의미는 모자이크처럼 구성된 집단 내에서 다른 구성 어휘와 상호

---

2 초크토(Choctaw)족은 주로 미국 남동부에 거주하는 아메리카 원주민 부족으로, 미시시피강 동쪽과 텍사스 서쪽 사이에 걸쳐 있는 지역에서 살고 있다. 초크토족은 그들의 언어에서 시제나 문법적 성별 같은 복잡한 문법적 개념을 사용하는데, 이는 언어학자들에게 많은 연구 주제가 되었다. 이러한 특성은 원주민 언어들이 매우 정교하고 구조화된 시스템을 가지고 있음을 보여준다. 이는 워프의 주장을 뒷받침하는 예로, 언어가 특정 문법적 용어를 가지고 있지 않더라도 사고와 의사소통에 있어서 복잡한 구분을 할 수 있다는 점을 보여준다.

규정됨으로써 획득된다는 의견을 제시했다. 어휘장 이론의 창시자인 트리어(Trier)의 저서는 "의미론의 역사에 새로운 국면을 열었다"고 평가받고 있다. 이 글은 어휘장 이론의 초석을 놓은 트리어(Trier)와 바이스게르버(Weisgerber)의 고전적 어휘장 이론을 서술함과 동시에 최신의 어휘 수집 이론인 어휘의미망(시소러스, thesaurus) 이론을 소개한다.

(1) 트리어(Trier, J.)의 어휘장(낱말밭, Field) 이론

트리어에 따르면, 언어는 인간이 외부 세계를 이해하고 파악할 때 가장 근본적으로 작용하는 요소이다. 인간은 외부 세계를 있는 그대로 바라보고 받아들이는 것이 아니라, 언어라는 필터를 통해 인지한다. 즉, 외부 세계는 인간에게 언어를 매개로, 보다 엄밀하게 말하면 '언어의 중간 세계'를 경유하여 인식된다. 그는 외부 세계와는 다른 인간의 정신적 세계, 즉 언어적 중간 세계에서 선택적으로 만들어진 존재상이 어휘 면에서 구체적으로 어떠한 체계를 지니고 있는가에 대해 문제를 제기했다. 트리어는 이 질문에 대해 분절과 밭의 개념으로 답하고자 했다(허발, 1979).

각 언어는 나름의 방법으로 외부 세계를 분류하여 특수한 언어적 존재상을 만들고, 독자적인 내용을 형성한다. 이 언어적 내용은 단순히 외부 세계를 묘사하는 것이 아니라, 일정한 분절성을 지닌 언어적 시각을 통해 결합과 분리를 거쳐 비로소 언어적, 개념적으로 실현되는 것이다. 언어의 본질은 분절에 있으며, 개개의 부문은 분절의 결과로 나타나는 말단 분지이다. 따라서 개별 부분의 성격과 작용은 분절, 즉 그것들이 언어 전체 안에서 차지하는 위치와 가치에 의해 규정된다.

언어의 본질을 규명하는 것은 인간의 정신 활동의 반영인 분절의 결과로 성립된 언어(langue)의 구조를 명확히 하는 것이다. 트리어는 부분이 모여 전체가 성립되는 것이 아니라, 전체 속에서 부분이 어느 위치를 차지하는가에 대한 관점에서 어휘 체계를 규명하려 했다. 그는 밭의 개념, 즉 전체 속에서 의미가 어떻게 가능해지는지에 대해 다음과 같이 서술하고 있다(허발, 1979).

전체로서의 낱말 기호밭은 개별 낱말 기호가 이해될 때 반드시 존재해야 하며, 낱말은 이 밭의 존재 정도에 따라 이해된다. 낱말은 오직 이 전체 안에서 그리고 이 전체의 힘에 의해 의미를 가진다. 밭 전체 밖에서는 의미가 존재할 수 없다. 여기서 낱말은 모든 기호의 일반적인 본질을 따른다. 한 기호의 표시 내용과 범위는 그 기호가 내용상 인접해 있는 다른 기호들의 전체 안에서 차지하는 위치에 따라 정해진다.

밭 이론의 첫 번째 응용은 밭의 구조를 역사적인 관점에서 연구하는 것이다. 이는 특정 밭의 내부 구조가 시대와 함께 어떻게 변해가는지를 연구하는 것이다. 언어가 전체적으로 체계와 구조를 이루는 것이라면, 기술적 연구뿐만 아니라 역사적 연구도 전체로서의 언어를 탐구해야 한다. 트리어는 중세 독일어의 오성(悟性, Verstand)[3] 밭을 연구하여, 12세기 말부터 13세기 말까지 오성(悟性) 밭의 구조를 조사하고(기술적 연구), 이를 비교하여 100년 동안 일어난 밭의 내부 변화를 명확히 밝혔다(역사적 연구).

밭 이론의 두 번째 응용은 특정 밭에 대해 한 언어의 어휘를 다른 언어의 어휘와 비교하여 언어 내용을 조사하고 연구하는 것이다. 예를 들어, 상이한 언어에서 형제자매 관계를 비교할 수 있다. 영어와 독일어는 성별을 구분하는 반면, 말라야어는 성별 구분 없이 형제자매를 통합해 표현하는 단어가 있다. 특정 밭의 내부 구조를 여러 언어에서 비교함으로써 각 언어의 세계관 특징을 보다 명확하게 알 수 있다(허발, 1979).

정시호(1994)는 트리어의 어휘장(혹은 낱말밭)을 다음 네 가지로 요약하고 있다.

첫째, 어휘장은 단어의 의미와 내용을 규정하는 장소이다.

둘째, 어휘장은 전체 어휘 체계와의 중간에 위치하는 '언어적 실재'이다. 어휘란 막연한 단어의 집합체가 아니라 개별 단어로 구성된 어휘장에 의해 구성된다. 이러한 특성 때문에 어휘장은 살아있는 언어적 실재로서 스스로 응집하여 어휘를 구성하며, 반대로 어휘는 어휘장으로, 어휘장은 단어로 분절된다. 어휘장은 개별 단어와 어휘 전체 사이에 존재하는 살아있는 언어적 실재로, 전체의 일부로서 더 큰 단위로 결합된다는 점에서

---

3   중세 독일어 'Verstand'는 '이해력' 또는 '이성'을 의미한다. 이는 사고하고 이해하는 능력, 즉 논리적 사고와 판단을 할 수 있는 능력을 나타내는 단어이다.

단어와 유사하며, 분해되어 작은 단위로 된다는 점에서 어휘와 유사하다.

셋째, 어휘장은 고정된 것이 아니라 변화한다. 개별 단어의 의미 변화를 고립적인 원자론적 관점이 아닌 전체 어휘장과 관련지어 고찰함으로써 각 언어에 따른 어휘장 구조의 차이를 조명하는 것이 어휘장 연구의 목적이다.

넷째, 트리어의 어휘장 이론은 훔볼트의 중간 세계 사상을 수용하고 있다. 어휘장이 형성되는 곳은 존재(Sein)와 인간 사이의 중간 세계이다. 존재가 해명될 수 있는 곳은 중간 세계이며, 이는 개별 언어에 따라 상이하게 된다. 중간 세계 이론은 바이스게르버에게서 더욱 구체적으로 전개되며, 고전적 어휘장 이론의 핵심적 사상을 이루고 있다.

(2) 바이스게르버의 어휘장 이론

바이스게르버에 따르면, 언어는 외부 세계를 정신의 세계로 재구성한 것이기 때문에 음성 형식과 사태(Sache) 사이에는 직접적인 관계가 존재하지 않는다. 음성 형식과 사상은 인간의 정신세계, 즉 '정신적 중간 세계'를 매개로 하여 상호관계를 맺고 있다. 그는 음성 형식보다 언어의 내용을 더 중요하게 여겼다. 왜냐하면 언어가 언어로서의 존재성을 주장할 수 있는 것은 바로 그것이 인간의 정신과 깊은 관계를 맺고 있으며, 정신적 측면을 제외하고는 언어의 존재를 생각할 수 없기 때문이다(허발, 1979).

바이스게르버는 언어를 형태, 내용, 기능, 작용의 측면으로 나누어 고찰하였다. 이 네 가지 측면은 문법적 조작과 언어적 조작으로 구분된다. 전자는 형태와 내용을 다루며, 이는 언어의 정태적 고찰을 의미한다. 후자는 기능과 작용을 다루며, 이는 언어의 동태적 고찰을 의미한다. 바이스게르버의 언어연구는 훔볼트의 언어철학을 계승하고 있는데, 정태적 고찰 단계에서는 형태와 내용을 통해 훔볼트의 '에르곤(Ergon)으로서의 언어'를 규명한다. 이러한 성과에 기초하여 동태적 고찰 단계에서는 기능과 작용의 관점에서 '에네르게이아(Energeia)로서의 언어'를 규명한다. 바이스게르버의 어휘장(혹은 낱말밭) 연구는 언어의 내용을 고찰하는 개념적 틀이자 방법론이다. 전통 문법에서는 언어연구가 주로 음성적 형태에 집중하는 반면, 바이스게르버는 언어의 주체가 내용에 있으며, 따라서 내용의 연구가 문법의 중심이 되어야 한다고 주장한다. 그는 "내용적 어휘론의 주된 작업은 언어의 내부에 존재하는 어휘장의 존립과 구조를 해명하는 것이다."라고 말하고 있다(허발, 1979).

언어의 힘은 인간 정신의 활동으로 발현되며, 외부 세계에 작용하여 이를 '사상적 형상'으로 변형하고 언어를 통해 고착시키는 과정입니다. 현실에서 존재하는 사물(Ding)을 포착하여 이를 '나무'(Baum)라고 명명하는 것은 인간 정신이 외부를 특정 관점에서 바라보고, 서로 다른 사물들간의 공통성을 인식하여 이에 대한 단일한 명칭을 부여하는 과정에 불과하다. 이러한 관계는 인간과 외부 세계 사이의 중간 지점에 위치하며, 이를 '정신적 중간 세계'라고 부른다. 정신적 중간 세계는 인간의 정신이 외부 세계와 상호작용하는 장소이며, 이곳에서 언어적 관계가 형성된다. 언어적 중간 세계에서 생성된 사상적 형상은 정태적 입장에서 '언어 내용(Inhalt)'으로 불리며, 동태적 입장에서는 '언어적 포착(Zugriff)'으로 불린다. 이러한 언어 내용이 구체적으로 어떤 방식으로 규명될 수 있는지를 이해하기 위해서는 언어 내용의 구성 법칙을 명확히 해야 한다. 이 문제를 해결하기 위해 등장한 것이 바로 밭의 이론(낱말밭 혹은 어휘장 이론)이다(허발 1979).

바이스게르버는 밭의 원리를 다음과 같이 설명하고 있다. 문법적 고찰(정태적 고찰)에서 명백히 실증되는 것은 내용에 의한 규정의 방식이다. 이 규정의 내용은 개개의 낱말의 사상에 대한 관계나 정의가 아니라, 하나의 전체적인 구조인 밭 안에서 생겨나는 가치이다. 따라서 이 가치를 이해하기 위해서는 전체적인 구조인 밭과 그 안에서 개개의 구성요소인 낱말들이 차지하는 위치를 파악해야 한다. 이를 인식할 수 있는 방법은 밭 전체의 분절 구조를 파악하고, 개개의 낱말이 전체 내에서 어떤 위치를 차지하고 있는지를 관찰하여 결정하는 것이다.

정시호(1994)는 바이스게르버가 다섯 가지 점에서 트리어가 창안한 어휘장 이론을 발전시켰다고 기술하고 있다. 첫째로, 그는 고립된 어휘장 이론을 내용 문법의 핵심적 이론으로 발전시켰다. 둘째로, 공시적 입장에서 어휘장 개념을 확대하고 체계화하며 유형화했다. 셋째로, 어휘장 개념과 의미 영역(Sinnbezirk)이란 개념을 명확히 정의했다.

넷째로, 몇 가지 어휘장 구조 발견의 방법론을 제시했다. 다섯째로, 중간 세계 해명의 수단으로써 어휘장 이론의 한계를 명백히 했다.

그는 어휘장 유형의 체계화를 시도했는데, 두 가지 관점에서 분류했다. 첫째는 어휘장이 자연 영역, 물질문화 영역 및 정신 영역을 분절하는가에 따른 관점이다. 자연 영역에서의 어휘장은 자연을 단순히 '사진'으로서가 아니라 자연을 정신적으로 이해하고 단순화 혹은 다양화하는 사고의 중간 세계로 여긴다. 예를 들어, 동물계 전체를 가축(Vieh), 달리는 야생동물(Tier), 나는 동물(Vogel), 물속 동물(Fisch), 기는 동물(Wurm)로 분절할 수 있다. 정신적 영역에서의 어휘장이 가장 중요시된다. 왜냐하면 이 영역에서는 언어의 힘이 가장 순수하게 발휘될 수 있기 때문이다.

둘째는 어휘장 구조 자체에 관련된 관점으로, 어떤 기준에서 어휘장이 분절될 수 있는가를 고려한다. 어휘장을 단층적인 것과 다층적인 것으로 분류하며, 전자를 다시 선적 분절, 평면적 분절, 입체적 분절로 하위 분류할 수 있다.

트리어와 바이스게르버에 의해 고전적 어휘장 이론이 수립된 이후 1980년대 초반까지 다양한 이론적 혹은 방법론적 측면에서 어휘장 연구가 진행된 뒤 '정체' 상태에 놓이게 되었다. 그러나 최근에는 어휘장 이론이 다시 관심의 대상이 되고 있다. 이는 인지언어학 및 컴퓨터공학과 어휘장 이론의 접목에 토대를 두고 있다(정시호, 1994). 국내에서도 어휘 (명사, 동사) 의미망 구축, 온톨로지에 기반한 의미망 구축 등 고전적 어휘장 이론과 직·간 접적으로 관련된 학술적, 실용적 연구가 활발히 진행되고 있다.

(3) 어휘 의미망(시소러스) 구축 이론[4]

전문용어나 고유명사(인명, 지명 등)의 분류는 그 체계가 비교적 단순하고 의미의 상하 관계 및 유의 관계가 명확하여 단기간에 많은 용어를 분류할 수 있다. 또한 외국어와의

---

4 2007년 국립국어원 민족생활어 조사단의 연수에서 한유석 교수(동신대)가 발표한 '민족생활어 조사 자료의 시소러스 구축 방안'에 관한 내용을 참조했다.

개념이 일치하고, 특히 일본어와는 형태가 일치하는 경우가 많아 이미 구축된 시소러스를 바탕으로 한다면 시간과 비용을 절감하면서도 큰 규모의 전문용어 시소러스를 구축할 수 있다. 이러한 분류 체계를 그대로 활용한다면 자동번역기를 효율적으로 사용할 수도 있을 것이다.

그러나 일반어의 분류는 매우 복잡하여, 전 과정이 수작업으로 이루어져야 한다. 일반어 분류에서 가장 어려운 점은 다의어의 다양한 의미를 고려해야 하며, 다각적인 분류 관점도 고려해야 한다는 점이다. 또한, 대용량 시소러스를 구축하기 위해서는 의미 정의나 용례가 부족한 저빈도어들도 분류해야 하는 어려움이 있다. 이러한 어려움은 일상생활에서 자주 사용하는 고빈도어에서도 마찬가지여서, 여러 사전, 심지어는 외국의 사전을 참고해야 할 때도 많다. 분류 대상도 명사만을 대상으로 하는 전문용어와 달리, 동사, 형용사, 부사, 감탄사, 관용구, 연어 등 모든 어구를 포함해야 한다.

이와 같은 분류 작업의 난해성과 방대한 작업 규모로 인해, 아직 한국에서는 국어 전체를 대상으로 하는 시소러스가 개발되지 않은 상태이다. 그러나 아무리 좋은 기계를 개발하여 공장을 세워도 그 기계를 작동시킬 에너지가 없으면 소용이 없으며, 아무리 좋은 공장을 많이 세워도 이를 운반하고 저장할 수 있는 고속도로와 항만 시설과 같은 기반 산업이 구축되지 않으면 무용지물이 되어 버린다. 언어 자원으로서의 시소러스는 각종 자연언어 처리 시스템에 있어서 에너지와 같은 존재이며, 이를 개발하는 일은 국어 정보화에 있어 고속도로와 항만 시설과 같은 기반 산업을 구축하는 일이다.

따라서 작업이 어렵고 많은 시간이 걸리더라도, 정보 구축을 위해 개발된 많은 시설과 기술들이 제대로 운용될 수 있도록 하루속히 시소러스 개발과 같은 정보화 기반 산업이 구축되어야 한다.

일본전기 등 9개 기업이 공동으로 추진한 EDR 프로젝트[5]의 목적은 컴퓨터에 의한

---

5   EDR 프로젝트는 일본전기(NEC)를 비롯한 9개 기업이 공동으로 추진한 대규모 언어 처리 프로젝트이다. EDR(전자인명데이터베이스 연구소, Electronic Dictionary Research Institute) 프로젝트는 1986년에 시작되어 1995년에 완료된 프로젝트로, 컴퓨터에 의한 자연언어 처리를 목적으로 한 전자사전(전자화사

언어 처리용 전자사전을 개발하는 것이었으며, 개발비만 무려 1,430억 원이 소요되었다. 물론 그 전자사전 개발의 핵심사업은 개념사전(41만 어휘의 시소러스)의 구축이었다. 본 연구의 의의는 최소한의 개발비로 단기간에 최대한의 성과를 올리는 데 있다.

EDR 프로젝트는 이후의 자연언어 처리 연구와 상용 시스템 개발에 큰 영향을 미쳤다. 특히, 전자사전과 개념사전은 기계 번역, 정보 검색, 텍스트 마이닝 등의 분야에서 중요한 자원으로 활용되었다. 또한, 이러한 대규모 언어 자원의 구축 경험은 다른 언어의 전자사전 개발 및 언어 처리 기술 발전에도 큰 기여를 했다.

첫째, 국내의 경우는 다음과 같다. 남영신(1987)의 『우리말 분류사전』(21,272개 어휘, 18개 항목, 163개 소항목)과 박용수(1989)의 『우리말 갈래사전』(33,721개 어휘, 33개 부문)은 현대 한국어 어휘 전반을 대상으로 한 최초의 분류 연구라는 점에서 큰 의의가 있다. 그러나 이들 연구는 분류 체계가 단순하고, 분류어에 대해 코드화가 되어 있지 않아 학계의 후속 연구나 프로그램 개발에 활용되지 못했다.

이에 반해, 국립국어원의 연구용역으로 개발된 임홍빈(1993)의 「국어 어휘의 분류 목록에 대한 연구」는 분류 체계가 더 세분화되어 있고(7단계 70개 분류 700개 항목, 부분적으로 5단계), 분류어에 코드가 붙여져 있다는 점에서 종래의 연구와는 크게 다른 과학적인 시소러스로 평가받고 있다. 그러나 분류어 수가 23,000개로 적고, 일부 품사(접사, 부사 등)가 분류되지 않았으며, 다의어 및 다측면 분류가 미흡하다는 점, 분류 체계가 충분히 세분화되지 않았다는 점 등으로 인해 시범적인 성격의 연구에 그쳤다.

기계용 프로그램으로 개발된 시소러스로는 K-시소러스가 있다. 이는 지식공학(주)에서 자연어처리와 정보 검색의 향상을 목적으로 정보통신부 지원을 받아 로제의 『Thesaurus』를 참조하여 개발한 것이다. 분류 체계는 4단계 계층구조에 의한 6개 대분류(추상적 관계, 공간, 물질, 지성, 의지, 감정), 30개 중분류, 2,000여 개 소분류로 이루어져 있으며, 초중학교

전)을 개발하는 것을 목표로 했다. 프로젝트의 주요 목적은 다양한 언어 자원을 디지털화하고 이를 통해 언어 처리 시스템의 정확성과 효율성을 높이는 것이다.

국어사전의 표제어 중 주로 체언을 중심으로(용언은 일부만) 5만 어휘를 분류 대상으로 했다.

전문용어 연구로는 박형익(2004)의 조사에 따르면, 신문 기사 종합 시소러스, 경제신문 시소러스, 국방과학기술 한글 시소러스, 한국통신 시소러스, 문화예술 시소러스, 중앙일보의 기사검색용 시소러스 등이 있다. 이 외에도 대학이나 민간 연구소에서 최근에 개발했거나 개발 중인 전문용어 시소러스 연구로는, 우응순(고대민족문화연구원)의 고시조 시어 시소러스, 국사편찬위원회의 한국역사용어시소러스, 연구개발정보센터(KORDIC)의 과학기술용어시소러스, 정영미의 원자력용어시소러스, 한국교육개발원의 교육시소러스, 세종21계획의 전문용어시소러스(연구책임자: 최기선) 등이 있다.

이처럼 한국에서는 최근 전문용어 시소러스의 개발은 활발히 진행되고 있으나, 일반어 시소러스 연구는 아직 매우 미흡한 실정이다.

둘째, 해외의 경우는 다음과 같다. 일본에서 현대적인 시소러스의 시작은『분류어휘표(分類語彙表)』(1964년)부터이다. 이후 학습용으로 오오노 스스무(大野晉)와 하마니시 마사토(浜西正人)가 편찬한『각천 유어신사전(角川類語新辭典)』(1982년, 50,000개 어휘)이 나왔다. 90년대에 들어서는 전자화 사전용으로 EDR의『EDR 개념사전』(1995년, 410,000개 어휘)과 NTT의『일본어 어휘 대계』(1997년, 400,000개 어휘)가 개발되었다. 2002~2003년에는 대형 시소러스가 연이어 출판되어 시소러스 개발이 전성기를 맞이했다.

미래의 궁극적인 사전 형식임을 자랑하는 일반어 시소러스로 시바타 타케시(柴田武)와 야마다 스스무(山田進)의『유의어대사전(類語大辭典)』(2002년, 79,000개 어휘), 유일하게 인터넷에서 무료로 공개된 오기노(荻野)의『명사 시소러스』(2002년, 50,000개 어휘), 프랑스에 30여 년을 체류하며 혼자서 작성한 야마구치 츠바사(山口翼)의『일본어대시소러스』(2003년, 개별어 200,000개 어휘), 증보 개정에만 20여 년 동안 10여 명의 전문가가 참여하여 완성한 국립국어연구소의『증보개정판 분류어휘표』(2003년, 95,000개 어휘)가 대표적이다. 이외에도 정보 검색 또는 전자사전용으로 개발된 언어공학연구소의『디지털유어사전(디지털類語辭典)』(220,000개 어휘), 학습연구사의『학연시소러스(学研시소러스)』(85,000

개 어휘)가 있다.

영어권에서의 현대적인 시소러스의 시작은 지금부터 150년 전인 로제(Roget, P. M.)의 『Thesaurus』(1852)로부터라고 할 수 있다. 로제의 시소러스는 그 후 많은 개정을 거쳐 최근에는 21세기 시소러스(500,000개 어휘)로 발전했으며, 이밖에 Merriam-Webster's Collegiate Thesarus(340,000개 어휘), 워드넷(297,000개 어휘) 등, 그 수는 헤아릴 수 없을 만큼 많다. 참고로 2004년 기준으로 아마존닷컴에서 'thesaurus'를 검색하면 무려 7,418 건의 시소러스 관련서적이 검색된다. 또한, 시소러스를 야후닷컴에서 영어로 검색하면 4,930만 개의 웹페이지가, 일본 야후에서 검색하면 27만 개의 페이지가 검색된다. 이는 한국 야후에서 검색된 12,800페이지와 비교할 때 각각 3,851배, 21배에 달하는 규모이다.

최근 영어권에서는 단어 간의 의미 관계를 3D로 시각화하여 보여주는 비주얼 시소러스(Visual Thesaurus)가 개발되어 공개 시판되고 있다. 이는 시소러스의 세계가 1차원에서 2차원을 넘어 3차원으로 진입하고 있음을 보여준다.

언어문화 자원은 인간의 문화 생활상을 적나라하게 표현하므로, 사실성을 중시하지 않을 수 없다. 또한, 이러한 자원은 인간 문화생활의 여러 단면을 현실적으로 나타내기 때문에 자연스럽게 현실성을 지니게 된다. 따라서 사실성과 넓은 의미의 현실성은 생활어 조사의 일차적인 요건이자 생명이라 할 수 있다. 이 두 가지 중 어느 하나라도 결여되면 진실한 생활어라고 보기 어렵다. 또한 생활어를 추상적으로 표현하거나 '지금 여기에서' 행해지고 있는 현실성을 외면하고 상상으로 추측한다면, 그러한 생활어는 생명력을 잃게 된다. 따라서 생활어는 사실성, 현실성과 더불어 시대성 또한 중요하다. 더 나아가, 문화 생활어는 그것을 사용하는 사람이나 듣는 이에게 공감을 불러일으켜야 한다. 따라서 그 방법론도 이러한 토대 위에서 고려되어야 할 것이다.

우리의 조사는 다양한 집단별, 영역별 문화 생활어 자료 구축을 통해 국어의 이해와 국어 유산 보존의 필요성을 제고하고, 사회적 화합 및 공존 원칙의 실천을 위해 다양한 집단과 영역의 언어를 이해할 수 있는 장을 마련하며, 생활 현장에서 국민들이 실제로 사용하는 생생한 어휘를 조사하는 것을 목적으로 하고 있다.

또한, 민중의 생활 속에서 발견되는 언어와 그 가치에 초점을 두고, 단순한 어휘의 모음이 아닌 생활에 밀접한 구체적인 사용 환경을 가진 어휘를 선별하며, 학계의 관심이 미치지 못한 기층의 문화에 대한 관심을 유지하려는 관점을 가지고 있다. 따라서, 이상의 목적과 관점에 맞는 조사 방법을 선택하여 부족하고 간과된 부분을 보충하는 변증법적 접근을 통해 빠짐없이 한국어문화 자원으로 생활어를 조사해야 한다.

2. 한국어문화 자원의 조사 방법[6]

1) 설문지 조사

다양한 형태의 문화 생활어를 겹침 없고 빠짐없이 조사하기 위해 현장 조사를 나가기 전에 기존의 문헌과 예비조사를 통해 해당 지역의 인문과 자연환경, 제보자, 조사 내용에 관한 내용을 면밀하게 검토한 뒤 총체적이며 체계적인 설문지를 작성하여 현장 조사를 실시한다. 이 방법은 풍부한 어휘, 의미, 용례에 기초한 생활어 사전과 시소러스를 만들기 위해서 필요한 작업이다. 아래에 설문지 기법을 통해 수집하려는 구술 담화, 어휘, 음운, 문법에 관해 좀 더 구체적인 방법을 서술한다.

(1) 구술 담화

제보자와의 인터뷰를 통해 일상적인 대화, 민속 이야기, 전통 의례 등을 녹음하고 문서화한다. 이 과정에서 다양한 사회적 상황과 맥락에서 사용되는 표현들을 포함하도록 한다. 다음 사항을 참고하여 자연스러운 구술 발화를 조사·수집한다.

① 구술 발화는 제보자가 가장 편안하게 이야기하는 상태에서 채록하도록 한다. 발화 가 중간에 중단되지 않고 물 흐르듯이 이어질 수 있도록 조사자의 간섭을 최소화한다.

---

6   김덕호(2009), 『한국 언어문화 디지털 아카이브 구축론』, 역락을 참조했다.

② 본 질문지는 각 조사지역별로 공통된 내용의 구술 발화를 수집하기 위하여, 분류 항목(주제 항목)과 해당 분류 항목에서 얻어내고자 하는 표제 항목(질문항목)의 대강만을 제시한다.

③ 조사자는 큰 항목에 대한 내용을 구술하는 데 방해가 되지 않는 범위 안에서 세부 항목에 대한 질문으로 구술자의 이야기를 이끌어 가도록 한다.

④ 구술 발화 조사는 조사 현지의 상황을 고려하여 조사자가 적절하게 실시한다. 특히 제보자에 대한 정보와 조사지역의 역사·지리적 배경을 알아볼 수 있는 구술 발화에 대한 조사는 어휘 조사를 시작하기 전에 조사자가 제보자와 친해지려고 할 때 자연스럽게 진행하는 것이 좋다.

> ※ 구술 발화 조사는 제보자가 가장 자신 있게 이야기할 수 있는 주제나 삶에서 가장 즐겁고 행복했던 이야기 또는 가장 힘들고 불행했던 이야기를 하도록 유도하면서 자연스럽게 질문지 조사로 옮겨가도록 하는 것이 좋다.

⑤ 구술 발화 조사 질문지의 <참고>는 큰 항목의 이야기를 유도하는데 활용하고, 질문항목의 (   ) 안에 있는 설명은 이야기를 유도하는 데 필요한 예시를 나타낸 것이다.

⑥ 구술 발화를 조사하기 전에 제보자에게 조사의 목적과 범위 및 방향을 대체로 일러두는 것이 효과적이다.

⑦ 구술 발화 조사는 충분히 많은 시간을 할애하여 여유 있게 조사하는 것이 좋다.

(2) 어휘

제보자가 사용하는 일상어, 속어, 지역 방언 등을 중심으로 어휘를 수집한다. 각 어휘에 대한 정의, 용법, 사용 빈도 등을 기록하고, 동일한 의미를 가진 다양한 표현을 찾아낸다. 다음 사항을 참고하여 어휘 항목을 조사한다.

① 어휘 조사는 질문지의 질문문을 활용하여 조사한다.

② 이야기를 자연스럽게 이끌고 정확한 조사를 하기 위해 <그림책>을 활용한다.

③ 어휘에서 조사할 대상은 주 표제 항목과 부수 표제 항목이다. 부수 표제 항목은 주 표제 항목의 곡용형 및 활용형과 [보충] 항목이다.

④ 질문지의 질문 방식을 조사 대상 기층생활어의 말씨로 적절하게 바꾸어서 질문하는 것이 효과적이다. 이 질문지의 일반적인 질문 형식은 "무엇이라고 합니까?" 또는 "어떻게 한다고 합니까?"와 같이 주로 명명법으로 구성되어 있는데, [보기]와 같이 지역에 따라 자연스런 형식으로 바꾸어 물을 수 있다.

> [보기]
> 무엇이라고 합니까? / 무엇인가요? / 뭐이지요? / 뭐지요? / 뭐임두?
> 어떻게 한다고 합니까? / 어떻게 한다고 해요? / 어떻게 한다고 하나요?

⑤ 모든 질문문의 의문사에는 "무엇입니까?, 무엇이라고 합니까?, 어디입니까?" 등에서와 같이 밑줄을 그었다. 또한 곡용형을 조사할 때에는 "무엇이(볏짚이), 무엇을(볏짚을), 무엇에(볏짚에)"와 같이 바꾸어 묻고, 활용형을 조사할 때에는 "어떻게 한다고 합니까?, 어떻게 하고 있다고 합니까?, 무엇한다고 합니까?, 어떻게 해서 먹었습니까?, 어떻게 하라고 합니까?" 등과 같이 바꾸어 질문한다.

⑥ 선택식 질문(예: 짚신을 삼는다 / 만든다 / 튼다 / 겯는다)의 경우에는 선택된 기층생활어형에 ○표를 하고 기층생활어형을 기록한다. 두 가지 이상이 쓰일 때에는 모두 기록하고 그들 사이에 어떤 차이가 있는지 확인하여 기록한다. 제시된 어형 이외의 기층생활어형으로 응답하면 그것을 적어주고 그 사실을 (+   ) 안에 밝혀준다.

⑦ 질문지에 조사 지시가 없어도 체언과 용언의 기저형을 확인할 필요가 있을 때에는 기저형을 확인할 수 있도록 조사한다.

⑧ 조사 항목에 붙여서 응답한 조사나 어미도 모두 기록하되 이들 문법 형태소가

재구조화된 어형인지의 여부를 확인한다.

```
[보기]
벌(蜂)  버리-가,        버리-로,        버리-를
```

⑨ 어휘의 의미나 용법에 설명이 필요한 경우 [보기]와 같이 해당 기층생활어의 오른편
에 (+   )를 하고 설명을 적는다.

```
[보기]
덕석(+네모난 것),        멥방석(+둥근 것)
```

⑩ 질문지에는 표제 항목의 질문문 다음에 <주의>라는 조사할 때에 유의할 정보와
<옛>이라는 어휘 역사 정보가 들어 있다. <주의>와 <옛>은 정확한 조사를 위해
조사자에게 주는 조사상의 정보이므로 적절히 활용한다.

⑪ 부사 항목은 질문지의 조사방법에 따라 조사하되 조사 지점의 상황과 여건에 따라
조사자가 질문 방식을 바꾸어 조사할 수 있다.

(3) 음운

제보자의 발음을 정확히 기록하여 음운 변화를 분석한다. 특히, 지역 방언의 음운적
특징을 세밀하게 조사하여 표준어와의 차이를 명확히 한다. 다음 사항을 참고하여 음운
항목을 조사한다.

① 표제어에 곡용 어미(체언)나 활용 어미(용언)가 결합된 기층생활어형을 조사한다.
② 어미를 선택하여 조사하도록 제시한 항목은([보기] '-고(-더라)', '-아/어서(-아/어도)')

조사에 쉬운 어미를 선택하여 조사하고 그 결과를 어절 단위로 적는다.

③ 활용형의 조사에서 조사 항목의 표제어와 해당 기층생활어형의 어간 기저형이 다른 경우 해당 기층생활어형의 활용형을 그대로 조사한다.

```
[보기]
{-고, -지, -더라}        {-아/어도, -아/어서}
마렵-(오줌이)            누럭꼬       누러버도
```

④ 곡용 조사에서 모음으로 시작하는 조사 가운데 '-에(서)'는 반드시 조사한다.

```
[보기]
{-이/가, -을/를, -에서}              {-도}
낯(顔)      나체      낟또
```

(4) 문법

제보자가 사용하는 문법 구조를 분석한다. 이는 문장 구성, 어미 변화, 조사 사용 등을 포함하며, 다양한 문법적 현상을 문서화하여 표준 문법과의 차이를 확인한다. 다음 사항을 참고하여 문법 항목을 조사한다.

① 구술 발화 조사를 통하여 확인된 기층생활어의 문법 형태를 우선적으로 고려하여 조사한다.

② 구술 발화 조사에서 확인된 해당 기층생활어 형태를 활용하여 자연스러운 기층생활어 조사가 되도록 한다.

③ 조사 항목에 질문문 없이 단지 예문만 제시된 경우, 아래와 같은 방식을 보조적으로 사용한다.

• 구술 발화 조사를 통해 확인한다.

- 현장에서 간단한 담화를 유도한다.(조사 '-에'의 여러 쓰임에 관한 경우)
- 대조형 질문 방식을 사용하여 조사한다.(관형형의 시제 '-은/-는/-을'의 경우)

④ 제보자가 같은 의미를 가진 다른 형태의 기층생활어형으로 응답한 때에는 역(逆) 질문법으로 확인한다. 이 경우 현지에서 사용하는 기층생활어형을 알고 있어야 한다.

⑤ 문법 항목은 대부분 선행 명사의 음성적 조건, 또는 후행하는 서술어의 종류 등에 따라 만들어졌다. 따라서 이러한 조건을 잘 인지하여 조사해야 한다.

⑥ 문법 항목의 조사는 항목의 특성상, 조사자나 제보자 모두 단시간 안에 피로를 느끼기 쉬운 분야이므로, 충분한 시간을 확보하고 몇 차례에 나누어 조사하는 것이 효과적이다. 한 차례의 조사 시간이 두 시간을 넘지 않도록 한다.

(5) 조사 지침 일반

① 전체 조사의 통일성을 기하기 위해 질문지를 기준으로 한 직접 질문 방식의 현장 조사를 원칙으로 한다.

② 조사는 기본적으로 질문지에 제시된 방식으로 진행하되 정확한 자료를 수집할 수 있도록 시간과 여유를 가지고 실시한다.

③ 조사자는 조사에 앞서 해당 지역에서 사용되는 기층생활어형에 대하여 사전 지식을 충분히 갖춘다.

④ 자료 정리 시 음성 자료의 분절(segmentation)을 고려하여 연속되는 응답형 사이에 적당한 정도의 휴지를 확보한다. 따라서 조사자는 제보자가 하는 발화의 완급을 적절히 조절해야 한다.

⑤ 조사 도중에 표제어에 대응되는 기층생활어형의 내부에 긴 휴지나 제보자가 습관적으로 사용하는 '어-', '에-' 등의 불필요한 소리가 개입되는 경우에는 해당 항목을 다시 조사한다.

⑥ 모든 기층생활어형의 전사는 한글로 소리 나는 대로 적는다. 표기에 대한 설명이

필요한 경우 기층생활어형 다음에 해당 정보를 (+   ) 안에 기술한다.

2) 구술생애사 조사

구술생애사는 개인의 경험과 기억에 있는 삶의 내용을 구술로 재현하고 증언하며, 이 구술자료를 해석하여 역사적으로 활용하는 것으로 정의할 수 있다. 구술생애사를 통한 생활어 조사는 설문지와 달리 구조화된 질문지를 사용하지 않고 개인의 생애 경험에 대한 구술자료를 수집한 뒤, 그 안에 포함된 생활어 어휘, 의미, 용례, 행위, 그리고 사회, 문화, 생태, 역사적 맥락을 파악하는 방식이다. 구술생애사 자료는 사회적 대표성과 주관성 측면에서 문제점을 제기하고 있다.

첫째, 개인적 주체와 사회적 맥락을 어떻게 연결할 것인가에 대한 문제이다. 개인의 삶을 단순한 개인적 경험으로만 보지 않고, 사회적 맥락 속에서 이해하는 접근 방식이다. 개인은 사회적 존재로서, 개인적 기억은 다양한 사회적 관계와 깊이 연결되어 있다. 따라서 개인의 기억은 개인 자신 뿐만 아니라 속한 집단이나 지역사회의 기억과도 밀접하게 관련되어 있다. 이러한 집단 기억은 특정 집단이나 지역사회의 정체성 형성에 중요한 역할을 한다. 구술생애사는 개인의 삶을 단순한 개인사적 이야기로만 볼 수 없고, 사회적 혹은 역사적 맥락에서의 중요한 자료로 간주되며, 개인의 삶이 사회적 제도나 구조에 의해 어떻게 구성되고 그 구조를 변화시키는 주체로서도 이해할 필요가 있다.

둘째, 개인적 서술의 주관성 문제이다. 구술사가이며 민족지학자인 J.반시나(Vansina, J.)는 목격자들의 주관성은 과거의 부분적이고 조각된 요소이며, 한 번 설명된 후에 역사가 그것을 재구성할 때 더 큰 진실성을 제공할 수 있다고 주장한다.

우리나라에서 구술생애사에 관한 최초의 관심은 1980년대 초에 나타났다. '뿌리 깊은 나무' 시리즈에서 처음 출판된 민중 자서전은 역사학에서 배제되었던 민중들의 구술생애사를 처음으로 수집하였다. 이 시리즈는 각 지역에서 목수, 보부상, 옹기쟁이, 반가의 며느리, 농부 등 다양한 민중의 삶을 기록하며 특히 구술(방언)의 재현에 중점을 두었다.

구술생애사는 다양한 지역에서 살아온 사람들의 생활과 관련된 다양한 측면을 기록한 자료이다. 이를 통해 개인의 몸과 마음, 가족과 이웃, 주거와 음식, 놀이와 여가 등에 관련된 생활어의 어휘, 의미, 용례를 이해할 수 있다. 또한, 사회적 및 역사적 맥락 속에서 지역민들의 교육과 관습, 생산과 가공, 유통과 교역, 그리고 수신과 발신에 관련된 생활어의 다양한 모습을 생생하게 파악할 수 있다.

3) 집단적 대화 조사

다양한 집단의 생활어 어휘, 의미, 용례, 담론 양식 등은 질문지 조사와 구술생애사 기법을 통해 자료를 구축하는 데는 한계점이 있다. 따라서 다양한 집단이 의사소통하는 현장을 직접 조사할 필요가 있다. 이 조사방법은 구술생애사 조사와 같이 다양한 어휘와 용례를 수집하거나 자료의 객관성과 신뢰성 등에 문제점이 제기될 수 있지만, 특정 집단의 일상 생활에서 사용하고 있는 어휘, 의미, 용례, 담론 양식 등을 파악할 수 있는 독창적인 방법이 될 것이다.

4) 물증·시각 조사

한국 문화 생활어는 무형적 측면과 유형적 실체와 관계되어 있다. 물증·시각 조사는 후자와 관계된 생활어 조사이다. 다음은 물증·시각 조사를 물증과 문서·사진으로 구분하여 논의한다.

(1) 물증

물증의 범위는 의식주와 생업 활동에 사용되었던 도구들뿐만 아니라 주거와 생업을 위한 생활공간까지 아우른다. 이러한 물증들은 인간 생활의 물질적 흔적이자 결과물로서 개인과 집단이 살아온 삶의 모습들을 가장 사실적으로 보여 주기 때문에 생활어의 구체적인 모습을 이해하는 데 중요하다. 과거와 현재 모두에서 민중은 자신들의 일상생활을 충분히 기록하지 않고 있으며, 기록된다 하더라도 그것은 매우 일부분에 불과하다.

근현대 생활 물증에 대한 일본의 연구는 크게 산업과 토목 유적 조사, 그리고 일상 생활용품 조사 두 가지 분야로 나뉜다. 산업과 토목 유적 분야의 조사는 교통 관련 시설인 역사, 기관차, 교량, 터널 등과 관련된 분야, 산업 시설인 조선소, 광산, 제철소, 제사공장, 양조공장, 설비, 기계 등과 관련된 분야, 그리고 토목 시설인 항만 시설, 댐, 발전소 시설, 상하수도 시설 등을 포함한다. 일상 생활용품에 대한 조사는 화장실과 욕실용품의 변화를 포함한 주택의 변천과 관련된 분야, 세제류 개발로 인한 가사노동의 기계화와 관련된 분야, 1회용품 등의 등장으로 인한 청결과 편리한 생활의 변화와 관련된 분야, 그리고 사무실 도구, 서류, 조명기기, 통신기기, 연필과 클립 등 각종 일용품의 표준화와 보편화 과정을 포함한다. 현장 조사를 통해 수집된 이러한 일상 생활용품들과 근현대의 유물, 다양한 물증들과 관련된 생활어를 연구하면 민중들의 일상적인 삶과 생활문화를 생생하게 이해할 수 있다.

(2) 문서와 사진

개인이나 집단이 보유한 문서 기록은 생활어 연구에 중요한 자료가 된다. 이러한 문서에는 개인의 일기, 낙서, 여행기와 가족 및 친족집단의 부의록, 축의록, 농사일지, 결혼문서, 제문, 추수기 등이 포함된다. 또한, '생애 사진'은 한 개인의 유아기부터 노년기까지의 삶의 전 과정과 그 과정에서 일어난 출산, 사망, 결혼, 가족, 생업, 놀이, 종교와 의례 등 다양한 생활 모습을 실증적으로 담아내어 중요한 연구 자료가 된다. 이러한 사진들은 개인의 인생을 구체적으로 보여주기 때문에 생활어의 구체적인 모습을 이해하는 데 도움을 준다.

또한, 개인이나 단체가 소장하고 있는 읍지, 시사, 향토문물지 등에 수록된 사진 역시 인물, 의례, 주변 경관 등을 포함하여 생활문화의 다양한 측면을 담고 있다. 이러한 문서와 사진 기록들은 일상생활의 구전 또는 체험적인 삶의 내용을 담고 있어 훌륭한 텍스트 자료가 된다. 자료 소장자는 스스로 이야기하는 주체가 되어 자료 속의 체험적인 생활문화를 기억을 통해 정리하여 풀어내게 된다.

생활문서와 사진 기록자료를 통한 연구 성과를 얻기 위해서는 먼저 이러한 자료들을 발굴하고 수집하는 과정이 필요하다. 발굴 과정에서는 가능한 많은 사람들을 만나서 관련 사실을 확인하고 그들의 이야기를 들어야 한다. 이는 화자를 담화의 주체로 설정하여 자신들의 삶의 기록과 관련된 생활어의 생생한 모습을 파악하는 데 도움이 된다.

한국문화 생활어의 다양성, 역동성, 사회적, 문화적, 생태적, 역사적 맥락을 이해하고 기록하며 보존하여 다양한 용도로 활용하기 위해서는 체계적이고 종합적인 자료 수집과 관리가 필요하다. 디지털 아카이빙 체계를 통해 음성, 문자, 사진, 동영상 등 다양한 유형의 한국 문화 생활어 자료를 효율적으로 보관하고 관리할 수 있다. 이 기술은 디지털 기술을 이용하여 다양한 자료를 결합하여 새로운 지식과 가치를 창출하는 데 있어 매우 유용하다.

마지막으로, 디지털 아카이빙 체계의 핵심 구성 요소인 생활어 자료는 다양하고 풍부하며 구체적이어야 하며, 신뢰할 수 있어야 한다. 이러한 조건을 충족시키기 위해 일차 자료를 수집하고 표준화된 메타데이터(metadata) 양식에 따라 정리하여 입력, 저장, 축적하는 작업이 필요하다.

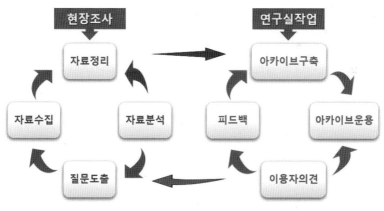

[그림 1] 한국어문화 자원 조사·연구의 순환형 조사 개념

3. 한국어문화 자원의 조사 내용[7]

한국어문화 자원으로 민중의 생활어를 역사적, 공간적, 영역적 측면을 고려하여 문헌과 현장 조사를 실시한다. 생활어의 역사성은 한국 문화 생활어가 오랜 역사 속에서 형성된 민족의 문화, 사고체계, 정체성의 유산이며 현재 삶의 조건을 반영하기 때문에 지속, 소멸, 변화의 관점에서 분석해야 한다. 특히 20세기 중반 이후 급변하는 사회·경제·과학/기술의 변화로 일상 생활 양식이 빠르게 변하고 있으며, 이를 경험한 연령층의 고령화로 조사 시급성이 높아졌다.

공간적 측면에서 생활어 조사는 특정 지역에 초점을 두되, 지역 외적 힘과 국가 및 세계적 요인도 동시에 고려해야 한다. 조사 지역은 경기도, 충청도, 전라도, 경상도 등 행정적 구분 외에도 자연환경(지형, 기후 등)과 인문·사회 환경(문화, 사회, 역사 등)을 고려해 체계적으로 나누어야 한다. 또한, 한국 언어문화 조사는 국내에 한정하지 않고, 아시아, 유럽, 아메리카 등 해외에 거주하는 한인까지 포함하여 세계적 관점에서 한국 민족문화 생활어의 역동성을 파악할 필요가 있다.

조사 영역은 인간의 삶에 가까운 영역에서 먼 영역으로 순차적으로 확대되어야 한다. 가까운 영역으로는 '몸과 마음', '주거와 음식', '가족과 이웃'을, 먼 영역으로는 '유통과 교역', '수신과 발신'을 구분한다. 각각의 조사 영역은 시간성과 공간성을 고려하여 계획을 수립하고 실행하며, 조사된 자료의 정리, 성과물 처리, 활용 방안을 포함한다.

최근 100년은 민족사적 측면에서 매우 역동적인 시기였다. 대한제국의 멸망과 일제 강점, 광복 후 좌우 이념대립, 6·25 전쟁과 남북분단, 민주화 운동 등 많은 역사적 사건이 민중의 삶에 큰 영향을 미쳤다. 서구문화의 유입과 빠른 산업화, 도시화는 생활방식과 사회구조, 가치관에 많은 변화를 가져왔다. 근대화 논리에 따른 경제주의와 물질적 가치의 중시는 전통을 '낡고 비합리적인 것'으로 간주하여 사라지게 만들었다. 이로 인해

---

7   김덕호(2009), 『한국 언어문화 디지털 아카이브 구축론』, 역락을 참조했다.

민중의 삶의 양식과 지난 세기의 사료들이 소홀히 다루어져 많은 부분이 사라졌으며, 이는 학술 연구자를 포함한 우리 모두의 책임이다.

이와 같은 상황에서 시급히 해야 할 작업은 지난 세기를 살아온 사람들을 연구하는 것이다. 이들이 사라지기 전에 지난 백 년간의 물적 자취를 수집하고 생활 경험을 기록해야 한다. 기록하고 해석해야 할 대상은 지난 백 년의 문화이다. 문화는 생활의 방식이므로 '생활문화'라는 표현을 굳이 사용할 필요는 없다.

이 작업의 기본 전제는 문화가 단일한 총체라는 점이다. 문화를 총체론적 관점에서 인식하고 연구하는 것이 가장 합리적이고 능률적인 방법이라는 점은 이미 확인되었다. 하나의 문화를 여러 학문에 맡겨 나누어서 분석하는 것은 바람직하지 않다. 마치 여러 사진가가 각기 다른 필터를 사용해 촬영하는 것처럼, 다양한 관점에서 문화를 바라보는 것은 통합적인 이해와 분석을 방해할 수도 있다.

문화는 단일하지만 이를 몇 개의 개념으로 추상화하여 서술해야 한다. 여러 학자들이 문화를 다양한 개념으로 설명하고 있다. 화이트(White, L.A.)는 문화를 기술 체계, 사회 체계, 이념 체계로 나눴고, 시로코고로프(Shirokogoroff, S.M.)는 물질문화, 사회조직, 심리 정신 복합체로 설명한 바 있다. 국내 인류학자와 민속학자들은 다양한 개념으로 문화를 설명해 왔다.

이러한 개념들은 문화를 빈틈없이 기록하도록 도와준다. 생활어 조사를 위해 3개의 개념(공간과 생활문화, 집단과 문화, 의례와 예술)부터 10개의 개념(자연환경과 생활문화, 생활 공간과 생활문화 등)까지 검토했다. 문화의 개념은 민중의 생활양상을 포착하는 그물망처럼 균형을 이뤄야 하며, 고도의 유연성과 포괄성을 요구한다.

한국어문화 자원인 생활어 조사를 위해 8개의 하위 범주를 설정할 수 있다. '주거와 음식(House and Food: HF)', '유통과 교역(Distribution and Trade: DT)', '생산과 가공 (Production and Manufacture: PM)'은 삶의 물질적 토대와 기술경제, 식생활, 주거생활을 포함한다. '가족과 이웃(Family and Neighborhood: FN)' 및 '교육과 관습(Education and Custom: EC)', '수신과 발신(Information and Communication: IC)'은 사회적 관계, 역사적

경험, 권력관계를 포함한다. '몸과 마음(Body and Mind: BM)', '놀이와 여가(Play and Leisure: PL)'는 신체, 의복, 종교, 예술적 표현과 세계관을 반영한다. 이 여덟 개의 개념은 조사의 항목과 연구 주제가 되며, 기록과 디지털 아카이브의 분류체계가 된다. 가로축에는 설문지, 구술생애사, 물증·문서, 동영상·사진의 네 개 항목이 생활어의 모습들을 담고 있다.

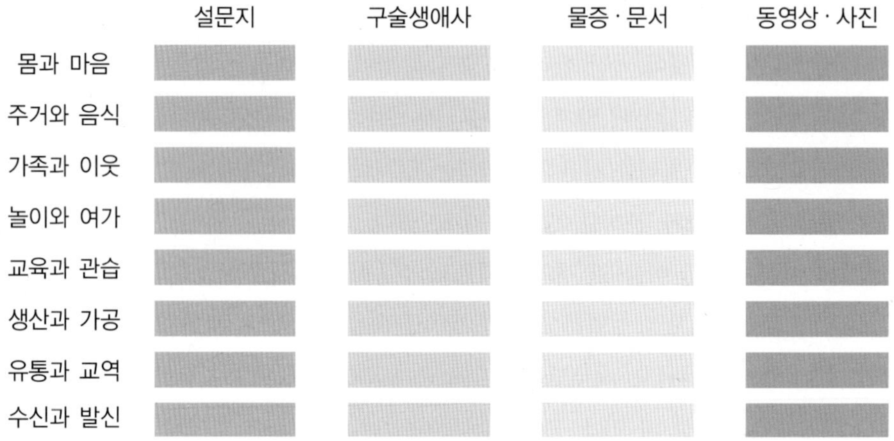

	설문지	구술생애사	물증 · 문서	동영상 · 사진
몸과 마음				
주거와 음식				
가족과 이웃				
놀이와 여가				
교육과 관습				
생산과 가공				
유통과 교역				
수신과 발신				

[그림 2] 생활어 조사 항목과 자료 형태

1) 몸과 마음

인간의 삶은 기본적으로 몸과 마음을 통해 이루어지며, 이 둘은 상호 밀접하게 연결되어 있다. 마음의 작용으로 몸이 움직이고, 몸의 작용을 통해 마음이 드러난다. 마음은 '정신'과 유사하지만 더 개인적이고 주관적인 개념으로, 몸과 행동, 인간 개별성, 세계와의 관계 등 여러 측면에서 작용한다.

몸과 마음은 독립적이지 않으며, 자연적·사회적 환경에 의해 영향을 받아 다양한 변화를 겪고 있다. 지난 세기 동안 한국인의 몸과 마음은 서구 합리주의와 자본주의의 수용,

근대 국민국가의 형성 등으로 큰 변화를 겪었다. 이 변화 과정에는 외래적 요소와 전통적 요소 간의 갈등이 내재되어 있으며, 지역적, 경제적, 지적 수준, 직업에 따라 변화의 양상이 다양하게 나타난다.

근대 한국인을 이해하려면 서구적 의식주 문화의 수용, 근대 교육제도의 정비, 의료체계와 질병에 대한 태도, 교통 및 물류 운송체계의 변화, 전기와 전자기기의 발달, 상하수도 시설의 정비 등에서 나타난 몸과 마음의 변화 양상을 파악해야 한다. 또한, 자본주의 체제의 확산으로 생활방식과 가치관의 변화, 시간 개념의 변화, 공동체 중심에서 개인 중심의 생활방식으로의 변화, 물질주의 가치관의 확산 등을 이해할 필요가 있다.

서구적 합리주의의 내면화 과정, 종교적 가치관의 변화 등도 중요한 연구 대상이다. 이러한 배경을 바탕으로, 한국인의 몸과 마음에 관련된 생생하고 다양한 생활어 자료를 수집하고 조사해야 한다. 이는 사람들의 구체적인 생애 속에서 생활어가 어떻게 내면화되어 활용되는지를 확인하는 방식으로 진행되어야 한다.

2) 주거와 음식

의식주(衣食住)는 삶의 기본 조건으로, 주거(住居)는 사람들이 거주하는 건축물과 관련된 전통적 생활 양식을 포함한다. 주거는 거주자를 외부 환경으로부터 보호하며, 쾌적한 생활을 유지하는 역할을 한다. 주거의 형태는 자연환경, 문화, 사회구조 등에 따라 다양하게 변화한다. 전통적인 건축법과 기술은 과거부터 현대 건축에 이어지며, 현대 도시에서도 여전히 중요한 역할을 한다.

1960년대 이후 한국의 주생활은 서구 문화 수용, 주택정책 변화, 집합주의와 중산층 등장 등으로 급격한 변화를 겪었다. 현대 도시는 한옥부터 아파트, 빌딩까지 다양한 주거 형태를 보유하고 있으며, 농촌 주택도 실용성을 중시하는 방향으로 발전하고 있다.

음식은 사람이 섭취할 수 있는 천연물이나 가공·조리된 것을 말하며, 전통적인 식생활은 역사적인 변화를 거쳐 형성되었다. 발효음식, 채소 음식 등이 보편화되었고, 외래식품의 유입으로 음식의 다양성이 확대되었다. 식사 형태, 식사 횟수 등은 사회문화의 변화에 따라 다양해지며, 음식은 지역성과 빈부 차이를 반영하는 중요한 요소이다.

주거와 식생활은 단순한 생활의 조건을 넘어서서 사회적, 문화적, 역사적 변화를 반영하는 중요한 요소들이다. 이러한 요소들을 이해하고 기록하는 것은 우리의 전통을 보존하고 현대의 생활 양식을 더 깊이 이해하는 데 필수적이다.

식생활 기구는 음식을 처리하고 조리하는 데 중요한 역할을 한다. 도마와 칼은 식품을 썰고 다지는 필수 용구로, 재료별로 다양한 바가지가 사용된다. 물동이와 옹배기는 물을 길어 오는 기능을 했고, 양푼과 자배기는 음식을 무치거나 반죽을 할 때 사용된다. 음식을 직접 조리하는 데 쓰이는 기구로는 솥, 쟁개비, 뚝배기, 번철 등이 있으며, 이들은 전통적인 음식 조리 방법을 지원한다. 완성된 음식을 다루는 기구로는 접시, 사발, 국자, 주걱 등이 있으며, 현재는 목재나 플라스틱으로 만들어진 주걱이 일반적으로 사용된다.

이러한 조리기구들은 다양한 생활 양식을 지원하며, 이에 따라 생산과 가공이 이루어지는 다양한 직업군이 존재한다. 식생활 기구의 발전과 사용은 지역별, 문화적 차이를 반영하며 지속적인 연구와 조사가 필요하다.

3) 가족과 이웃

가족은 혈연, 결혼, 입양 등을 통해 묶인 사람들의 집단으로 인식되며, 남편과 부인, 아버지와 어머니, 자녀들이 각자의 역할을 맡아 상호작용한다. 가족은 여러 가지 기능을 수행하여 구성원들에게 정서적, 심리적 안정감을 제공하고 자녀의 양육과 사회화를 돕는다. 또한 아프거나 불구인 구성원을 돌보며 출산과 성관계 규제 등 사회적, 정치적 기능도 수행한다. 경제적으로는 음식, 잠자리, 의복, 신체적 안전을 제공하며 사회 전체의 질서와 안정을 촉진한다.

가족과 친족은 수직적 인간관계 형성의 기초를 이루며, 이웃과 마을은 지연성과 이해관계에 기초한 수평적 인간관계를 형성한다. 가족과 이웃의 구성 원리와 의미 부여는 사회와 시대에 따라 변화하며, 한국사회에서는 특히 혈연적 관계망이 강조된다.

최근에는 가족 제도가 엄격한 부계혈연에서 핵가족 중심으로 변화하고 있으며, 부부관계를 중심으로 한 형태가 일반화되고 있다. 이러한 핵가족화는 산업화와 도시화의 영향을 받으며 더욱 확대되고 있다. 이와 함께 독신, 이혼 등으로 인한 가족 형태의 다양화가 이루어지고 있다.

이웃 관계도 사람들의 관계로 구성되어 있으며, 혈연적 연망과 비혈연적 관계망으로 구분된다. 이러한 변화와 함께 혼인과 혈연집단에 대한 접근을 통해 현대 사회에서 가족과 이웃의 역할과 의미를 재구성하는 중요한 요소로 작용하고 있다.

다음으로는 가족의 형성과 해체에 대해 접근한다. 가족은 혼인을 통해 형성되며, 부모의 죽음이나 이혼으로 인해 기본적으로 해체될 수 있다. 이에 대한 연구는 지역, 계층, 직업별로 다양하게 진행된다. 동시에 가족이 거주하는 주거 공간에 대한 조사도 진행된다. 사실에 기반한 연구는 사람들의 생애사나 여러 매체를 통해 사회구조와 개인의 의식 및 행동을 연결시키는 데 중점을 둔다. 이를 통해 여러 사실들의 맥락에서 사용되는 생활어를 명확하게 살펴보아야 할 필요가 있다. 이를 위한 연구 주제로는 가족 구성, 주거 문화, 가족의 유지기간, 가족 내의 성별 관계, 그리고 가족의 가치와 의미의 변화 등이 포함된다.

친족집단은 근현대 한국 사회에서 민중의 일상생활에서 매우 중요한 역할을 하고 있다. 하지만 이러한 역할은 생활 영역, 직업, 계층, 혹은 신분에 따라 상이하게 나타날 것으로 보인다. 친족은 한국인들에게 혈연 관계의 중요한 축이었으며, 이는 근현대 가족과 함께 고려되어야 한다. 친족에 대한 연구는 친족의 구성 방식, 구체적인 상호 혜택 관계의 예시, 도시화 이후의 변화 양상, 그리고 친족의 가치와 의미의 변화 등을 포함한다. 비혈연적 관계이지만 이웃은 특히 민중에게 매우 중요한 연결망이다. 혈연적 연결망이 상대적으로 약한 사람들에게 있어서 이웃과의 관계는 생존과 직결되는 문제가 될 수 있다.

4) 교육과 관습

교육은 제도 내 학교 교육과 생활 속에서의 지식 습득으로 나뉘며, 사람이 필요로 하는 모든 행위를 교수하고 학습하는 과정으로 정의된다. 각 시대마다 교육의 형태와 목적은 변화해 왔지만, 인간을 성장시키고 지식을 전달하는 중요한 사회적 기능을 수행한다.

우리나라의 교육제도는 고종의 교육조서를 시작으로 발전해 왔다. 일본 식민 지배 기간 동안 조선교육령을 통해 초등부터 고등학교까지 다양한 학교 유형이 정립되었으며, 이후 1948년 대한민국 정부 수립 후에는 6-3-3-4 학제가 도입되어 현재의 교육제도가 구축되었다.

현재 대한민국의 교육제도는 초등학교 6년, 중학교 3년, 고등학교 3년, 대학교 4년의 구조를 갖추고 있으며, 2002년부터는 무상 의무교육을 실시하여 모든 학생들에게 균등한 교육 기회를 제공하고 있다. 이 외에도 교원 양성을 위한 교육대학, 사범대학과 함께 다양한 대학, 기술학교, 공민학교 등이 운영되어 교육의 폭을 넓혔다.

1980년대 이후에는 유치원을 학제에 포함시키는 등의 교육개혁이 이루어졌으며, 평준화와 차별화에 대한 논의도 계속되고 있다. 교육의 질을 높이기 위한 다양한 시도가 이루어지고 있지만, 여전히 교육제도와 관련된 논란과 과제들도 존재한다.

교육이 근대 이후 중심이 되면서 지식과 지혜의 습득보다는 사회적 지위 획득과 개인적 욕구 충족의 수단으로 이용되는 경향이 두드러지게 되었다. 학교 교육 외에도 생업과 마을 공동체에서의 지식과 삶의 지혜를 얻는 과정, 문맹과 문자 해독 과정, 서당 수업과 비정규 야학, 가정의 빈곤으로 인한 학교생활의 어려움과 진학의 좌절, 학원을 중심으로 한 사교육 활성화 등도 중요한 공부의 항목으로 볼 수 있다.

또한 관습이 사회에서 중요한 역할을 하며, 도덕과 법 외에도 사회 규범으로 존재한다. 관습을 위반할 경우 사회적으로 따돌림을 받을 수 있지만, 도덕이나 법보다는 덜 엄격한 제재를 받을 수 있다. 이러한 관습은 사람들 사이의 유대를 강화하고 환경에 적응하는

데 도움을 줄 수 있으나, 동시에 사회의 보수성을 유지하고 변화에 저항하는 요소가 될 수도 있다.

이와 같은 문맥에서 사람들을 구별하고 범주화하는 규범과 대인지각의 원리는 사회 구성원들 간의 관계를 정립하고 내부결속을 강화하는 기능을 한다. 이러한 구별과 범주화는 사회의 다양한 층위와 관계를 형성하며, 문화적인 다양성을 유지하고 발전시키는 역할을 한다.

또한 사람들은 신분제, 식민주의, 이념, 지역주의, 학력과 물질주의 등에 의해 구분되며, 이는 사회적인 차이와 구별을 형성한다. 이러한 사회적 차이는 다양한 생활어의 조사를 통해 이해할 수 있다. 예를 들어, 조상들의 행적과 관련된 생활어, 전통적인 신분제의 인식과 경험, 일제 강점기의 식민주의에 대한 인식 및 경험, 가족과 친족집단 내의 적서 차별과 분파의식 등이 그 예이다.

이와 같은 관점에서 생활어의 조사는 사회적 차별과 구별, 그리고 다양한 하위문화 현상에 대한 이해를 더욱 깊이 있게 할 수 있다. (1) 조상들의 벼슬, 업적, 학문적 성취, 사회적 지위, 거주지 이동과 관련된 생활어를 조망한다. (2) 전통적 신분제의 반상관계 인식과 형성 과정, 그리고 이의 영향을 탐구한다. (3) 일제 강점기 식민주의에 대한 인식과 '차별적 시선' 경험 및 사회적 대응을 분석한다. (4) 가족, 친족 집단 내의 적서 차별, 분파의식, 지역 간의 경계, 위세 경쟁, 갈등, 조화 양상을 살펴본다. (5) 연령, 거주 지역, 직업에 따른 사회적 구분과 관련된 생활어를 조명한다. (6) 학연, 혈연, 지연에 의한 사회적 구분 의식과 친족 관계의 현실적 이해관계를 탐구한다. (7) 국내외 여행과 일상적 삶에서 만나는 다양한 사람들과의 관련된 생활어를 분석한다. 이렇게 다양한 생활어를 통해 우리는 사회적 구조와 인간 관계의 복잡성을 깊이 있게 이해할 수 있다.

5) 놀이와 여가

놀이와 여가는 공동체 의식 형성, 놀이 과정에서 발생하는 갈등 및 해소 방식, 그리고 놀이 규칙의 설정과 시대적 반영 등 다양한 관점에서 중요한 역할을 한다. 또한, 놀이는 인간의 생리적 필요를 제외한 활동 중에서 '일'과 대립되는 개념으로, 삶의 재미를 추구하고 즐기는 의지적인 활동이다. 놀이는 피로 해소와 생활에 탄력을 주며, 삶의 기쁨을 표현하는 계기가 되어 성숙한 삶을 위한 준비를 돕는다. 그러나 이러한 놀이의 기능은 일을 수행하는 사람에게서 상대적으로 발휘되며, 일과 놀이가 조화를 이룰 때 놀이의 건강한 기능이 전개되고 삶의 보람을 느끼게 한다.

놀이는 일상생활과 대조적인 존재이며, 비생산적이고 목적을 갖지 않는 자유로운 활동이다. 이는 실제 세계에서는 경험할 수 없는 허구 세계로, 일상에서 분리된 시간과 공간 속에서만 이루어진다. 일은 목적을 달성하기 위한 수단으로, 강제성과 고통을 동반한다. 반면 놀이는 즐거움과 만족을 주며 자발적으로 이루어지므로 목적이나 목표와는 독립된다.

놀이는 어린이의 신체적, 정신적 발달에 중요한 역할을 하며, 성인에게는 일상생활이나 일의 강박감을 해소하고 기분을 전환하며, 생활의욕을 높이는 방법으로 유용하다. 어린이에게는 놀이가 곧 일인 경우가 많으며, 놀이 활동을 통해 사회적 습관을 익히고 새로운 기능을 배울 수 있다.

과거에는 놀이가 불건전한 활동으로 여겨졌으나 최근에는 인간 생활의 중요한 요소로 인식되고 있다.

네덜란드의 문화사학자인 하위징아(Huizinga, J.)는 인간을 '호모루덴스', 즉 '유희하는 인간'으로 규정하며, "놀이의 목적은 행위 그 자체에 있다"라고 주장하였다. 이와 함께 독일의 실러(Schiller, F.)는 "인간은 놀이를 즐기고 있을 때만이 완전한 인간이다"라고 강조하였다. 이처럼 놀이는 인간 활동에서 중요한 부분을 차지하며, 인간의 기본적이고 정신적인 요소 중 하나로 자리잡고 있다.

'인간은 왜 놀이를 즐기려고 하는가'라는 의문에 답하고자 하는 '놀이이론'은 플라톤 이래 철학, 미학, 교육, 심리 등 여러 분야에서 연구되어 왔다. 놀이는 오늘날 다양한 형태로 교육에 이용되기도 한다. 사람의 일생은 놀이의 연속이며, 어릴 적의 소꿉놀이부터 노인의 장기나 바둑, 화투와 같은 놀이까지 다양하다. 이는 삶의 다양성을 반영하며,

각기 다른 사람들의 놀이를 일관성 있는 범주로 정리하기는 어려운 일이다.

놀이는 민속놀이와 현대의 놀이로 크게 나눌 수 있다. 민속놀이는 민속의례와 밀접하게 연결되어 있으며, 이는 사회적 변화로 인해 위축되고 있는 추세이다. 현재의 놀이는 과거와 현재를 연결하며 미래를 준비하는 중요한 활동으로 인식되어야 한다. 레저 산업의 발전은 자유 시간의 증가와 밀접하게 연결되어 있으며, 이는 사람들이 여가를 즐기며 삶의 질을 높이는 데 기여하고 있다.

우리나라의 레저 산업은 경제성장과 함께 발전하여, 여행, 스포츠, 외식, 문화 감상 등 다양한 활동을 포함하고 있다. 이는 고도화된 산업화와 더불어 발전하며, 레저 산업의 다양성과 시장의 확장을 이루고 있다. 하지만 이 분야는 노동집약적이고 수요가 불안정하여 경영의 위험이 크기 때문에 대부분 중소기업이 차지하고 있으며, 기술 혁신과 경영의 안정화가 중요한 과제로 제기되고 있다. 특히 놀이와 여가는 그 특성상 관련 직업어와 집단어에서 비롯된 문화에서 생성된 새말이 많을 수밖에 없으므로 이에 대한 충실한 조사가 요구된다.

6) 생산과 가공

한국 문화 생활어 조사는 전반적으로 중심 개념 중 하나로 직업 생활어를 갖고 있다. 일반적으로 직업 생활어는 경제 활동인 생산, 교환, 유통, 소비, 금융에 대한 정서, 인식, 이념, 행위, 조직, 제도 등과 깊은 관련이 있으며, 이는 한국 문화 생활어 조사에서 상당한 비중을 차지하고 있다. 이는 인간의 기본적인 욕구인 생활 수단을 확보하기 위한 개인이나 집단의 경제활동을 통해 충족되기 때문이다.

다양한 경제 활동 가운데서도 생산은 인간 생활의 재화나 자료를 창출하는 활동으로 정의되며, 물질적이든 무형적이든 여러 종류의 생산물을 포함한다. 이러한 생산 활동은 노동, 토지, 자본 등의 생산요소를 필요로 한다. 노동력은 용역을 제공하며, 토지는 자연 자원과 기후, 풍토 등을 포함하며, 자본은 생산된 도구, 기계설비, 원자재, 연료, 동력 등을 가리킨다.

가공은 다른 사람의 자산에 노력을 기울여 새로운 물건을 만드는 제조업의 용어로, 이는 사회적 일반적 통념에 따라 새로운 물건이 만들어졌는지 여부로 구분된다. 현대사회에서는 공업의 발달로 많은 물건이 가공되어 생산되고 있으며, 고도화된 가공 기술은 과학의 발전과 함께 진보하고 있다.

한국 문화 생활어 조사는 이러한 생산 활동과 관련하여 분류하고 내용을 체계적으로 정리하면 된다. 농업, 어업, 임업, 광산업, 다양한 제조업(기계, 항공, 조선 등)과 관련된 생활어 조사는 1차적으로 이루어질 것이고, 2차적으로는 생산과 가공 활동에 관련된 단체, 중소기업협회, 노동단체 등과 전통산업(대장장이, 양조장, 방앗간 등)과 관련된 생활어를 다룰 것이다. 이를 통해 사라져가는 전통산업과 관련된 생산과 가공 활동에 대한 인식과 이념, 행위 등을 탐구할 것이다.

7) 유통과 교역

유통과 교역은 생산과 가공의 결과물을 공간적으로 이동시켜 줄 뿐만 아니라 떨어진 집단 혹은 민족의 사유 방식, 이념, 행동 양식들을 교류하는 역할을 한다. 우리나라 유통산업은 1960년대 이후 경제 개발 계획에 따라 주로 제조업 등의 성장 주도 산업에 정책 지원이 집중되어 왔다. 이로 인해 유통산업은 생산이나 소비 부문에 비해 상대적으로 낙후될 수밖에 없었으며, 이는 경제 규모 확대와 물동량 증가에 따른 유통 과정에서의 비효율성, 물류비용 상승, 재고 압박 등을 초래하여 국내 기업의 국제 경쟁력을 약화시키고 소비자 물가의 불안 요인이 되었다.

유통에서 가장 중요한 것은 경로이다. 생산자가 만든 상품이 유통기관을 통해 소비자나 최종수요자에게 이르기까지의 경로를 의미하며, 다음과 같은 유형이 있다: ① 생산자 - 소비자, ② 생산자 - 소매상 - 소비자, ③ 생산자 - 도매상 - 소비자, ④ 생산자 - 도매상 - 소매상 - 소비자. 도매상은 생산자로부터 다량의 상품을 구매하여 소매상의 욕구에 맞춰 판매하며, 생산자의 상품 공급 정보를 소매상에게 제공하고 할부 판매나 외상 판매를 통해 신용을 제공하기도 한다. 도매상은 자신의 이름과 계정으로 영업을 진행하는 상인 도매상과 대리 도매상으로 나뉜다. 상인 도매상은 모든 도매상 기능을 수행하며, 완전 기능 도매상과 제한 기능 도매상(예: 현금 배송, 직배, 통신 판매 도매상)으로 나뉜다.

농수산물의 유통은 공산품과는 달리 기후나 부패, 변질 등 불리한 조건으로 인해 수송 및 저장 등의 비용이 많이 드는 경향이 있다. 이로 인해 농수산물의 유통 경로는 복잡하며, 생산자에서 농업협동조합(농협)의 회원 조합, 농협집배 센터, 슈퍼마켓(대형 소매점), 소비자로 이어진다. 최근에는 자치단체, 동사무소, 협회, 농협의 자매 결연 단체, 우리 농산물 애용 매장, 농산물 직거래 장 등을 통한 생산자와 소비자의 직거래도 늘어나고 있다.

공산품의 유통 경로는 제조업체 - 도매업체 - 소매점 - 최종소비자, 제조업체 - 대리점(직판점) - 최종소비자, 제조업체 - 대리점(직판점) - 소매점 - 최종소비자 등의 유형이 있으며, 이는 연쇄화를 통해 '규모의 경제'를 실현하는 것이 중요하다.

이러한 유통과 교역은 사회와 경제 활동, 자연적 요소와 깊은 연관이 있으며, 이 관계를 세밀하게 연구하는 것이 필요하다. 예를 들어, 강은 예로부터 거주, 생업, 교통, 세곡 운반 등을 위한 자연적 장애물이었으며, 내륙 하천은 사람들이 거주할 수 있는 공간을 제공하고 외부 지역과의 연결을 가능하게 했다. 철도는 육상 운송의 주요 도구로서 사람들과 물자의 공간 이동을 더욱 빠르게 하여 도시와 농촌 간의 이분법적 공간 의미를 약화시켰다. 또한 개화기 시기 개항을 통해 일제의 제국주의와 식민주의의 교두보로 전락한 항구는 다양한 사람들이 생활하는 복합적이고 중층적인 생활문화 공간을 형성하고 있다. 그리고 최근 교통과 운송수단에 따른 유통구조의 발전, 물류의 최종 집적지인 대형 할인마트의 등장, 쇠락의 길을 걷고 있는 전통적 재래시장에 대한 한국 문화 생활어 조사와 연구도 필요하다.

8) 수신과 발신

사람은 감정과 생각을 주고받으며 산다. 개인 간, 개인과 집단, 집단 간의 소통 방식은 시대에 따라 다르지만 항상 언어가 주요 수단이었다. 소통 방법이 신호 체계일지라도, 그 신호는 언어로 미리 약속된 것이며, 과학 발전에 따라 신호 체계도 변화한다. 수신과 발신은 전신, 전화, 라디오, 텔레비전을 포함한 방송, 우편, 신문 등을 통해 이루어진다.

인류는 문자 발명 이전부터 시각과 청각을 이용한 다양한 통신 방법을 개발하여 자신들의 의사, 감정, 정보를 교환했다. 문자 발명 후 통신은 편지 형식으로 발전했으며, 이때 등장한 수달 방법으로는 파발꾼과 역마차가 있었다. 편지는 정확성과 통신량 면에서 이전 방식들보다 우수했지만 배달 시간이 문제였다.

우리나라도 근대 통신 체제 도입 전에는 봉수와 파발이 중요한 통신 수단이었으며, 20세기에는 우편 제도, 전화, 전보 등 과학 발전에 따른 다양한 통신 수단이 보편화되었다. 컴퓨터와 인터넷의 상용화로 정보는 무한히 전달되고 축적되는 시대가 열렸다.

통신은 인간의 정보 교환 작용이다. 광범위하게는 운수에 대응하는 교통의 일부로 인체와 재화의 위치적 이동을 의미하며, 구체적으로는 우편을 포함한 서신, 전기통신, 음향통신, 시각적 통신 등으로 나눌 수 있다.

근대 이전의 봉수는 높은 산에 횃불을 피워 낮에는 연기, 밤에는 불빛으로 급한 소식을 알리는 통신 방법이었다. 이는 우편 제도와 전기통신이 등장하기 전에 가장 중요한 방법으로 사용되었다. 파발은 조선시대 중앙과 변경 사이의 신속한 연락을 위한 특수 통신망으로 발전하였다.

전화는 개인 간 정보 교환의 주요 수단으로 보급되었고, 현재는 무선 통신인 휴대전화 시대가 되었다. 우편은 서신과 물건 자체를 송달하는 방식으로, 송달 속도를 높이기 위해 수송 기관과의 연결이 중요하다.

신문과 방송은 20세기의 중요 매체였으며, 현재는 인터넷과 경쟁하고 있다. 20세기 이후 21세기에 접어들면서 사람과 사람 사이의 정보 교환 방식은 급격히 변화하고 있는데, 이에 종사하는 사람들에 대한 연구의 중요성이 더욱 부각되고 있다.

탐구 과제

1) 언어문화 자원을 구축하기 위한 이론적 배경으로 사피어와 워프 이론을 적용할 수 있을지 그 가능성과 타당성에 대하여 토론해 보자.

2) 한국어문화 자원 구축을 위해 디지털 아카이빙 작업을 수행할 경우, 그 절차와 방식에 대해 이야기해 보자. 그리고 이러한 언어문화 자원을 효율적으로 보관하고 관리하며 활용할 수 있는 방안에 대하여 논의해 보자.

3) 한국어문화 자원의 내용 중에 하나를 선정하여 조사를 위한 기획과 자료 구축에 대한 설계를 작성하고 발표해 보자.

제11장 한국어문화 연구를 위한 방법론

1. 한국어문화 자원의 질적 연구 방법론

사회학이나 자연과학과 달리, 인문학 연구 분야에서는 이러한 유형의 질적 연구 방법이 새로운 것이 아니었다(정현규, 2010:163). 인문학, 특히 어문학 분야에서는 질적 연구 방법이 오래전부터 사용되어 왔으며, 연구자들에게 익숙한 방법이다. 반면, 언어학 분야에서는 '과학'이라는 용어를 사용하며 양적 연구 방법을 선호하는 경향이 있었다. 20세기 구조주의 언어학은 언어를 구조로 체계화하려는 과정에서 양적 연구 방법을 많이 적용하였다. 대표적으로 사회언어학은 양적 연구 방법을 통해 인간 사회와 언어의 관계를 규명하는 업적을 이루었다.

그러나 최근에는 언어학에서도 텍스트 중심 연구에서 벗어나 텍스트와 관련된 문화와의 관계를 융합하려는 시도가 있다. 김무식(2011)은 대구·경북 지역어 연구와 대구문화를 연계하며 언어학과 문화의 상관성을 통해 언어학의 외연을 넓히자고 제안하였다. 그는 언어적 층위와 문화적 층위를 구분하고, 언어 외적 요소인 문화 요소를 논거로 이용하자고 주장하였다.

배준영·백두현(2013)은 '문화중층론'의 틀을 제시하며, 사회문화, 언어문화, 특수문화의 세 가지 층위를 설정하고, 국어사 문헌자료를 '문화융합체'로 보고 문화중층론적인 분석을 시도하였다. 이들의 논의는 언어학 연구의 외연을 확장하려는 제안으로, 언어학 연구 영역을 넓히는 고무적인 노력으로 받아들여진다.

이 글은 한국어 연구 분야에서 한국어문화 연구라는 새로운 영역을 제안하며, 기존의 한국어학 연구를 확장하고자 한다. 특히 언어학 연구에 문화와의 관계를 규명하기 위해 질적 연구 방법론을 도입하고, 기존의 양적 연구 방법을 보완하려는 시도를 설명한다. 이러한 질적 연구 방법의 도입은 언어 현상을 탐구하는 과정에서 문화적 맥락을 고려하여 의미를 탐구하는 필연적인 시도일 수 있다.

질적 연구는 주로 의미 탐구를 목적으로 하며, 숫자보다는 어휘를 사용해 연구 결과를 표현하고, 폐쇄형 질문보다는 개방형 질문을 사용하는 귀납적 연구 방식을 포함하는 개념이다(유기웅 외, 2012:168). 질적 연구도 주제를 효과적으로 수행하기 위한 목적을 가지고 있으며, 이를 위해 다양한 질적 연구 방법이 제시되고 있다. 대표적인 질적 연구 방법으로는 민족지학적 연구(ethnography), 근거이론(grounded theory), 현상학적 연구(phenomenological research), 내러티브 연구(narrative research), 사례 연구(case study) 등이 있다(Creswell, J.W., 2009:71-93, 2011:15-16).

윤택림(2004:18)은 연구자가 연구 대상의 일상에 참여하거나 관찰하여, 그들의 경험과 가치관을 당사자의 주관적 시각으로 이해하는 질적 연구 방법을 설명한다. 이 방법론에서는 연구자와 연구 대상 간의 상호작용과 연구 과정의 맥락이 중요하며, 현지 조사, 문화기술지, 민속학, 민속방법론, 구술사, 생애사, 현상학, 텍스트 분석, 초점집단 인터뷰 등의 방법을 통해 문화와 역사를 깊이 있게 탐구했다. 질적 연구의 공통된 특징으로는 다음과 같다: 첫째, 사회적 실체와 현상을 해석하고 이해하는 해석적 연구이다. 둘째, 융통성 있는 방법으로 자료를 생성하며 사회적 맥락을 중시한다. 셋째, 풍부하고 상황적인 세부 자료를 바탕으로 심층적인 분석과 설명을 목표로 한다. 넷째, 양적 연구 기법도 적용되지만, 통계적 분석은 핵심적인 요소가 아니다.

각각의 질적 연구 방법은 특정한 주제를 수행하기에 적합한 형태로 발전해왔다. 따라서 연구 주제를 정하고 수행하기 전에 가장 적합한 질적 연구 방법을 선택하는 것이 필요하다. 이 장에서는 구술 언어문화 자원을 수집하고 연구하기 위해 적용할 수 있는 몇 가지 질적 연구 방법을 중심으로 확장된 견해를 제시하고자 한다. 이를 귀납적으로 증명하기 위해 국립국어원의 '민족생활어 조사 연구'를 사례로 살펴본다.

1) 현지 조사(fieldwork) 연구

언어문화 연구를 목적으로 할 경우, 경험적으로 수용된 개별적이고 미시적인 자료가 중요하다는 왕한석 외(2004:239-240)의 지적은 현지 조사 방법 설정에 중요한 제안으로 받아들여진다. 현지 조사는 하나의 세부 연구 방법이자 동시에 인간적인 경험이다. 현지 조사의 여러 연구 기술로는 참여관찰, 대화, 심층면접, 계보 사용, 제보자 사용, 구술사, 생애사 등이 있다.

그동안 방언학 분야에서 실시한 현지 조사는 내용보다는 지역을 중심으로 고정된 질문지를 기준으로 진행되었다. 대표적인 연구로는 1980년대부터 10여 년간 수행한 한국학중앙연구원의 '전국방언조사사업'과 2004년부터 수행된 '한국어의 지역적 분포 조사'가 있다. 이 연구들은 방언권역의 각 지역을 중심으로 미리 제작된 질문지를 사용하여 현지 조사를 하는 연역적 연구 방법으로, 양적 연구 방법의 기술을 활용한 대표적인 언어학적 연구였다.

언어학 분야에서 질적 연구 방법으로 현지 조사 기술을 활용한 대표적인 연구로는 국립국어원에서 추진한 '민족생활어 조사 사업'을 들 수 있다. 이 프로젝트는 2007년부터 시작되었으며, 매년 민중들의 삶의 이야기와 삶에 내재된 언어문화적 요소를 '민족지학적 방법'으로 조사하여 사진, 동영상, 음성자료, 구술자료, 전사기록, 어휘 분석 자료 등으로 집적하고 있다.

국립국어원의 '민족생활어 조사'는 질적 연구 방법을 활용한 현지 조사로, 정형화된 질문지를 사용하지 않고 현장에서 상황에 맞추어 참여관찰, 대화, 심층면접, 생애구술 등을 통해 자료를 수집하고, 그 결과를 정리하는 귀납적 연구 방법이다.

언어문화 연구에서 질적 연구의 현지 조사를 위한 확장 방안을 다음과 같이 제안한다. 첫째, 제보자와의 라포(rapport) 형성이 중요하다. 이를 위해 예비조사(pilot study)를 실시하여 래포 형성 가능성을 살피고 조사 계획을 보완해야 한다. 자료 수집 단계부터 자료의 활용 방안을 고려해 현지 조사를 기획하고 설계할 필요가 있다.

둘째, 현지 조사에는 참여관찰, 인터뷰, 문헌자료 수집과 분석, 담화조사, 설문조사 등 다양한 조사기법이 활용된다. 연구자는 상황에 맞게 조사기법을 결정하고 임기응변과 융통성을 발휘해야 한다. 제보자의 의식적 행위와 실제적 행위를 모두 포착하고 분석 단계에서 현상을 이해하기 위한 타당성을 확보할 필요가 있다. 질적 연구는 연구원의 체험적 성격이 강하므로 직접 경험하면서 조사하는 경우도 고려해야 한다.

셋째, 개방형 질문지를 사용해야 한다. 기존 언어학 연구에서 사용된 폐쇄형 질문지는 질적 연구에 적합하지 않다. 현지 조사의 목적에 맞는 개방형 질문지를 구성하고, 예비조사(pilot study) 시 현장 상황을 반영하여 최적의 형태로 구조화해야 한다.[1]

국립국어원의 '민족생활어 조사 사업'에서는 2007년부터 2010년까지 60개 항목의 민족생활어 문화자원을 조사했다. 또한 전국적으로 '김치'와 '떡'을 주제로 조사했으며, 2010년 이후에는 2013년까지 동해안, 서해안, 남해안 및 제주도의 어촌 기초 생활어휘를 조사했다. 수집된 자료는 구술자료, 분절 어휘 및 음성자료, 사진 자료, 동영상 자료 등으로 구성되어 다양한 생활 체험 자료 및 교육 자료로 활용될 수 있다.

2) 민족지학적(ethnography) 연구

민족지학적 연구는 문화를 기술하고 해석하는 정성적 연구 과정으로, 문화기술지(ethnography)를 통해 대상의 느낌과 경험을 직접 체험하며 연구한다. 언어문화 연구에서

---

[1] 국립국어원(2006)의 '지역어 조사 질문지'의 '제1편 구술발화'가 이러한 목적 하에 구조화된 개방형 질문지이다. 마찬가지로 '민족생활어 조사'(2007-2013)에서도 개방형 질문지의 사용을 요구한 바 있다.

는 이를 '언어문화 기술지(language-ethnography)'로 활용할 수 있으며, 현지 제보자들의 상호작용을 참여관찰과 인터뷰를 통해 자료를 수집한다.[2]

언어문화 기술지의 작성에 대해 몇 가지 확장된 의견을 제안한다: 첫째, 언어문화 기술지도 다양한 형태의 자료를 기록하는 텍스트로 확장할 것을 제안한다. 다양한 감각을 통해 얻어진 자료를 모두 텍스트의 범위에 포함하면 해석과 활용의 폭이 넓어진다. 구술 언어문화, 문자 언어문화, 신체 언어문화의 세 가지 유형을 모두 포함하면 언어문화 자료의 영역이 풍부해진다. 김덕호(2009:118)에서 조사 자료의 범위를 텍스트(문서), 사진, 음성, 동영상, 실물 자료까지 확장하기를 제안한 바 있다.

둘째, 언어문화 기술지의 생산에 다양한 기법을 활용해야 한다. '언어문화 기술지'는 해당 문화집단의 특성을 이해하기 위한 자료로 활용되는 것뿐만 아니라, 언어문화를 탐구하는 연구 자료로 활용될 수도 있고, 교육 자료로 이용될 가능성이 높다. 텍스트는 내러티브 연구를 통해 이야기 형태로 작성하고, 사진 자료는 디지털 입체교육시스템(3D IDES) 방식으로, 음성과 동영상도 아카이브로 구축할 것을 제안한다.

셋째, 언어문화 기술지의 작성 원칙을 세워야 한다. 자료의 역사적 조건과 외부 상황을 고려해 심층적으로 접근하고, 특수성과 일반성을 모두 고려해야 하며, 윤리적 차원도 중요하다. 또한, 현상을 설명하기 위한 배경과 과정을 고려하고, 자료 선별 능력도 필요하다.

3) 내러티브(narrative) 연구

내러티브 연구는 이야기를 통해 인간의 경험을 탐구하는 정성적 연구 방법이다. 내러티브는 '스토리 혹은 일련의 사건에 대한 연대기적 서사'로 정의되며, 개인의 긴 경험이나 역사적인 이야기를 구조화한 것이다. 내러티브의 핵심 요소는 줄거리(plot)이며, 인물,

---

2   윤택림(2004:33)은 문화기술지를 하나의 마을, 지역사회, 혹은 부족과 같은 미시적인 사례 연구로 정의했다. 이는 질적 연구 방법을 사용하는 연구자가 자신의 오감을 통해 데이터를 획득하므로 매우 경험적이고 구체적이어야 한다고 설명했다. 이러한 방법을 통해 얻은 자료는 문화에 대한 귀납적인 이해를 도출하는 데 중요하다고 강조하고 있다.

사건, 배경 등이 이를 구성한다. 연구 과정은 주제 선정, 자료 수집, 자료 분석, 글 완성의 순서로 진행된다(유기웅 외, 2012:149-156).

언어문화 연구를 위한 내러티브 연구 설계는 다음과 같이 확장할 수 있다.[3] 첫째, 주제 선정의 경우에서. 사라질 가능성이 높은 전통문화 직업인의 경험과 그들이 사용하는 특별한 언어, 문화적 요소를 주제로 삼는다. 이는 민족생활어 조사 주제 선정 기준과 유사하다.

둘째, 자료 수집의 경우도 현지 조사에서 심층면접, 참여관찰, 대화를 통해 제보자의 구술된 이야기를 조사한다. 이를 위해 개방형 질문지를 사용하고, 제보자의 언어에 내재된 문화원형을 드러내는 심층면접을 실시한다.

셋째, 자료 분석에서도 제보자가 말하는 방식과 그의 문화적, 사회적 배경이 내러티브에 미친 영향을 분석한다. 또한, 특별한 언어 사용과 사건에 따라 선택된 언어 환경의 문화적, 사회적 의미도 분석한다(유기웅 외, 2012:154).

넷째, 글을 완성하는 차원에서 보면 줄거리가 있는 이야기 형태로 글을 작성한다. 스토리텔링 기법을 활용하여 인물, 사건, 배경을 갖추고, 육하원칙(누가, 언제, 어디서, 무엇을, 왜, 어떻게)에 따라 사건을 발단, 전개, 위기, 절정, 결말 순으로 배치한다(조정래, 2010). 스토리텔링은 인물, 사건, 배경을 갖춘 이야기 형태로 전달하며, 사건과 동기가 구체적일수록 전개가 흥미롭다.[4] 내러티브 글쓰기도 육하원칙에 따라 전개하면 무난하다. 언제, 어디서 사건이 일어났는지 설정을 구체적으로 하고, 배경은 인물과 사건의

---

3   콜린스 코빌드 영한 사전(Collins Cobuild Advanced Learner's English Dictionary)에 "서사는 이야기 또는 일련의 사건들에 대한 설명이다.(A narrative is a story or an account of a series of events)"라고 되어 있다.

4   조앤 K 롤링의 '해리포터' 시리즈는 1997년 6월 26일 출간되어 금방이라도 전 세계를 강타했다. 이 시리즈는 67개 언어로 번역되어 출간되었고, 총 4억 5000만 부 이상이 팔렸다. 또한, 이 시리즈로 제작된 8편의 영화는 총 77억 달러(약 8조 3000억 원)의 매출을 기록했다. 2004년에는 롤링은 해리포터의 성공으로 5억 4500만 파운드(약 1조 850억 원)의 재산을 축적하여 포브스의 세계 부자 순위 500위 안에 이름을 올렸다.

연결고리이므로 현실적인 가능성을 고려하여 기술하면 된다. 사건의 구상은 발단, 전개, 위기, 절정, 결말로 배치하면 되고, 시간 순서나 사건의 중요도 순으로 구상할 수 있다.

언어문화 연구에서도 스토리텔링 기법을 적용한 내러티브 연구 방법은 중요한 과제가 될 것이다. 언어문화 연구는 자료 수집과 구축 단계에서 이 자료의 활용 방안을 염두에 두고 수행할 필요가 있다. 만일 언어문화 원형을 수집하여 문화 콘텐츠화하고 이를 문화 관광 산업 자원으로 개발할 계획이라면, 스토리텔링 기법의 내러티브 글쓰기를 더욱 체계화하고 구조화할 필요가 있다.

이를 위한 방안으로 디지털 기술의 접목을 제안한다. 최근 스토리텔링 기법에 디지털 기술을 접목하는 시도가 많아지고 있다. 문화체육관광부와 한국콘텐츠진흥원이 2002년 부터 실시한 '문화원형 디지털콘텐츠 사업'과 그 결과물인 『문화원형콘텐츠총람집』 (2012)이 대표적이다. 미국의 경우, Dramatica 4.0, Power Structure 2002, Texas A&M 대학의 인터랙티브 스토리텔링 엔진(Interactive Storytelling Engine) 등 다양한 프로그램이 개발되어 스토리 모티브에서 구조에 이르기까지 문화적 원형을 스토리 형태로 가시화할 수 있게 되었다(박기수 외, 2012:13). 최근에는 상호작용형 스토리텔링 인공지능(LYRA, Learning Youths' Reading Assistant)[5]이나 챗GPT(Chat GPT)를 활용한 대화형 인공지능이 개발되고 있다. 이는 단순한 문화원형 자원의 발굴과 추출을 넘어서, 인간의 창의성과 디지털 기술의 융합을 시도한 결과이다.

이러한 스토리텔링을 이루기 위해 필요한 기반은 어문학 분야의 구술 언어문화 자원이다. 강정희(2010:8)는 지역어(방언)의 구술성에 착안하여 방언에서 상품 가치가 있는 이야기를 발굴하고 이를 스토리텔링으로 개발하는 일이 중요하다고 주장한다. 즉, 지역어(방언)로 구술되는 이야기를 발굴하여 문화콘텐츠 산업에 적용함으로써 소설, 만화 등의 텍스트 콘텐츠나 방송, 영상, 광고, 영화, 애니메이션 같은 시청각 콘텐츠, 그리고 지역어

---

5   LYRA(Learning Youths' Reading Assistant)는 대화형 기술과 인공지능을 기반으로 한 스토리텔링 인공지능(AI)이다. 사용자의 질문이나 대답에 따라 상호작용하며, 읽고 있는 스토리에서 선택지에 따라 이야기를 변화시킬 수 있다.

(방언) 연극과 오페라 같은 공연 콘텐츠로 개발하는 일은 원소스 멀티유즈(OSMU, One Source Multi-Use)의 문화 콘텐츠 개발을 위해 방언의 활용 가능성을 높일 수 있는 중요한 제안이다.

구술 언어문화의 원형 자원(original form 또는 archetype)이 문화콘텐츠화되면 그 가치를 높여 문화콘텐츠 산업화의 중요한 기반이 될 수 있다. 물론 산업화하기 위해서는 여러 가지 공정을 수행해야 하지만,[6] 그 가운데서도 구술 언어문화 자원의 확보와 스토리텔링이 필수적이다. 최근 국립국어원의 민족생활어 조사 보고서들도 이러한 언어문화 원형 자원을 문화콘텐츠 산업화에 활용하고 있다.[7] 다음 [그림 1]은 각종 언어문화 원형 자원을 스토리텔링화를 통해 문화컨텐츠로 개발하는 과정을 보인 흐름도이다.

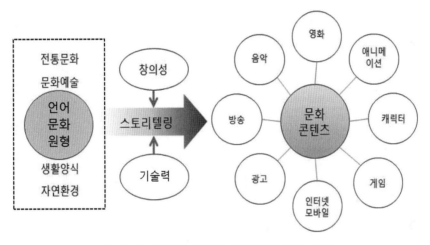

[그림 1] 언어문화 원형의 문화콘텐츠 개발 과정

---

6 김평수 외(2012:5)는 문화콘텐츠 산업을 문화콘텐츠의 기획, 제작, 유통, 소비 등과 관련된 산업으로 영화나 음악, 게임과 같은 엔터테인먼트의 내용을 기반으로 한다고 했다.

7 국립국어원이 추진한 민족생활어 조사 사업에서 수집된 자료가 문화콘텐츠 개발에 기여했다. 예를 들어, 2007년 경기도의 한지 장인 '장용훈'에 대한 조사 결과는 2011년 영화 『달빛 길어올리기』의 소재로 사용되었으며, 이외에도 여러 보고서가 지상파 방송에서 활용되어 제보자가 TV에 소개되었다.

4) 사례연구(case study)

사례연구는 연구자가 특정 프로그램, 대상, 사건, 행동, 과정, 또는 개인을 심층적으로 탐구하는 방법으로, 다양한 형태로 활용될 수 있다(Creswell, J.W., 2011:15). 언어문화 연구에서는 사례연구가 다양한 연구 형태를 통해 진행될 수 있는데, 이는 양적 연구에서는 실증적 사례연구, 질적 연구에서는 문화기술지적 사례연구, 현상학적 사례연구 등으로 나타난다(Yin, R. K., 2003:161-165).

로버트 인(Yin, R. K., 2003:161-165)은 사례연구에 적합한 연구 형태로 5가지를 제시하고 있다. 첫째, 설명적 사례연구는 복잡하고 실제적인 상황에서 특정한 원인과 결과 간의 관계성을 설명하며, 둘째, 기술적 사례연구는 현상에 대한 영향 요인을 구체적으로 기술하여 외부 연구자들에게 정보를 제공한다. 셋째, 묘사적 사례연구는 한층 심화된 주제에 대해 생생한 묘사를 통해 연구자의 간접적인 경험을 극대화하는 방식이며, 넷째, 탐색적 사례연구는 다양한 요인의 영향 관계를 탐색하는 데 중점을 둔다. 다섯째, 메타-평가 사례연구는 일련의 사례연구 결과를 종합적으로 해석하여 집합적인 결과를 도출하는 방식이다.

특히 언어문화 연구에서는 묘사적 사례연구와 메타-평가 사례연구의 확장적 적용이 중요하다. 묘사적 사례연구는 조사 대상의 명칭과 행위를 정밀하게 조사하며, 제보자의 묘사적 표현을 직접적으로 축적하는 방법으로 확장될 수 있다. 예를 들어, 민속주거생활 용어의 사례연구에서는 일본과 한국의 민속주거에 대한 묘사적 비교 연구를 통해 언어와 문화의 차이점을 탐구할 수 있다. [그림 2]의 경우는 日本民俗建築学会(2001), 『図説 民俗建築大事典』의 민속주거생활용어의 묘사적 사례연구의 예시이고, [그림 3]은 우리나라 북촌 한옥의 민속주거생활용어의 묘사적 사례연구의 예이다.

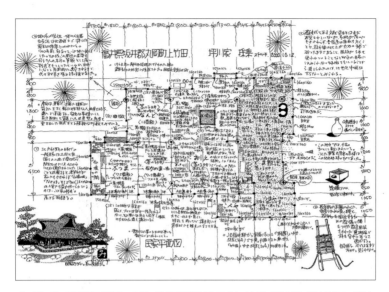

[그림 2] 국립국어원(2006), 『민족생활어 조사 사업 연구원 연수자료』에서
-일본 민속주거생활용어의 묘사적 사례(**図説民俗建築大事典**, 2001)

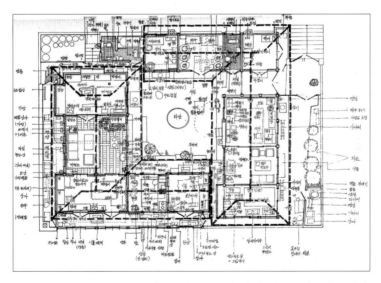

[그림 3] 국립국어원(2006), 『민족생활어 조사 사업 연구원 연수자료』에서
-북촌 한옥 민속주거생활 용어의 묘사적 사례(김란기, 1985)

다음으로 메타-평가(meta-evaluation) 사례연구를 살펴보자. 사회학 연구에서 질적 사례연구는 일련의 평가 목적의 사례연구를 종합적으로 분석하여 상위 차원에서의 해석과 평가를 수행한다. 이와 유사하게, 언어문화 연구에서도 여러 사례연구를 모아서 집합적인 결과를 도출하고, 그 결과를 바탕으로 조사 대상에 대한 상위 차원의 언어문화 원형을 발굴하여 기준을 마련할 수 있다. 이러한 방식의 사례연구는 궁극적으로 언어문화 사전의 편찬에 매우 유용하게 활용될 수 있다. 다음 [그림 4]는 이훈종의 '민족생활어 사전(1992:312)'의 경우이다. 이 사전은 다양한 민족생활어를 수집하고 묘사하는 데 중점을 둔 사례연구의 결과물로, 이를 통해 특정 문화의 언어적 특성과 문화적 의미를 깊이 이해할 수 있다.

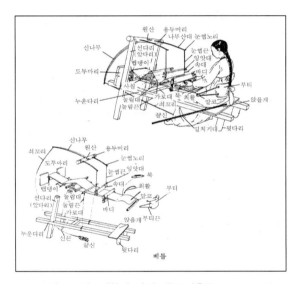

[그림 4] 민족생활어 사전-베틀(이훈종 1992:312)

인(Yin, R. K., 2003:97-106)은 사례연구의 타당성과 신뢰성을 높이기 위해 세 가지 주요 원칙을 제시했다. 첫째, 다양한 형태의 자료를 수집하는 것이다. 둘째, 사례와 관련된 데이터베이스를 구축하여 자료를 효과적으로 활용하는 것이다. 셋째, 연구 과정에서 자료의 변화를 기록하고 유지하는 것이다.

이러한 원칙들은 사례연구의 자료 수집 및 분석 과정에서 중요하게 작용한다. 특히 사례와 관련된 데이터베이스를 구축하면 연구자는 수집된 다양한 자료를 체계적으로 관리할 수 있으며, 자료의 형태, 수집된 시기, 보관 장소 등을 기준으로 자료를 목록화하여 필요한 정보를 쉽게 인출하고 활용할 수 있다. 이는 연구 수행의 효율성을 높이고, 전반적인 연구의 질을 향상시키는 데 기여할 수 있다(유기웅 외, 2012:112).

5) 양적, 질적 연구 방법의 균형 회복

20세기에는 양적 연구 방법이 주류를 이루며 실증적 패러다임이 학문 연구에서 중요한 위치를 차지했다. 그러나 21세기에 접어들면서 문화 연구의 중요성이 점차 인식되면서 언어학 분야에서도 질적 연구 방법에 대한 관심이 높아지고 있다. 특히 문화어문학의 이론 정립 시론에서 제시된 바와 같이, 언어와 문화는 상호작용하며 '언어문화'의 새로운 정의가 필요하다는 주장이 나왔다.[8]

언어학 분야에서 문화를 보다 깊이 탐구하기 위해 제안된 다섯 가지 질적 연구 방법론은 특히 주목받고 있다. 첫째로, 현지 조사 연구는 경험적이고 개별적인 미시적 자료를 중시하여 귀납적 방법을 통해 언어문화를 심층적으로 탐구한다. 이 연구는 정형화된 질문지를 동원하지 않고 현장에서 상황에 맞추어서 참여관찰, 대화, 심층면접, 생애구술 등을 조사하고, 그 결과를 정리하는 귀납적인 연구 방법이다. 예를 들어, 국립국어원의 '민족생활어 조사'가 이러한 방법으로 수행된 사례가 있다.

둘째로, 민족지학적 연구는 문화적 만남을 통해 언어문화를 기술하고 해석하는 정성적인 연구 과정으로, 그 결과물은 '언어문화 기술지(language-ethnography)'를 제작하는 방법

---

8 언어문화학(Linguistic Culturology)과 문화언어학(Cultural Linguistics)은 문화와 언어의 상호작용을 탐구하는 학제적 분야를 제안하는데, 언어문화학은 언어를 통해 문화의 특성을 밝히려는 방면에서 문화연구에 중점을 둔다. 반면, 문화언어학은 문화 속에서의 언어적 활동의 원리와 특성을 분석하려는 방면에서 언어연구에 집중한다는 특징을 갖추고 있다.

으로 활용된다. 이 과정에서는 다양한 형태의 자료를 활용하고, 자료의 특수성과 일반성을 고려하여 연구를 진행한다.

셋째로, 내러티브 연구는 이야기를 통해 언어와 문화의 상호작용을 탐구하는 정성적 연구 방법인데, 디지털 기술을 활용한 문화콘텐츠 개발에 기여할 수 있는 방법론으로 제안된다. 이런 문화콘텐츠 개발은 인문학(어문학)이 문화콘텐츠 산업화를 위해 중요한 역할을 할 수 있음을 시사한 것이다.

넷째로, 사례연구는 특정 사례를 상세히 탐구하여 언어문화의 다양한 측면을 이해하는 데 중요한 방법론이다. 특히, 묘사적 사례연구와 메타-평가 사례연구를 통해 이를 확장하고, 디지털 아카이브를 구축하여 연구의 입체적 이해를 도모할 수 있다.

언어학의 발전과 문화 탐구에 있어 양적과 질적 연구 방법을 적절히 혼합하며 학문적 진보를 이루는 것이 중요하다는 점을 강조하며, 양적 연구 방법만큼 질적 연구 방법도 그 중요성을 인정받고 있다. 이는 어문학 분야에서 문화를 탐구하기 위한 필수적인 접근 방법이며, 연구 방법의 선택은 연구 주제를 규명하고 이해하는 데 있어 중대한 역할을 한다. 그러므로 어문학 분야가 문화를 함께 탐구하는 연구 분야로 나아가기 위해서는 탐색적이고 심층적인 질적 연구 방법의 필요성은 당연한 결론이라고 판단된다. 그렇다고 실증적인 양적 연구 방법을 무조건 배척하자는 뜻은 아니다. 궁극적으로 선택된 연구 방법이 학문의 발전에 공헌할 수 있는 가능성이 중요하므로 양적, 질적 연구 방법의 균형을 회복하고 이를 적절히 혼합하는 방안을 찾자는 것이 최종의 결론이다.

2. 한국어문화 자원의 아카이브 구축론

언어학 연구는 크게 두 가지 경향으로 나눌 수 있다. 첫째는 언어의 본질을 밝히기 위해 음운, 문법, 의미 등의 구조적 특징을 체계적으로 분석하거나 언어의 형성 과정을 역사적으로 고찰하는 이론언어학적 접근법이다. 이는 학문적 기반을 수립하는 데 중점을 둔다. 둘째는 이러한 기초를 바탕으로 언어와 관련된 여러 분야에 적용하는 응용언어학적 접근법이다. 이 두 가지 경향은 상호 보완적인 관계에 있으며, 이론언어학의 기반이 튼튼할수록 응용언어학에서 인간의 말과 글을 더 잘 활용할 수 있다.

과거 국어학 연구는 주로 이론언어학적 접근법에 치중하는 경향이 있었으나, 최근에는 응용언어학적 측면도 국어학자가 담당해야 한다는 인식이 확산되고 있다. 여기서는 두 번째 접근법인 응용언어학 측면을 시도하고자 한다. 즉, 언어학의 기초 이론을 바탕으로 국어의 본질을 탐색하고, 그 결과를 적합한 응용언어학적 방법론을 통해 한국어문화 자원으로 축적하고 이를 활용하는 방안을 모색하고자 한다.

언어문화 연구를 위해 자료 수집 및 분석 과정을 접목하고, 이를 디지털 아카이브 형태로 설계할 것을 제안한다. 언어문화 기록 자료의 유형이 다양해지면 수집된 사례도 복잡해지므로, 활용도를 극대화할 수 있는 언어문화 디지털 아카이브로 구축하는 것이 효과적일 것이다. 디지털 아카이브는 소장품이나 관련 자료 등을 디지털 정보로 변환하여 보관하고, 자료 간의 연관성을 유지하며 관리하는 데이터베이스의 일종이다. 단순히 정보를 축적하는 것뿐만 아니라, 다양한 방법으로 이들 정보를 효율적으로 이용할 수 있도록 체계화하여 관리하는 데 의미가 있습니다. 이것이 일반 데이터베이스와 다른 점이다.

아카이브(archive)란 단순한 자료의 집적이 아니라 자료의 기획과 생성, 변화와 유통 전 과정을 포함한 집적을 의미한다. 과거 아날로그 시대의 아카이브는 박물관 수장고와 같은 개념으로, 유형의 아날로그 대상물을 축적하는 데 한정되어 있었다. 그러나 디지털 시대의 아카이브는 무형의 대상물을 포함하는 광의의 개념으로 확대되고 있다. 아카이브의 목적도 과거에는 보존에 중점을 두었으나, 최근에는 활용 쪽으로 진화하고 있다. 복원, 검색 서비스, 교육에서 관광, 문화상품으로, 더 나아가 콘텐츠 산업 및 창조 산업의 소재 제공 등으로 확장되고 있는 것이다.

아카이브의 효용 가치는 방대한 자료의 축적과 이용자층의 확산에 있다. 이러한 효용 가치를 높이기 위해 도서관(Library), 기록관(Archives), 박물관(Museum)의 기능을 통합하여 디지털 환경에서 실물 자료를 접하고 체험할 수 있는 공간인 라키비움(Larchiveum)을 구축하는 것이 필요하다(최영실, 2012:55).

언어문화의 디지털 아카이브 구축 절차는 김덕호(2009:116-123)에서 제시한 바와 같이 기록 자료의 데이터를 정리하면 된다. 즉, ① 기록 매체별 분류 → ② 자료 분류 번호 작성 → ③ 메타데이터 작성의 절차를 거쳐 수집된 기록 자료의 데이터베이스를 구축하면 된다. 다만, 기록 자료의 분류 번호를 작성할 때는 '범주' 부분을 수집한 자료의 특성에 맞게 다음의 기준표와 같이 새롭게 설정하면 된다. 이러한 기준에 따라 수집된 자료를 구분하고 정리하면 기록 자료를 더욱 효율적으로 활용할 수 있을 것이다.

[표 1] 디지털 아카이브 자료의 기록매체별 분류 기준(김덕호, 2009:118)

1 - 문서	관련 자료 설명 및 해제	hwp(pdf)	디지털 자료
2 - 사진	사진 및 촬영 자료 등	bmp(jpg)	
3 - 음향	음성 자료 등	wav(mp3)	
4 - 동영상	동영상 촬영 자료, TV 방송, 영화 자료 등	wmv(avi)	
5 - 실물	실물 자료 수집	실물 자료	아날로그 자료

이러한 언어문화 아카이브 구축의 최종 목표는 전자문화지도를 만드는 것이다. 전자문화지도는 정보화 시대에 활용도가 높으며, 제작은 전자지도 전문가가 담당할 수 있다. 그러나 전자문화지도에 담길 한국어문화 자원을 조사하고, 자료를 분석하며, 데이터를 활용 목적에 맞게 처리하는 방안을 연구하는 것은 국어학자의 몫이라고 생각한다.

'구슬이 서 말이라도 꿰어야 보배'라는 속담이 있다. 지금까지 조사되고 집적된 한국어문화 자원은 상당히 많이 있다. 하지만 이를 효율적으로 처리하고 활용할 수 있는 방안을 모색한 경우는 그리 많지 않다. 이 글의 주요 목적은 한국어문화 자원의 자료를 효율적으로 처리하여 활용할 수 있는 방안을 모색하는 것이다. 구체적으로는 한국어문화 자원의 전자문화지도 개발을 목표로 하여 우선 한국어문화 자원의 데이터베이스를 구축하는 방안을 연구하는 것을 목적으로 한다.

이 글은 먼저 문화지도의 개념과 가치를 제시하고, 최근 문화지도의 새로운 패러다임인 전자문화지도의 유용성과 국내외 개발 현황을 제시하고 분석하여 한국어문화 자원을 전자문화지도로 개발하기 위해 어떻게 하면 되는지 살펴볼 것이다. 이를 위해 한국어문화 자원을 적합한 디지털 자료로 구축하여 활용도를 높이는 방안을 모색한다. 나아가 실제 한국어문화 자원을 전자문화지도로 개발하는 모형을 제시하고, 그 활용 전망을 제안하고자 한다.

1) 한국어문화 자원의 활용을 위하여

이 절에서 한국어문화 자원[9]을 전자문화지도로 제작하기 위해 적용 가능한 데이터베이스의 모형을 개발하고 그 처리 과정을 제시하면서 학술적이고 문화산업적인 측면에서 활용 가능성을 모색하는 방안을 제안한다. 특히 최근 진행되었거나 진행되고 있는, 몇 가지 유형의 한국어로 이루어진 문화자원 자료들에 적용하여 전자문화지도 제작을 위한 자료 처리 과정을 고안하고자 한다.

인간은 한정된 지리적 공간에서 문화를 영위하면서 살아간다. 또한 인간은 주어진 공간을 사회적 문화적 공간으로 새롭게 생성하고 변형시키면서 문화적 요소를 축적하고 전파시킨다. 에른스트 카시러(Emst Cassirer)는 인간과 인간의 활동이 마치 평면이나 입체들처럼 관찰되고 기술된다고 밝힌 바 있다(에른스트 카시러, 박완규 역, 2007:41-43). 여기서

---

9 '한국어문화 자원'은 한국어로 기록된 구술 자료와 기록 자료를 포함하는 개념이다. 구술 자료로는 구비문학, 구전민요, 구전가사 등의 무형 자료가 포함되며, 기록 자료로는 기록문학, 운문 및 산문문학 등의 기록된 유형 자료가 포함된다. 이 개념은 한국어와 한글을 기반으로 한 역사적, 문화적 자원을 포괄하며, 경계비, 기념비, 건물, 교량, 유물, 유적, 명승지, 사찰, 분묘, 비석 등의 역사 문화재와 함께 우리 말과 글을 사용하는 민중의 생활에서 비롯된 유무형 자료를 모두 포함한다.

'인간과 인간의 활동'이란 바로 '문화'를 말하는 것이다. 문화는 인간이 자연적으로 주어진 소재를 변형하여 만들어내는 '모든 것'을 의미한다. 이는 사회, 정치, 경제를 포함한 일상생활의 양식뿐만 아니라 언어, 문학, 종교, 신화, 역사, 제도, 법, 철학, 과학 기술 등 인간이 이루어 놓은 모든 것을 포함하는 개념이다.

이러한 축적된 문화 결과물의 정체성을 설명하기 위해 활용할 수 있는 도구 중 하나가 문화지도이다. 문화지도는 한 지역의 공간적 위치와 시간적 흐름에 따라 형성된 사회 문화적 사물과 현상을 특별한 부호를 이용하여 지도 구조물 위에 표현한 것이다. 이러한 의미에서 문화지도는 거시적이고 미시적인 차원의 문화 실체를 이해하는 데 유용한 도구이다. 또한 문화지도는 문화 요소의 지역적 분포와 이동, 전파, 변화의 양상을 제시하며, 서로 다른 사례를 비교 대조하여 다른 지도를 제작하는 데 필요한 자료로 직접 활용될 수 있다(박성용, 2001:6).

문화지도는 지리적 공간에 표현된 다양한 사회 문화 현상의 분포를 통해 사회 문화적 정보를 제공하는 도구로, 19세기 중엽부터 핀란드, 체코슬로바키아, 독일, 오스트리아, 스위스, 폴란드, 프랑스, 일본 등 여러 나라에서 중요한 발전을 이루었다. 특히 독일어권의 민속지도, 스웨덴의 민속지도, 프랑스의 민속지도, 일본의 민속지도가 대표적이다. 테리 G. 조든 비치코프는 유럽의 문화지역 형성 과정과 지역 구조를 분석하면서 문화지도가 문화 정체성을 도출하는 연구 방법론으로 유용하다고 주장하고 있다.[10]

국내에서는 문화지도학적 접근을 통해 문화권역을 규명하는 연구가 주로 진행되었으며, 이춘녕(1964), 이광규(1975), 전경수(1977), 이보형(1983), 김택규(1982), 박성용(2000) 등의 연구가 대표적이다(안귀남, 2009:166 재인용). 국내외에서 문화지도에 기반한 연구는 주로 민속학과 인류학 분야에서 이루어졌다. 특히 프랑스 방언의 지역적 실현과 문화적

---

10 테리. G. 조든-비치코프 & 벨라-비치코바 조든, 김종규 역(2007:231-233)은 유럽 인구는 평균적으로 세계 인구 대다수보다 부유하고 교육 수준이 높은 것으로 나타났다. 이 연구는 유럽의 지리적 특성을 바탕으로 교육, 건강, 경제적 요소들을 분석하여 이러한 결론을 도출했다(김상헌, 2009:501 재인용).

유사성을 지도상에 표현한 '서부랑그독 지방의 민족지적 언어지도'는 인류학자와 언어학자들의 협력으로 이루어진 연구 사례이다(박성용, 2001:8). 국내에서는 언어학적 측면에서 문화지도에 대한 연구가 처음으로 안귀남(2009)에 의해 이루어졌다.[11]

안귀남(2009:167)은 인간의 총체적인 생활 양식으로서의 문화를 문화지도 상에 의미 있게 기호화한 점에서, 언어학에서 다루는 언어지도와 유사성을 지적하였다. 이 연구는 방언 연구의 한 방법론으로서 지리언어학의 과정을 통해 문화의 일부로서 언어와 언어가 내재한 문화의 구조를 공간적으로 나타내며, 이를 문화지도와 어떻게 접목할 수 있는지를 보여준 연구의 의의가 있다.

언어적 현상을 문화지도로 나타내는 방법에는 두 가지 접근이 있다. 첫째는 특정 언어(어휘, 음운, 문법)의 분포와 관련된 문화적 변천과 양상을 학술적 측면에서 분석하는 언어적 문화지도이다. 둘째는 축적된 한국어 관련 자료를 위치 정보와 시간 정보를 포함하여 지도상에 적절하게 시각화하고, 연구자와 사용자의 체험을 극대화하려는 문화산업적 관점에서의 실용적 문화지도이다. 여기서는 후자를 목표로 하며, 이를 위한 한국어문화 자원의 자료 처리 방안을 제안하고자 한다.

2) 문화지도와 전자문화지도

(1) 문화지도의 개념과 가치

문화지도는 문화연구 결과를 지도에 나타내는 방법론으로, 각 지역의 풍토, 민속, 미의식, 역사 등의 요소를 인문지리적으로 표현하여 지역 문화를 총체적으로 파악할 수 있게 한다. 브롬베르제(Bromberger, 1991)는 문화지도가 인류학적 분할 양상을 제시하고 자료를 수집·분석하여 역사적, 문화적 과정을 파악하는 데 유용하다고 했다. 박성용(2001)은

---

11 하임스(Hymes, D., 1964)는 언어학과 인류학이 언어에 접근하는 방식에 차이를 지적했다. 언어학은 주로 기술적인 언어 형태와 진술 방법에 집중하는 반면, 인류학은 인간의 관점에서 언어를 이해하려고 노력한다. 즉, 언어학은 언어 자체의 특성을 목적으로 삼지만, 인류학은 언어를 이용하는 인간의 문화적, 사회적 맥락을 중시하는 것이다(왕한석, 1996:7 재인용).

문화지도가 가족, 직업, 생태계, 사회조직, 종교, 축제, 방언, 경제권 등 다양한 요소를 표현한다고 설명하고 있다. 이상규(2009)는 문화지도를 철학과 예술성을 반영한 비주얼 다차원 지도이자, 인간 삶의 문화와 환경을 담은 휴먼 모자이크로 정의한 바 있다.

이들의 견해를 종합하면, 문화지도는 다양한 문화자원을 지도 위에 총체적으로 구현하여 문화 생산과 활용 방향을 제시하는 자료의 지침서라 할 수 있다. 즉, 유무형의 문화자원을 데이터로 가공해 지리적 위치를 기준으로 배치하고, 학술적·정책적·실용적 목적에 맞게 활용성을 극대화한 것이다. 문화지도는 단순한 지리적 표식이 아니라 문화적 의미를 담아, 개별적인 문화 현상의 변모와 추이를 묘사하고 문화의 총체성을 구성하는 데 장점을 지닌다. 따라서 문화지도는 해당 지역의 역사와 문화유산, 관광 지도를 통합한 종합적인 문화관광 길도우미(navigator)로서 국가의 문화관광 인프라 구축에 기여할 수 있으므로 미래 지향의 실용적인 가치를 가지고 있다.

(2) 전자문화지도의 유용성

20세기 말 디지털 시대의 도래는 삶의 새로운 패러다임을 제시하고 있다. 웹 환경은 국경 없이 정보를 교류하며 다양한 문화 간 소통을 가능하게 했다. 과거에는 키워드로 정보를 검색했으나, 현재는 사용자의 인식 구조에 기반한 새로운 정보 검색 방법이 등장하고 있다. 피터 모빌(2008)은 새로운 기기들이 등장함에 따라 인터페이스와 기반 구조가 변화하고 사용자의 경험이 다양해질 것이라 예측한 바 있다.

정보의 길찾기로 표현되는 '파인더빌리티(findability)'는 정보의 활용 능력을 의미하며, 지도는 지식정보의 발견을 극대화할 수 있는 인지적 도구로 인식된다. 정보 활용 목표는 '길찾기'와 '활용성'을 향상시키고, 핵심 콘텐츠에 쉽게 접근할 수 있도록 하는 것이다. 따라서 문화 정보를 전자지도로 구현하는 것은 매우 효율적이다.

김현(2004)은 전자문화지도를 데이터와 문화정보의 통합 및 공유를 통한 검색과 편집 기능을 갖춘 응용프로그램으로 정의하며, 디지털 체계를 통해 역사 문화 정보와 시공간적 정보 간의 유기적 상호 연계성을 표현할 수 있다고 설명하고 있다. 유우익(1998)은 전자문화지도의 유용성을 다음과 같이 제시하고 있다. 첫째, 전자문화지도는 비디오, 오디오, 플래시 애니메이션 등 다양한 멀티미디어 매체를 활용하여 정보 전달 방식을 입체적으로 재구성하고 사용자가 쉽게 접근할 수 있게 한다. 둘째, 전자문화지도는 생성, 전개, 소멸되는 개별 문화 현상을 교차 검색할 수 있으며, 디지털화된 문화정보의 유통을 통해 시공간적 제약을 극복하고 문화정보를 자유롭게 분해하고 통합할 수 있다. 셋째, 전자문화지도는 저렴한 재생산 및 갱신 비용으로 문화 관광 자료의 변화에 유연하게 대응할 수 있다.

결론적으로, 전자문화지도는 위치정보, 속성정보, 역사 문화 정보를 디지털 방식으로 결합하여 제공하는 21세기형 문화지도로서, 연구 결과를 효과적으로 시각화할 수 있으며, 여러 학문 영역과 분야에서 활용도가 높은 집적물이 될 것이다.

(3) 전자문화지도의 현황

국내에서 이루어진 전자문화지도의 제작 현황을 살펴보면 다음과 같다. 먼저 한국학중앙연구원의 '한국향토문화전자대전'은 교육부가 전국 각 지역의 역사, 문화유산, 사회경제 변화 발전상을 집대성하기 위해 진행한 사업이다.[12] 이 사업은 지역문화백과사전 시스템 구축을 위한 국책사업으로, 2003년에 시작하여 2009년까지 20개 지역의 문화대전을 편찬했으며 12개 지역을 구축하여 2013년에 완료하였다. 전국의 다양한 향토문화자료를 체계적으로 연구하여 인터넷 지식정보 서비스를 통해 지식문화산업 발전에 기여하고자 한다. 지금까지 약 2만 명의 향토 문화 전문가가 표준화된 분류체계에 따라 역사, 지리, 인물, 산업 등 향토문화자원을 문화콘텐츠로 구축하고 있다. 이 시스템은 텍스트 변환으로 이용자의 요구에 따른 맞춤형 정보 제공이 가능하며, 이용자가 정보 생산에 참여하여 지속적으로 콘텐츠를 확장하고 재생산할 수 있는 기회를 제공하는 것이 특징이다.

고려대학교 민족문화연구원의 '조선시대 전자문화지도'는 학술진흥재단의 인문사회

12　한국향토문화전자대전 누리집은 http://www.grandculture.net/main/main.asp이다.

분야 지원사업의 일환으로 2002년 8월부터 고려대학교 민족문화연구소에서 수행했다.[13] 이 지도는 조선시대의 생활 양식과 민족문화를 시간, 공간, 주제의 입체적인 구조로 구축한 전자문화지도다. 조선시대를 기준으로 문화 분류체계를 통해 조선시대 문화 관련 연구 자료와 고지도 등 다양한 자원을 활용한 베이스 맵 자료를 제공하며, 기존 데이터를 활용한 문화 루트의 개발 및 재구성, 데이터베이스 구축을 위한 문서표준(DTD) 및 문자 코드 처리방안, DB 구조 설계 등을 주 내용으로 하고 있다. 이 프로젝트는 학술연구를 목적으로 개발되었으며, 조선시대 문화에 대한 기본 인식구조를 제공하여 통합적인 연구를 진행할 수 있도록 돕는 콘텐츠이다.

전남대학교의 '영산강 유역권 역사문화지도'는 역사문화자료의 시공간적 상호 관계를 파악하고, 급속히 소멸되는 역사문화자료를 수집하여 역사문화 관련 정보를 집대성하고자 추진되었다.[14] 이를 통해 지역 역사문화에 대한 인식체계의 변화를 파악하고, 역사문화 정보와 콘텐츠를 웹상에서 공유하고 있다. 주로 영산강 유역의 11개 시군의 생태환경, 고고, 역사, 건축/미술, 문학/민속, 음식 등에 대한 역사문화 관련 콘텐츠를 문화지도로 제작하였으며, 궁극적으로는 유비쿼터스 활용체계를 구축하는 것을 목표로 하고 있다.

이 외에도 전자문화지도 시스템은 구축하지 않았지만, 전자문화지도 구축 방안을 연구한 사례가 있다. 한국학중앙연구원의 '지역 역사문화 전자맵' DB 구축 사업은 전국의 문화자원을 유적, 유물, 명소, 명승, 인물 등 일정한 분류체계에 따라 조사 정리하여 DB로 구축한 사업이다. 또한, 세계전자불전협의회에서 추진한 동국대학교의 '불교 전자 문화지도' 연구 사업, 동남아시아 해양세계와 항구 도시들이 수행한 해양 실크로드의 중계 거점 역할을 조사하고, 동남아시아 해양 신앙의 분포와 의미를 추출하고자 한 '아시아 해양종교 문화지도'가 있다.

국립아시아문화전당 아시아문화연구소에서 추진하고 있는 '아시아 문화지도' 프로젝

---

13   조선시대 전자문화지도 누리집은 http://163.152.69.178/historymap/IdxRoot.do이다.
14   영산강 유역권 역사문화지도 누리집은 http://youngsanriver.chonnam.ac.kr/이다.

트는 문화체육관광부와 아시아문화중심도시추진단에서 수행한 연구를 바탕으로 추진하는 사업이다. 이 프로젝트는 아시아 문화자원의 발굴 및 콘텐츠화로 문화 산업화를 위한 연계망을 구축하고자 한다(문화체육관광부·아시아문화중심도시추진단, 2008). 2004년 문화체육관광부는 중장기 예술진흥방안을 담은 '새로운 한국의 예술정책'안에서 2009년까지 '디지털문화대동여지도' 구축 방안을 기획했다. 2009년에는 문화체육관광부가 한국문화관광연구원에 의뢰하여 4대강 유역의 문화자원 현황을 조사하고 이를 바탕으로 문화지도를 제작하는 방안을 연구한 '4대강 유역 문화자원 현황조사 및 문화지도 제작 방안 연구'가 있다.

해외 전자문화지도 제작 현황은 다음과 같다. 'Cultural Atlas Portal'[15]은 미국 버클리대학교 국제지역연구소(IAS)가 주도하는 프로젝트로, 전 세계 350여 개의 전자지도 및 포털사이트 연구 성과를 하나의 사이트에서 검색할 수 있도록 구축한 집합 DB 시스템이다. 디지털 기술을 이용하여 다양한 학문 분야의 데이터를 제공하며, 모자이크, 초기 간행본, 미국 남북전쟁, 프랑스와 스페인 선교, 학습용 모듈, 열린 역사, 언어, 인류학 논문, 시드니 박물관 등 다양한 문화적 테마를 다룬다. 이를 통해 학문 간의 교류를 촉진하고 ECAI 프로젝트의 활용도를 극대화할 수 있다.

ECAI의 또 다른 문화지도 시스템으로 'Silk Road Atlas'가 있다.[16] 이 시스템은 실크로드 경로를 간략한 사건과 함께 제시한다. 실크로드를 주제로 강, 도시, 여러 루트, 특정 인물의 여행길 및 표류기, 고고학적 유적 등의 다양한 역사 문화 콘텐츠를 제공하며, 복합적인 스토리텔링 기법으로 표현한다.

벨기에의 건축유산문화지도(Erfgoed In Vlaanderen)[17]는 벨기에의 브뤼셀, 워털루, 겐트, 뢰번 시 등 주요 건축물을 지도상에 표시하고 비주얼 이미지를 제공한다. 건축유산을

---

15   ECAI(Electronic Cultural Atlas Initiative, 세계전자문화지도협의회)의 누리집은 http://ecai.org/culturalAtlasPortal/이다.
16   ECAI의 'Silk Road Atlas'의 누리집은 http://ecai.org/silkroad/이다.
17   벨기에의 Erfgoed In Vlaanderen의 누리집은 http://www.erf-goed.be/이다.

주제로 하며, 온라인 사진 공유 커뮤니티 사이트인 플리커 블로거(flicker blogger)들의 참여를 통해 지속적으로 업데이트되어 최신 자료를 제공하는 순환 구조를 특징으로 한다.

영국 BBC의 '세계 종교 사상 전자문화지도'[18]는 주요 이데올로기, 종교, 국가를 테마로 시대별, 권역별 추이와 행정구역 상 인구 변화를 지도상에 표현한다. 유대교, 힌두교, 불교, 기독교, 이슬람교, 시크교, 로마, 영국, 공산주의 등 주요 종교 사상과 역사적 사건을 다루며, 공간적 영역의 확장과 수축을 하나의 지도에 제시한다.

싱가포르의 'Asian Civilizations Museum'[19]은 아시아를 여러 권역으로 나누어 해당 지역의 문화유산에 대한 설명을 제공하는 전자문화지도이다. 정치, 경제, 무역, 과학, 공연 등과 관련된 세계의 문화유산 및 역사적 유물에 관한 정보를 제공하며, 학생들을 위한 학습용 콘텐츠로 적합하다.

버지니아대학교의 'IATH'(1692년 마녀사냥)[20]은 특정한 주제를 파악하기 위해 만든 주제도로 1692년 마녀사냥 사건을 시공간적으로 구성한 전자문화지도이다. 미국 매사추세츠 주 세일럼 빌리지(지금의 덴버)에서 발생한 마녀사냥의 추이를 시간과 공간에 따라 지도상에 정확하게 표현하여, 사건의 전체 흐름을 시각적으로 파악할 수 있다.

동남아시아 '역사 전자지도'[21]는 동남아시아 왕조사의 변화 양상과 유적의 위치도를 시대별로 지도상에 표현한 전자문화지도이다. 동남아시아의 왕족과 국가 간의 영토 변화와 주요 사건을 플래시 애니메이션 형태로 실현한 것이 특징이다.

18　이 누리집은 http://www.bbc.co.uk/religion/tools/civilisations/index.shtml이다.

19　ACM의 누리집은 http://acm.org.sg/home/home.asp이다.

20　IATH(Institute for Advanced Technology in the Humanities, 고대인문학 첨단 기술 연구소)의 누리집은 http://www2.iath.virginia.edu/salem/bcr/salem/salem. html이다.

21　이 누리집은 http://www.angkor-planet.com/이다.

(4) 전자문화지도의 특징 분석

이상의 국내외 전자문화지도에서 보여준 특징을 분석해보면 다음과 같다. 첫째, 단순한 보여주기(viewer) 방식을 기본적으로 채택하고 있다는 것이다. 둘째, 사용자의 요구에 따른 맞춤형 정보를 제공하고 있다는 점이다. 셋째, 시간·공간·주제의 입체적인 구조로 이루어져 있는 경우가 많다는 것이다. 넷째, 유비쿼터스(Ubiquitous) 활용 체계를 도입하고 있다는 것이다. 다섯째, 사용자들에 의해 지속적으로 재생산되는 순환 구조를 지향하고 있다는 점이다. 여섯째, 교육적 목적을 달성하기 위한 콘텐츠를 구성하고 있다는 것이다. 일곱째, 특정한 주제를 파악하기 위해 만든 주제도로 된 경우도 보인다. 여덟째, 인구와 역사적 사건의 추이를 애니메이션 형태로 제시하여 사용자의 흥미를 유발하고 있다.

이상의 분석한 결과를 토대로 활용도를 극대화한 이상적인 전자문화지도는 사용자의 사고력과 창의력을 키울 수 있는 방식을 채택한다거나, 사용자가 직접 참여하는 열린 업데이트 시스템을 개발하는 방향으로 개선할 필요가 있다. 이 글에서 지향하는 한국어문화 자원의 전자문화지도도 이러한 개선의 필요성을 수용하여 이를 구현할 수 있는 자료 처리 방안을 연구할 것이다.

3) 한국어문화 자원의 자료 처리 방안

한국어문화 자원의 범위를 정하기 위해서는 먼저 '문화'의 정의를 먼저 설정해야 한다. 그것은 '문화'의 개념에 따라 자원의 범위가 달라지기 때문이다(민현식, 2000:33-34). 따라서 '문화'를 '정신문화와 물질문화의 총체' 또는 '과거와 현재의 생활 양식의 총체'로 정의할 때, 한국어문화 자원은 '한국어로 이루어진 정신적 무형물과 물질적 유형물'을 모두 포괄하게 된다. 즉, 한국어문화 자원은 구술 자료(말)와 기록 자료(한글)를 포함하며, 우리의 말과 글을 바탕으로 전승된 무형의 자료(구비문학, 구전민요, 구전가사 등)와 기록된 유형의 자료(기록문학, 운문·산문문학 등)를 모두 포함할 수 있다.

하지만 모든 한국어문화 자원을 문화지도로 만들 수는 없다. 박성용(2001)은 문화지도로 만들 수 있는 항목으로 약 24가지를 제시하고 있다.[22] 이를 고려하면, 전자문화지도 제작을 위해 활용할 수 있는 한국어문화 자원은 지리적 공간과 시간적 연대를 내포해야 한다. 따라서 한국어와 한글과 관련된 역사 및 문화재 경관(경계비, 기념비, 건물, 교량, 유물, 유적, 명승지, 사찰, 분묘, 비석 등)과 과거와 현재 우리의 말과 글을 사용하는 민중의 생활(의생활, 주생활, 식생활)에서 비롯된 유무형의 자료를 포괄할 수 있다. 이러한 기준에 따라, 최근 진행되었거나 진행 중인 몇 가지 유형의 한국어문화 자원 자료를 바탕으로 전자문화지도[23]를 작성하기 위한 자료 처리 과정을 제시하면 다음과 같다.

첫째는 한글학회의 '한말글[24] 문화지도 만들기 사업(2006년~2008년)'의 결과물이 있다. 이 결과물은 전국에 산재해 있는 역사 및 문화재 경관 차원의 한국어문화 자원으로 현재 한글학회 누리집에 지도 형태로 구현되어 있다. 하지만 문화지도를 만들기 위한 데이터베이스 구축 과정은 제시되어 있지 않다. 향후 집적된 자료의 활용도를 극대화하고, 추가되는 자료를 계속해서 문화지도를 개발하고 제작하는 데 원활하게 적용하기 위해서는 데이터베이스를 구축하는 단계를 반드시 수행할 필요가 있다.

둘째는 국립국어원의 '민족생활어 조사 사업'이다. 이 사업은 2007년부터 추진된 사업으로 매년 민중들의 삶의 모습을 '민속지적 방법'으로 조사하여 사진, 동영상, 음성자료,

---

22 박성용(2001:14-17)은 문화지도 제작 가능한 항목으로 지리적 공간, 역사와 문화경관, 인구, 지역사회의 지형 및 토양, 지질, 지역민의 생활권역, 오락과 유흥, 가족 및 친족 구성, 지역별 친족 호칭, 종족집단의 이주와 정착 연대, 유교문화 경관, 조사의 묘지, 효자·열녀의 존재, 향교와 사액서원, 문중서원의 증감, 경제적 협동단위, 생활주기, 세시풍속, 정치 생활, 산업 및 경제 생활, 생태 및 환경, 물질문화, 의식과 주생활, 종교 및 의례 생활, 그리고 기타 무형문화재 등 총 24가지를 제시하였다.

23 전자문화지도는 앞서 살펴 본 'ECAI(Electronic Cultural Atlas Initiative, 세계전자문화지도협의회)의 활동에서 차용한 개념이다.

24 '한말글'이란 '우리말글'과 같은 의미로 본다. 우리말글은 우리나라(한국)의 '말'과 '글자' 즉 '국어'와 '한글'을 포괄하는 의미이고, 한말글은 '한국의 말과 글'이란 의미로 사용되기 때문이다. 즉 한국어를 민간에서 부르는 다른 명칭으로 볼 수 있다.

구술자료, 전사기록, 어휘 분석 자료 등으로 집적하고 있다. 2007년부터 10년 계획 사업으로 추진했으나, 2013년에 중단된 국가사업이다. 하지만 소멸위기의 한국어문화 자원을 축적하기 위해서는 반드시 필요한 사업이다. 이 사업에 대해서는 2007년에 중장기계획을 수립하였고, 자료 처리 절차에 대한 기본 원리를 제시한 적이 있다(국립국어원, 2007). 하지만 이것도 전자문화지도를 제작하기 위한 자료 처리 방안이 아니기 때문에보완할 필요가 있다.

이 두 가지 자료를 아우르기 위해 데이터 구조화를 통해 통합 체계를 개발하고, 동일한도면에 표현할 수 있는 한국어문화 자원의 전자문화지도 제작 방안을 제시한다. 이를위해 필수적으로 선행해야 할 작업은 자료의 디지털화이다. 그 중 한 방법으로 디지털아카이브를 구축하는 과정을 수립한다.. 특히 국립국어원(2007)에서 체계화한 절차를전자문화지도 제작과 다양한 자료 활용 과정에 적용할 수 있도록 활용도를 극대화하는방향으로 절차를 보완하여 개발한다. 이 방안은 앞으로 다양한 한국어문화 자원 자료에서 디지털 데이터베이스를 구축하는 데 광범위하게 적용할 수 있는 모형이 될 것으로기대한다.

(1) 한국어문화 자원의 분석

먼저 '한말글 문화지도 만들기' 사업에 대하여 설명하면, 이 사업은 2006년에서 2008년까지 문화체육관광부의 지원을 받아 한글학회가 수행하였다. 이 사업은 한국어와 한글관련 문화재 및 유적을 조사하여 한말글 문화자료를 체계적으로 정리하고 한국어문화유산이 가지는 문화적 가치를 정립하고자 했다. 또한 이를 토대로 우리말과 우리글의문화자원을 적극적으로 홍보하는 동시에 한말글 문화 유적을 관광 상품으로 개발하여답사를 통한 교육적인 효과를 거두고, 나아가서는 세계 속에 한글의 문화적 위상을 고양시키고자 하는 목표를 가지고 추진되었다. 전국적으로 100개 이상 지역을 발굴했고, 많은 사진 자료와 관련된 내용을 바탕으로 구성한 텍스트 자료를 확보하고 있다.[25]

이 사업에서 이루어진 결과물은 한국어와 한글의 역사적 연구에 매우 귀중한 자료들이다. 하지만 3년간의 조사 기간이 너무 짧았고, 관련 문화자원의 수집 방법이 다양하지 못해서 아쉬운 점이 많다. 조사지점 당 다수의 사진 자료만 확보되어 있는데, 그 외 동영상 자료나 해당 문화자원에 대해 알고 있는 제보자의 증언 자료(녹음·녹화), 구체적인 물증 자료 등 문화콘텐츠화 할 때 활용할 수 있는 자료의 수집이 미흡하다고 판단된다. 또한 수집된 자료나 텍스트를 사용자의 흥미를 유발하고 관심을 끌 수 있도록 한국어문화 콘텐츠로 개발하는 방안에 대한 연구도 앞으로 남은 과제라고 생각한다.[26] 지역별 조사된 자료의 분포를 보면 다음 [표 2]과 같다(한글학회, 2008:4-9).

[표 2] 한말글 문화 자료별 분포 현황

유형＼지역	강원	경기	경남	경북	대구	대전	부산	서울	울산	전남	전북	충남	충북	계
기념관	1	1					1	1		2	2	1		9
기념물			1											1
기념비		4	5					2			2			13
동상		2					1		2		1	1	1	8
무덤		8	1		1	6		1			1	3		21
무덤터		2											1	3
비석			3	1		1		1				1		7
사당	1	1			2							2		7
생가		4	4							2	4	2	2	18
생가터			3			1		3	1				1	9
유적터			2	1				2				1		6
그밖		1	1	1		1								4
계	2	23	21	3	3	9	1	11	3	4	10	11	5	106

---

25 한글학회 사업 담당자에 의하면 3,000여 장의 현장 사진이 확보되어 있고, 관련 내용을 구성한 텍스트 자료가 집필된 상태라고 한다. 하지만 수집된 자료의 데이터베이스는 구축되어 있지 않다고 한다.

26 관련 자료를 토대로 소위 '스토리텔링' 형태로 개발하여 제공하는 방안에 대한 연구가 필요하다. 이에 김탁환(2008:292)은 '원 라이프 멀티 스토리'의 개발 시도가 절실하다고 밝히고 있다.

위 [표 2]의 조사 지역을 분석해보면 '경기>경남>충남>서울' 순으로 몇 개 지역에 조사 지점이 편중되어 있음을 알 수 있다. 다음 [표 3]을 통해 '한말글 문화지도 만들기' 사업을 통해 확보된 문화 자료 목록을 분석해 본 결과, 한국어문화 자원으로 볼 수 있지만 미조사된 대상이 상당수 남아 있음을 알 수 있다.[27]

[표 3] 한말글 문화 자료 목록

연번	한말글 문화자료명	위치	연번	한말글 문화자료명	위치
1	창절사(사육신)	강원	55	이윤재 무덤터	대구
2	한용운 기념관		56	육신사	
3	고향의 봄 노래비	경기	57	낙빈서원	
4	김윤경 생가		58	#충효당	
5	김윤경 무덤		59	백산 기념관	부산
6	정인승 무덤 터		60	화계사 대웅전	서울
7	허웅 무덤		61	이희승 추모비	
8	김선기 무덤		62	한글 고비	
9	최현배 무덤		63	일석 기념관	
10	주시경 무덤 터		64	주시경 무덤	
11	세종대왕 동상(부천)		65	최현배 기념비	
12	세종대왕 동상(여주)		66	성삼문 집터 표석	
13	세종대왕 역사기록 도자벽화		67	주시경 집 터	
14	정인섭 기념비		68	주시경길	
15	정인섭 무덤		69	주시경 얼굴상(흉상)	
16	이희승 생가		70	세종대왕 나신 곳	

---

27 경북 상주군 이안면의 '쾌재정'(최초의 한글소설인 '설공찬전'을 지은 채수 관련) 충북 충주에 '한국 한글문화관(관장 김상석-한글 고문헌 자료와 한글 민속재 박물관), 울산 중구의 '외솔 최현배 선생 기념관'(2010년 개관하여 미조사된 곳), 대구 지역의 경우 민족시인 이상화 시비과 생가(한국 어를 아름다운 시로 표현한 일제시대 시인) 등 처럼 전국적으로 조사할만한 대상이 아직 많다.

연번	한말글 문화자료명	위치	연번	한말글 문화자료명	위치
17	신숙주 무덤		71	봉황각	
18	한글 창제 사적비		72	#주자소 터	
19	신숙주 신도비		73	최현배 동상	
20	안재홍 생가		74	최현배 생가 터	울산
21	최항 무덤		75	최현배 흉상	
22	만해 기념관		76	외솔교	
23	허웅 생가 터		77	서재필 생가	
24	이윤재 기념 조형물		78	서재필 기념공원	
25	이윤재 어록비		79	홍길동 생가	
26	선조 어서각		80	홍길동 기념 공원	
27	윤병호 무덤		81	장현식 생가	
28	윤병호 생가		82	김선기 생가	
29	이은상 생가터(은상이샘)		83	이병기 동상	
30	이은상 '가고파' 시비		84	이병기 기념비	전남
31	세종대왕 태실지		85	이병기 생가	
32	안호상 생가		86	이병기 기념 공원	
33	안호상 어록비	경남	87	이병기 무덤	
34	안희제 생가		88	정인승 생가	
35	이우식 생가 터		89	정인승 기념관	
36	안희제 추모비		90	이병기 가람 시비	
37	이우식 비석		91	성삼문 무덤	
38	이극로 생가		92	문헌서원 (이곡-이색-이개)	
39	#물계서원(성삼문)		93	성삼문사우(문절사)	
40	이중건 행적비		94	서승효 생가	충남
41	선조국교문서(한글교서)보관터		95	성삼문 유허지	
42	윤병호 기념비		96	성삼문 노은단	

연번	한말글 문화자료명	위치	연번	한말글 문화자료명	위치
43	'산불 됴심'비	경북	97	성삼문 유허비	충북
44	『훈민정음』 발견터		98	표준말 사정 제독회 자리	
45	희방사 (『월인석보』 목판소장)		99	한용운 생가	
46	국립대전현충원 (정인승 묘이장)	대전	100	만마루	
47	박팽년 유허비		101	독립 기념관	
48	박팽년 유허지		102	정인지 무덤	
49	서민호 무덤		103	정열모 생가	
50	이강래 무덤		104	묵정영당(신숙주)	
51	한징 무덤		105	박팽년 사우	
52	이석린 무덤		106	박달재 노래비	
53	신현모(윤국) 무덤				
54	정인승 무덤(마석)				

다음은 국립국어원의 '민족생활어 조사 사업'을 들 수 있다. 이 사업은 민족의 정체성과 자긍심을 일깨우는 자료로 활용하기 위해 민족의 역사와 생활 양식, 정신이 담겨 있는 전통 기층 생활어와 전통 직업 생활어를 민속지적인 방법으로 조사하여 보존하려는 사업이다. 이 사업은 2007년부터 2012년까지 추진된 사업으로 매년 민중들의 삶의 모습을 '현장 밀착형 조사 방법'으로 조사하여 사진, 동영상, 음성자료, 구술자료, 전사기록, 어휘 분석 자료 등으로 집적하고 있다.

2007년부터 연도별, 지역별 발굴 자료의 분포를 보면 다음 [표 4]와 같다. 2007년부터 2010년까지 60개 항목의 생활어 문화자원을 조사했다. 또한 공통 주제로 전국의 '김치'와 '떡'을 조사했으며, 2010년에서 2012년까지 동해안, 서해안, 남해안 및 제주도를 중심으로 전국 어촌 기초 생활어휘를 조사했다.

수집된 자료의 형태는 구술 자료와 분절 어휘 및 음성 자료, 사진 자료, 동영상 자료 등으로 다양한 생활 체험 자료 및 교육 자료 등으로 활용 가능성이 높다.

[표 4] 2007년~2012년의 국립국어원 민족생활어 문화자원 집적 내역

연도	조사 내역
2007년: 10개 지역 주제 조사	(제주)해녀, 어부, 민속주, (경북 북부)제례음식, 혼례음식, 향토음식, (전북 전주)민족건축어, (경북 영덕 칠곡 문경)육지해녀, 미역업, 어부, 옹기장, 대고장, 유기장, (경북 성주 경산)세시풍속, 민속놀이, 짚생활어, 소목장, (전북 부안 순창)김치, 젓갈, 장아찌, (강원 경기)심마니, 한지장, (부산 기장, 울주, 남해)옹기장, 사기장, (충남 금산 대전)금산생활어, 대장장이, 무속인, 단청장, (전남 담양)참빗장, 죽렴장, 부채장, 채상장, 악기장
2008년: 10개 지역 및 공통 주제 조사	(제주)구덕, 차롱, (경북)안동포, 길쌈, (서울, 경기)단청장, (대구)모필장, (경남)두석장, (충북)시장[矢匠], (강원)사찰 생활어, (경기)남사당놀이, (경남)초고장, 승무, (전남)나주 소반장, *(전국 공통)김치
2009년: 10개 지역 및 공통 주제 조사	(제주)호상옷, (경북 북부)토속음식, (전북)남원목기, (경북 동남부)장담그기, (경남)임신·출산, (충북)배첩장, (강원)한지 공예, (경기)도검, (충남)북메우기, (전남)한과, *(전국 공통)떡
2010년: 4개 지역 및 공통 주제 조사	(제주도 서부)비양도 고기잡이, (동해안 남부)그물 손질부터 어판장까지, (서해안 중남부)염전, (남해안 중부)죽방렴, *(동, 서, 남해안 제주도 공통)어촌 생활 기초 어휘
2011년: 4개 지역 및 공통 주제 조사	(제주 동부 우도)해초 관련어, (동해안 북부 강릉·평창)명태잡이와 덕장 관련어, (서해안 중부 태안)자염 관련어, (남해안 서남부 해남)돌살과 김 양식 관련어, (제주도, 동해안, 서해안, 남해안)생활과 어업 기초 어휘
2012년: 4개 지역 및 공통 주제 조사	(제주 추자도)추자도의 고기잡이, (경북 동해 울릉도)오징어잡이에서 덕장까지, (충남 서해 외연도)어로 생활, (경남 남해 욕지도 가덕도)채낚기, 숭어들이, (제주 추자도, 동해 울릉도, 서해 외연도, 남해 욕지도 공통)어촌 생활어 기초 어휘 조사

(2) 디지털 아카이브 구축 절차

디지털화를 염두에 두고 있는 문화자원들은 자료가 수집되는 단계에서부터 체계적으로 구조화할 필요가 있다. 이처럼 전자문화지도를 만들기 위해 자료를 디지털 데이터베

이스로 구축해야 한다면 보존 가치를 높이고, 자료의 활용도를 극대화할 수 있는 민중생활사 아카이브 구축 절차를 활용하면 가장 유리할 것이다.[28] 민중생활사 아카이브 시스템의 구조에 대해 박순철(2008:43-44)이 제시한 모델은 아날로그 자료 보존 단계인 1단계 원자료 아카이브 구축과 컴퓨터 인식을 위한 2단계 디지털 아카이브 구축 단계, 검색과 활용을 위한 3단계 정보 마이닝(mining) 단계를 들고 있다. 이 글에서는 한국어문화 자원의 디지털 아카이브화 단계(2단계)와 정보마이닝 단계(3단계)를 활용하여 전자문화지도로 개발하고 요약된 정보를 공간화하여 분류, 검색할 수 있는 방안을 모색하고자 한다.

디지털 아카이브 구축 절차는 국립국어원(2007:82-83)의 선행 연구를 따라서 먼저 기록 매체별로 분류하는 작업을 수행하고, 다음은 자료의 분류 번호를 작성하고 마지막으로 메타데이터를 작성하는 절차를 거쳐 수집된 자료의 데이터베이스를 구축하면 된다. 다만, 자료의 분류 번호를 작성할 때는 '범주' 부분을 수집한 자료의 특성에 맞게 새롭게 설정해야 하고, 조사 자료의 분류도 활용성을 고려하여 '5-창작물' 영역을 새로 설정한다.[29]

첫째, 기록매체별 분류 작업을 수행하는 방식은 다음과 같다. 수집하는 자료의 종류를 기록하는 방식 및 매체와 디지털화된 파일의 형태를 중심으로 분류하면 다음 [표 5]의 '기록 방식 및 매체별 분류'와 같이 정리될 수 있다.

---

28 함한희(2008:25-27)는 아카이브의 유용성을 소멸위기의 자료 복원과 재현, 생활사 연구의 방법론적인 모색의 가능성, 민중이 참여하는 민주화의 장을 제공하는 것으로 밝히고 있다.
29 국립국어원(2007:84)의 기록 방식 코드에서 '실물 자료(5)'는 사진이나 동영상으로 디지털화하여 분해야 하므로 기록 방식에는 삭제한다. 다만 아날로그 자료를 따로 모으는 절차를 마련하여 보관하면 된다.

[표 5] 기록 방식 및 매체별 분류

1 - 사진	제보자 제공 사진, 조사자 제작 사진, 현장 사진 등	bmp, jpg
2 - 동영상	현장 동영상, 조사자 제작 영상, TV 방송, 영화 등	wmv, avi
3 - 음향	구술(증언) 음성 자료, 라디오 방송 등	wav, mp3
4 - 문서	구술 전사, 신문·잡지 기사, (고)문서 자료 등	hwp, pdf
5 - 창작물	스토리텔링 자료, 서사 작품, 시나리오 등	hwp, pdf

둘째, 자료의 분류 번호 작성하는 절차는 다음과 같다. 수집된 자료는 각 조사자가 매체별로 분류하여 각각의 자료에 분류번호를 부여하여 제출한다. 분류번호의 부여 방식은 [표 6]의 '자료의 분류번호 구성'과 같다.

[표 6] 자료의 분류번호 구성

분류번호 예 분류번호 구성	1 - 052401RR 20081108 0001 기록방식코드-지역코드-조사범주-제작(조사)년월일-시퀀스
분류번호 해석	경상북도(05) 문경시(24) 문경읍(01)에서 조사 범주 '유물과 유적(RR)'에 속하는 문화자원을 촬영한 사진 자료(1)이며, 2008년 11월 8일에 조사한 자료 가운데 첫 번째 생산한 자료이다.
표 기	빈칸 없이 이어서 표시하며, 기록방식코드와 지역코드 사이에는 '-'를 넣는다.

다음 [표 7]은 그런 특성 맞게 자료의 분류 번호를 작성한 경우이다.

[표 7] 자료의 분류번호 작성

구분	의미	코드
기록방식 코드	자료 기록 · 저장 방식 숫자 한자리로 표기	사진(1), 동영상(2), 음향(3), 문서(4), 창작물(5)

구분	의미	코드
지역코드	자료 수집 지역, 숫자 여섯 자리로 표기 특별시, 도 단위 지역을 두 자리, 구, 군, 읍, 면 단위 지역을 두 자리	서울(01), 강원도(02), 경기도(03), 경남(04), 경북(05), 전남(06), 전북(07), 충남(08), 충북(09), 제주(10)[30]로 시·군과 구·읍·면은 각각 하위 2자리씩 추가 설정
조사범주	조사 항목 약호화한 영어 알파벳 대문자 두 글자	1. 몸과 마음 관련 : Body and Mind -BM 2. 주거와 음식 관련 : House and Food-HF 3. 가족과 이웃 관련 : Family and Neighborhood-FN 4. 놀이와 여가 관련 : Play and Leisure -PL 5. 교육과 관습 관련 : Education and Custom-EC 6. 생산과 가공 관련 : Production and Manufacture-PM 7. 유통과 교역 관련 : Distribution and Trade-DT 8. 수신과 발신 관련 : Information and Communication-IC 9. 기념관(기념물, 기념비)와 동상 관련 : Memorial and Statue-MS 10. 탄생과 죽음(탄생지와 무덤) 관련 : Birth and Death-BD 11. 유적과 유물(비석, 사당) 관련 : Remains and Relics- RR 12. 기타: etc-ET
제작 일월년	자료의 기록·제작 날짜 연월일 순서로 아라비아숫자 8자리로 표기	예) yyyymmdd
	자료의 제작시기가 부정확한 경우, 정확한 시기만을 표기, 나머지 자리는 '0'으로 표기	예) yyyymm00, yyyy0000, 00000000

구분	의미	코드
	자료의 제작시기가 부정확하지만 추정 가능한 경우, 제작연대 표기 제작연대 다음에 알파벳 소문자 's'를 추가 표기, 나머지 자리는 '0'으로 표기	예) 1950s000, 1960s000, 1970s000
시퀀스	숫자 네 자리로 표기, 자료의 제작년월일을 기준으로 자료 순서에 따라 숫자 부여	

웹 2.0 시대를 맞이하여 문화지도 제작을 위한 디지털 아카이브 구축은 제보자(사용자)와 조사자(연구자)가 상호 교류하면서 자료를 집적하는 시스템으로 구축할 필요가 있다. 한국어문화 자원의 아카이브 구축에서도 '공공 영역(public sphere)'을 설정하여 제보자들의 능동적인 참여를 유도함으로써 보다 효율적인 자료의 수집과 검증이 가능할 것이다. 그러므로 제보자 및 사용자 참여형인 '열린 아카이브'를 구축할 필요가 있다.

셋째, 메타데이터[31]를 작성하는 절차를 거쳐 수집 자료를 데이터베이스로 구축한다. 지식 정보 자원 구축은 언제, 어디서나, 누구나 유용한 지식 정보를 손쉽게 활용할 수 있도록 자료의 수집, 축적, 보존, 공유, 활용 등의 지식 정보 자원 관리 과정을 정보기술을 활용하여 재설계하는 작업이다. 이는 각종 지식 정보 데이터베이스를 확충하여 이를 원활하게 이용하기 위한 작업으로 데이터의 신규 구축이 중심이 된다.

한말글 문화지도 사업 결과물은 이 글에서 제시한 문화지도의 개발뿐만 아니라 여러 방면에서 다양하게 활용할 수 있다. 그러므로 처음부터 디지털 아카이브로 구축하여

---

30 북한이나 국외 한국어문화 자원을 발굴한 경우는 그 다음 번호로 설정하면 된다. 북한은 (11)~(19)까지, 국외의 경우 중국(21), 일본(22), 러시아(23), 지역 미상(30)으로 설정하면 된다. 이 표의 시·군 이하 하위 지역의 설정은 국립국어원(2007:146-196)의 <부록 1> 조사지역 분류번호에 따른다.

31 메타데이터란 실제 내용(Contents)은 아니면서 그에 대한 각종 정보를 가지고 있는 데이터를 말한다.

두면 활용도를 더욱 극대화할 수 있다. 이를 고려하여 아카이빙 작업을 수행하면서 각각의 자료에 분류번호뿐만 아니라 메타데이터의 정보를 첨부한다. 자료의 디지털화를 위한 메타데이터 형식은 더블린 코어(Dublin Core)[32] 방식과 시소러스(thesaurus) 방식을 혼합하여 적용한다. 이는 더블린 코어가 국제적인 합의에 의한 표준으로 단순성(Simplicity), 의미론적 상호 운용성, 확장성 등의 장점을 가지므로 호환성이 요구되는 자료의 DB 구축에 적합하기 때문이다. 또한 시소러스(thesaurus)은 언어학의 어휘의 의미관계를 계층화 하는데 유리한 방식이다. 그것은 언어학과 관련된 자료 집적에 유용하기 때문이다. 그러므로 한국어문화 자원의 자료는 표준 디지털화 형식인 더블린 코어 방식과 언어 의미의 계층적 관계 특성을 고려한 시소러스 방식을 적용한 새로운 메타데이터 양식을 개발한다.[33] 한국어문화 자원 자료에는 이러한 메타데이터를 첨부해야 하며, 웹상에 자료를 입력할 때에는 자료 편집기에 이러한 메타데이터의 정보를 입력해야 한다.

디지털 아카이브를 만들기 위해서는 각각의 자료의 분류번호뿐만 아니라 메타데이터의 정보를 첨부해야 한다. 다음 [표 8], [표 9]는 개발된 메타데이터 항목을 기준으로 만든 '한말글 문화자원' 자료와 '민족생활어 문화자원'의 메타데이터 예시이다.

---

32 통일된 메타데이터 표준은 존재하지 않으나 현재는 더블린 코어(Dublin Core)가 널리 사용된다. 더블린 코어는 데이터의 호환성을 유지하고 네트워크자원의 기술에 필요한 일련의 데이터요소를 규정하여 이들 자원을 신속하게 검색할 수 있도록 해준다. 더블린 코어는 표제(Title), 제작자(Creator), 주제(Subject), 설명(Description), 발행처(Publi- sher), 배포자(Contributor), 발행일자(Date), 유형(Type), 형식(Format), 식별자(Identi- fier), 출처(Source), 언어(Language), 관련자료(Relation), 내용범위(Coverage), 사용권리(Right), 원자료의 위치로 항목화되어 있다.

33 시소러스 분류의 계층적 항목은 '범주, 대분류, 중분류, 소분류, 상세분류, 뜻풀이' 영역이고, 더블린 코어의 메타데이터 항목은 '표제(소분류), 주제(상세분류), 내용(뜻풀이), 기타 정보, 제보자, 조사자/전사자, 제작기관, 기록형태, 제작년월일, 자료형식 / 분량, 자료출처, 기록언어, 연관자료, 저작권, 디지털화여부, 원자료위치'가 해당 항목이다.

[표 8] 한말글 문화자원 자료의 메타데이터 예시

1-052401RR200811080001	
범주	RR 유물과 유적(비석, 사당)
대분류	유물과 유물
중분류	비석
소분류	표석
상세분류	산불됴심비, 조령 산불 됴심 표석
뜻풀이	산불을 조심하라는 경계비
기타 정보	문경새재
제보자	○○○/1945년 ○월 ○일생/경북 문경시 문경읍 상초리
조사자/전사자	○○○ / ○○○
제작기관	경북대학교 언어문화지도연구소
기록형태	사진 ☑ 동영상 □ 음향 □ 텍스트 □ 창작물 □
조사(제작)년월일	2008년 11월 8일(제작: 2011년 10월 10일)
자료형식 / 분량	jpg / 5장
자료출처	한글학회 한말글 문화자원 조사단
기록언어	한국어 ☑ 기타 □
연관자료	4-052401RR200808110001.hwp
저작권	문화체육관광부 / 한글학회
디지털화여부	예 ☑ 아니오 □
원자료위치	한말글 문화자원 조사단 원자료관 Box 01-TE001

[표 9] 민족생활어 문화자원 자료의 메타데이터 예시

1-060804PM200708070001	
범주	PM 생산과 가공
대분류	생산과 가공
중분류	수공예품
소분류	죽세공
상세분류	채상, 채상장
뜻풀이	대나무 가공 수공예품
기타 정보	죽녹원(전남 담양)
제보자	서한규 / 1929년 ○월 ○일생 / 전남 담양군 담양읍 향교리
조사자/전사자	○○○ / ○○○
제작기관	경북대학교 국어문화자원 아카이브 연구소
기록형태	사진 ☑ 동영상 □ 음향 □ 텍스트 □ 창작물 □
조사(제작)년월일	2007년 08월 08일(제작: 2011년 10월 10일)
자료형식 / 분량	jpg / 5장
자료출처	민족생활어 문화자원 조사단
기록언어	(한)국어 ☑ 기타 □
연관자료	3-060804PM200708070001.wav(3), 4-060804PM200708070001.hwp(3)
저작권	문화체육관광부 / 국립국어원
디지털화여부	예 ☑ 아니오 □
원자료위치	민족생활어 문화자원 조사단 원자료관 Box 01-TE001

(3) 열린 디지털 아카이브 구축의 의미와 활용

한국어문화 자원의 발굴과 집적은 우리 주변에 산재해 있는 다양한 우리말과 글의 문화자원을 실증적이고 체험적으로 정리하고 기록하는 것이다. 이는 개인이 가지고 있는 한국어문화 자원들을 하나의 집합적 문화 자료로 재생하는 작업으로, 제보자들의 능동적인 참여가 필수적이다.

이 점에서 한국어문화 자원의 디지털 아카이브 구축 방향은 '장벽 없는 아카이브(archives without walls)' 또는 '경계 없는 아카이브(archives without boundaries)'와 같은 웹 2.0 방식을 지향할 필요가 있다. [그림 5]와 같이, 한국어문화 자원을 집성한 자료는 제보자와 연구자가 상시적으로 자료의 수정과 보완에 참여할 수 있는 '열린 아카이브'로 구축해야 한다(국립국어원, 2007:87). 이러한 '열린 아카이브'는 연구자(혹은 조사자)뿐만 아니라 사용자(혹은 제보자)도 자료 축적에 적극 동참하도록 유도할 수 있다.

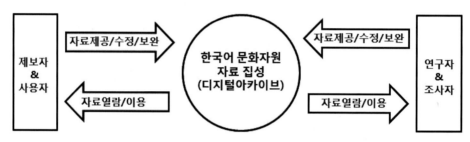

[그림 5] 열린 한국어문화 자원 디지털 아카이브의 활용 모형

한국어문화 자원의 디지털 아카이브는 일종의 '공공 영역(public sphere)'을 구축하여 제보자들의 능동적인 참여를 유도함으로써 효율적인 자료 수집과 검증이 가능하도록 한다. 이러한 디지털 아카이브는 최종 산물로서 정보를 제공하는 것이 아니라, 과정으로서 정보를 구성하고 제공하는 데 의미가 있다. 즉, 제보자와 연구자가 끊임없이 상호 교류하며 디지털 아카이브를 구성해 나가는 것이 가장 중요하다.

한국어문화 자원의 디지털 아카이브에 지속적으로 자료를 축적해 나간다면, 그 활용 가능성은 매우 넓다. 사용자들이 지속적으로 자료를 제공하고 수정, 보완함으로써 더욱 정확하고 풍부한 자료를 축적하고 공유할 수 있다. 이는 학술적 연구뿐만 아니라 문화 관광산업에도 유용한 자료를 제공할 수 있을 것이다.

'공공 영역'으로서의 개방적 디지털 아카이브는 연구자들 간 자료 공유가 가능한 소통의 장을 마련하고, 문화 콘텐츠 개발과 관련된 다양한 분야에도 도움을 줄 수 있다. 특히, 한국어문화 자원의 디지털 아카이브는 한국어와 관련된 실증적이고 학술적인 주제를 다루는 여러 분야 간 정보 교환의 공간으로 역할을 담당할 것이다.

4) 한국어문화 자원의 전자문화지도 개발

한국어와 연관된 문화자원을 집적한 전자문화지도는 우리말과 글의 해당 문자, 소리, 사진, 영상 문화자원 등을 디지털 콘텐츠로 재구성하는 정보전달시스템이다. 이러한 자원의 디지털화를 통해 사용자의 체험을 부각시켜 한국어 관련 문화자원의 활용을 극대화할 수 있다. 우선 앞 장에서 제시한 디지털 아카이브 구축 방안을 통해 한국어문화 자원의 활용도를 극대화시키는 작업을 수행했다면, 시공간 정보의 상호 연계성을 기계적으로 탐색하는 기술을 개발해야 한다. 이에 대해 김현(2004:73)은 '지리 정보 레지스트리 (registry)는 정보 콘텐츠와 전자지도 사이에 매개 역할뿐만 아니라, 인문 정보 편찬자(구축자)와 전자지도 구현 기술자 사이를 연결시켜 준다'고 했다. 전자문화지도를 구현하는데 필요한 지리 정보 레지스트리는 공간 정보 레지스트리와 시간 정보 레지스트리로 되어 있는데,[34] 이 글에서는 앞선 디지털 아카이브 구축하는 과정에서 공간정보와 시간정보를 배정해 두었다. 다만 지리정보시스템(GIS)이나 위성위치확인시스템(GPS)을 다루는 기술자가 요구하는 전자문화지도 상의 식별자는 경위도 좌표나 지번이다.[35] 그러므로 이를 대치하는 간단한 프로그램의 개발이 필요하며 이를 통해 한국어문화 자원 아카이브 자료를 웹형 전자문화지도 제작에 바로 활용할 수 있다.

---

[34] 시·공간 정보 레지스트리를 통해 구현된 전자 연표를 전자지도와 연계시키는 방법은 고려대 민족문화연구소에서 수행한 '조선시대 전자문화지도 개발 및 그 응용연구(2002-2004)'와 한국학중앙연구원 한국학정보센터의 '향토문화전자대전' 개발 사업(2005~)에서 실제적으로 적용되고 있다 (김현 2004:74-75).

[35] 지번은 땅의 일정한 구획을 나타내기 위해 매겨 놓은 번호로 행정 단위, 번지, 호수 등으로 구성되어 있다. 현재 국내 지역은 시군지역에 대한 지적 데이터베이스가 구축되어 있으므로 지번을 알면 해당 위치의 경위도 좌표를 바로 알 수 있다.

한국어문화 자원을 문화지도를 제작하는 방법에는 방언학에서 사용하는 언어지도 제작 시스템인 '맵메이커(MapMaker)'로 작성하는 방법이 있고, 온라인 지도 검색 시스템인 '구글맵, 구글어스, 네이버맵 등'에 지점을 탑재하고 하이퍼링크로 구축된 콘텐츠에 접근하는 방법이 있다. 전자는 직접 원지도 파일에다가 상대좌표를 찍어서 위치를 표시하고 문화지도로 그리는 방법인데, 제작된 문화지도를 바로 그림 파일로 저장할 수 있으므로 학술적인 연구 결과물로 드러내는데 편리하다. 후자의 경우는 컴퓨터의 웹이나 스마트 기기 환경에서 구현이 가능하므로 문화산업적 체험이 가능한 실용적인 문화지도로 나타낼 수 있다.[36] 예를 들면, 한국학중앙연구원의 '한국향토문화전자대전'과 같은 기존의 전자문화지도에도 탑재할 수 있을 것이다.

[그림 6]은 '한글학회'의 '한말글 문화자원'을 전자문화지도로 제작한 예시이다.

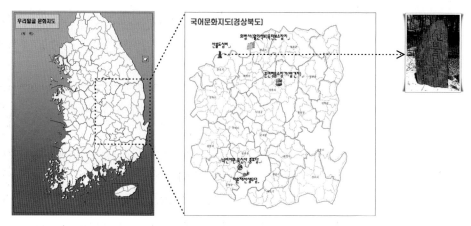

[그림 6] '산불됴심비' 찾기 문화지도 제작 예

이 경우 대상 지점에 탑재될 수 있는 디지털 아카이브 구축 파일은 그림 파일과 텍스트

---

36 박순철(2008:41-42)은 데이터베이스 속성항목에 RFID 태깅정보와 GPS정보를 추가하여 아카이브의 효용성과 휴대성을 높이는 방안을 모색하고 있다.

파일이다.[37] 이렇게 하이퍼링크된 콘텐츠를 검색하면 다음 [표 10]와 같다.

이를 웹형이나 모바일형 전자문화지도로 제작하기 위해서는 디지털 아카이브 개발 시 포함한 공간 정보(지역코드)를 지번이나 경위도 좌표로 대치하면 된다.[38]

[표 10] 관련 텍스트와 시청각 자료 개발 모형

[산불 됴심비]
1) 제목: 산불됴심비 　　주제: 조선 후기 옛 한글체, 산불 조심 계몽비, 조령 산불됴심표석 　　위치: 경북 문경시 문경읍 상초리 산 42-50 문경새재 제2관문 앞 　　근거: 경상북도 문화재자료 제226호 　　내용: 이 표석의 설치 연대는 확실치는 않으나 조선 후기에 세워진 것으로 추정되며 원추형 　　　　화강암 자연석에 음각된 보기 드문 순수 한글비로 설치 당시의 위치대로 세워져 있다. 　　　　이 표석은 행인의 발길이 잦은 이곳에 설치해 지나는 길손들에게 산불 예방과 자연 보호의 　　　　중요성을 널리 알리고 경각심을 일깨워 주기 위해 세운 높이 157㎝의 표석으로 그 가치를 　　　　높이 평가하고 있다. 2) 시청각 자료 　　사진: 20장 　　녹음 자료: <없음> 3) 관광 정보 자료: <없음> 4) 추가 작성 자료: 고고학적으로는 서민이 잘 알 수 있도록 한글비를 세운 것으로 한국 최초의 　　자연보호 표석이며 조선 후기에 한글을 새겨 넣은 보기 드문 표석으로 평가된다. 국어학적으로는 　　'조심'의 옛말인 "됴심"으로 표기되어 있어, 조선 후기 표기법을 볼 수 있는 자료이다. 5) 창작 자료: <없음>

37 　해당 파일은 1-052401RR200811080001.jpg와 4-052401RR200811080001.hwp이다.

38 　'산불됴심비'에 해당하는 디지털 아카이브 자료에서 공간 정보(지역코드)는 '052401'이다. 이곳의 지번은 '상초리 산 42-50'이고, 경위도 좌표는 '36.76N, 128.07E'이다.

다음 [그림 7]은 '국립국어원'의 '민족생활어 문화자원'을 전자문화지도로 구성한 예이다.

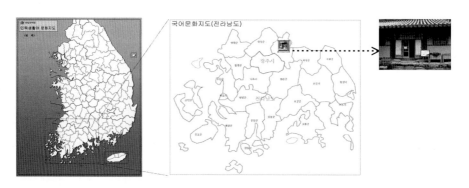

[그림 7] '채상장' 찾기 문화지도 제작 예

이 경우 대상 지점에 탑재될 수 있는 디지털 아카이브 구축 파일은 구술 음성 및 전사 파일과 어휘 음성 파일, 사진 파일과 텍스트 파일 등이다.[39] 이렇게 하이퍼링크된 콘텐츠를 검색하면 다음 [표 11]과 같다.

[표 11] 관련 텍스트와 시청각 자료 개발 모형

[채상장]
1) 제목: 채상장 　주제: 채상, 채상장-서한규 장인(남, 78) 　위치: 전남 담양군 담양읍 향교리 　근거: 중요 무형문화재 제53호 　내용: 채상장 서한규는 1987년 1월 5일에 중요 무형문화재 제53호로 지정받았다. 그는 채상 기법을 다른 사람에게 배우지 않고, 110여년 전 외할머니가 시집올 때 가져오신 채상을 보고 스스로 연구하여 기술을 터득하였다. 채상은 1975년도부터 만들기 시작했다. 2) 시청각 자료 　사진: 105장 　녹음 자료: 생애 구술 3개(전사 3편), 어휘 음성 131개 　동영상 자료: <없음> 3) 관광 정보 자료: 대나무 테마 공원인 전남 담양군 '죽녹원' 옆에 위치하고 있으며, '죽녹원'과 연결되어 있어 함께 관광할 만하다. 4) 추가 작성 자료: 현재 서한규 장인의 자녀(서신정: 여, 48)가 전수 조교로 활동하고 있다. 그녀는 천을 염색하는 방법을 대오리에 적용하여 염색 방법을 다양화시켰으며, 채상에 들어갈 전통 문양을 재현하고, 현대화하는 데에 노력하고 있다. 　5) 창작 자료: <없음>

39　관련 파일은 1-060804PM200708070001.jpg, 3-060804PM200708070001.wav와 4-060804PM 2007 08070001.hwp 이다.

<채상장 서한규>

<채상에 대한 설명문>

<채상장 전시관>

<삼합채상>

5) 한국어문화 자원 집적을 위한 데이터베이스 구축

문화지도의 역할은 인문사회과학 분야에 기초가 되는 많은 자료를 집적하는데 도움이 되고 이를 통해 지역민의 생활문화를 심층적으로 이해할 수 있을 것이다(박성용, 2001:4). 이런 의미에서 한국어문화 자원의 전자문화지도화는 한국어문화와 연관 있는 자료를 축적하고 검색하기 위해서도 필요한 작업이다. 또한 역사적 흐름 속에서 한국어문화사와 한국 역사가 상호작용하면서 형성된 한국어의 문화적 층위와 그 분포 특징을 이해하는 데에도 도움이 될 것이다.

한국어문화 자원의 이러한 역할을 극대화하기 위해서는 문화지도에 대한 국어학적 이해뿐만 아니라 인류학, 민속학, 역사학, 종교학, 농경제학, 심리학 등을 아우르는 융합 학문적인 해석을 통해 접근해야 한다. 또한 이렇게 관련된 분야의 지식 정보 결과물들을 학술적 연구자와 실용적 수요자가 잘 활용할 수 있도록 체계화해야 하는데, 그 방안이 통합 디지털 아카이브를 구축하고 지리정보체계를 활용하여 관련 자료와 정보를 디지털 데이터로 집적한 뒤에 전자문화지도로 구현하는 것이다. 그리고 관련 분야의 전문가들이 협력하여 이것을 활용할 수 있는 방안을 모색해야 한다. 이런 측면에서 축적된 한국어문화 자원의 디지털 아카이브 DB와 전자문화지도를 더욱 잘 활용할 수 있도록 그 전망을 다음과 같이 제안한다.

첫째, 한국어문화지도를 제작하기 위해 집적된 디지털 아카이브를 학술적인 데이터로 활용할 수 있도록 소스를 공개한다. 또한 웹 2.0 방식의 제보자 참여형 아카이브를 구축하고 누구나 데이터를 업데이트할 수 있도록 하는 방안을 마련하여 확장성을 높이도록 해야 한다.

둘째, 전자문화지도와 집적된 아카이브를 학습자의 흥미를 유발할 수 있는 다양한 학습용 한국어문화 콘텐츠(그림책, 만화, e-Book, 한글을 빛낸 위인전, 영상물, 드라마 등)를 개발할 수 있을 것이다. 이러한 교육용 콘텐츠는 학령층과 일반인 및 외국인을 위해 한국어문화를 교육하는 자료로 활용할 수 있다.

셋째, 모바일, 스마트 기기의 어플리케이션, GPS서비스, 내비게이션 안내 콘텐츠 등 온라인이나 웹상에서 수요자의 요구와 흥미를 유발할 수 있는 관광산업 콘텐츠 플랫폼을 구축하고 서비스를 제공하는 방안을 마련하면 문화 관광 상품으로도 개발이 가능할 것이다.

넷째, 오프라인에서도 이러한 결과물은 다양하게 활용할 수 있는데, 즉 문화지도를 활용한 책자 및 그림책, 한국어문화 자원 해설서 등을 제작하여 관광 안내용 지침서 및 한국어문화를 홍보하는 자료로 활용할 수 있을 것이다.

다섯째, 한국어문화지도에 집적된 한국어문화 자원을 활용하여 다양한 스토리텔링을 구성하고 창작하고, 이를 원소스 멀티유저(OSMU)가 가능하도록 문화 산업 콘텐츠(소설화, 캐릭터 및 영상상품화 등)로 개발하여 활용할 수 있다.

최근 문화체육관광부에서는 국어문화의 활성화와 한글 세계화를 지향하는 많은 한국어정책 과제를 제시하고 있다. 그 가운데에서도 '한글박물관' 건립이라는 국가적인 사업이 2010년부터 추진되어 2013년에 완공되었다. 이 사업에서 무엇보다도 관심을 가져야 할 것은 이곳에 전시할 만한 한국어문화 자원(한국어 및 한글)을 지속적으로 발굴하고 관련 문화콘텐츠를 개발하는 일이다. 이를 위해서는 각 지역의 한국어문화 자원에 대한 전국적인 조사와 체계적인 정리 작업이 필수적인 상황이다. 아울러 축적된 한국어문화 자원을 어떻게 문화콘텐츠로 개발하여 학술적 연구자와 실용적 사용자에게 양질의 정보와 체험의 재미를 제공할 것인가를 고민해야 한다.

이 글은 이러한 고민을 토대로 연구하게 된 것이다. 우선 문화지도의 개념과 가치, 활용성을 정리해 보면서 국내외 전자문화지도 개발의 사례를 분석해 보면서 이상적인 전자문화지도의 기준을 살펴보았다. 그리고 한국어문화 자원의 전자문화지도를 제작하기 위해 이에 적합하도록 기존의 표준 메타데이터 구성 형식을 보완 개발했고, 한국어문화 자원의 데이터베이스를 구축하는데 열린 디지털 아카이브를 구축하는 방식을 제안했다. 나아가 실제 한국어문화 자원 전자문화지도 개발의 모형을 소개하면서 그 활용 가능성을 전망해보았다. 향후 이러한 방안은 여러 형태의 한국어문화 자원을 집적하기 위한 데이터베이스를 구축하는 데 적용할 수 있으리라 본다.

3. 한국어문화 정책의 질적 분석

국가 정책은 정부 기관의 방향 설정과 국민 생활에 큰 영향을 미치므로, 올바른 정책 수립이 매우 중요하다. 표준국어대사전과 여러 학자의 정의에 따르면, 국어정책은 국가가 국민의 언어 생활을 통일·발전시키기 위해 시행하는 정책이다. 이를 종합하면 국어정책은 '국민을 위해 국가가 주도하는 말과 글에 대한 시책'으로 정의할 수 있다.

국가 단위로 국어정책을 시행하기 위해 제정된 법적 근거는 2005년 1월에 제정되고 같은 해 7월에 시행된 국어기본법이다.[40] 이 법은 국어 사용 환경을 보호하는 법적 기반을 제공하며, 동시에 '한글 전용에 관한 법률'[41]을 폐지했다. 국어기본법 시행령이 발효되면서 국민의 국어 사용 환경을 보호하고, 지방자치단체(이후, 지자체)에서도 이에 대한 관심이 높아지게 되었다.

조례는 지자체에서 제정하는 법적 규정으로, 국가법에 근거하여 제정되는 경우가 대부분이다. 따라서 국가법 질서로부터 독립되어 있지 않다. 강수경(2006)은 지자체의 일반 업무나 시정을 기획할 경우 국가법의 테두리 안에서 이루어져야 하며, 그 범위를 넘는 사항은 조례 제정의 대상이 될 수 없다고 지적하고 있다. 이는 지자체에서 추진하는 정책이 국가법에 준하여 이루어져야 함을 의미한다. 국가법의 관련 조항이 특정 지역의 특성을 고려하지 못하는 경우도 있으므로, 지자체는 지역 특성에 맞는 조례를 제정하여 원활한 정책 추진을 도모해야 한다.

조례는 지자체 의회에서 그 지방 사무에 관하여 제정한 법이다. 이는 지방의회의 회의를 거쳐 법령의 범위 안에서 제정되며, 성문법인 자치법규의 하위 개념에 속한다. 조례의 제정은 의회에서 발의하고 의결한 후, 단체장이 공포하면 효력이 발생하게 된다.[42]

국어기본법 제4조 제1항은 "국가와 지방자치단체는 변화하는 언어사용 환경에 능동적으로 대응하고, 국민의 국어 능력 향상과 지역어 보전 등 국어의 발전과 보전을 위하여 노력하여야 한다"라고 규정하고 있다. 이 조항은 관련 조례 제정의 국가법적인 상위

---

40   이후 국어기본법은 '기본법'으로 표시하고, 국어기본법 시행령은 '시행령'으로 표시하며, 국어기본법 시행규칙은 '시행규칙'이라고 표시한다.

41   1948년에 법률 제6호로 제정된 규정인데, 모든 공문서를 한글로 쓸 것을 규정하였던 법률로 필요한 경우에 한자를 병용하는 것을 허용한다는 내용이다. 2005년 '국어기본법'의 제정으로 폐지되었다.

42   지방 조례의 제정 절차는 의회에서 발의한 후 재적과반수의 출석과 출석과반수의 찬성을 통해 의결된다. 의결된 조례안은 단체장이 15일 이내에 공포하고, 공포된 날로 20일 후에 효력이 발생된다.

근거가 된다.

국어 진흥 관련 조례는 지자체의 국어 진흥 정책 업무를 추진하는 지침이자 길잡이 역할을 하므로 제정의 필요성이 높다. 조례를 통해 지역민은 바른 국어 사용 의지를 가지게 되며, 적절한 국어 진흥 사업 추진을 위한 법적 기반을 마련할 수 있다. 특히, 제정된 조례의 내용에 따라 예산 신청이나 집행이 원활해질 수 있기 때문에, 조례 제정 시 조항 선택과 조문 내용에 신경을 써야 한다.

이러한 법적 기반을 바탕으로 2019년 12월 31일까지 제정된 99개 지역의 국어 진흥 관련 조례의 제정 현황을 분석하고, 그 특징을 심층적으로 살펴보고자 한다. 이를 통해 앞으로 제정될 조례에 대해 도움이 될 수 있는 제안을 하고자 한다. 이러한 분석을 위해 양적 연구법과 질적 연구법을 모두 활용할 계획이다. 조례 제정 현황에 대한 정량적(양적) 분석과 내용에 대한 정성적(질적) 분석을 함께 적용하며, 특히 정성적 분석을 위해 다양한 정성 분석 기술을 지원하는 강력한 도구인 컴퓨터용 질적 분석 소프트웨어(Computer Assisted Qualitative Data Analysis Software, CAQDAS) 패키지를 활용한다.

1) 질적 연구 방법의 적용

사회과학 연구 방법론에 대한 논의는 양적 연구와 질적 연구를 우선시하는 학자들 사이에서 오랫동안 진행되었다. 20세기 초까지는 질적 연구 방법이 지배적이었으나, 제2차 세계대전 이후 미국을 중심으로 양적 연구 방법이 과학적인 방법으로 인정받으며 우세해졌다. 1970년대 초부터는 질적 연구 방법의 필요성이 증가하였다(김덕호, 2014:17-18).[43]

양적 연구 방법은 실증주의 패러다임에 기반을 두며, 일반화와 보편적 법칙 탐구를

---

43 이기홍(2013:3-4)은 인문학자, 인류학자나 일부 사회학자들은 그 이전부터 '질적 연구'를 수행해 왔으나 본격적으로 인간 중심 연구를 위한 과학 분야에서 널리 확산된 것은 1970년대 후반부터라고 밝히고 있다.

목표로 한다. 객관성과 신뢰성을 중시하며, 조사연구(survey)와 통계 자료를 통해 이론과 가설을 시험하고 분석하는 연역적 과정을 따른다. 이는 주로 사회언어학과 방언학 분야에서 활용된다

반면, 질적 연구 방법은 자연주의 패러다임에 기반을 두며, 연구자가 해석하려는 세계에 참여하여 의미를 구성한다는 가정을 바탕으로 한다. 이는 주관적이고 참여적이며, 귀납적 과정을 중시한다. 현상을 해석하고, 사회 구성원 간의 상호관계를 중시하여 사회 구성주의적이며 상대적 특성을 가진다(이기홍, 2013:8). 질적 연구 방법을 옹호하는 게르겐 외(Gergen, M. & Gergen, K.J.)는 사회과학의 주제를 수량화할 수 없으며, 질적 연구가 사회 세계를 깊이 있게 연구할 수 있다고 주장한다(Gergen, M. & Gergen, K.J., 2000:1027).

질적 연구는 언어의 문자성보다 구술성에 기반하여 연구를 진행한다. 연구 과정에서 주관적 서술과 공감적 이해, 탐색을 중시하며, 특정 집단과 개인에 대한 참여관찰과 인터뷰를 통해 심층적 이해를 목표로 한다. 또한, 질적 연구는 연구자가 텍스트로 이미 구축된 문서를 수집하여 연구 자료로 사용하는 경우도 포함된다(김덕호, 2014:18).[44]

샤란 메리엄(Merriam, S.B.)은 질적 연구에서 문서란 문자로 쓰여진(written), 시각적(visual), 물리적 형태의 자료를 의미한다고 했다(유기웅 외, 2012:304 재인용). 따라서 질적 연구에서는 구술 언어를 텍스트로 전사하고 해석하는 기록 작업이 포함되며, 연구자는 모든 감각적 활동을 통해 획득되는 다양한 형태의 자료를 모두 기록으로 볼 필요가 있다(김덕호, 2014:19). 유기웅 외(2012:310)는 질적 연구에서 개인 문서, 공적 문서, 각종 인공물, 온라인 문서가 주로 수집되고 이용된다고 했다. 개인 문서에는 일기, 편지, 자서전 등이 포함되며, 공적 문서에는 공문, 보고서, 회의록 등이 포함된다. 조례는 공적 문서 중 법조문에 해당한다고 볼 수 있다.

질적 연구 자료 분석법으로는 반복적 비교분석법이 활용된다.[45] 유기웅 외(2012:336)는

---

44 질적 연구를 수행하기 위해 연구자가 연구 대상과 직접적인 상호작용 없이 간접적으로 데이터를 수집하는 경우도 있다. 즉 연구자가 텍스트로 이미 구축된 문서를 수집하여 연구 자료로 삼는 경우도 질적 연구에 있어서 중요한 기법이다

반복적 비교분석법의 핵심이 자료의 개방 코딩, 범주화, 범주 확인이라고 했다. 개방 코딩은 자료를 검토하며 이름을 부여하고 분류하는 작업이며, 범주화는 코딩한 자료를 큰 범주와 하위 속성으로 분류하는 작업이다. 범주 확인은 구성된 범주를 처음 자료와 비교하며 보완하는 과정이다. 이 방법은 자료의 귀납적 설정과 검증의 연역적 과정을 반복하게 된다.

양적 연구와 질적 연구는 연구 대상과 수행 상황 및 구체적 분석법에서 기본적인 전제가 다르다(김덕호, 2014:19). 이 글에서는 반복적 비교분석법을 적용하기 위해 질적 자료 분석 전용 프로그램인 QDA Miner를 활용한다.[46] 이 프로그램은 정성적 내용을 코딩하여 정량적, 혼합적, 통계적 분석 결과로 표출할 수 있다. 그리고 총 단어수(Nb Words)[47]와 단어 구름 차트(Word Cloud Chart, WCC)[48]를 활용하여 데이터를 시각화할 수 있다.

---

[45] 반복적 비교분석법은 Glaser, B.G. & Strauss, A.L.(1967)가 근거이론의 현상을 설명하기 위해 고안한 질적 자료 분석법인데, 후대에 이론 개발을 목적으로 하지 않아도 활용하는 경우가 많아졌다. 그 이유는 비교적 쉽고, 다양한 질적 자료 분석에 응용할 수 있다는 장점 때문이다(유기웅 외, 2018:324).

[46] CAQDAS로는 Atlas.ti, NVivo, MAXQDA, HyperRESEARCH, Transana, QDA Miner, Quirkos, 파랑새 등이 있다. 이 장에서는 Provalis Research의 2017년형 QDA Miner Lite v2.0.6을 사용한다.

[47] 'Nb Words(총 단어수)'란 Provalis Research(2016:187)에서 'Total number of words in all text segments associated with this code(이 코드와 관련된 모든 텍스트 분절의 총 단어수이다)'라고 정의하고 있다.

[48] 단어 구름 차트(Word Cloud Chart, WCC)는 글 또는 데이터에서 언급된 핵심 단어를 빈도수에 따라 크기를 달리하여 시각화하는 기법이다. 최근 방대한 양의 정보를 취급하는 빅데이터(Big Data)를 분석할 때 단어의 빈도수에 따른 데이터의 특징을 보여주기 위해 활용한다.

[그림 8] QDA Miner Lite의 개방 코딩-범주화 작업

2) 제정 조례의 현황 분석

(1) 연도별 조례 제정 추이

국어 관련 조례는 2008년 '군산시 우리말 계승·발전 지원 조례'를 시작으로, 현재까지 지속적으로 제정되고 있다. 이 연구에서는 2019년 12월 31일까지 국어 진흥을 위한 관련 조례를 대상으로 하고 있으며, 이때까지 모두 99개 지역에서 제정되었다. 전체 국어 관련 조례를 최초 제정 연도를 기준으로 정리하면 다음과 같다.

[표 12] 연도별 조례 제정 추이표

연도	국어 명칭 조례	한글 명칭 조례	우리말 명칭 조례	전체
2008			1	1
2010		1		1
2012			1	1
2013	9	2		11

연도	국어 명칭 조례	한글 명칭 조례	우리말 명칭 조례	전체
2014	16	10		26
2015	17	2		19
2016	12	2		14
2017	2			2
2018	5	1		6
2019	13	3	2	18
	74	21	4	99

국어 진흥 조례는 2008년 7월 5일 군산시의 '우리말 계승발전 지원조례'가 최초로 제정된 이후, 2013년까지 총 14건이 제정되었다. 2009년과 2011년을 제외하고 2010년에 1건, 2012년에 1건, 2013년에 11건이 제정되었다. 특히 2013년에 11개 지역에서 제정된 것은 '한글날'이 공휴일로 재지정된 영향으로 보인다. 1990년부터 2012년까지 '한글날'이 공휴일에서 제외되었으나, 2013년부터 다시 공휴일로 지정되었다. 2012년에 국민 여론이 확산되고, 한글 관련 단체와 언론의 노력 끝에 한글날을 공휴일로 지정하는 법안이 국회에서 통과된 것이 원인으로 작용한 것으로 해석된다(대구광역시, 2018:9).

이후 2014년에 국어 진흥 조례 제정 건수는 26건으로 대폭 증가하였다. 이러한 분위기는 2015년에도 이어져 19건이 제정되었고, 2016년에는 14건이 제정되었다. 그러나 2017년에는 2건, 2018년에는 6건으로 조례 제정 건수가 감소하였다.[49] 2019년에는 다시 18건이 제정되며 국어 진흥을 위한 조례 제정에 대한 관심이 높아지고 있는 상황이다.[50]

---

49 대구에서는 2018년 10월 10일 '대구광역시 북구 국어문화 진흥 조례'를 시작으로 동구에서는 11월, 수성구에서 12월에 국어 관련 조례를 제정하였고, 2019년 10월에는 대구광역시에서 제정하였다. 2018년 전까지 대구 지역에서 국어 관련 조례가 한 건도 제정되지 않았던 것에 비해 큰 진전이 있었다.

50 이는 최초 제정을 중심으로 한 통계이며, 조례 개정을 포함하면 수치는 달라질 수 있다. 2008년 이후 최초 제정 후 지금까지 개정, 재개정을 이룬 곳이 총 39개 지자체이며 이 중에 8곳은 2차 개정까지 이룬 곳이다.

(2) 조례 명칭과 관련 부서 분석

국어 진흥을 위한 조례의 명칭을 분석한 결과,[51] 주로 '국어', '한글', '우리말'이라는 핵심어가 사용되고 있음을 확인할 수 있다. '국어'를 사용하는 조례는 '국어문화', '국어 진흥', '국어사용', '국어 바르게 쓰기' 등으로 명명되며, 전체 99건 중 74건이 이 명칭을 채택하고 있다. '한글'을 사용하는 경우는 '한글 사용', '한글 사랑' 등으로 명명되며, 99건 중 21건이 해당된다. '우리말'을 사용하는 경우는 '우리말 계승 발전', '우리말 바르게 쓰기' 등으로 명명되며, 4건이 이에 해당한다.

[표 13] 조례 명칭 분류표

명칭	국어 핵심어 조례	한글 핵심어 조례	우리말 핵심어 조례
건수(99건)	74건	21건	4건

'국어'는 한 국가에서 사용하는 대표적인 언어를 의미하는 공식적인 표현이다. '한글' 은 우리말의 문자를 지칭하는 용어이나, 일부 조례에서는 이를 국어와 동일하게 사용하고 있다.[52] '우리말'은 일상적으로 우리의 말을 의미하는 일반적인 표현이다. 특히, '한글' 은 우리 문자를 지칭하는 명칭이므로, 조례 명칭에서 이를 명확히 구별하여 사용할 필요가 있으며, 전문가의 자문을 받아 작명할 필요가 있다.

---

[51] 국가법령정보센터에서 검색할 때 핵심어는 '한국어, 국어, 한글, 우리말'이다. 검색 결과 '국어'가 88건으로 가장 많았고, '한글'이 22건, '우리말'이 5건, '한국어'의 경우는 검색되지 않았다. '국어'의 경우 88건 중 14건은 '외국어'와 관련된 조례이므로 제외하고 유의미한 것은 74건이었다. '한글'의 경우 '한글공부방 설치'와 관련된 1건을 제외하고 21건이 유의미했고 '우리말'의 경우는 '우리말위 원회 운영 규정'과 관련된 1건을 제외하고 4건이 유의미했다.

[52] 국립한글박물관(2018:46)의 국민의 의식 조사 결과를 보면 한글과 한국어 구별의 문제에서 구별하지 않아도 된다고 응답한 결과가 62.5%이고, 구별해야 한다고 응답한 결과가 30.2%로 나왔다. 이는 국민들이 우리의 언어와 문자를 혼동하는 경우가 많음을 보여주는 결과인데, 향후 이에 대한 홍보와 교육이 필요하다.

국어 관련 조례의 담당 부서는 각 지자체의 여건에 따라 '문화부', '홍보부', '공보부', '교육부', '기획부', '기타' 등으로 다양하게 나타난다. 국어 진흥 조례의 제정 및 개정 등을 담당하는 부서는 대체로 문화부서로 지정되며, 그다음으로 홍보부서, 교육부서, 공보부서, 기획 예산부서 등의 빈도로 나타난다.[53]

문화 관련 부서로는 문화관광과, 문화예술과, 문화체육과, 문화정책과 등이 있으며, 홍보 관련 부서로는 홍보과, 홍보담당관, 홍보팀, 홍보전산과 등이 있다. 공보 관련 부서는 공보전산과, 공보담당관, 공보실이 있으며, 교육 관련 부서는 교육과정정책과, 중등교육과, 유초등교육과 등이 있다. 기획 예산 부서는 기획예산과가 있으며, 기타 부서로는 시민소통, 대변인, 자치행정 등이 있다.

[표 14] 담당 부서 분류표

분류	건수	분류	건수
문화 관련 부서	61	교육 관련 부서	4
홍보 관련 부서	16	기획 예산 부서	2
공보 관련 부서	3	기타	13
계		99	

문화 부서에는 예술과 관광 외에도 기획, 홍보, 공보 등의 명칭이 함께 사용되고 있어, 담당 부서의 기능과 역할 구분이 명확하지 않은 것으로 분석된다. 홍보 부서는 전산 혹은 마케팅이라는 명칭이 혼용되어 있어 기능과 역할을 연결하기 어렵다.

(3) 자치단체 및 권역별 제정 현황
국어 진흥 관련 조례는 시·도·구·군의 행정구역 단위로 공포 및 시행되며, 2019년

---

53 공보 관련 부서는 기관에서 국민(주민)에게 기관의 각종 활동 사항에 대하여 널리 알리는 일을 담당하는 부서이다. 홍보 관련 부서는 기관의 홍보와 관련된 전반적인 업무를 맡아보는 부서이다.

12월까지 총 99개 지역에서 제정되었다. 이를 자치단체별로 구분하면 다음과 같다.

[표 15] 자치단체 별 제정 현황

단체구분	전체수	제정건수(%)	미제정건수(%)
광역자치단체	17	16(94)	1(6)
기초자치단체	228	78(34)	150(66)
교육청	17	5(29)	12(71)
	262	99(38)	163(62)

광역자치단체는 전국 17개 중 16곳에서 제정되어 94%의 제정률을 기록하고 있다. 인천광역시만 아직 관련 조례를 제정하지 않았다. 광역자치단체는 인접 지역에 사회·문화적 영향력을 행사할 수 있으므로 국어 진흥 조례를 반드시 제정할 필요가 있다.

기초자치단체의 경우 총 228개 중 78곳에서 제정되어 34%의 제정률을 보이고 있다. 교육청의 경우 전국 17개 중 5곳에서 제정되어 제정률이 29% 정도이다. 이를 종합해보면 조례 제정이 가능한 262개의 자치단체와 교육청 중 99곳에서 제정되어 38%의 제정률을 기록하고 있다. 그러나 전체 지자체 중 62%인 163개 지역에서는 아직 제정되지 않았기 때문에 향후 조례 제정에 대한 관심이 더 높아지기를 바란다.

기초지자체를 기준으로 제정 현황을 살펴보면 다음과 같다. 각 지역별 기초지자체 수와 제정 건수를 조사한 결과, 80% 이상 제정된 지역은 서울과 광주이며, 20% 미만으로 제정된 지역은 인천(10%), 강원(11%), 전남(14%), 경북(13%)이다. 제주도는 2006년 제주특별자치도로 승격되어 제주시와 서귀포시의 의회가 통합되면서 1건의 조례가 제정되었다.

기초지자체의 제정률에 따른 순위를 기준으로 정리해보면 광주(100%) > 서울(80%) > 울산(40%) > 부산(38%) > 대구(38%) > 충남(31%) > 경기(29%) > 경남(28%) > 충북(25%) > 전북(21%) > 대전(20%) > 전남(14%) > 경북(13%) > 강원(11%) > 인천(10%)의 순이다.

[표 16] 기초지자체별 제정건수 현황

지역	기초지자체수	제정건수(%)	미제정
서울	25	20(80)	5
부산	16	7(38)	9
대구	8	3(38)	5
인천	10	1(10)	9
광주	5	5(100)	0
대전	5	1(20)	4
울산	5	2(40)	3
경기	31	9(29)	22
강원	18	2(11)	16
충북	12	3(25)	9
충남	16	5(31)	11
전북	14	3(21)	11
전남	22	3(14)	19
경북	23	3(13)	20
경남	18	5(28)	13
*제주[54]	0	0(0)	*2
	228	72(31)	158

특히 기초지자체의 경우, 특별시와 광역시에 속한 기초지자체의 제정 건수가 그렇지 않은 지역보다 높게 나온 것은 도시 생활 속에서 국어의 바른 사용 의식과 법적 기준의 마련이 필요하다는 결과로 해석할 수 있다.

전국 99개 지역의 국어 관련 조례를 권역별로 분석해보면, 수도권에서는 서울이 22건, 경기가 12건으로 총 34개 지역에서 제정되었고, 다음으로 경상권이 30건, 충청권, 전라권, 강원권, 제주권 순으로 제정 건수가 조사되었다. 언어의 올바르고 효과적인 사용은 지역과 무관하게 모든 국민에게 요구되는 사안이므로, 이를 위한 법적 마련은 수도권이나 특정 지역에 편중되지 않고 균형 있게 이루어져야 한다.

---

54 제주시와 서귀포시의 의회가 제주특별자치도 의회로 통합되면서 기초지자체의 의회는 없어졌다.

[표 17] 권역별 제정 현황

구분	제정건수
수도권	34
경상권	30
충청권	16
전라권	15
강원권	3
제주권	1
계	99

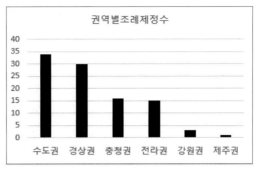

[그림 9] 권역별 조례 제정수

3) 제정 조례의 내용 분석

제정된 조례의 내용을 질적으로 분석한 결과, 크게 기본 조항인 총칙, 기관의 정책적 노력에 대한 조항, 지역민의 어문생활 촉진 조항, 그리고 일반 사항에 대한 규정으로 구분할 수 있다. 김슬옹(2018:23)은 기본법의 주요 내용을 어문생활, 정책적 노력, 국어 보급으로 나누고 있다. 어문생활은 표기 언어, 국어 사용, 국어 능력, 전문 용어, 국어 정보화로 세분화되며, 정책적 노력은 국어 심의회, 국어 책임관, 발전 계획 수립, 국가와 지자체, 국어문화원 지정, 민간단체 지원으로 구분된다. 국어 보급은 국어 보급과 세종학당 재단의 내용으로 나뉜다. 여기서는 이 분류를 참고하여 상위 범주를 나누고, 이를 기준으로 하위 범주의 개방 코딩과 범주화를 진행한다.

(1) 상위 범주의 전체 규정 분석

첫째, 제정 조례의 기본 조항과 일반 규정을 분석할 수 있다. 제정된 조례는 기본법 총칙의 제1조(목적), 제2조(기본이념), 제3조(정의), 제4조(국가와 지방자치단체의 책무), 제5조(다른 법들과의 관계)와 밀접하게 연결되는 기본 조항과 일반 규정으로 구성되어 있다. 이 조항들은 지자체의 국어문화와 관련된 조례에서도 주로 기본법의 제1장 총칙을 준수하여 설정되었음을 보여준다. 기본 조항에서는 정의(100%), 목적(100%), 책무(99%), 기본이념(40%), 다른 조례와의 관계(29%)가 포함되어 있다. 정의, 목적, 책무는 대다수의 지역에서 설정되었으며, 기본이념과 다른 조례와의 관계는 일부 지역에서만 설정된 것으로 나타났다.

정의 조항에서는 주로 국어, 한글, 어문규범, 공공기관, 공문서 등의 의미가 설정되어 있으며, 지역어나 토박이말에 대한 명확한 정의는 부족한 상태이다. 지역어 보전에 대한 조항은 일부 지역에서만 설정되어 있으며, 이와 관련된 정의의 부재가 문제로 지적되고 있다. 특히 지역어나 토박이말에 대한 정의의 경우 지역에서 사용하는 표준어와는 다른 말이라는 정의보다는 지역 고유의 역사성과 문화성을 담고 있는 지역민들의 일상어(vernacular)라는 내용으로 설정하는 것이 바람직하다.

공공기관, 공문서에 대한 정의는 대부분 지역에서 제시하고 있으나, 공공기관에서 생산되는 공문서를 표현하는 기준인 공공언어[55]에 대한 정의를 설정한 곳은 전혀 찾아볼 수 없어서 이에 대한 보완이 필요하다.

기본 조항의 각 범주별 총 단어수(Nb Words)와 비율을 보면 다음과 같다.

[표 18] 기본 조항과 Nb Words 분석표

범주	Nb Words(%)	범주	Nb Words(%)
정의	5,697(12.02)	기본이념	1,110(2.34)
목적	2,266(4.78)	다른조례관계	386(0.81)
책무	2,061(4.35)		

---

55 황용주(2011:26-27)에 따르면, '공공언어'라는 표현은 2006년에 등장하여 2009년부터 본격적으로 사용되기 시작했다. 공공언어(公共言語)는 정부 및 공공기관에서 사회 구성원이 보고, 듣고, 읽는 것을 전제로 사용하는 공공성을 띤 언어를 의미한다(우리말샘). 이는 각종 공문서, 대중 매체, 거리의 현수막이나 간판, 계약서·약관·사용 설명서, 교양서적, 대중 강의에서 사용하는 언어를 모두 포함한다.

일반 규정에는 자문협조(131%), 포상표창(93%), 의견 청취(23%), 구성원 권리(6%), 여비(2%), 국제 교류(1%) 등이 포함되어 있으며, 이들 규정은 각각 시행령의 규정과 연결되어 있다. 포상표창 규정은 시행령 제15조에 따르고 있고, 여비 규정은 시행령 제10조와 관련이 있다. 자문협조의 경우 위원회 구성이나 책임관 역할에 2번 이상 언급한 지역이 있어서 130건으로 조사되었다.

일반 규정의 각 범주별 총 단어수(Nb Words)와 비율을 보면 다음과 같다.

[표 19] 일반 규정과 Nb Words 분석표

범주	Nb Words(%)	범주	Nb Words(%)
자문협조	1,520(3.21)	여비	21(0.04)
포상표창	1,702(3.59)	국제교류	7(0.01)
의견청취	299(0.63)	기타	10(0.02)
구성원권리	46(0.10)		

둘째, 제정 조례의 정책적 노력을 분석할 수 있다. 정책적 노력은 국가의 어문정책적 기준에 따라 해당 기관에서 직접 수행하는 정책적 노력을 포함한다. 이에는 국어 관련 계획 수립, 의회보고, 국어사용 실태 조사 및 평가, 지역어 보전, 국어책임관 업무 등이 포함된다. 이들 규정은 국어기본법이나 시행령과 밀접하게 연관되어 있다.

그 내용을 분석해보면 국어책임관(95%), 국어 발전 계획 수립(94%), 국어사용 실태 조사 평가(45%), 지역어 보전(29%), 위원회 구성(15%), 의회 보고(8%), 국어전문관(5%) 등의 규정이 포함되어 있다.

이 규정의 각 범주별 총 단어수(Nb Words)와 비율을 보면 다음과 같다.

[표 20] 정책적 노력 범주과 Nb Words 분석표

범주	Nb Words(%)	범주	Nb Words(%)
국어책임관	6,240(13.17)	위원회구성	3,510(7.41)
국어발전계획수립	6,792(14.33)	의회보고	62(0.13)
실태조사평가	1,333(2.81)	국어전문관	34(0.07)
지역어보전	541(1.14)		

셋째, 제정 조례의 어문생활 촉진 규정을 분석할 수 있다. 어문생활 촉진 규정은 지역 구성원들의 국어 사용 능력 향상을 위해 설정된다. 주요 규정으로는 공문서 작성, 국어 교육 보급, 광고물 한글 표시, 예산 지원 등이 포함된다.

그 내용을 분석해보면 공문서 작성(97%), 국어 교육 보급(94%), 광고물 한글 표시 (85%), 예산 지원(66%), 공공기관 명칭(49%), 한글날 기념행사(26%), 지역 언론 매체 역할 (12%) 등의 규정이 포함되어 있다. 이 규정들은 상위법과 긴밀하게 연계되어 있어 지역민 들의 어문생활 촉진을 목적으로 합니다.

이 규정의 각 범주별 총 단어수(Nb Words)와 비율을 보면 다음과 같다.

[표 21] 어문생활 촉진 범주과 Nb Words 분석표

범주	Nb Words(%)	범주	Nb Words(%)
공문서작성	4,685(9.89)	공공기관명칭	1,365(2.88)
국어교육보급	3,560(7.51)	한글날기념행사	418(0.88)
광고물한글표시	2,197(4.64)	지역언론매체역할	145(0.31)
예산지원	1,380(2.91)		

제정된 조례의 전체 내용을 '단어 구름 차트(Word Cloud Chart, WCC)'로 제시하면 다음과 같다.[56]

[그림 10] 전체 범주에 대한 단어 구름 차트(WCC)

전체 99개 지역 조례의 세부 내용에서 가장 많은 분량으로 언급된 항목은 국어 발전 계획 수립, 국어책임관과 정의이다. 다음으로 공문서 작성, 국어교육 보급, 위원회의 구성을 꼽을 수 있다. 목적, 광고물 한글 표시, 책무, 포상표창, 자문협조 등이 그 다음의 핵심 내용으로 분석된다.

제정된 조례는 기본법의 총칙을 준수하며, 각 지역의 특성에 맞춰 기본이념, 정의, 다른 법들과의 관계를 설정하고 있다. 그러나 정의의 부족과 지역어 보전에 대한 명확한 기준 설정 부재가 개선이 필요한 과제로 보인다. 또한, 정책적 노력과 어문생활 촉진 규정의 일관성과 실행 가능성을 강화하는 노력이 요구된다.

(2) 하위 범주의 심층 분석

제정된 조례의 다음과 같은 하위 범주를 심층 분석할 수 있다. 첫째, 국어 발전 관련 계획 수립에 관한 조례 내용을 분석한 결과, 99개 지역 중 93개 지역(94%)이 관련 규정을 설정하고 있다. 이는 기본법 제6조의 국어 발전 기본계획 수립과 연관이 있다. 기본법에 따르면 문화체육관광부 장관은 5년마다 국어 발전 기본계획을 수립하고 국어심의회의

56　단어 구름 차트(Word Cloud Chart, WCC)에서 확인할 수 있듯이, 코딩된 단어를 중심으로 기술된 내용이 많은 것은 관련 조항 제정에 높은 관심이 반영되었기 때문이며, 이는 해당 조항의 중요도가 높다는 것을 의미한다.

심의를 거쳐 시행한다.

국어기본법의 기본계획에는 국어정책의 방향과 목표, 어문규범의 제·개정, 국민의 국어 능력 증진과 국어 사용 환경 개선, 국어 정책과 교육의 연계, 국어 가치 전파와 문화유산 보전, 국외 보급, 정보화, 남북한 언어 통일 방안, 언어 사용 소외계층의 불편 해소, 국어 순화와 전문용어 표준화·체계화, 민간 부문 활동 촉진 등의 내용이 포함된다.

조례는 기본법과 관련하여 국어 발전 보전(98%), 국어 소외 계층 지원(96%), 국어 능력 증진(85%), 민간 부문 활동 촉진(77%) 등의 내용을 주로 다루고 있다

그 외 자문협조 요청(91건, 98%), 수립 시행(87건, 94%), 상위법에 따른 계획 고려(19건, 20%), 공공기관 실천 방안(11건, 12%), 지역 국어문화콘텐츠 개발(2건, 2%), 기간(4년)(2건, 2%), 세종 계승 인문학 교육(1건, 1%), 세종 계승 발전 연구(1건, 1%)등은 지역적인 특성이 반영된 조항이라고 판단할 수 있다.

이 규정의 각 범주별 총 단어수(Nb Words)와 비율을 보면 다음과 같다.

[표 22] 국어 발전 계획 수립 내용과 Nb Words 분석표

범주	Nb Words(%)	범주	Nb Words(%)
자문협조요청	1,085(21.65)	국어바르게쓰기교육	197(3.93)
그밖에국어발전보전	262(5.23)	상위법에따른계획고려	253(5.05)
국어소외계층지원	822(16.40)	공공기관실천방안	13(0.26)
수립시행	1,062(21.19)	의회보고	75(1.50)
국어 능력증진	166(3.31)	지역어보전	24(0.48)
민간부문활동촉진	214(4.27)	지역국어문화콘텐츠개발	8(0.16)
정책기본방향추진목표	192(3.83)	기간(4년)	2(0.04)
국어사용환경개선	148(2.95)	실적점검평가반영	8(0.16)
국어문화유산보전	294(5.87)	세종계승인문학교육	4(0.08)
기간(5년)	97(1.94)	세종계승발전연구	3(0.06)
국어사용촉진	82(1.64)		

국어 발전 관련 계획 수립 규정의 내용을 단어 구름 차트(WCC)로 제시하면 다음과 같다.

[그림 11] 국어 발전 관련 계획 수립 관련 단어 구름 차트(WCC)

단어 어절 수에 따른 비중은 자문협조 요청이 가장 높고, 수립 시행과 국어 소외계층 지원으로 분석된다. 그리고 국어문화 유산 보전, 그밖에 국어 발전 보전과 상위법에 따른 계획, 민간부문 활동 촉진, 국어 바르게 쓰기 교육, 정책 기본 방향 추진 목표, 국어 능력 증진, 국어사용 환경 개선 등의 순서로 분석된다.

국어 발전 계획서를 수립하고 의회에 보고하여 검증을 받고, 기관에서 시행하는 국어 사용 실태조사의 결과를 의회에 보고하여 실태 파악과 향후 대책 마련의 근거를 마련하고 있는 조례가 제정된 곳은 강원도, 부산 해운대구, 경상남도, 부산 북구, 여주시, 서울 종로구 정도로 나머지는 수립이나 실태조사 후 검증의 체계가 부족한 것으로 분석된다.

둘째, 위원회의 구성과 기능에 관한 조례 내용을 분석하면, 전체 99건의 조례 중 15개 지역에서 국어 관련 위원회를 구성한다는 조항이 설정되어 있다. 이 조항들은 기본법 제13조의 국어심의회 구성에 대한 조항과 연관되어 있으며, 위원의 임기는 시행령 제5조, 위원 위촉은 제5조의2와 관련이 있다. 시행령 제6조는 회의에 관한 조항, 제8조는 분과위원회 구성, 제9조는 간사 및 서기, 제10조는 수당에 관한 내용을 다루고 있다.

위원회의 구성(15건, 100%), 위원회의 운영(15건, 100%), 위원의 직무(15건, 100%), 위원의 임기(15건, 100%), 수당 등(13건, 87%), 사무처리(12건, 80%), 위원회의 기능(11건, 73%), 위원회 설치(8건, 53%), 위원 해촉(8건, 53%), 회의(3건, 20%), 위원 제척(2건, 13%), 전문가 의견 청취(1건, 7%)의 내용으로 분석할 수 있다.

이 규정의 각 범주별 총 단어수(Nb Words)와 비율을 보면 다음과 같다.

[표 23] 위원회 구성과 Nb Words 분석표

범주	Nb Words(%)	범주	Nb Words(%)
구성	1,253(34.94)	기능	423(11.80)
운영	461(12.86)	설치	307(8.56)
직무	224(6.25)	해촉	235(6.55)
임기	213(5.94)	회의	97(2.70)
수당 등	128(3.57)	제척	87(2.43)
사무처리	140(3.90)	의견청취	18(0.50)

위원회 구성에 대한 내용의 단어 어절 수에 따른 비중은 구성이 가장 높고, 운영, 기능이 다음으로 높고, 설치, 해촉, 직무, 임기, 사무처리, 수당. 회의, 제척, 의견청취 순으로 분석된다. 이를 단어 구름 차트(WCC)로 나타내면 다음과 같다.

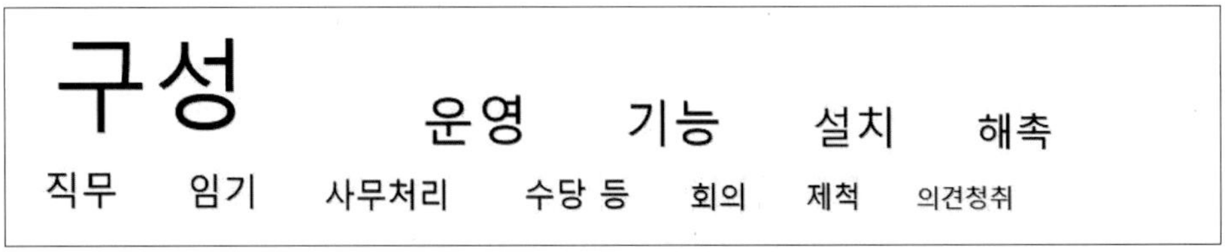

구성 운영 기능 설치 해촉
직무 임기 사무처리 수당 등 회의 제척 의견청취

[그림 12] 위원회 구성 관련 단어 구름 차트(WCC)

위원회의 구성에 대한 조항이 설정된 15개 지역 중 위원회의 기능에 대한 내용을 설정하고 있는 지역은 11곳이다. 위원회의 기능에 대한 내용은 기본법 제13조에서 기본 계획의 수립, 어문 규정 제·개정, 그 밖에 국어의 발전과 보전 관련 내용 등으로 다소 포괄적으로 언급되어 있다. 반면, 시행령 제8조의 분과위원회(언어정책, 어문규범, 국어순화) 조항에서는 역할이 자세히 명시되어 있다. 여기에는 국민의 국어 능력 향상과 국어 사용 환경 개선, 국외 보급, 정보화, 한글 맞춤법, 표준어 규정 및 표준 발음법, 외래어 및 외국어의 한글 표기, 로마자 표기법, 한자의 자형·독음 및 의미, 국어 순화, 전문 분야 용어의 표준화 등이 포함된다.

지역 조례에서 위원회 기능으로 제시된 건수는 다음과 같다. 기관의 행정용어 순화(14건, 93%), 지역의 국어 발전 보전(13건, 87%), 기관의 국어 관련 계획 수립(13건, 87%), 기관의 정책 사업 명칭 순화(11건, 73%), 지역민의 국어사용 환경 개선(11건, 73%), 지역어 보전(2건, 13%), 지역민의 국어 능력 향상(2건, 13%), 지역의 국어 단체 활동 촉진(1건, 7%), 예산 지원(1건, 7%), 한글 창조적 표현(1건, 7%) 등이다.

이 규정의 각 범주별 총 단어수(Nb Words)와 비율을 보면 다음과 같다.

[표 24] 위원회 기능과 Nb Words 분석표

범주	Nb Words(%)	범주	Nb Words(%)
행정용어순화	49(22.17)	지역어보전	7(3.17)
국어발전보전	57(25.79)	국어 능력향상	6(2.71)
국어관련계획수립	23(10.41)	국어단체활동촉진	7(3.17)
정책사업명칭	37(16.74)	예산지원	3(1.36)
국어사용환경개선	29(13.12)	한글창조적표현	3(1.36)

위원회 기능에 대한 단어 어절 수에 따른 비중은 국어발전보전과 행정용어순화 가장 높고, 정책사업명칭, 국어사용환경개선, 국어관련계획수립이 다음으로 비교적 높다. 그 외 지역어보전, 국어단체활동촉진, 국어능력향상 등으로 분석된다. 이를 단어 구름 차트

(WCC)로 나타내면 다음과 같다.

[그림 13] 위원회 기능 관련 단어 구름 차트(WCC)

셋째, 국어책임관 지정과 역할에 관한 조례 내용을 분석한 결과는 다음과 같다. 국어책임관에 관한 내용은 99개 지역 중 88개 지역에서 조항을 설정하고 있다. 이 직책은 기본법 제10조에 규정된 것으로, 주로 기관의 국어 발전과 보전 업무를 총괄하고 공공기관에서 쉽고 바른 공공언어 사용을 주도하는 역할을 맡고 있다. 2017년에 기본법 제10조가 개정되면서 국가기관과 단체장은 국어책임관을 지정해야 하며, 이에 따라 2024년 3월까지 전국적으로 2,361명이 임명되어 있다.[57]

시행령 제3조는 국어책임관의 지정 및 임무에 관한 규정을 포함하고 있다. 이에 따르면, 기관의 홍보나 국어 담당 부서장 또는 이에 준하는 직위의 공무원을 국어책임관으로 지정하도록 되어 있다. 국어책임관의 임무는 기관의 정책을 국민에게 잘 알리기 위해 쉬운 용어를 개발하고 보급하며, 정확한 문장 사용을 장려하는 일, 국어 사용 환경 개선 시책의 수립과 추진, 직원의 국어 능력 향상을 위한 시책의 수립과 추진, 그리고 기관 간 국어 관련 업무의 협조 등을 포함한다.

조례 분석에 따르면 국어책임관은 다음과 같은 임무를 맡고 있다: 국어 능력 향상

---

57   중앙행정기관 1,402명(중앙 50명+소속 1,352명), 지방자치단체 243명(광역 17명+기초 226명), 교육청 272명(광역 교육청 17명+지원청등 255명), 공공기관 347명, 특수법인 97명이다.

시책 수립 추진(78건, 83%), 그 밖의 국어 발전 보전 필요 사항(78건, 83%), 알기 쉬운 용어 개발 보급(77건, 82%), 정확한 문장 사용 장려(75건, 80%), 국어 발전 보전 업무 총괄(60건, 64%), 기관 간 국어 업무 협조(56건, 60%), 국어사용 환경 개선 시책 수립 추진(32건, 34%), 국어사용 실태 조사(31건, 33%), 국어사용 촉진 진흥 업무 총괄(30건, 32%), 국어기본법 시행령 업무(10건, 11%), 위원회 자문(8건, 9%), 정책 수립 추진(8건, 9%), 국어전문관 지정(5건, 5%), 국어문화 유산 보전 계승 시책 수립 추진(5건, 5%), 기본계획 수립(2건, 2%) 등이다.

국어책임관의 역할을 맡은 기관 담당자의 직위를 살펴보면, 국어(진흥)담당관이 26건(28%), 홍보(전산)담당관이 25건(27%), 문화(관광, 예술, 체육, 공보)담당관이 25건(27%), 소속 공무원이 16건(17%), 평생교육담당관이 1건(1%)으로 나타났다. 이는 시행령 제3조에서 명시한 국어 담당이나 홍보 담당 등과 같은 직위가 대체로 임명되고 있음을 보여준다. 다만, 25개 지역은 문화 관련 담당관으로 지정되어 있는데, 이는 관련 법령의 주관 기관이 문화부이기 때문이다. 16개 지역에서는 국어책임관으로 소속 공무원이라고만 제시하고 있는데, 이들 지역에서는 보다 명확한 직위 기준을 마련하여 임명할 필요가 있다.

이 규정의 각 범주별 총 단어수(Nb Words)와 비율을 보면 다음과 같다.

[표 25] 국어책임관 기능과 Nb Words 분석표

범주	Nb Words(%)	범주	Nb Words(%)
국어 능력향상시책 수립추진	419(11.88)	문화(관광. 예술. 체육. 공보)담당관	100(2.84)
그밖에 국어발전보전필요사항	675(19.14)	소속공무원	106(3.01)
알기쉬운용어개발보급	579(16.42)	국어기본법시행령업무	49(1.39)
정확한문장사용장려	260(7.37)	위원회자문	8(0.23)

범주	Nb Words(%)	범주	Nb Words(%)
국어발전보전업무총괄	218(6.18)	정책수립추진	71(2.01)
기관간국어업무협조	166(4.71)	국어전문관지정	17(0.48)
국어사용환경개선 시책수립추진	203(5.76)	국어문화유산보전 계승시책수립추진	34(0.96)
국어사용실태조사	95(2.69)	분임국어책임관임무	26(0.74)
국어사용촉진진흥 업무총괄	115(3.26)	분임국어책임관지정	129(3.66)
국어(진흥)담당관	161(4.56)	기본계획수립	8(0.23)
홍보(전산)담당관	87(2.47)	평생교육담당관	1(0.03)

　　국어책임관의 지정과 역할에 대한 조항을 단어 구름 차트(WCC)로 분석한 결과, 단어 어절 수에 따른 비중에서 '그 밖의 국어 발전 보전 필요 사항'이 가장 높게 나타났다. 그 다음으로는 '알기 쉬운 용어 개발 보급'과 '국어 능력 향상 시책 수립 추진'이 비교적 높은 비중을 차지했다. 이 외에도 '국어 발전 보전 업무 총괄', '국어 사용 환경 개선 시책 수립 추진' 등의 내용이 뒤따른다.

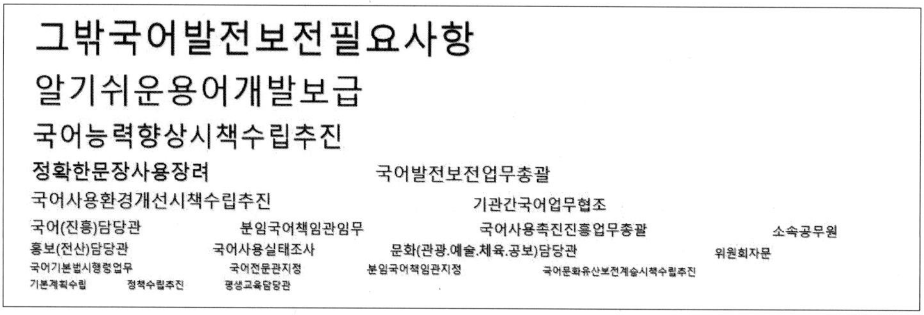

[그림 14] 국어책임관의 지정과 역할 관련 단어 구름 차트(WCC)

　　국어책임관에 관한 조항 중 특이한 부분은 분임 국어책임관 지정(3건, 3%)과 분임 국어책임관 임무(3건, 3%)이다. 이는 서울특별시, 경기도, 전라북도의 3개 지자체에서 규정하고 있다. 담당자는 지자체 산하 직속기관, 사업소, 출자·투자·출연기관의 홍보 부서장이나 이에 준하는 직위를 가진 직원으로 지정된다. 이들의 임무는 해당 기관의 국어 발전과 보전을 위한 업무 총괄, 정책을 시민에게 효과적으로 알리기 위한 알기 쉬운 용어의 개발과 보급, 정확한 문장의 사용 장려, 해당 공무원의 국어 능력 향상을 위한 계획 수립과 추진, 그리고 상부 기관의 국어책임관 임무 보조를 포함한다.

국어책임관을 보좌하는 전문 인력을 위촉하는 조항인 국어전문관은 99개 지역의 조례 안 중 5곳에만 설정되었다. 국어책임관은 행정 관리자 중에 임명되는 직책이므로 국어 진흥이나 발전을 위해 전문적인 업무를 수행하는 데 한계가 있다. 이를 보완하기 위해 국어전문관을 지정하는 것이 필요하다.[58]

4) 분석 결과와 제언

국어 관련 조례는 지자체가 국어 진흥 정책을 추진하기 위한 중요한 법적 지침이며, 지역민에게 올바른 국어 사용 의지를 심어주고 국어 진흥 사업을 체계적으로 추진할 수 있도록 돕는다.

2019년 12월 31일까지 제정된 99개 지역의 국어 관련 조례를 분석한 결과, 17개 광역 자치단체 중 94%가 조례를 제정했고, 262개 지역 자치단체와 교육청 중 38%가 조례를 제정했다. 주요 조례 내용은 국어 발전 계획 수립과 국어책임관의 지정 및 역할이었으며, 이어서 공문서 작성, 국어 교육 보급, 위원회 구성 등이 포함되었다.

국어 관련 조례는 전반적으로 국어기본법을 법적 기반으로 삼아 보편적인 특성을 유지하고 있으며, 국어 진흥을 목적으로 한 법적 기준을 제공한다. 그러나 지역적 특수성을 반영하는 데는 다소 부족한 면이 있다고 평가된다. 조례는 올바른 국어 사용을 촉진하

---

58 2017년에 기본법 10조(국어책임관의 지정)를 개정할 때, 국어전문관 지정의 내용이 있었다. 하지만 공무원 증원과 이에 따른 예산 증액에 대한 부담을 이유로 국회 법안 심의 과정에서 삭제되었다. 이에 대한 해결책으로 기관 내에서 관련 분야(유사 분야)를 전공한 기존 공무원을 특별 임명하는 방식이 도입된다면 이러한 부담은 충분히 줄일 수 있을 것이다.

고 지역민들의 소통을 향상시키며 국어 발전에 기여하는 역할을 할 수 있지만, 이를 실현하기 위해서는 실질적인 사업 추진과 지역민의 국어 사용 편의성을 높이기 위한 노력이 필수적이다. 결국, 좋은 조례라도 실천이 없으면 그 가치가 제한된다는 점을 명심해야 한다.

탐구 과제

1) 한국어문화 자원 연구 방법 중 질적 연구 방법에 대해서만 언급하였는데, 만약 양적 연구 방법으로 문화 연구를 한다면 어떤 방법으로 연구가 진행될 수 있을지 논의해 보자.

2) 전통적인 직업 분야의 언어문화 자원으로 전자문화지도를 제작하고자 한다. 이 경우 언어문화 자원의 특성과 목적에 부합하도록 전자문화지도를 구축하려면 어떤 조사와 자료 집적 방법 및 연구 진행이 필요할지 논의해 보자.

3) 자신이 태어난 곳이나 현재 살고 있는 지역과 관련 있는 문화 콘텐츠를 만든다면, 어떤 방법으로 콘텐츠를 만들 수 있을지 구체적인 과정을 기획해 보자.

제12장 한국어문화 콘텐츠의 실용적 활용

1. 한국어의 문화콘텐츠학 적용

문화를 한마디로 정의하는 것은 대단히 어려운 일이다.[1] 문화연구가 레이먼드 윌리엄스(Raymond Williams)는 "영어 단어 중에서 가장 정의하기 어려운 단어 중 하나가 문화(Culture)"라고 했다. 사회학자들은 광의의 문화에 대해 언급하면서, 사회적 인간이 만들어 낸 물질적, 정신적 소산을 말한다고 지적한 바 있다. 이 가운데 물질적 소산은 '문명'이라 하고, 정신적 소산을 '문화'라고 나누기도 하는데, 즉 유형의 결과물인 기계, 건축물, 발명품 등을 문명이라고 구분하고, 무형의 내용인 가치, 신념, 사고방식, 이론, 철학, 문학, 언어, 생활 양식 등을 협의의 문화로 구분했다(최연구, 2006:5-7). 그런데 일반적으로 '문화'라고 하면 이러한 협의의 문화를 떠올리게 되고, 그 내용적인 면을 고려하면 다분히 인문학적 경향이 강하다고 할 수 있다.

심승구(2005:58)는 문화에 내재된 요소 즉 문화의 원형(Original form archetype)을 발굴하고 그 속에 담긴 의미와 가치 즉 원형성, 잠재성, 활용성 등을 찾아내어 매체에 결합하

---

1   크로버와 클루크혼(Kroeber, A.L. & Kluckhon, C., 1952)는 문화의 정의로 6개 방식의 166개를 제시하였고, 발드원, 폴크너와 헤흐트(Baldwin, J.R., Faulkner, S.L. & Hecht, M.L., 2006)는 이보다 훨씬 많은 7개 테마의 313개로 정의하였다.

는 새로운 문화의 창조 과정이 문화콘텐츠라고 했다.[2] 최연구(2006:59-60)는 '어떤 소재나 내용에 여러 가지 문화적인 공정을 통해 가치를 부여하거나 가치를 드높인 것'이 문화콘텐츠라고 했다. 이러한 지적은 문화콘텐츠를 문화의 전통적인 의미를 뛰어넘어 새로운 가치 실현이라는 관점에서 바라보고 있다는 점에서 의의가 있다. 이는 문화 원형 자원인 인문학적 콘텐츠와 상상력을 문화콘텐츠학과 접목시켜 인문학적 가치를 높일 수 있음을 암시한 것으로 생각한다.

한국문화콘텐츠진흥원에서는 인문학의 문화적 요소에 창의적 요소와 기술적 요소를 더함으로써 고부가가치의 문화 산업 요소가 탄생할 수 있음을 지적하고 있는데, 전통적인 학문의 영역과 연결해서 보면 다음과 같다.

[표 1] 한국문화콘텐츠진흥원의 '인문학과 문화콘텐츠학의 흐름도(김만수, 2006:30)'

요소	문화적 요소	창의성 요소	기술 요소	문화 산업 요소
내용 (콘텐츠)	·전통문화 ·문화예술 ·생활 양식 ·이야기	기획 및 혁신 역량	문화기술 (Culture Technology)	·만화 ·애니매이션 ·캐릭터 ·음악 ·영화 ·게임 ·방송 ·모바일 ·에듀테인먼트
학문적 배경	인문학	경영학	공학	문화콘텐츠학

이 표에서 김만수(2006:30)는 문화콘텐츠학이란 인문학→경영학→공학의 흐름 속에서 통합(convergence)하는 학문으로서의 기능을 하며, 인문학 자체는 여전히 문화콘텐츠의 근원이라고 밝히고 있다. 또한 그는 인문학이 제공하는 '문화적 요소'인 전통 문화, 문화예술, 생활 양식 등에 대한 정보들과 스토리텔링(Story-telling)의 능력은 문화콘텐츠학을

---

2   2007년 문화체육관광부는 문화콘텐츠 영역을 23분야로 설정했다. 공연, 축제, 박물관, 전시회, 테마파크, 이벤트, 컨벤션, 방송콘텐츠, 애니메이션, 게임, 캐릭터, 모바일콘텐츠, 전통문화DB, 영화, 음악, 출판, 만화, 광고, 미디어아트, 디지털콘텐츠, e-Learning, 문화재, 관광 등이다.

정립하는데 가장 기본적인 조건이라고 했다.

　문화적 요소를 문화콘텐츠로 전환하고 경영학이나 경제학의 논리를 가미하여 산업화하게 되면 고부가가치를 창출할 수 있는 문화 산업 자원으로 거듭날 수 있다. 고부가가치의 문화 산업 자원이란 소재만 잘 발굴하여 원천소스를 만들어 놓으면 추가 비용 부담을 최소화하면서 여러 가지 다른 상품으로 개발할 수 있으므로, 투자비용에 비해 생산성이 아주 높은 산업적 기반을 말한다. 그러한 대표적인 모형이 원소스 멀티유즈(OSMU, One Source Multi-Use)라고 할 수 있다. 그런데 문화콘텐츠 분야에서 원소스 멀티유즈(OSMU, One Source Multi-Use)의 핵심 기술은 스토리텔링화이다(최혜실, 2006:103-108).

　이러한 스토리텔링을 이룩하기 위해 필요한 대표적인 기반은 구술 문화자원이다. 이에 대해 강정희(2010:8)는 지역어(방언)의 구술성에 착안하여 방언에서 상품 가치성이 있는 이야기를 발굴하고 이를 스토리텔링으로 개발하는 일이 아주 중요하다고 주장하고 있다. 즉 지역어(방언)로 구술되는 이야기를 발굴하고 문화콘텐츠 산업 분야에 적용하여 소설, 만화 등의 텍스트 콘텐츠나 방송, 영상, 광고, 영화, 애니메이션과 같은 시청각 콘텐츠 그리고 지역어(방언) 연극과 오페라와 같은 공연 콘텐츠로 개발하는 일은 원소스 멀티유즈(OSMU, One Source Multi-Use)의 문화콘텐츠 개발을 위해 방언의 활용 가능성을 보여준 중요한 지적이다.

　이처럼 구술 문화의 원형 자원(original form 또는 archetype) 중 하나인 방언도 문화콘텐츠학과 연계되면 내재된 가치를 높이게 되어, 문화콘텐츠 산업화를 이룩하는 데 중요한 기반으로 활용할 가능성이 높아진다. 물론 산업화하기 위해서는 여러 가지 공정을 수행해야 하지만,[3] 그 바탕은 구술 문화 원형 자원의 확보 및 스토리텔링화에서 시작된다고 할 수 있다.

3　김평수 외(2012:5)는 문화콘텐츠 산업을 문화콘텐츠의 기획, 제작, 유통, 소비 등과 관련된 산업으로 영화나 음악, 게임과 같은 엔터테인먼트의 내용을 기반으로 한다고 했다.

2. 한국어문화의 경제언어학적 적용

언어와 경제의 관련성을 처음 언급한 학자는 독일의 쿨마스(Coulmas, F., 1992)로, 언어가 경제적 관점에 있어 활용 가능한 제재임을 밝히고 있다. 이에 스와 이사오, 오오타니 히로미치, 키쿠치 마사코(諏訪功, 大谷弘道, 菊池雅子, 1993)는 '말의 경제학(ことばの経済学)'이라고 번역하여 경제적인 언어학의 가능성을 제시하고 있다.[4] 이 번역서에서 언어의 지적(知的) 가치는 언어의 시장가치에 대응하고, 언어의 정적(情的) 가치는 언어에 대한 애착심, 충성심과 관련된다고 지적하면서 이런 차이는 언어의 권력과 관련있다고 했다.

이에 대해 이노우에 후미오(井上史雄, 2003)는 언어재의 일부인 방언에도 이러한 기준을 적용할 수 있을 것으로 판단하고 방언을 사용해서 이루어지는 경제적 활동은 '언어 산업'의 하위 분야 중의 하나로 보고 있다. 즉 하나의 언어 안에서 방언의 문화적 특성과 차이를 이용한 '방언 산업'이라고 할 수 있다.

이노우에 후미오에 따르면 방언의 경제적 가치는 '방언 상품'이나 '방언 네이밍'과 같은 형태로 나타난다고 한다. '방언 상품'은 구체적인 물건으로 존재하며, 대부분은 구입이 가능하다. 이에 비해 '방언 네이밍'은 방언을 전달 수단을 위한 '명명'으로 의식적으로 이용하는 것이다. 이는 상품명이나 가게 이름, 시설의 명칭, 행사명 등에서 고유명사로 사용되는 경우인데, 최근 그 사용이 두드러지고 있다. 뿐만 아니라 상품의 캐치프레이즈나 해설(의 일부)에도 방언이 사용되기도 한다.[5]

이노우에 후미오(井上史雄, 2007b)는 방언 산업의 전형적인 예인 방언 상품에는 다음과 같은 세 가지 요인이 작용한다고 밝히고 있다. 첫째, 언어적 가치(방언 자체의 특색) 둘째,

---

4   프랑스 언어학자 마르티네(Martinet, 1955)는 언어 변화가 생길 때 경제성이 작용한다고 했다. 그가 지적한 언어 변화의 경제성은 '절약'에 해당하는 의미로 사용하고 있다. Coulmas, F.(1992)의 경제적 언어에서 '경제'는 재화(돈)을 의미한다고 할 수 있다.

5   이러한 이노우에 후미오의 지적은 방언 상품의 범주를 너무 좁게 설정한 것이 아닌가 여겨진다. 이러한 범주 설정의 문제는 앞으로 좀더 고찰할 필요성이 있을 것 같다.

관광 가치(관광객의 수) 셋째, 정적 가치(화자의 지역과 방언에 대한 애착심)이다.

먼저, 언어적 가치는 방언 자체의 특징에 따라 결정된다. 표준어와 비교해 방언적인 특징이 뚜렷한 방언일수록 해당 방언 상품이 더 활성화된다고 할 수 있다. 이와 더불어 방언 자체의 지명도(지역민 및 관광객의 의식)도 방언 상품에 큰 영향을 미치는데, 이는 대중매체 등을 통한 인지도와도 관련이 있다.

방언 산업에 있어 두 번째 영향 요인은 관광가치로 관광객 수에 의해 결정된다고 한다. 그런데 일반적으로 방언 상품은 관광지의 가게 등에서 구입하는 경우가 많아서 관광객의 수에 비례할 것으로 여겨지지만 반드시 그런 것만은 아니다. 이노우에 후미오(2011)에 의하면, 가까운 일본의 경우, 관광객의 수는 수도인 도쿄 인근이 많지만 방언 상품의 수는 도쿄에서 멀리 떨어진 곳에 더 많아서 관광객의 수와 방언 상품의 수가 반비례 관계를 보이는 경우도 있다고 한다. 그 이유는 대도시 인근은 당일치기 관광객이 주를 이루고, 이들이 방언 상품에 특별한 흥미를 가지지 않는 것에 비해 일부러 먼 곳으로 관광을 간 사람들은 여행의 추억으로 상품을 구입하는 경우가 오히려 더 많기 때문이라고 보고 있다.

방언 산업의 세 번째 영향 요인은 정적 가치이다. 이는 방언에 대한 애향심과 애착심에 기반하며 방언 산업의 기반을 이루는 요인이다. 예를 들어, 일본의 경우에는 고향의 방언을 좋아한다는 평가가 높은 지역-홋카이도, 교토, 오사카 등-일수록 방언 상품의 수도 많다고 한다(井上史雄, 2007a:71-73). 특히 일본의 방언 네이밍은 증가 추세에 있는 것 같다고 지적하고 있다. 이는 방언이 오락의 유형으로 나타난 것으로, 방언의 정적 가치 및 희소가치를 이용한 가게 이름의 간판이나 지역 슬로건 등이 착실히 증가하고 있기 때문이라고 했다.

방언 산업의 또 다른 종류로 방언 문학, 방언 예술, 매스컴의 방언, 방언 보존 운동, 방언 이벤트, 방언 대회, 방언 연극 등을 예로 들 수 있다. 이 경우에는 언어적 가치, 관광 가치, 정적 가치의 3가지 영향 요인 중에서 주로 언어적 가치와 정적 가치가 크게 작용하는 편이다.

이노우에 후미오는 일본의 경우 방언 문학이란 문학적으로 자기를 표현하기 위해 모어로써 방언을 사용하는 것으로, 방언 산업으로서의 위상은 약하다고 보고 있다.[6] 또한 방언 공연 예술과 방언 이벤트도 방언 산업으로서 종종 관찰되지만 이와 같은 방언 산업도 그 시장 규모가 작은 편이며, 표준어화 때문에 각 지역의 방언 자체가 쇠퇴함에 따라 향후 발전 가능성이 불안한 것이 현실이라고 지적하고 있다(井上史雄, 2007a).

한국의 경우 최근 국립국어원 또는 지역 방언 보존회 주도로 이루어지고 있는 지역 방언 대회는 지역과 지역어(방언)를 홍보하고 부흥시키기 위한 수단으로 행해지는 경우가 많은데, 이는 방언 보존 모임, 방언 보존 운동 또는 지자체의 자체 노력 등과 관련이 깊은 방언 관련 산업이라고 할 수 있다.

이 글은 이노우에 후미오(2011)의 경제언어학적 관점을 적용하고자 한다. 특히, 조사된 자료를 분류하는 기준으로 '가치' 개념을 적용한다. 이 글에서 적용하고자 하는 부분은 이노우에 후미오(2011)의 언어적 가치, 관광 가치와 정적 가치의 개념이다. 이 글은 방언 자체의 인지도를 결정하는 '언어적 가치'와 언어를 경제재, 생산재로 보는 '관광 가치'의 개념을 통합하여 '인지적 가치'를 설정하고, 방언을 인지적 언어로 인식하는 동시에 경제재, 생산재로 '인지'하는 정도를 판단하는 기준으로 삼고자 한다. 그리고 정적 가치를 좀 더 넓은 개념으로 '정서적 가치'로 확장하여 이를 방언에 대한 내부인과 외부인의 감정적 정서 반영의 정도를 판단하는 기준으로 삼을 것이다.

---

6   방언 문학의 경우 문학 작품의 내용을 표현하기 위해 방언을 사용하기는 하지만 언어적인 전달 효과 부분에 있어서는 단순한 문제가 아니다. 이러한 방언과 문학의 관계와 상품으로서의 효용 문제는 다른 논문에서 논의하고자 한다.

[표 2] 방언 산업의 영향 요인 분류

이노우에 후미오	김덕호
언어적 가치	인지적 가치
관광 가치	
정적 가치	정서적 가치

앞서 제시한 내용을 고려하면 언어재도 경제재로 활용가능하다는 판단을 할 수 있다. 그런 의미에서 언어재의 일부인 방언도 산업화를 할 수 있는 문화자원임이 분명하다.

3. 한국어문화 콘텐츠의 산업화 방안

방언은 '언어적 가치'가 높은 언어이다. 방언에는 우리 조상의 말이 녹아 있다. 그러므로 우리말의 과거를 살필 수 있는 자료를 제공하여, 언어의 역사를 규명하는 데 중요한 단서가 된다. 방언은 '정서적 가치'가 높은 언어이다. 객지에서 모르는 사람을 만나도 비슷한 방언을 사용하고 있다는 사실만으로도 정서적인 교감을 나누면서 마주 보게 된다. 방언은 '문화적 가치'가 높은 언어이다. 오래전부터 사용하던 지역 방언에는 그 지역성을 드러내는 다양한 문화적 요소를 간직하고 있다. 우리는 그런 방언으로 소통하면서 문화적인 공감대를 만들게 된다. 그런데 방언에 다른 가치는 없는가? 일본의 방언학자 이노우에 후미오가 방언은 '경제적 가치'가 높은 언어라고 했다. 즉 방언을 산업화하면 경제적 가치를 높일 수 있다는 것이다. 그래서 이 글은 방언의 경제적 가치를 증명하려는 취지에서 비롯되었다.

우선 방언을 산업화가 가능한 문화콘텐츠로 보고 이를 통해 경제적 가치를 실현할 수 있는 지를 규명하고자 한다. 이것을 증명하기 위해 한국 전역에서 방언을 활용한 문화콘텐츠나 문화상품의 사례를 온라인을 통해 4개월 정도 수집하고, 조사된 결과를 통계학적으로 처리하고 분석하여 방언 산업화에 대한 가능성을 확인해보았다.

그런데 방언이 가지고 있는 경제적 가치를 증명할 수 있는 논의 자체가 한국에는 전무한 상태이기 때문에, 일본에서 이루어진 경제언어학에 관한 이노우에 후미오의 논의를 이용하게 되었다. 일본과 비슷한 언어적 환경을 가진 한국의 경우도 일본과 유사할 것이라는 전제에서 전국을 대상으로 자료를 수집하게 되었고 이를 귀납적으로 분석하여 이 연구를 수행하게 되었다.

이 연구의 다른 목적은 소멸 위기에 처한 방언을 활성화하기 위한 방언학 연구 방법을 제안하려는 것이다. 즉 스토리텔링을 고려한 입체적인 자료 수집 방안이나 문화콘텐츠 개발을 염두에 둔 자료 분석 방안을 마련하는 것이다. 방언은 원래 지역민들의 것이었지만 지역민들의 인식 속에서 사라져 가고 있다. 이 글은 지역민에게 방언이 보존해야 할 중요한 언어문화임을 다시금 인식시키려는 시도이다. 이를 위해서 방언에 언어적 가치, 정서적 가치와 문화적 가치뿐만 아니라 경제적 가치도 있음을 증명해 보이는 것이 필요하다. 즉 방언은 중요한 문화자원이고 이를 문화콘텐츠화 하거나, 문화상품화 하면서 재미와 즐거움뿐만 아니라 경제적 이득도 얻을 수 있음을 보여주는 것이다. 아울러 방언의 보존과 활성화를 위해 할 수 있는 일에 대한 견해를 피력하려고 한다.

1) 문화콘텐츠로서 방언

방언은 소멸 위기에 처해 있다. 21세기에 들어서 우리나라 방언학계의 화두는 소멸 위기에 처한 방언의 보존 방안에 초점이 있다고 해도 과언이 아니다. 30년 전에 한국학중앙연구원의 '한국방언자료집(1980-1990)' 사업도 궁극적으로는 방언의 보존을 목표로 한 국가적인 사업이었고, 21세기에 들어 국립국어원에서 추진한 '한국어의 지역적 분포 조사 사업(2004-2013)'도 방언의 보존이 목적이었다. 이처럼 지금까지의 방언 보존 정책은 일종의 토대 기초 자료를 구축하는 1차적인 보존 전략이었다.[7] 이 글의 궁극적인

---

7   소멸 위기에 처한 방언을 보존하는 전략은 다음 3단계 과정으로 수립할 것을 제안한다.

목적도 소멸위기에 처한 방언의 보존에 있고, 이를 위해 할 수 있는 일에 대한 고민에서 비롯되었다. 그리고 이러한 생각을 하게 된 계기는 살아있는 언어의 원형인 방언이 많은 것을 품고 있다는 것을 발견했기 때문이다. 방언은 지역적 정서와 혈연적 감정을 간직하고 있고, 문화적 요소도 내재되어 있다. 이런 방언이 사라진다는 것은 우리의 정신과 문화가 없어지는 것과 같다고 생각한다.

우리는 문화에서 우리의 미래를 찾아야 하며 문화적인 삶을 위한 비전을 가져야 한다. 왜냐하면 문화는 인간을 인간답게 만들어주는 가장 중요한 요인이기 때문이다. 모든 차이는 문화로부터 비롯된다. 남들보다 뒤처지거나 남의 것을 모방하는 것도 문화이고 언제나 새로운 것을 만들어 내고 이끌어 가는 것도 문화이다. 사실 문화는 우리의 삶의 방식이고 가치관이며 역사적으로 그 사회가 만들어낸 산물이다. 그런데 오늘날에는 산업화의 가능성과 결합되면서 이루어진 문화콘텐츠 개발 사업이 새로운 부가가치 창조의 원천이 되고 21세기 신성장동력 분야로 각광을 받으면서 이에 대한 관심이 매우 커지고 있다. 이에 따라 많은 대학들에서 관련 학과가 새롭게 생겨나고 있으며 아울러 다양한 분야에서 이에 대한 연구도 활발히 진행되고 있는 실정이다.

21세기에 들어서 문화의 가치는 다시금 부각되고 있다. 방송, 영화, 게임, 애니메이션의 영상 콘텐츠나 연극, 뮤지컬, 문화 기획의 공연 콘텐츠 등과 같은 문화콘텐츠가 경제적인 효과를 누릴 수 있는 산업으로 각광받으면서, 최근 들어 인문학을 중심으로 한 거의 모든 분야에서 이에 대한 연구가 활발하게 진행되고 있다. 즉 어문학 분야(신현욱·김용범, 2011; 이창식, 2012)뿐만 아니라 예술 및 디자인 분야(김창현, 2011), 디지털기술 분야(박한우 외, 2011), 경제 분야(이훈익, 2011), 교육 분야(남궁정, 2011) 등 문화와 관련된 다양한 분야가 총망라되어 연구되고 있다. 하지만 이러한 연구 속에서도 방언과 문화(콘텐츠)의

1차적 단계 보존 전략	2차적 단계 보존 전략	3차적 단계 보존 전략
토대 기초 자료 구축	문화콘텐츠화	문화콘텐츠 산업화
방언학+자료구축론	방언학+문화콘텐츠학	방언학+문화콘텐츠학+경제언어학

관계를 논의한 연구는 많지 않은데, 강정희(2010), 이근열·김인택(2011)과 이근열(2012)가 이에 해당하는 정도이다. 이러한 몇 편의 연구 성과에서도 지적한 바와 같이 지역 고유의 방언이 훌륭한 문화콘텐츠 자원이 될 수 있다는 가능성은 충분하다. 하지만 이에 대한 체계적인 이론 정립이나 연구 방법론 개발은 아직까지 미미한 실정이다.

국외의 경우 이 분야의 연구는 일본에서 대체로 활발하게 이루어져 왔다. 특히 전통방언학 연구에서 보다 외연을 확장하여 방언과 관련된 문화콘텐츠 개발, 문화상품 개발 등 실용적인 연구가 많이 이루어져 왔는데, 이노우에 후미오(井上史雄, 1989, 2000, 2003, 2007a, 2007b, 2011), 고바야시 다카시(小林隆, 2006), 다나카 유카리(田中ゆかり, 2011) 등이 대표적인 연구업적들이다. 특히 경제언어학의 관점에서 방언과 문화콘텐츠 개발의 중요성을 지적한 이노우에 후미오(井上史雄, 2011)는 방언 연구의 새로운 방향을 모색한 연구라고 생각한다.

이 장에서는 방언을 산업화가 가능한 문화콘텐츠로 보고 이를 통해 경제적 가치를 실현할 수 있는지를 규명하고자 한다. 이것을 증명하기 위해 한국 전역에서 방언을 활용한 문화콘텐츠나 문화상품의 사례를 온라인을 통해 수집하고, 조사된 결과를 통계적으로 처리하여 방언과 문화 산업화에 대한 각 지역의 경향성을 분석하고자 한다. 아울러 소멸 위기에 처한 방언을 활성화하기 위해 효과적인 방언학 연구 방법론을 제언하고자 한다. 특히 이 글에서는 스토리텔링을 고려한 입체적인 방언자원의 수집 방안과 문화콘텐츠 개발을 염두에 둔 방언자료의 처리 방안을 제시한다.

2) 방언의 문화콘텐츠 산업화 방안

문화 산업은 상품을 생산한다는 점에서는 일반 산업과 유사하다. 하지만 산업화의 자원이 문화인 점이 차이가 난다. 이를 문화자원이라고 하는데 이러한 문화자원에 고부가가치를 부여하는 기법을 가미하여 상품으로 만드는 것이 바로 문화상품이다. 그러므로 방언을 산업화한다는 뜻은 방언과 같은 언어문화자원을 문화콘텐츠화 하여 상품으로 개발하는 것이다. 그런데 방언의 문화콘텐츠 상품화란 일반 상품과는 달리 방언에 내재된 정서, 가치 등이 종합적으로 함축되어 있으므로 방언의 문화적 정체성(Cultural Identity)을 형성하는데 중요한 바탕이 된다.

아래의 그림은 김평수 외(2012:6)에서 문화콘텐츠 개념을 도식화한 것인데, 이 도식화에서 지금까지 방언학 연구의 위치는 정보와 데이터를 구축하는 맨 처음 '지식기반'에 해당된다고 할 수 있다.

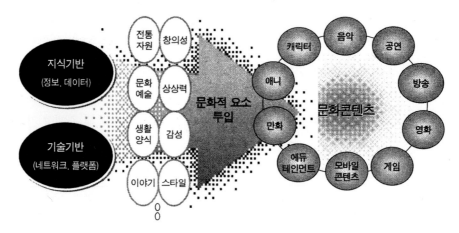

[그림 1] 문화콘텐츠 개념의 도식화(김평수 외, 2012:6, 재인용)

하지만 이 글에서는 이러한 지식기반에 문화적 요소를 투입하고 문화콘텐츠까지 이루어 내는데, 방언학의 역할이 확장될 가능성이 있음을 보이고자 한다. 즉 방언학의 중요한 연구 단계인 질문지 작성과 현장 조사에서 문화콘텐츠 개발을 고려한 연구 방안을 고안하여 적용할 것을 제안한다. 그런데 이러한 과정은 이미 시도된 바가 있다. 즉 국립국어원의 한국어의 지역적 분포 조사와 민족생활어 조사 사업에서 수행한 이야기(story) 조사 자료인 생애 구술 자료나 생활 구술 자료가 문화적 요소를 고려한 진일보한 방언학 연구의 조사 결과라고 생각한다. 또한 2012년부터 2014년까지 수행된 '지역 언어문화상품 개발' 사업도 방언학 연구에서 문화 산업화의 과정까지 연구할 수 있는 방안을 모색한 것이라 본다.

이 글은 방언과 관련된 소재로 이미 산업화를 이룬 상품이나 아이디어가 어떤 것이 있는지를 조사하고 그 데이터를 귀납적으로 분석한다. 또한 이러한 분석 결과를 바탕으로 방언학 분야에서 어떻게 하면 방언의 문화콘텐츠 산업화를 위해 기여할 수 있는가를 살펴보기로 한다. 이를 위해 종래의 방언학에서 사용하던 현장 조사법과 데이터 축적을 위해 사용하던 방법론과는 다른 방안이 필요하므로 이 글의 연구를 통해 그런 방법론을 제안한다.

(1) 조사 대상

이 글을 진행하면서 기초 조사를 실시했다. 조사 대상은 방언을 활용한 '상품'이다. 이를 위해 조사할 상품의 범위는 크게 유형과 무형으로 나누고, 이를 다시 구매 가능한 것과 구매 불가능한 것으로 나누어 조사했다.

조사 지역은 국내와 일본이다. 국내는 6개 방언권역 즉, 경기권, 강원권, 충청권, 전라권, 경상권, 제주권으로 나누어 조사했다. 일본은 일본 전체를 대상으로 하되 크게 8개 권역으로 나누어 조사했다.[8]

(2) 조사 방법과 산업화 유형

국내 조사는 2012년 5월에 예비조사를 하고 6월~9월 사이에 본 조사를 실시했다. 조사 방법은 웹 검색 엔진을 통해 온라인 조사로 시행했다.[9] 예비 조사 결과를 토대로

---

8 일본의 자료 수집은 일본에 거주하고 있는 김순임 선생님과 국내의 양민호 선생님의 도움을 받았고, 특별히 이노우에 후미오 교수님도 이미 조사했던 자료를 제공해주셨는데 이 자리를 빌려 감사함을 전한다.

9 사용 검색 엔진은 구글, 네이버, 다음으로 한정하였으며 동일 키워드를 세 검색 엔진에서 모두 검색하는 것으로 검색 방법을 구체화하였다. 기본 검색 키워드는 '지역명+방언' 또는 '지역명+방언+상품'으로 출발하며 이 기본 키워드에 구체적인 상품을 더하는 것으로(예: 대구 방언 손수건 등)

권역별로 조사유형을 종합하여 분석한 뒤에 본 조사를 실시했다. 다음 [표 3]은 예비 조사의 분류를 위해 설정한 방언을 활용한 산업화의 유형이다.

[표 3] 예비 조사 시 적용한 방언 활용 산업화의 유형

1) 지역어(방언)를 이용한 지역 홍보 또는 특정 목적 홍보의 예	① 지역 홍보 현수막(강화도) ② 특정 목적 홍보(예: 불조심 홍보) ③ 온라인 지역 상품 쇼핑몰 홍보 등
2) 지역 언어문화를 상업적으로 활용한 예	① 일상용품의 상품명 ② 상호 ③ 책 제목
3) 지역 언어문화를 방송 및 공연에 이용한 예	① 노래, 앨범 제목 ② 방송- 다큐멘터리 ③ 영화, 연극
4) 지역 언어문화 관련 언론 보도의 예	① 신문 기사 ② 잡지 기사

(3) 디지털 아카이브 구축 방안

디지털화를 염두에 두고 있는 문화자원들은 자료가 수집되는 단계에서부터 체계적으로 구조화할 필요가 있다. 방언 자료도 디지털 데이터베이스로 구축하게 되면 보존 가치를 높이고, 자료의 활용도를 극대화할 수 있을 것이다. 활용도를 극대화할 수 있는 디지털 데이터베이스 구축 방안 중에 디지털 아카이브 구축 방안이 유리하다고 생각한다.[10]

디지털 아카이브는 소장품이나 관련 자료 등을 디지털 정보로 바꾸어서 보관하며, 자료 간의 연관성을 유지하면서 관리하는 데이터베이스의 일종이다. 그러나 정보를 단지 축적하는 것뿐 아니라, 갖가지 방법으로 이들 정보를 효율적으로 이용할 수 있도록 체계

조사를 수행하였다.

10 박순철(2008:43-44)이 제시한 민중생활사 아카이브 시스템의 구조 모델은 아날로그 자료보존 단계인 1단계 원자료 아카이브 구축과 컴퓨터 인식을 위한 2단계 디지털 아카이브 구축 단계, 검색과 활용을 위한 3단계 정보마이닝(mining) 단계를 들고 있다.

화하여 축적하는 것에 그 의미가 있고, 이것이 일반 데이터베이스와 다른 점이다.[11]

국내외 방언 상품 조사는 직접 및 간접 조사를 통해 진행했다. 조사한 결과는 디지털 아카이브 구축 방안에 따라 정리했다. 본 기초 조사의 결과 분류 기준은 다음과 같이 설정할 수 있다.

[표 4] 조사 결과 분류 기준

대분류	중분류	소분류
방언 상품	구매 가능 구매 불가능	인지적 상품 정서적 상품

원래 통일된 메타데이터[12]의 표준은 존재하지 않으나 현재는 더블린 코어(Dublin Core)[13]가 널리 사용된다. 더블린 코어는 데이터의 호환성을 유지하고 네트워크 자원의 기술에 필요한 일련의 데이터 요소를 규정하여 이들 자원을 신속하게 검색할 수 있도록 해준다.

여기에서도 더블린 코어의 메타데이터 항목 구축 방식을 활용하고 있는데, [표 4]의 분류 기준에 따라서 조사한 결과에 대해 [표 5]와 같은 메타데이터 정보를 기록하였다.

---

11 특히 디지털화되는 정보에는 유적이나 문화유산 등을 비롯하여 행정과 사법, 경제, 교육, 오락, 매스컴 정보 등 온갖 지적 자원이 포함된다. 또한 문자나 화상 정보, 3차원 정보, 음악 및 동화 등 각종 유형의 정보가 그 대상이 된다. (두산백과 두피디아, http://www.doopedia.co.kr/)

12 메타데이터란 실제 내용(Contents)은 아니면서 그에 대한 각종 정보를 가지고 있는 데이터를 말한다.

13 더블린 코어는 표제(Title), 제작자(Creator), 주제(Subject), 설명(Description), 발행처(Publisher), 배포자(Contributor), 발행일자(Date), 유형(Type), 형식(Format), 식별자(Identifier), 출처(Source), 언어(Language), 관련자료(Relation), 내용범위(Coverage), 사용권리(Right), 원자료의 위치로 항목화 되어있다.

[표 5] 메타데이터 정보 내역

풀이	기타 정보	제보자	조사자	제작기관
상품의 종류 (예: 현수막, 상품-식품 등)	사용된 사투리 등	000	000	0000

기록 형태	제작년월일	자료형식/분량	자료 출처	기록 언어	연관자료
텍스트, 사진, 음향, 동영상, 실물	0000년 00월 00일	jpeg, bmp, txt.../ 00장, 00byte...	△ △ △	한국어/ 기타	0000.hwp 0000.pdf...

첫째, 파일명을 입력하는 방식을 정하고 이를 기준으로 입력한다. 파일명의 입력 방식을 정하는 이유는 아카이브 시스템 구조화 과정(process)에서 검색과 활용을 위한 3단계 정보 마이닝(mining)을 원활하게 하기 위함이다. 이를 위해 데이터의 규칙이나 패턴을 규격화된 파일명으로 규정하고자 한다. 이 글에서 규격화한 파일명에는 매체 종류에 대한 정보와 위치 정보, 날짜 정보 등이 반영되어 있다.

예를 들어, '2-040603201205160001.jpg'는 경상남도(04) 마산시(06) 합포구(03)에서 상품을 촬영한 사진 자료이며, 2012년 5월 16일에 조사한 자료 가운데 첫 번째 생산한 자료임을 파일명을 통해 인지할 수 있다.

이를 위해, 먼저 기록 및 매체별 분류 방식을 정할 필요가 있다. 우선 기록 방식 코드는 자료 기록·저장 방식을 뜻하는 것으로 텍스트 문서는 (1), 사진 자료는 (2), 음향 자료는 (3), 동영상 자료는 (4), 실물 자료는 (5)로 한 자리 숫자로 표기하여 정한다.

[표 6] 기록 매체별 분류

1 – 문서	관련 자료 설명 및 해제	hwp(pdf)	디지털 자료
2 – 사진	사진 및 촬영 자료 등	bmp(jpg)	
3 – 음향	음성 자료 등	wav(mp3)	
4 – 동영상	동영상 촬영 자료, TV 방송, 영화 자료 등	wmv(avi)	
5 – 실물	실물 자료 수집	실물 자료	아날로그 자료

다음은 자료의 분류 번호를 일정 원칙에 따라 정하고 구성한다. 자료의 분류 번호는 김덕호(2011:110)의 기준에 따라 구성한다. 기록방식 및 매체에 따른 코드를 설정하고 난 뒤, 지역코드는 자료 수집 지역을 표시하는 기준으로 여섯 자리 숫자로 표기한다. 즉 특별시, 도 단위 지역의 두 자리와 구, 군, 읍, 면 단위 지역을 두 자리로, 그리고 그 이하 단위를 두 자리로 설정한다. 그렇게 하면 서울(01), 강원도(02), 경기도(03), 경남(04), 경북(05), 전남(06), 전북(07), 충남(08), 충북(09), 제주(10)로 정하고, 그 이하의 단위는 김덕호(2009:183-226)에 의하여 정한다. 다음 제작년월일은 자료의 기록·제작 날짜를 년 월 일 순서로 하여 아라비아 숫자 8자리로 표기한다. 예들 들면 'yyyymmdd'와 같은 방식이다. 마지막 시퀀스(sequence) 숫자 네 자리로 표기한다. 자료의 제작 년월일을 기준으로 자료 순서에 따라 숫자를 부여하여 연속된 자료임을 나타낸다. 이러한 자료 분류번호는 빈칸 없이 이어서 표시하며, 기록 방식 코드와 지역코드 사이에는 '-'를 넣어 나타낸다.

[표 7] 자료 분류 번호 구성 예시

분류 번호 예 분류 번호 구성	2 – 040603 20120516 0001 기록방식코드(매체정보)-지역코드-제작(조사)년월일-시퀀스
분류 번호 해석	경상남도(04) 마산시(06) 합포구(03)에서 방언 상품(플랜카드)을 촬영한 사진 자료(2)이며, 2012년 5월 16일에 조사한 자료 가운데 첫 번째 생산한 자료이다.

■ 조사 자료와 파일명 입력 예시

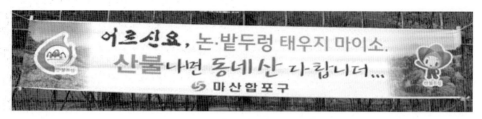

[그림 2] (예시1) 2-040603201205160001.jpg

[그림 3] (예시2) 2-032701201205160002.jpg

　둘째, 메타데이터 작성이다. 아카이빙 작업을 수행하면서 각각의 자료에 분류 번호뿐만 아니라 메타데이터의 정보를 첨부하고, 자료의 디지털화를 위한 메타데이터 형식은 더블린 코어(Dublin Core) 방식을 적용한다. 메타 데이터의 분류는 대분류(방언 상품)-중분류(구매 가능 여부)-소분류(가치 유형-인지적, 정서적 가치)-풀이(영화, 드라마, 연극, 상품, 방송, 간판, 홍보 등)-기타 정보(상품설명)-제보자-조사자-제작기관-기록형태-제작년월일-자료형식/분량-자료출처-기록언어-연관자료-저작권-디지털화여부-원자료 위치 등의 기준으로 기록된다.

[표 8] 방언 관련 상품의 메타데이터 예시

2-040603201205160001	
대분류	방언 상품
중분류	구매 가능 □ / 구매 불가능 ☑
소분류	인지적 상품 □ / 정서적 상품 ☑
풀이	마산시 합포구 산불조심 플랫카드
기타 정보	어르신요, 논두렁 태우지 마이소. 산불나면 동네산 다 탑니더.
제보자	○○○
조사자	○○○
제작기관	마산시 합포구청
기록형태	텍스트 □ 사진 ☑ 음향 □ 동영상 □ 실물 □
제작년월일	2012년 (조사 / 촬영: 2012년 5월 16일 촬영)
자료형식 / 분량	bmp(jpg) / 5장
자료출처	홈페이지 주소
기록언어	한국어 ☑ 기타 □
연관자료	1-040603201205160001.hwp
저작권	
디지털화여부	예 ☑ 아니오 □
원자료위치	경북대 지역 언어문화 조사단 원자료관 Box 01-TE001

3) 방언 활용 상품 조사 결과 분석과 유형화–한국과 일본의 경우

앞서 조사 결과를 디지털 아카이브 구축 방안에 따라 데이터로 구축하였다. 아카이브 구축을 위한 조사 결과의 분류는 메타데이터 분류 기준을 설정하여 적용한다. 먼저 방언 상품 중에서 구매 가능한 상품과 구매 불가능한 상품을 나누고, 이들을 다시 인지적 가치의 상품과 정서적 가치의 상품으로 나누었다. 여기서 인지적 가치의 상품은 방언의 인식과 시장 가치에 대응하며 정서적 가치의 상품은 방언의 심리적 측면, 예를 들면 방언을 통한 애향심, 애착심과 충성심 고취 등에 목적을 둔 경우이다. 그리고 조사된 결과물의 분석에서는 방언이 활용된 상품이 구체적으로 어떤 유형에 해당하는가를 설명하였다. 이 글에서는 이러한 기준에 따라 국내·외의 방언 활용 상품 조사 결과를 분석하여 유형화한다.

(1) 한국의 방언 활용 상품 조사 결과

국내에서 방언을 활용한 상품을 찾아 본 결과 총 250건이 조사되었다. 이 가운데 구매 가능한 상품은 118건이며 구매 불가능한 상품은 132건이다. 구매 가능한 상품 중 인지적 가치의 상품은 45건이고, 정서적 가치의 상품은 73건이다. 구매 불가능한 상품은 모두 정서적 상품으로 132건이다.[14] 이러한 결과를 일본 조사 결과([표 12])와 비교해보면, 우리나라의 경우 방언을 상품화하는 사례가 일본만큼 활성화되지 못한 것으로 분석할 수 있다.

[표 9] 한국 방언상품 조사 결과 및 분류

	총 조사 수	구매가능	구매불가능
인지적 가치	45	45	0
정서적 가치	205	73	132
합 계	250	118	132

상품 분류에 따른 상품 유형을 정리하면 다음과 같다.

---

14 국립국어원(2012:66-70)에 제시된 조사 상품 수가 268건(구매 가능-99건, 구매불가능-169건)으로 차이가 나는 이유는 보고서가 나온 이후에 다시 자료를 확인하여 중복된 부분과 재분석을 통해 건수를 정리했기 때문이다. 결과 자료와 메타데이터는 이 글의 제한된 지면 때문에 수록하지 못했고, 국립국어원(2012)에 제시되어 있다.

[표 10] 한국의 방언 활용 상품의 유형 분류 결과

구매 가능 여부	가치 분류	상품 유형
구매 가능	인지적 가치	상품- 공산품, 기념품, 식품, 술, 책 상품명- 신용카드, 공산품 시험- 방언능력시험
	정서적 가치	방송(공중파)- 다큐멘터리, 드라마 영화, 연극, 공연(연주회) 노래, 앨범 제목
구매 불가능	정서적 가치	홍보- 간판, 안내문, 슬로건, 포스터, 현수막 전시회, 경연대회, 교육프로그램 벽화, 거리 명칭, 신문기사

조사된 건수를 권역별로 순위를 잡아보면, 제주(59) > 경남(43) > 전남(36) > 경기(28), 경북(28) > 충남(17) > 강원(13) > 전북(6), 충북(6) 순으로 나온다. 조사의 기간이 3개월 간의 웹 검색 엔진을 위주로 한 조사이며, 현장 조사가 보다 추가될 경우 건수가 달라질 수 있다. 일본의 경우와 마찬가지로, 우리나라도 서울에서 멀어질수록 방언에 대한 의식 이 강하게 작용하는 것으로 볼 수 있다. 서울에서 가까운 경기도 지역의 경우 28건이 조사되었는데, 이것은 이곳 지역민들이 방언 대한 관심도가 높아서 그런 결과가 나왔을 것으로 판단한다. 이러한 관심도는 주로 지역 출신 이주민들이 수도 근교로 이주하면서 생겨난 현상으로 분석할 수 있다.[15] 이러한 분석으로 이 지역에서 조사된 상품의 생산자 가 원래 어느 지역 출신자인지 좀더 정밀하게 조사하면 가능할 것으로 생각되나, 이 논문에서는 다루지 않기로 한다.

---

15 간판이나 상호의 경우 순수한 경기도 방언이 아닌 경상도나 전라도 방언적 요소가 반영된 사례도 발견되었다.

[표 11] 국내 권역별 상품 조사 건수

총건수 \ 지역	서울	경기	강원	충북	충남	전북	경북	전남	경남	제주	기타
250	0	28	13	6	17	6	28	36	43	59	14

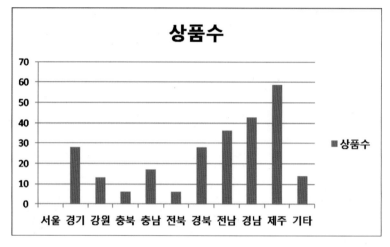

[그림 4] 한국의 권역별 상품 비교 그래프

(2) 일본의 방언 활용 상품 조사 결과

일본 방언 활용 상품 조사 결과, 총 233건이 조사되었다. 이 중 구매 가능한 상품은 174개이며 구매 불가능한 상품은 59건이다. 구매 가능한 상품 중 인지적 가치의 상품은 169건이고 구매 불가능한 상품은 없었다. 그리고 정서적 가치의 상품은 64건인데, 이 가운데 구매 가능한 상품은 5건이고, 불가능한 상품은 59건이었다.[16]

---

16 국립국어원(2012:71-81)에 제시된 조사 상품 수가 232건(구매 가능-175건, 구매불가능-57건)과는 1건 정도 차이가 나는 데, 자료의 재검증을 통해 수정한 것이다. 결과 자료와 메타데이터는 이 글의 제한된 지면 때문에 수록하지 못했고, 국립국어원(2012)에 제시되어 있다.

[표 12] 일본 조사 결과 및 분류

	총 조사수(233)	구매가능	구매불가능
인지적 가치	169	169	0
정서적 가치	64	5	59
합계	233	174	59

일본의 경우는 방언을 활용한 구매 가능한 상품의 개발이 대단히 활발함을 짐작할 수 있다. 다만 우리나라의 분류에서 정서적 가치의 상품이면서 구매 가능한 상품으로 분류한 노래, 방송, 영화, 연극 등을 정밀하게 조사하지 못했기 때문에 분류가 다소 입체적이지 못하다. 하지만 구매 가능한 상품의 개발은 우리나라보다도 우위에 있음을 알 수 있었다. 상품 분류별 상품 유형을 정리하면 다음과 같다.

[표 13] 일본 방언 활용 상품의 유형 분류 결과

구매 가능 여부	가치 분류	상품 유형
구매 가능	인지적 가치	* 언어적 가치- 책, 방언사전, 방언지도 * 관광 가치- (상품)가루타, 가방, 거울, 과자, 기름종이, 달력, 노렌(のれん, 暖簾), 주머니, 라이터, 식품, 메모장, 열쇠고리, 화장품, 휴지 등의 일상용품.
구매 불가능	정서적 가치	* 정적 가치- 홍보-전단지, 간판, 포스터 등

일본의 권역별로 조사된 건수에 대해 순위를 잡아보면, 규슈/오키나와(66) > 간사이 (56) > 도(토)호쿠(36) > 간토(19) > 츄고쿠(18) > 츄부(17) > 시코쿠(13) > 홋가이도(7) > 기타(1)의 순으로 나온다. 이 경우와 마찬가지로 도쿄에서 멀어질수록(규슈/오키나와<66 건>) 방언에 대한 의식이 강하게 작용하는 것으로 볼 수 있다. 도쿄에서 가까운 간사이 지역의 경우 56건이 조사되었는데, 이것은 이곳 지역민들이 방언 대한 관심도가 높아서 그런 결과가 나왔을 가능성이 높다. 이에 대해 이노우에 후미오(井上史雄, 2007a:71-73)는

고향의 방언을 좋아한다는 평가가 높은 지역(홋카이도, 교토, 오사카 등)일수록 방언 상품의 수도 많다고 한다. 특히 교토나 오사카 지역은 일본의 옛 수도 지역으로 이쪽에서 오랫동안 거주한 사람들은 지역에 대한 자부심이 아주 높은 것으로 보고 있다.

[표 14] 일본 권역별 상품 조사 건수

지역 총건수	간토 (도쿄부)	추부	도(토) 호쿠	간사이	홋가이도	시코쿠	츄고쿠	규슈/ 오키나와	기타
233	19	17	36	56	7	13	18	66	1

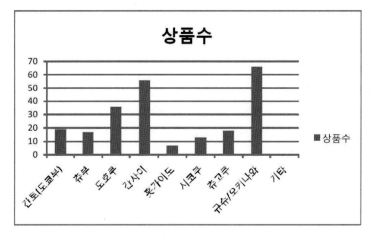

[그림 5] 일본의 권역별 상품 비교 그래프

[그림 5]의 지리적 차이는 방언의 경제적 가치의 지역차를 나타내는 좋은 예라고 말할 수 있다. 전국 분포를 보면 대도시 간사이(오사카·교토)나 규슈·도(토)호쿠 여러 현(또한 국토의 변경)에 많다. 이노우에 후미오(2011:149)는 교토·오사카·아이치·아오모리현 부근, 고치, 가고시마, 오키나와가 상위이며 대도시와 국토의 외곽이라고 하는 양극에서 두드러지게 나타난다고 하였다. 그리고 그 모양을 마치 한 가운데가 높은 재떨이를 연상시킨다고 표현하였다.

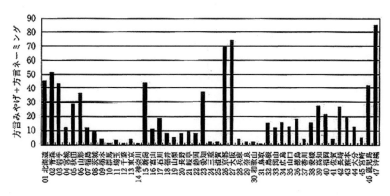

[그림 6] 이노우에 후미오(2011)의 일본 지역별 방언 상품 분포 그래프

다음 일본 권역 지도를 비교해보면 수도 지역인 '간토(도쿄부)'를 중심으로 각 지역이 떨어져 있는 정도를 확인할 수 있다. 이노우에 후미오(2011:150-151)는 이러한 결과를 언어적 가치, 관광 가치, 정적 가치의 세 요인이 복합적으로 작용한 결과로 분석하고 있다.

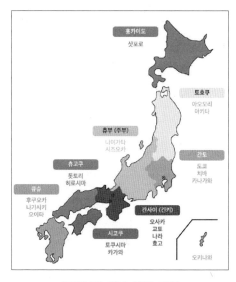

[그림 7] 일본 권역 지도

4) 방언의 문화 콘텐츠 산업화를 위한 제안

이 글에서는 방언을 활용하여 문화 콘텐츠 산업화를 이룩하려면 방언학 연구 분야에서 어떻게 해야 하는지 그 방안을 제안하고자 한다. 앞서 살펴본 것처럼 방언은 그 속에 내재된 문화적 요소를 개발하여 문화 콘텐츠화와 문화 산업화를 이루어 낼 수 있다. 그러므로 방언은 언어 원형으로서의 가치뿐만 아니라, 경제적 가치를 높일 수 있는 문화 상품으로 개발하기에 충분하다. 비록 상품이 되지 못하더라도 적어도 지역에 대한 애향심과 자부심을 기르고 결국에는 이를 기반으로 산업화를 구현하는데 일조할 것이다. 그러므로 방언은 문화 콘텐츠 산업화를 이룩하는데 중요한 자원으로 활용할 수 있다고 본다.

이를 위해 방언학의 연구 방법론을 확장할 필요가 있다. 필자는 이러한 관점에서 방언학 연구의 외연을 넓히는 몇 가지 방안을 제안한다.

첫째, 방언학에서 입체적인 자료 조사와 정리 방법을 제안한다. 기존의 방언학 연구에서 중요한 과정 중의 하나인 현장 조사와 수집된 자료의 정리 기법을 확장하자는 것이다. 종래의 현장 조사는 직접 제보자를 찾아서 질문지로 묻고 그 발음을 녹취한 뒤, 녹음된 자료를 전사하고, 분절하여 파일로 저장하는 일이었다. 이제는 방언 자료(방언 자체, 방언 응용 자료)를 수집할 때 필요한 정보를 모두 담고 있는 입체적인 자료를 만들자는 것이다. 즉 방언의 문화적 요소를 디지털 아카이브로 구축하는 기법을 활용하여 문서와 사진, 음향, 동영상 등으로 축적하면 향후 스토리텔링을 기반으로 한 문화 콘텐츠를 개발할 때 쓸모 있는 언어문화자원으로 활용할 수 있을 것이다.[17]

둘째, 방언학에 경제언어학의 방법론을 도입하여 방언 가치에 대한 인식의 전환과

17　최혜실(2006:121-122)은 문화 콘텐츠 산업에 있어 스토리텔링을 기반으로 하는 디자인 시나리오는 (1) 문자 기반 시나리오 (2) 이미지 기반 시나리오 (3) 청각적 기반 시나리오 (4) 동영상 기반 시나리오의 네 가지로 나누어진다고 했다. 이 글의 방언 상품(문화적 요소) 아카이브 구축 시에도 문자 자료, 사진 자료, 음향 자료, 동영상 자료를 구분하여 축적하고자 한 것과 의도가 일치한다.

새로운 분류의 기준을 마련하자는 것이다. 즉 방언의 문화콘텐츠화를 통해 산업적 가치를 창출할 수 있다는 것을 보여주는 것이다. 종래 방언에 대한 인식은 표준어 교육 및 대중 매체의 영향 등으로 인해 의사소통을 위한 도구에서 '없애야 할 것'으로 분류되기도 했다. 하지만 방언은 아주 재미있는 문화적 소재이고, 생생한 자료이며, 이를 통해 지역 방언의 특수성과 보존 가능성을 문화적, 경제적인 가치로 창출할 수 있는 것으로 인식하게 하는 계기를 마련하자는 것이다. 이러한 문화적 가치를 창출할 수 있음을 보여준 것이 이태영(2000), 백두현(2006)이다. 이들은 각각 전라도 방언과 경상도 방언을 문화적 관점에서 이야기 형태로 펼쳐낸 대표적인 업적들이다. 이런 출판물이 각 지역별로 양산되면서 방언이 단순한 소통의 언어라는 차원을 뛰어넘어 흥미로운 지역 문화를 보여주는 역할을 할 수 있도록 하는 것이다. 또한 경제적 가치의 창출 가능성은 국립국어원(2012, 2013, 2014)의 '지역 언어문화상품 개발 보고서'에서 전국적인 조사와 공모전의 결과를 통해 방언을 활용한 문화 콘텐츠화 및 산업화가 가능하다는 사실을 확인할 수 있었다.[18]

셋째, 방언학 연구에서 지역의 고유한 언어문화 원형을 발굴하는 방법론도 개발할 필요가 있다. 지역 고유의 문화 원형을 지역의 언어로 기술함으로써 생생한 감동과 재미를 더할 수 있을 뿐만 아니라, 지역 문화의 가치를 높이는 데에 기여할 수 있다. 이미 그 가능성은 국립국어원의 민족생활어 조사 사업에서 구축한 언어문화 원형 자료가 문화 콘텐츠 제작에 활용된 사례를 통해 입증된 바 있다.[19] 또한 이 글에서 지역의 문화 원형을 간직하고 있는 지역 언어문화상품을 조사하고 분석하여 지역민의 방언 의식을 고찰하는데 활용될 수 있음을 보여 주었다. 앞으로 방언의 원형 발굴 방법론은 지역

---

18 국립국어원에서 2012년, 2013년, 2014년 '지역 언어문화상품 개발 사업'의 일환으로 개최한 '사투리 상품 아이디어 공모전'의 입상자들이 방언상품을 양산하여 수익을 올리고 있다는 내용이 2013년 12월 6일자 한국정책방송(KTV)의 '대한민국의 희망, 창조 경제'라는 기획 프로그램에서 소개되어 관심을 불러일으키고 있다.

19 2011년 개봉된 임권택 감독의 '달빛 길어올리기'는 전통 한지를 소재로 한 영화인데, 2007년 국립국어원의 민족생활어 조사 사업에서 '한지장'을 조사하면서 구축한 언어문화 원형 자료가 활용되었다.

특화 문화 콘텐츠로 개발된 문화 공간, 지역 문화축제 공간과 재래시장을 문화 산업의 특구로 활성화하는 데 도움이 된다는 사실을 입증할 수 있을 것이다.

넷째, 방언학이 문화 콘텐츠 산업화를 이룩하는데 활용할 수 있는 기초자료를 무한하게 축적하고 있는 분야임을 보여줄 필요가 있다. 국립국어원의 '한국어의 지역적 분포 조사 사업(2004-2013)'이나 '민족생활어 및 직업생활어 조사 사업(2007-2012)' 등이 대표적인 방언문화 관련 기초자료 축적 사업으로 판단된다. 또한 방언을 소재로 개발된 지역 문화상품을 지속적으로 조사하면서 앞으로 이들이 산업적 효과를 이룩할 수 있는 가능성을 분석하는 방법론도 개발할 필요가 있다. 이러한 방언학의 방법론을 활용하여 산업적 효과를 획득할 수 있는 언어 상품의 개발과 보급이 지역 경제의 발전으로 이어질 수 있는 계기를 마련하는 데에 기여할 수 있다는 점도 보여주어야 한다.

5) 학문 융합적 성격의 언어문화 콘텐츠 산업화

이 글은 방언과 관련된 소재로 이미 산업화를 이룬 상품이나 아이디어가 어떤 것이 있는지 조사하고 그 데이터를 귀납적으로 분석했다. 또한 이러한 분석 결과를 바탕으로 방언의 문화 콘텐츠 산업화를 위해 방언학 연구 분야가 기여할 수 있는 방안을 살펴보았다. 이를 위해서는 종래의 방언학에서 사용하던 현장 조사법와 데이터 축적을 위해 사용하던 방법론과는 다른 방안이 필요했고, 이 글을 통해 그런 방법론을 제안했다. 즉 지금까지 단순한 음성 자료의 축적 위주로 이루어진 방언 조사와 전사 자료 중심의 단선적인 데이터베이스 구축에서 극복하기 위해서 입체적인 방언 자료 구축 방안을 마련했는데, 바로 디지털 아카이브 구축 방법을 활용한 방언 자료의 집적 방안이었다. 제보자의 발화 시 입모양, 표정, 동작까지도 저장하고 질문 대상물에 대한 세부 명칭과 활용법, 그런 명칭을 붙이게 된 이유와 얽힌 에피소드(이야기) 등도 조사의 대상이 된다. 또한 이를 문자, 사진, 음향, 동영상과 실물의 매체별로 분류하고 저장하여 향후 입체적인 데이터베이스를 구축하기 위해 활용할 수 있는 자료로 집적할 필요가 있다.

본 연구를 통해 한국과 일본의 방언 상품의 조사와 분석을 시도하면서 방언 문화자원의 산업화가 가능하다는 결론을 얻었다. 또한 이번 연구를 통해 방언에서 또 다른 재미를 찾을 수 있으리라는 확신을 가지게 되었다. 그리고 그동안 학제적인 연구에만 몰두해 온 방언학 연구 분야에 새로운 연구 관점을 제공할 수 있으리라 판단한다. 앞으로 방언 문화 콘텐츠의 산업화를 위한 구체적인 방안에 대한 논의는 다음으로 돌리고, 이 글의 연구를 통해 제시할 수 있었던 몇 가지 의의를 정리하고자 한다.

첫째, 지역 언어문화 관련 상품을 개발하기 위해 이론적 바탕을 마련하는데, 이 글의 결과가 활용될 수 있다. 한국에서는 지역 언어문화의 상품에 관한 연구는 거의 전무하다. 따라서 이 글을 통하여 문화 콘텐츠로서 방언의 활용 방안이 논의가 되면 언어문화 관련 상품 개발 등 실질적인 사업에 대한 이론적인 기반을 제공할 수 있을 것이다.

둘째, 앞으로 지역 언어문화의 발전 방향성을 제시하는데 활용할 수 있다. 이 글의 연구 과정에서 지금까지 소외되고 천대 받았던 부끄러움의 대상인 지역 언어의 부정적인 인식을 전환하여 방언의 긍정적 효과를 부각시킬 수 있다고 본다. 이러한 연구 방법론은 향후 지역 문화 발전에 도움이 되는 새로운 수단으로 방언의 활용성을 극대화하는 데 기여할 수 있을 것이다.

셋째, 지역 주민의 자신감 회복과 지역 경제 부흥에 활용될 수 있다. 최근 방언을 찾는 곳이 많아지고, 방언에 대한 거부 반응이 사라져 가고 있는 상황에서 이 글에서 논의된 결과들은 지역 주민에게는 자신감의 회복이며, 지역 경제에도 보탬이 되리라 생각한다.

넷째, 소멸 위기에 처한 방언을 보존하는 전략은 다음 3단계로 제안하였다. 우선 지금까지 방언학계에서 꾸준하게 수행했던 현장 조사와 기초 자료의 축적을 1차적인 보존 전략 단계라고 볼 수 있다. 그리고 이러한 토대를 바탕으로 방언학과 문화 콘텐츠학을 접목시켜서, 방언 자료의 스토리텔링화로 문화 콘텐츠를 구축하여 방언의 활용 가능성을 극대화하는 2차적인 보존 전략 단계를 설정하였다. 또한 방언학과 문화 콘텐츠학, 경제언어학을 접목한 방언 문화 콘텐츠의 산업화를 통한 3차적 보존 전략 단계를 제안하였다.

그리고 이 글에서 이렇게 제안한 방언의 2차적, 3차적 보존 전략 단계의 가능성을 타진해 보았다고 생각한다.

탐구 과제

1) 언어문화로 이루어진 상품이나 문화 콘텐츠 등을 공유하고 어떤 효과가 있는지 논의해 보자.

2) 언어문화를 문화 콘텐츠로 개발하고자 기획했던 경우를 찾아보고, 이를 분석한 뒤에 반드시 들어가는 요소가 무엇인지 혹은 어떤 내용을 포함하는지 구체적으로 논의해 보자.

3) 방언을 활용한 상품이나 아이디어, 영상 콘텐츠 등을 찾아보고, 메타데이터와 언어문화 자원 구축을 위한 방법론을 탐구해 보자.

참고문헌

강수경(2006), 『조례제정권과 법률의 관계』, 법제처.

강정희(2010), 「지역어 자원의 문화콘텐츠화를 위한 방안」, 『어문론총』 53, 한국문학언어학회, 3-18.

고정민(2014), 「한류현상을 접근하는 연구영역에 관한 연구」, 『한류비즈니스연구』 1, 가톨릭대학교 문화비즈니스연구소, 5-30.

국립국어원(2004-2013), 『한국어의 지역적 분포 조사 보고서』, 한국어의 지역적 분포 조사 사업단.

국립국어원(2007), 『민족생활어 조사 사업 연구원 연수자료』, 국립국어원.

국립국어원(2007), 『2007년도 민족생활어 조사10-참빗장, 죽렴장, 부채장, 채상장, 악기장』, 국립국어원.

국립국어원(2007), 『민족생활어 조사 중장기 계획』, 국립국어원.

국립국어원(2007-2013), 『민족생활어 및 직업생활어 조사 보고서』, 민족생활어 및 직업생활어 조사 사업단.

국립국어원(2012), 『지역 언어문화상품 개발 보고서』, 경북대언어문화상품개발사업단.

국립국어원(2013), 『2013년 지역 언어문화상품 개발 보고서』, 경북대언어문화상품개발사업단.

권재일(1990), 「에드워드 사피어의 언어 이론에 대하여」, 『인문과학논총』 22, 건국대학교 인문학연구원, 55-69.

김갑년(2005), 「독일어 호칭 Du와 Sie 사용의 문화적 이해」, 『독일어문학』 13(1), 독일어문학회, 255-278.

김경수(2001), 「건축미학에서 본 한국성 문제」, 『미학 예술학 연구』 13, 87-109.

김기덕·이동배·장제윤(2012), 「한류 드라마에 나타난 가족주의: 현대 중국인의 시각을 중심으로」, 『문화콘텐츠연구』 2, 건국대학교 글로컬문화전략연구소, 7-29.

김대행(2003), 「한국어 교육과 언어문화」, 『국어교육연구』 12, 서울대학교 국어교육연구소, 157-180.

김덕호(2009), 『한국어문화 디지털 아카이브 구축론』, 역락.

김덕호(2010), 「지역의 언어문화자원의 문화지도 개발과 활용 방안」, 『한국문학언어학회 2010년

하계 전국발표대회 발표집』, 한국문학언어학회.

김덕호(2011), 「전자문화지도 제작을 위한 한국어문화 자원의 자료 처리 방안 연구」, 『영남학』 20, 영남문화연구원, 87-127.

김덕호(2012), 「한반도 '김치' 명칭의 분포 변화에 대한 연구」, 『방언학』 16, 한국방언학회, 287-326.

김덕호(2013), 「방언의 문화콘텐츠 산업화를 위한 연구 방법론 제언」, 『방언학』 18, 한국방언학회, 31-61.

김동언(2005), 『국어표현론』, 월인.

김만수(2006), 『문화콘텐츠 유형론』, 글누림.

김무식(2011), 「대구 경북지역어 연구양상과 대구문화」, 『어문론총』 55, 한국문학언어학회, 9-34.

김방한(1981), 「기층에 관하여」, 『한글』 172, 한글학회, 147-172.

김방한(1981), 『한국어 계통』, 민음사.

김범부(1973), 「풍류정신과 신라문화」, 『한국사상총서』, 한국사상연구회, 경인문화사, 221-231.

김범부(1981), 『화랑외사』, 이문출판사.

김상헌(2009), 「문화연구를 위한 문화지도의 개념과 활용」, 『역사문화연구』 34, 한국외국어대학교 역사문화연구소, 495-522.

김선영·김영주(2003.10.6.), 「[사이언스] 동물에게 말 가르칠 수 있을까」, 조선일보, https://biz.chosun.com/site/data/html_dir/2003/10/06/2003100670294.html

김슬옹(2018), 「국어기본법의 역사적 의미와 과제」, 『국어기본법 13년, 그 성과와 과제 학술대회 자료집』, 국어단체연합국어문화원. 8-29.

김승일 역(1997), 『세계의 문자』 세계문자연구회편, 범우사.

김영천·김진희(2008), 『질적연구방법론 2』, 아카데미프레스

김윤옥 외(2009), 『질적 연구 실천 방법』, 교육과학사.

김재호(2009), 「옹기 생산자 중심의 민속분류체계와 문화지도」, 『민족문화론총』 42, 영남대 민족문화연구소, 125-164.

김종혁(2008), 「디지털시대 인문학의 새 방법론으로서의 전자문화지도」, 『국학연구』 12, 한국국학진흥원, 263-290.

김지원(2008), 「지역성과 관련한 한국 춤의 언어문화학적 연구법 고찰 -대구 지역 권명화 살풀이를 중심으로-」, 『공연문화연구』 17, 공연문화학회, 107-134.

김지원(2009), 「지역성과 관련한 한국 춤의 언어문화학적 연구법 고찰 -대구 지역 권명화 살풀이를 중심으로-」, 『공연문화연구』 17, 한국공연문화학회, 107-134.

김진우(1996), 『언어와 문화』, 중앙대학교 출판부.

김진우(2005), 『언어 이론과 그 응용 깁더본』, 탑출판사.

김창현(2011), 「스토리텔링과 도시 디자인 - 서사의 감성적 특질을 활용한 도시 스토리텔링-」, 『인문과학』 47, 성균관대학교 인문학연구원, 125-146.

김탁환(2008), 「디지털 시대 전통 기록과 스토리텔링 연구」, 『국학연구』 12, 한국국학진흥원, 291-312.

김평수·윤홍근·장규수(2012), 『문화콘텐츠 산업론』, 커뮤니케이션북스.

김 현(2004), 「전자문화지도 개발을 위한 정보편찬 기술」, 『인문콘텐츠』 4, 인문콘텐츠학회, 65-77.

김형효 외(1993), 『언어·문화 그리고 인간』, 한국정신문화연구원.

나상배, 하영삼 역(2002), 『언어와 문화』, 서울대학교 출판부.

나채근·김덕호(2023), 「한국 풍류 정신문화의 차이성과 창조적 변용성」, 『문화와 융합』, 45(7), 한국문화와융합학회, 805-814.

남궁정(2011), 「인터랙티브 스토리텔링을 활용한 소설교육 e-Learning 콘텐츠 개발」, 『한국언어문화』 44, 119-154.

도광순(1984), 「풍류도와 신선사상」, 『신라문화재 학술발표회 논문집』 5, 동국대신라문화연구소, 287-324.

두산백과 두피디아(2013), 『두산세계대백과사전』, http://www.doopedia.co.kr/

들뢰즈, 김상환 역(2004), 『차이와 반복』, 민음사.

들뢰즈·가타리, 김재인 역(2001), 『천개의 고원(Delueze·Guattari, Mille Plateaux)』, 새물결.

랑카 비엘작·롤랑 브르통, 신광순 역(2004), 『언어의 다양한 풍경』, 시공사.

민현식(1999), 『국어 정서법 연구』, 태학사.

민현식(2000), 『국어교육을 위한 응용국어학 연구』, 서울대학교 출판부.

민현식(2004), 「(한)국어문화교육의 개념과 실천 방향」, 『한국언어문화학』 1(1), 한국국제언어문화학회, 59-103.

박기수·안승범·이동은·한혜원(2012), 「문화콘텐츠 스토리텔링의 현황과 전망」, 『인문콘텐츠』 27, 인문콘텐츠학회, 9-25.

박성용(2000), 「지역 사회의 문화지도-청도의 서원, 재실, 정자를 중심으로」, 『민속학연구』 7, 국립민속박물관, 125-159.

박성용(2001), 「문화지도-자료 활용 방법과 조사내용」, 『비교문화연구』 제7집1호, 서울대 비교문화연구소, 3-28.

박순철(2008), 「디지털아카이브시스템의 구축과 활동-20세기 민중생활사 아카이브를 중심으로-」, 『영남학』 14, 영남문화연구원, 35-62.

박영순(1989), 「제2언어 교육으로서의 문화 교육-한국어의 문화적 요소를 중심으로-」, 『이중언어학』 5, 이중언어학회, 43-59.

박영순(2001), 『외국어로서의 한국어 교육론』, 월인.

박영순(2002), 『한국어 교육을 위한 한국문화론』, 한국문화사.

박영순(2004), 『한국어 담화·텍스트론』, 한국문화사.

박중엽(2020.9.10.), 「[코로나19 대구 보고서] 이주노동자는 어떻게 살아남았나」, 뉴스민, https://www.newsmin.co.kr/news/51720/

박한선(2020), 『감염의 연대기』, 글항아리.

박한우·임연우·전채남(2011), 「문화콘텐츠 활성화를 위한 소셜 네트워크 전략」, 『인문연구』 62, 영남대학교 인문과학연구소, 449-476.

박형익(2004), 『한국의 사전과 사전학』, 월인.

배준영·백두현(2013), 「국어사 문헌자료의 문화중층론적 연구 방법과 그 적용」, 『국어학회 제40회 전국학술대회 발표자료집』, 국어학회.

백두현(2006), 『국수는 밀가루로 만들고 국시는 밀가리로 맹근다』, 커뮤니케이션북스.

성기철(2004), 「언어와 문화의 접촉-언어문화」, 『한국언어문화학』 1(1) 국제한국언어문화학회, 105-123.

성기철(2005), 「언어문화와 문화 간 의사소통」, 『국제한국언어문화학회 일본학술대회』, 국제한국언어문화학회.

소두영(1995), 『문화기호학』, 사회문화연구소.

신은경(1996), 「한국적 미의식의 한 유형으로서의 무심」, 『정신문화연구』, 19(2), 99-120.

신현욱·김형범(2011), 「<동명왕편>의 내러티브 및 서사 공간 구성 고찰」, 『한국언어문화』 44, 275-300.

심승구(2005), 「한국술문화의 원형과 콘텐츠화」, 『인문콘텐츠학회 학술심포지엄 발표자료집』, 인문콘텐츠학회.

아시아문화중심도시추진단(2008), 『아시아문화지도제작 중장기 전략 수립 및 시범 사업』, 문화체육관광부.

안귀남(2009), 「옹기명칭의 문화지도」, 『민족문화론총』 42, 영남대학교 민족문화연구소, 165-195.

양태삼(2021.2.9.), 결혼 이주여성 최대 고민은 '법률'…그 다음은 '생활'과 '이혼', 연합뉴스, https://www.yna.co.kr/view/AKR20210208146200371

에른스트 카시러, 박완규 역(2007), 『문화 과학의 논리』, 길.

염재철(2010), 「미적 범주로서의 풍류계와 씻김계: 멋과 흰그늘」, 『민족미학』 9, 민족미학회, 131-

161.

오경석(2007), 「어떤 다문화주의인가?: 다문화사회 논의에 관한 비판적 조망」, 『한국에서의 다문화 주의』, 한울아카데미, 25-29.

왕한석 외(2004), 「국제화 시대의 한국언어문화 연구」, 『한국언어문화학 창간기념 기획 대담 자료집』, 한국언어문화학회, 239-240.

왕한석(1996), 「언어·사회·문화-언어인류학의 주요 조류」, 『사회언어학』 4(1), 사회언어학회, 3-50.

원승룡(2005), 「문화학은 어떻게 가능한가-현대 문화학의 발생과 전망」, 『범한철학』 39, 범한철학회, 79-107.

유기웅·정종원·김영석·김한별(2012), 『질적 연구 방법의 이해』, 박영사.

유기웅·정종원·김영석·김한별(2018), 『질적 연구 방법의 이해 개정판(2nd edition)』, 박영사.

유동식(1989), 「풍류신학으로서의 여로」, 『신학논단』 18, 연세대학교 연합신학대학원, 51-69.

유동식(1997), 「풍류도와 한국의 종교문화」, 최정호 편, 『멋과 한국인의 삶』, 나남출판.

유우익(1998), 『한국의 문화관광지도 작성 연구』, 문화관광부.

윤종갑(2005), 「원효사상의 철학적 체계」, 『밀교학보』 7, 위덕대학교 밀교문화연구원, 298-324.

윤택림(1994), 「기억에서 역사로 -구술사의 이론적, 방법론적 쟁점들에 대한 고찰」, 『한국문화인류학』 25, 한국문화인류학회, 273-295.

윤택림(2004), 『문화와 역사 연구를 위한 질적 연구 방법론』, 아르케.

이광규(1975), 「은거제도의 분포와 유형에 관한 연구」, 『한국문화인류학』 7, 한국문화인류학회, 1-19.

이광석(2009), 「질적 연구 방법론에로의 초대」, 『서울행정학회포럼』 3, 서울행정학회, 20-23.

이근열(2012), 「부산의 공간성과 언어문화」, 『어문론총』 57, 한국문학언어학회, 157-177.

이근열·김인택(2011), 「부산 방언의 문화콘텐츠론」, 『우리말연구』 29, 우리말학회, 41-68.

이기문(1972), 『국어학개설』, 태학사.

이기홍(2013), 「양-질 구분을 다시 생각한다」, 『한국사회학』 47(2), 한국사회학회, 1-30.

이미혜(2004), 「한국어와 한국문화의 통합 교육: 언어교육과 문화교육의 통합 양상을 고려한 교육방 안」, 『한국언어문화학』 1(1), 국제한국언어문화학회, 143-163.

이보형(1983), 「메나토리 무가 민요권의 음악문화」, 『한국문화인류학』 15, 한국문화인류학회, 233-249.

이상규 외(2005), 「방언지도 제작기를 활용한 방언지도 제작」, 『방언학』 2, 한국방언학회, 269-301.

이상규(2007), 『방언의 미학-우리말 풍경 돌아보기』, 살림출판사.

이상규(2009), 「문화지도의 개념」, 『3차 자문회의 발표자료』.

이상엽(2001), 「문화인문학-인문학의 문화학적 기획」, 『해석학연구』 8집, 한국해석학회.

이성준(1998), 「훔볼트 언어관의 핵심문제에 대한 고찰」, 『한국학연구』 10, 고려대학교 한국학연구소, 455-483.

이창식(2012), 「설문대할망설화의 신화적 상상력과 문화콘텐츠」, 『온지논총』 30, 온지학회, 7-46.

이춘녕(1964), 『이조농업기술사』, 한국문화원.

이태영(2000), 『전라도 방언과 문화 이야기』, 신아출판사.

이훈익(2011), 「문화콘텐츠 목표시장 선정 평가모형 개발을 위한 시론」, 『문화경제연구』 14(1), 한국문화경제학회 14-1.

이훈종(1992), 『민족생활어 사전』, 한길사.

장미진(2002), 「무속과 한국 미학의 단초」, 『미학예술학연구』 15, 한국미학예술학회, 7-30.

전경수(1977), 「거주지 확산과정: 전남 진도의 경우」, 『한국문화인류학』 9, 한국문화인류학회, 39-65.

전익진(2021.2.17.), 「한 공장서 115명 집단감염, 왜?…'외국인 노동자 숙소' 의심」, 중앙일보, https://www.joongang.co.kr/article/23994166

전정례(1999), 『언어와 문화』, 박이정.

정시호(1994), 『어휘장이론연구』, 경북대학교 출판부.

정영근(1999), 『빌헬름 폰 훔볼트: 인간.언어.교육』, 문음사.

정우락·백두현(2014), 「문화어문학: 어문학에 대한 문화론적 혁신」, 『어문론총』 60, 한국문학언어학회, 9-41.

정현규(2010), 「구술과 질적 연구 방법론 그리고 재매개」, 『독일어문화권연구』 19, 서울대 독일어문화권연구소, 163-182.

조두상(2009), 『쐐기문자에서 훈민정음까지』, 한국문화사.

조정래(2010), 『스토리텔링 육하원칙-신문을 활용한 스토리텔링 창작법』, 한국방송통신대학교 출판부.

조항록(2005), 「한국어 학습자를 대상으로 하는 문화교육의 새로운 방향」, 『국제한국어교육학회 춘계학술대회 논문집』.

지순임(2000), 「한국예술의 해석 가능성」, 『미학예술학연구』 11, 한국미학예술학회, 7-18.

최가영(2013), 『조앤롤링, 스토리텔링의 힘을 보여줘』, 탐.

최연구(2006), 『문화콘텐츠란 무엇인가』, 살림지식총서.

최영실(2012), 「기록관 도서관 박물관의 복합 기능을 구현한 라키비움의 공간 기능에 관한 연구」, 『문화산업연구』 12(2), 문화산업학회, 1-28.

최정순(2004), 「한국어교육과 한국문화교육의 등가적 통합」, 『언어와 문화』 1, 한국언어문화교육학회, 63-81.

최준식(2002), 『한국인은 왜 틀을 거부하는가』, 소나무.

최혜실(2006), 『문화콘텐츠, 스토리텔링을 만나다』, 삼성경제연구소.

최희경(2008), 「질적 자료 분석 소프트웨어(NVivo2)의 유용성과 한계: 전통적 분석방법과 Nvivo2 분석방법의 비교」, 『한국정책분석평가학회보』 18(1), 한국정책분석평가학회, 123-151.

테리. G. 조든-비치코프 & 벨라-비치코바 조든, 김종규 역(2007), 『유럽, 문화지역의 형성과정과 지역구조』, 시그마프레스.

피터 모빌, YUNA 역(2008), 『검색 2.0-발견의 진화』, 한빛미디어.

한국문화관광연구원(2009), 『4대강 유역 문화자원 현황조사 및 문화지도 제작 방안 연구』, 문화체육관광부.

한국정신문화연구원(1991), 『한국민족문화대백과사전』, https://encykorea.aks.ac.kr

한국콘텐츠진흥원(2012), 『문화원형콘텐츠총람집』, http://www.culturecontent.com

한글학회(2008), 『한말글 문화지도 만들기 사업결과 자료집』, 한글학회.

한홍섭(2004), 「풍류도의 어원」, 『신라학연구』 8, 위덕대학교 신라학연구소, 53-76.

함한희(2008), 「생활사 연구와 아카이브의 활용」, 『영남학』 14, 영남문화연구원, 7-34.

허 발(1979ㄱ), 「레오 바이스게르버 -특히 그의 언어관, 언어 이론과 그것에 대한 비판에 대하여-1」, 『한글』 166, 한글학회, 237-270.

허 발(1979ㄴ), 「레오 바이스게르버 -특히 그의 언어관, 언어 이론과 그것에 대한 비판에 대하여-2」, 『한글』 166, 한글학회, 271-303.

홍석준(2007), 「작은 발견 인문학 기술학적 상상력의 결합: 아시아 해양종교문화지도 제작의 성격과 의미」, 『너울』 192, 한국문화관광연구원.

홍인기(2019.10.9.), 투표권없는 이주민 242만명… 정치로 다문화 인권 품어야, 서울신문, https://www.seoul.co.kr/news/politics/2019/10/09/20191009008004

황용주(2011), 「한국어의 언어 관리 정책—공공언어 개선 정책을 중심으로」, 『국어문학』 50, 국어문학회, 23-45.

諏訪功, 大谷弘道, 菊池雅子 訳(1993), 『ことばの経済学(Florian Coulmas(著), Language and economy)』, 大修館書店.

多言語社会研究 (2004), 『ことばと社会 8号』, 三元社.

小林隆(2006), 『方言が明かす日本語の歴史』, 岩波書店.

小林隆·篠崎晃一編(2003), 『ガイドブック方言研究』, ひつじ書房.

小林隆·篠崎晃一編(2007), 『ガイドブック方言調査』, ひつじ書房.

日本民俗建築学会(2001), 『図説 民俗建築大事典』, 柏書房.

田中ゆかり(2011), 『方言コスプレの時代』, 岩波書店.

井上史雄(1989), 『づかい新風景(敬語と方言)』, 秋山叢書.

井上史雄(2000), 『日本語の値段』, 大修館書店.

井上史雄(2001), 『日本語は生き残れるか―経済言語学の視点から―』, PHP新書.

井上史雄(2003), 「ことばの知的値段と情的値段」, 『言語』.

井上史雄(2007a), 『変わる方言動く標準語』, ちくま新書.

井上史雄(2007b), 『言語楽さんぽ』, 明治書院.

井上史雄(2011), 『經濟言語學論考』, 明治書院.

Agar, M.H., 최경숙 외 역(2007), 『문화기술지에 대한 언어적 고찰』, 군자출판사.

Baldwin, J.R., Faulkner, S.L., & Hecht, M.L.(2006), *A Moving Target: The illusive definition of culture.* Redefining Culture: Perspectives Across the Disciplines.

Bampton, R. & Cowton, C.J.(2002), The E-Interview, Forum Qualitative Social Research (FQS), Volume 3, Issue 2.

Berlin, B. & Kay, P.(1969), *Basic Color Terms: Their Universality and Evolution.* University of California Press.

Bhasin, N.(2008), *Reviewed Work: Language and Culture: Global Flows and Local Complexity* by Karen Risager, Language in Society, 37(1), 127-131.

Bloch, B. & Trager, G. L.(1942), *Outline of Linguistic Analysis*, Linguistic Society of America, Waverly Press.

Bogdan, R.C. & Biklen, S.K.(2007), *Qualitative Research for Education: An Introduction to Theory and Methods.* 5th Edition, Boston.

Bromberger, C.(1991), *Cartes ethnographiques, Dictionniare de l'ethnographie*, Paris; P.U.F.

Brown, D.(2002), "Going Digital and Staying Qualitative: Some Alternative Strategies for Digitizing the Qualitative Research Process," Forum Qualitative Social Research (FQS), Volume 3, Issue 2.

Cameron, D.W. & Groves, C.P.(2004), *Bones, Stones and Molecules "Out of Africa" and Human*

Origins, Burlington: Academic Press.

Campbell, D.T. & Fiske, D.W.(1959), Convergent and Discriminant Validation by the Multitrait-Multimethod Matrix. in *Psychological Bulletin*, 56, 81-105.

Coulmas, F.(1992), *Language and Economy*, MLA International Bibliography.

Creswell, J.W., 조홍식·정선욱·김진숙·권지성 역(2009), 『질적 연구 방법론: 다섯가지 전통』, 학지사.

Creswell, J.W., 김영숙·유성림·박판우·성용구·성장환 역(2011), 『연구 방법: 질적, 양적 및 혼합적 연구의 설계』, 시그마프레스.

Duranti, A.(2007), *Linguistic Anthropology*, Cambridge University Press.

Ezzy, D.(2002). *Qualitative analysis, practice and innovation.* London: Routledge.

Gary Simons, et. al.(2024), *Ethnologue* the 27th edition, Sil International, Global Publishing.

Gergen, M. & Gergen, K.J.(2000), Qualitative Inquiry: Tensions and Transformations, in *Handbook of Qualitative Research* (2nd ed.), edited by Denzin, N.K, Lincoln, Y.S. Thousand Oaks: Sage.

Gibbs, G.R., Friese, S. & Mangabeira, W.C.(2002), The Use of New Technology in Qualitative Research. Introduction to Issue 3(2) of FQS, in *Forum Qualitative Sozialforschung / Forum: Qualitative Social Research. 3, 2.*

Glaser, B.G. & Strauss, A.L.(1967), *The Discovery of Grounded Theory: Strategies for Qualitative Research.* Chicago: Aldine.

Goodenough, W.H.(1964), *Explorations in cultural anthropology: essays in honor of George Peter Murdock*, New York: McGraw-Hill Book Co.

Hall, E. & Whyte, W.(1979), Intercultural Communication. in Mortenson, C.D., *Basic Readings in Communication Theory*, New York: Harper and Row.

Hofstede, G.(1991), *Cultures and Organizations: Software of the Mind.*, London: McGraw-Hill.

Hulbert, H.B.(1905), *Comparative Grammar of the Korean Language and the Dravidian dialects in India*, Seoul.

Hymes, D.(1964), *Language in Culture and Society: A Reader in Linguistics and Anthropology.* New York: Harper & Row.

Johnson, R.B. & Christensen, L.B.(2012). *Educational Research: Quantitative, Qualitative and Mixed Approaches*, 4th edition, London: Sage.

Kroeber, A.L. & Kluckhohn, C.(1952), *Culture: A Critical Review of Concepts and Definitions,* New York: Vintage Books.

Lewis, A. & Silver, C.(2009), *Choosing a CAQDAS pakage. CAQDAS Networking Project and*

Qualitative Innovations In CAQDAS Project(QUIC). 출처: http://www.surrey.ac.kr/sociology/ research/researchcentres/caqdas/files/2009ChoosingaCAQDASPackage.pdf

Lewis, R.D.(1999), *Cross Cultural Communication.* Hampshire, U.K.: Transcreen Publications.

Lim, Su-Jin(2006), A Comparative Study of Basic Color Terms in English and Korean, 경북대학교 석사학위논문.

Martinet, A.(1955), économie des changements phonétiques. *Francke, 396,* 2-15.

Matsumoto, D. & Assar, M.(1992), The effects of language on judgments of universal facial expressions of emotion. *Journal of Nonverbal Behavior* 16, 87.

Merriam, S.B. & Tisdell, E.J.(2015), *Qualitative Research: A Guide to Design and Implementation.* Hoboken, Jossey-Bass.

Okabe, R.(1983), Cultural assumptions of East and West: Japan and the United States. in Gudykunst, W., *Intercultural communication theory. Beverly Hills,* CA: Sage Publications.

Ong, W.J., 이기우·임명진 역(1995), 『구술 문화와 문자 문화』, 문예출판사.

Oswalt, R.L.(1986), The evidential system of Kashaya, in Chafe, W.L. & Nichols, J., *Evidentiality: the Linguistic Coding of Epistemology.* Norwood, N.J.: Ablex. 20-29.

Park, R.E. & Burgess, E.W.(1921). *Introduction to the Science of Sociology,* The University of Chicago Press.

Pinker, S., 김한영 외 역(2004), 『언어본능 -마음은 어떻게 언어를 만드는가?』, 동녘사이언스.

Ra, C.(2017), A Pedagogical Study on Understanding of 'Shinmyoung'(神明) in Modern Korean Novels for Foreign Learners -Based on A. N. Whitehead's Creativity- *The International Network for Korean Language and Culture,* 147-172.

Ra, C. & Lee, M.(2021), A Study on the Betweenness in Pungryu Culture for Multicultural Nexus, *Contemporary Society and Multiculture,* Vol. 11(4), 33-53.

Richards, L. & Morse, J.M.(2007), *README FIRST for a User's Guide to Qualitative Methods.* Thousand Oaks, CA: Sage.

Risager, K.(2006), *Language and Culture*: Global flows and local complexity. (Languages for Intercultural Communication and Education 11.) Buffalo: Multilingual Matters.

Samovar L. & Porter, R., 최윤희 외 역(2007), 『문화간 커뮤니케이션』, 커뮤니케이션 북스.

Schiffman, H. F.(1996), *Linguistic Culture and Language Policy,* London; New York: Routledge.

Strauss, A.L., & Corbin, J.(1990), *Basics of Qualitative Research: Grounded Theory Procedures and Techniques.* Thousand Oaks, CA: Sage.

Whitehead, A.N.(1961), *Adventure of Idea*, New York: The Free Press.

Whitehead, A.N.(1978), *Process and Reality*, New York: The Free Press.

Whorf, B.(1956), *Language, thought and reality*. New York: John, Wiley & Sons.

Williams, R.(1983), *Keywords: A Vocabulary of Culture and Society,* 2nd edition, New York: Oxford University Press.

Yin, R. K.(2003), *Case study research design and method*s. 3rd edition, Thousand Oaks, CA:Sage.

Yule, G., 노진서·고현아 역(2009), 『율이 들려주는 언어학 강의』, 케임브리지.

저자 소개

김덕호

경북대학교 국어국문학과 교수

대표 논저로는 『경북방언의 지리언어학』(월인, 2001), 『현대국어 정책의 동향』(역락, 2009), 『한국 언어문화 디지털아카이브 구축론』(역락, 2009), 『경제언어학』(역락, 2015), 『세계 방언학의 풍경』 (태학사, 2019), 『방언을 지도에 입히다』(민속원, 2019), 『말모이』(시공사, 2021), 『낙동강과 문화 어문학』(역락, 2022), 『가볍게 읽는 한국어이야기』(경북대출판부, 2022) 등이 있다.

주요 관심사는 방언학, 사회언어학, 국어문화론이다.

나채근

영남대학교 학술연구교수

대표 논저로는 『한국의 언어문화』(공저)(소통출판사, 2020), 『칸초니에레, Canzoniere』(공역)(민음사, 2004), 「A Pedagogical Study on Understanding of 'Shinmyoung' in Moerrn Novels for Foreign Learners -Based on Whitehead's Creativity-」(국제한국언어문화학회, 2017) 등이 있다.

주요 관심사는 세계 문화 속 한류(Korean Wave)와 다문화사회를 위한 한국 풍류문화 연구와 교육이다.

이철희

경북대학교 국어국문학과 강사

대표 논저로는 「대구 지역어의 모음 음운 변화에 대한 사회방언학적 연구」(경북대학교, 2017), 『대구 공간의 문화어문학』(역락, 2019), 『말모이』(시공사, 2021) 등이다.

주요 관심사는 방언학, 사회언어학, 국어문화론이다.

이재섭

경북대학교 국어국문학과 강사

대표 논저로는 「지역방언 화자의 중앙방언 습득 양상 연구」(한국사회언어학회, 2020), 「국립국어원 편찬 국어사전의 방언 처리에 관한 제 문제」(한국방언학회, 2022) 등이 있다.

주요 관심사는 방언학, 사회언어학, 국어문화론이다.

황지윤

경북대학교 국어국문학과 강사

대표 논저로는 「브라질 재외 동포의 언어 태도 연구: Bom Retiro 및 Piracicaba 거주 동포를 중심으로」(한국사회언어학회, 2022), 「파라과이 재외 동포의 언어 태도 연구: 파라과이 스페인어와 한국어에 대한 아순시온(Asunción) 거주 동포를 중심으로」(한국사회언어학회, 2024)가 있다.

주요 관심사는 사회언어학, 국어문화론이다.

한국인을 위한 한국어문화론

초판 1쇄 인쇄 2024년 8월 16일
초판 1쇄 발행 2024년 8월 28일

저   자 김덕호 나채근 이철희 이재섭 황지윤
펴 낸 이 이대현

편   집 이태곤 권분옥 임애정 강윤경
디 자 인 안혜진 최선주 강보민
마 케 팅 박태훈 한주영

펴 낸 곳 도서출판 역락
주   소 서울시 서초구 동광로 46길 6-6(반포4동 문창빌딩 2F)
전   화 02-3409-2060(편집부), 2058(영업부)
팩   스 02-3409-2059
등   록 1999년 4월 19일 제303-2002-000014호
이 메 일 youkrack@hanmail.net
역락홈페이지 http://www.youkrackbooks.com

I S B N 979-11-6742-864-6 93710